한국어 문법 교육

한국어 교육 총서 4
국립국어원·한국어세계화재단

한국어 문법 교육

Teaching Korean Grammar

한재영
박지영
현윤호
권순희
박기영
이선웅

태학사

한재영 *Han, Jae-Young*	한신대학교 인문대학 교수
박지영 *Park, Ji-Young*	서울대학교 언어교육원 대우부교수
현윤호 *Hyun, Yoon-Ho*	육군정보학교 어학처 한국어과 교수
권순희 *Kwon, Soon-Hee*	전주교육대학교 국어교육과 교수
박기영 *Park, Kee-Young*	서울대학교 기초교육원 강의교수
이선웅 *Yi, Seon-Ung*	충남대학교 국어국문학과 조교수

한국어 문법 교육

초판 제1쇄 인쇄 2008년 8월 5일
초판 제1쇄 발행 2008년 8월 14일

지은이 한재영, 박지영, 현윤호, 권순희, 박기영, 이선웅
펴낸이 지현구
펴낸곳 태학사
등록 제406-2006-00008호
주소 경기도 파주시 교하읍 문발리 파주출판도시 498-8.
전화 마케팅부 (031) 955-7580~2 / 편집부 (031) 955-7585~89
전송 (031) 955-0910
전자우편 thaehak4@chol.com
홈페이지 www.thaehaksa.com

ⓒ국립국어원·한국어세계화재단, 2008
값은 뒤표지에 있습니다.

ISBN 978-89-5966-217-3 (94370)

●머리말●

한국어 교육 현장에서 활동하는 교사들 현실적으로 느끼고 있는 갈증을 해소하고, 한국어 교수 내용의 균질성을 유지하며, 보다 나은 교수 방법을 모색하여 보고자 하는 의도로 진행되어 온 한국어 교육 총서의 간행이 시작된 지도 벌써 다섯 해가 흘렀다. 2003년의 '한국어 발음 교육'의 간행을 시작으로, 그 사이 2005년에 '한국어 교수법'과 2006년에 '한국어 평가론'이 간행되었다. 이제 네 번째 한국어 교육 총서로 '한국어 문법 교육'을 내놓게 되었다. 한국어 문법이 한국어 교육 현장에서 가지고 있는 비중과 문제점을 고려한다면, 상당히 늦게 선보인 셈이 되어 오히려 송구스러운 느낌을 가지게 된다. '한국어 문법 교육'이 한국어 세계화 추진 위원회의 2003년도 사업으로 진행되었던 것을 생각한다면 늦어도 많이 늦어진 것이기 때문이다.

그간의 외국어로서의 한국어 문법교육이 그 이름에 걸맞은 내용과 방법을 모색하여 왔다고 하기는 어렵다 하겠다. 외국어로서의 한국어를 배우려는 학습자들에게, 한국인을 위한 한국어 문법을 강요하여 왔다고 하는 편이 솔직한 현실이었기 때문이다. 한국어 교육을 구성하는 내용의 중심에 한국어 문법이 있음에도, 외국인을 대상으로 삼은 한국어 교육 현장에서 학습자를 배려한 한국어 문법 교육이 행하여지지는 못했던 것이다.

물론 학습자의 한국어 학습 단계를 고려하거나, 학습자의 모국어에 따라 문법 교수의 방법을 달리하는 것이 교수 효과를 높일 수 있으리라는 많은 논의가 있어 왔고, 최근 들어 상황이 많이 나아졌다고는 하나, 구체적으로 어떠한 내용을 어떻게 가르치는 것이 효과적인가에 대해서는 그리 많은 고민을 하지는 못하여 온 셈이다. 외국어로서의 한국어 문법에 대한 올바른 접근은, 한국어 문법이 하나가 아니라 경우에 따라 상당히 많은 문법이 존재할 수 있다는 인식으로부터 출발하여야 하는데도 불구하고 우리의 현실은 그러하지 못하였던 것이다.

어찌 보면 본서에서 이야기하고 있는 한국어 문법은 여러 가지 가능한 한국어 문법 가운데 하나라고 할 수 있다. 본서에서 이야기하고 있는 내용이 절대적인 것이 아니라는 의미이기는 하지만, 본서가 현장의 교사들에게 문법 교수의 표준을 제공하여 전반적인 문법 교수 수준을 높이는 데에 기여하고, 외국어로서의 한국어 문법 교육 현장에 필요한 일반적인 사항들을 범주화시킬 수는 있으리라 믿는다. 특히 '한국어 문법 교육'은 다양한 교육 환경과 상황에 따른 외국어로서의 한국어 문법 교육의 효과적인 교수 방법을 제시하여 보다 효율적인 한국어 문법 교육의 진행이 이루어질 수 있도록 하는 데 보탬이 될 것이다.

'한국어 문법 교육'의 또 다른 목적은 현실적으로 한국어 교육의 현장에서 한국어를 가르치는 교사가 한국어 문법에 대한 정확한 정보를 가지고 있지 못한 경우가 많다는 점과 한국어 문법에 관한 정보를 가지고 있다고 하더라도 그를 효과적으로 전달하는 방법을 잘 모르는 경우가 많다는 점 그리고 한국인을 위한 문법 교육의 내용을 별다른 고민 없이 외국인들에게 그대로 가르치는 경우가 있었다는 점 그에 따라 효과적인 한국어 교육에 지장을 주는 경우가 많다는 사실에 주목하여 문법 교육 현장에서 필요로 하는 문법 교육의 안내서 또는 지침서를 엮어 보려는 데에 있다.

본서에서 일관되게 취하고자 하는 태도는 하나의 한국어 문법이 한국어를 배우는 학습자가 이미 습득하여 가지고 있는 언어의 문법에 따라 학습에 필요한 내용과 그에 따른 교수 방법에 차이를 두는 다른 모습을 가져야 한다는 것이다. 하지만 가능한 모든 한국어 학습자를 대상으로 삼는 것은 거의 불가능한 것이며, 그럴 필요도 없는 것이라는 점에서 본서에서는 현실적인 한국어 교육 현장을 염두에 두고 기술하였다. 학습자의 모국어가 영어나 일본어 그리고 중국어인 경우를 상정한 것이 그것이다. 그런 점에서 본다면 최근 들어 늘어나고 있는 베트남, 태국, 말레이시아, 인도, 중앙아시아와 러시아 그리고 아랍권의 한국어 학습자들에 대한 배려가 충분하였다고는 하기 힘들다고도 할 수 있다. 그러나 그들 언어를 모국어로 하는 한국어 학습자들의 경우 상당수의 학습자들이 영어를 학습한 경험을 가지고 있다는 점에서 본서에서 취한 일차적인 태도는 어느 정도 용서를 받을 수 있으리라 생각한다.

현실적인 한국어 교육의 현장의 상황은 한국어를 가르치는 교사가 한국어 문법에 대한 정확한 정보를 가지고 있지 못한 경우가 많을 뿐만 아니라 한국어 문법에 관한 정보를 가지고 있다고 하더라도 그를 효과적으로 전달하는 방법을 잘 모르는 경우가 많으며, 한국인을 위한 문법 교육의 내용을 별다른 고민 없이 외국인들에게 그대로 가르치고 있다는 점을 부인하기는 어려운 형편이라고 할 수 있다. 효과적인 한국어 문법 교육에 지장을 주는 경우가 많았던 셈이다.

본서는 외국어로서의 한국어 교육 현장에서 현장의 교사들이 한국어 문법을 가르치는 과정에서 다루어야 할 내용과 문제가 될 수 있는 내용들을 될 수 있는 한 다양하게 다루어 보고자 하였다. 한국어의 문법적인 배경이 다소 부족한 경우의 교사들에게는 더욱 유용한 내용들이 되리라고 생각한다. 하지만 한국어 교육적인 태도를 취하였기 때문에 외국인들에게 한국어를 가르치는 과정에서 그리 큰 비중이나 어려움을 가지지 않는 문법 부분에 대해서는 일반적인 국어 문법서들로 그 역할을 미루도록 하였다. 한국어를 가르치는 데에 깊이 다룰 필요가 없는 부분에 대해서는 소개를 하는 정도로 다루었으며, 한국인이라면 지극히 당연한 것으로 생각하여 특별한 설명이 필요가 없는 내용이라고 하더라도 외국인들의 이해를 구하기 어려운 부분이나 설명이 필요한 부분에 대해서는 보다 많은 서술을 하고자 하였다. 이는 한국어에서는 문법적인 방법을 통하여 표현하는 데에 비하여 외국어에서는 어휘 등의 다른 표현 장치를 취하는 경우와, 그와는 반대로 한국어에서는 어휘나 그 밖의 표현 방식을 취하는 데에 비하여 다른 외국어에서는 문법적인 방법을 취하여 표현하는 경우까지도 염두에 두고 기술하였음을 의미한다.

그동안의 한국어 문법 교육이 만족스럽지 못하게 진행되어 왔다고 할 수 있는 주된 원인은 기존 문법서의 내용을 별다른 고민 없이 학습자들에게 전달하고자 하였던 데에서 찾을 수 있을 것이다. 그리하여 학습자들을 고려한 문법 교육의 내용을 구성하고, 교수 방안을 생각하여 보고자 하였지만, 학습자를 염두에 둔 문법 교육의 구성이라는 점에서 본다면 본서의 내용은 극히 제한적인 것이라는 점을 부인하기 어렵다고 하겠다. 한국어를 공부하고자 하는 학습자들의 국적이 다변화하고 그에 따라 한국어 학습자의 모국어가 점차 다양하여지고 있다는 점에서, 본서의 내용은 이제 겨우 제안의 단계를 거치고 있는 것이라 하여도 지나친 표현은 아닐 것이다. 앞으로 보다 구체적인 각론이 제시되어 한국어 문법 교육이 보다 실질적인 내용으로 채워지기를 기대한다.

이제 이 작은 자리를 빌려 본서가 이루어지기까지 도와주신 분들을 기억하여 감사의 마음을 표하기로 한다. 연세대학교 국어국문학과 교수이신 김하수 선생님께서는 한국어세계화추진위원회의 분과 과제로 '한국어 문법 교육'을 선정하여 본서가 나올 수 있는 바탕을 마련하여 주셨으며, 국립국어원 원장이신 이상규 선생님과 한국어세계화재단 이사장이신 정순훈 선생님께서는 한국어 교육에 애정 어린 관심을 가지시고 본서의 간행 과정을 지켜보아 주시었다. 서울대학교 언어교육원의 김현경 선생님은 본서의 집필 과정에서의 잡다한 일들은 물론 마무리의 교정 작업에 이르기까지 거의 모든 과정을 맡아 처리하여 주었다. 그저 감사할 뿐이다. 상업성과는 거리가 먼 본서의 간행을 기쁜 마음으로 맡아주신 태학사의 지현구 사장님과, 내용보다는 훨씬 나은 모습의 책을 만들어주신 편집부의 여러분들께도 감사의 인사를 드린다.

2008년 4월 5일

공동 저자 대표 한재영

머리말 ·· 5

1. 총론 / 13

1.1. 들어가며 ·· 13
1.1.1. 목적 ·· 13
1.1.2. 본서의 구성 ·· 15
1.2. 한국어 문법 교육의 이해 ·· 16
1.2.1. 문법 교육의 필요성과 내용 ·· 16
1.2.2. 오류 분석의 필요성 ·· 17
1.2.3. 학습자 수준별 교사의 문법 교수 태도 ·· 18

2. 문법 교육 방법과 문법 수업 활동 유형 / 20

2.1. 언어학 이론과 문법 교육 ·· 20
2.1.1. 결과 중심의 문법 교육 ·· 25
2.1.2. 과정 중심의 문법 교육 ·· 28
2.1.3. 기능 중심의 문법 교육 ·· 30
2.2. 문법 교육의 절차 ·· 33
2.3. 수업 활동 유형 ·· 35
2.3.1. 문형 연습 ·· 37
2.3.2. 문제 해결의 유의미적 연습 ·· 39
2.3.3. 의사소통적 문법 연습 ·· 43

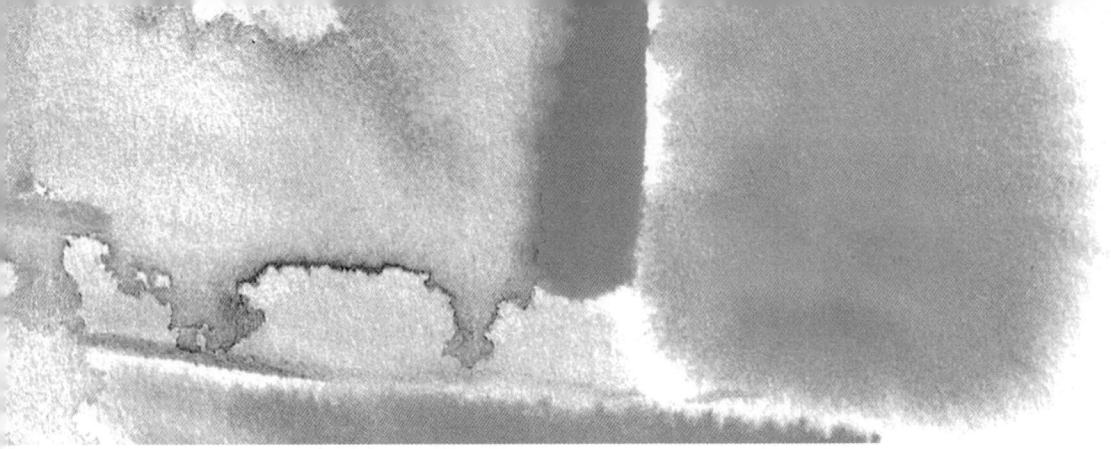

  2.4. 문법 교육 평가 ·· 46
    2.4.1. 문법 교육 평가의 방법과 내용 ··· 46
    2.4.2. 학습 내용 평가의 유형과 실제 ··· 51

3. 듣기와 말하기에서의 문법 교육 / 57

  3.1. 입말(구어)의 주요 특징 ··· 57
    3.1.1. 축소, 생략 ··· 58
    3.1.2. 도치 ··· 61
    3.1.3. 주저하며 말하기 ··· 62
    3.1.4. 자기 교정 ··· 63
  3.2. 구어체 어법 항목 ·· 65

4. 읽기와 쓰기에서의 문법 교육 / 73

  4.1. 글말(문어)의 주요 특징 ··· 73
    4.1.1. 글말(문어)의 형태적 특징 ·· 74
    4.1.2. 글말(문어)의 문법적 특징 ·· 76
    4.1.3. 글말(문어)의 어휘적 특징 ·· 77
  4.2. 읽기와 쓰기에서의 글말(문어) 교육 ·· 78
  4.3. 문어체 문법항목 ·· 80

5. 문법 교육의 내용 / 84

- 5.1. 언어와 문법 ·· 84
  - 5.1.1. 규칙과 문법 단위 ·· 84
  - 5.1.2. 문법적 기능과 문법 범주 ··· 85
- 5.2. 단어 ··· 85
  - 5.2.1. 단어의 특징 ··· 85
  - 5.2.2. 단어의 구성 방식 ·· 92
  - 5.2.3. 체언 ·· 100
  - 5.2.4. 관계언: 조사 ··· 115
  - 5.2.5. 용언 ·· 136
  - 5.2.6. 수식언 ··· 189
  - 5.2.7. 독립언: 감탄사 ··· 195
- 5.3. 문장 ··· 196
  - 5.3.1. 문장의 성격 ··· 196
  - 5.3.2. 문장성분 ·· 203
  - 5.3.3. 문장의 구성 방식 ·· 233
- 5.4. 문법범주 ·· 257
  - 5.4.1. 문장종결법 ·· 258
  - 5.4.2. 대우법 ··· 279
  - 5.4.3. 시간 표현 ·· 285
  - 5.4.4. 피사동 표현 ··· 298
  - 5.4.5. 부정 표현 ·· 311
  - 5.4.6. 특수 구문 ·· 319

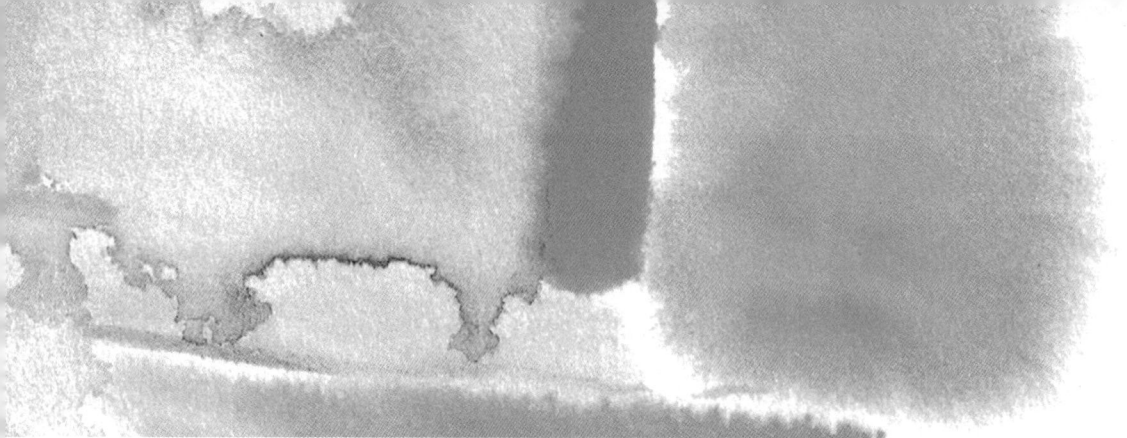

6. 문법 교육 설계와 교수안의 실례 / 328

6.1. 초급 단계 ········· 330
6.1.1. 초급 단계에서의 문법 교육 설계 ········· 330
6.1.2. 초급 단계에서의 문법 교수안 ········· 332

6.2. 중급 단계 ········· 337
6.2.1. 중급 단계에서의 문법 교육 설계 ········· 337
6.2.2. 중급 단계에서의 문법 교수안 ········· 340

6.3. 고급 단계 ········· 352
6.3.1. 고급 단계에서의 문법 교육 설계 ········· 352
6.3.2. 고급 단계에서의 문법 교수안 ········· 352

7. 결론 / 363

참고문헌 ········· 367
찾아보기 ········· 384

1. 총론

1.1. 들어가며

1.1.1. 목적

이제 한국어는 우리 한국인만의 언어가 아니다. 한국의 국제적인 위상이 높아짐에 따라 국제 사회에서의 한국어의 위상도 그만큼 높아지고 있다. 한국어를 배우고자 하는 학습자들의 출신 배경도 이전에 비하여 상당히 다양해지고 있으며, 한국어가 교육되고 있는 지역도 단순히 국내 교육 기관에 머물지 않고, 한국어 학습자들이 거주하는 지역에 따라 확산되고 있는 실정이다.

그러나 외국어로서의 한국어 교육 현장에서 외국어로서의 한국어 교육에 부합하는 문법 교육의 내용과 방법 등에 관하여 적극적인 이해가 있어 왔다고는 하기 어려운 형편이다. 한국인을 위한 한국어 문법을 외국인에게 학습하도록 강요하여 왔다고 하는 편이 오히려 옳은 표현이 될 것이다.

한국어 교육을 구성하는 내용의 중심에 한국어 문법이 있음에도, 외국인을 대상으로 삼은 한국어 교육 현장에서 학습자를 배려한 한국어 문법 교육이 행하여지지는 못했던 것이다. 물론 학습자의 한국어 학습 단계를 고려하거나, 학습자의 모국어에 따라 문법 교수의 방법을 달리하는 것이 교수 효과를 높일 수 있으리라는 많은 논의가 있어 왔고, 최근 들어 상황이 많이 나아졌다고는 하나, 구체적으로 어떠한 내용을 어떻게 가르치는 것이 효과적인가에 대해서는 그리 많은 고민을 하지는 못하여 온 셈이다. 외국어로서의 한국어 문법에 대한 올바른 접근은, 한국어 문법이 하나가 아니라 경우에 따라 상당히 많은 문법이 존재할 수 있다는 인식으로부터 출발하여야 하는데도 불구하고 우리의 현실은 그러하지 못하였던 것이다. 한국어 문법이 하나이기는 하나, 한국어를 배우는 학습자가 이미 습득하여 가지고 있는 언어의 문법에 따라 학습에 필요한 내용과 그에 따른 교수 방법에는 차이가 있어야 하기 때문이다.

그렇다고 하여 본 '한국어 문법 교육'이 그 모든 존재 가능한 한국어 문법의 내용을 모두 담고 있는 것은 물론 아니다. 어찌 보면 모든 존재 가능한 한국어 문법이라 함은 지금 존재하는 언어와의 대조와 대비를 통한 각각의 문법을 칭하는 것이겠으나, 그는 그럴 수도 없거니와 그럴 필요도 없는 것이라 하겠다. 보다 현실적인 것은 지금의 한국어 교육 현장에서 우선 필요한 문법의 제공이라고 할 수 있는 바, 그것은 영어와 일본 그리고 중국어를 모국어로 하는 학습자들을 대상으로 하는 한국어 문법이 그것이다. 한국어 학습의 열기가 동남아와 중앙아시아를 넘어 아랍권에까지 미치고 있는 현실을 감안한다면 우리가 준비한 '한국어 문법 교육'의 내용은 그리 넉넉한 것이라 하기 어려울 수도 있을 것이다. 하지만 그들 지역의 한국어 학습자들의 상당수가 영어를 학습한 경험이 있다는 점을 감안한다면, 본서가 가지고 있는 아쉬움은 그런 대로 달랠 수 있으리라 기대한다.

어찌 보면 본서에서 이야기하고 있는 한국어 문법은 여러 가지 가능한 한국어 문법 가운데 하나라고 할 수 있다. 본서에서 이야기하고 있는 내용이 절대적인 것이 아니라는 의미이다. 하지만 본서는 현장의 교사들에게 문법 교수의 표준을 제공하여 전반적인 문법 교수 수준을 높이는 데에 기여할 것이며, 외국어로서의 한국어 문법 교육 현장에 필요한 일반적인 사항들을 범주화시킬 수 있을 것이다. 특히 '한국어 문법 교육'은 다양한 교육 환경과 상황에 따른 외국어로서의 한국어 문법 교육의 효과적인 교수 방법을 제시하여 보다 효율적인 한국어 문법 교육의 진행이 이루어질 수 있도록 하는 데 보탬이 될 것이다.

'한국어 문법 교육'의 또 다른 목적은 현실적으로 한국어 교육의 현장에서 한국어를 가르치는 교사가 한국어 문법에 대한 정확한 정보를 가지고 있지 못한 경우가 많다는 점, 한국어 문법에 관한 정보를 가지고 있다고 하더라도 그것을 효과적으로 전달하는 방법을 잘 모르는 경우가 많다는 점, 그리고 한국인을 위한 문법 교육의 내용을 별다른 고민 없이 외국인들에게 그대로 가르치는 경우가 있었다는 점, 그에 따라 효과적인 한국어 교육에 지장을 주는 경우가 많다는 점에 주목하여 문법 교육 현장에서 필요한 문법 교육의 안내서 또는 지침서를 엮어 보려는 데에 있다.

1.1.2. 본서의 구성

'한국어 문법 교육'은 외국어로서의 한국어 교육 현장에서 현장의 교사들이 한국어 문법을 가르치는 과정에서 다루어야 할 내용과 문제가 될 수 있는 내용들을 될 수 있는 한 다양하게 다루어 보고자 하였다. 한국어의 문법적인 배경지식이 다소 부족한 경우의 교사들에게는 더욱 유용한 내용들이 되리라고 생각한다. 하지만 한국어 교육적인 태도를 취하였기 때문에 외국인들에게 한국어를 가르치는 과정에서 그리 큰 비중이나 어려움을 가지지 않는 문법 부분에 대해서는 일반적인 국어 문법서들로 그 역할을 미루도록 하였다. 한국어를 가르치는 데에 깊이 다룰 필요가 없는 부분에 대해서는 소개를 하는 정도로 다루었으며, 한국인이라면 지극히 당연한 것으로 생각하여 특별한 설명이 필요가 없는 내용이라고 하더라도 외국인들의 이해를 구하기 어려운 부분이나 설명이 필요한 부분에 대해서는 보다 많은 서술을 하고자 하였다. 이는 한국어에서는 문법적인 방법을 통하여 표현하는 데에 비하여 외국어에서는 어휘 등의 다른 표현 장치를 취하는 경우와, 그와는 반대로 한국어에서는 어휘나 그 밖의 표현 방식을 취하는 데에 비하여 다른 외국어에서는 문법적인 방법을 취하여 표현하는 경우까지도 염두에 두고 기술하였음을 의미한다.

본서에서 다루고 있는 주요 내용은 다음과 같다.

       1. 총론
       2. 문법 교육 방법과 문법 수업 활동 유형
       3. 듣기와 말하기에서의 문법 교육
       4. 읽기와 쓰기에서의 문법 교육
       5. 문법 교육의 내용
           5.1. 언어와 문법
           5.2. 단어

    5.3. 문장
    5.4. 문법범주
  6. 문법 교육 설계와 교수안의 실례
  7. 결론

1.2. 한국어 문법 교육의 이해

1.2.1. 문법 교육의 필요성과 내용

학습자가 언어 자료를 통해 자연스럽게 문법 지식을 형성할 수 있는 시기의 한계를 '임계기(critical period)'라고 하는데, 한국어 학습자의 대부분은 임계기를 넘어선 이들이라고 할 수 있다. 곧 그들은 특별한 학습 절차 없이 자연스럽게 문법을 학습할 수 있는 단계를 이미 벗어나, 체계적인 문법 교육을 통하여서만 한국어 문법을 형성하여야 한다. 물론 문법 교육은 다양한 교수법에 의존하여 부지불식간에 그 성과를 달성할 수 있으며, 그 가운데 특히 의사소통식 교수법은 가장 효과가 큰 것으로 알려져 있다. 그러나 간접적인 방법만으로 문법 지식을 습득한 학습자들이 한국어 학습 단계의 발전에 따라 표현력의 한계를 보인다는 것은 이미 학계의 상식이 되어 있다.

그럼에도 불구하고 외국어로서의 한국어를 학습하는 학습자들에게는 한국인을 대상으로 한 일반적인 국어 문법서의 내용 모두를 다루지는 않는다. 한국어 교육 현장에서는 학습자들이 한국어의 특징을 빨리 이해하고 활용 능력을 기르는 데에 우선적으로 필요한 내용이나, 오류를 자주 범하는 내용 또는 의문의 핵심이 되는 내용 등을 주로 다룬다.

보통 한국인을 위한 국어 문법서에는 문법의 모든 분야별 내용이 골고루 담겨 있다. 그러나 그 내용들을 모두 한국어 교육 현장에서 다루어야 하는 것은 아니다. 문법을 교육할 때 교사는 어떤 문법을 가르치고 어떤 문법을 가르치지 않을 것인가, 가르치는 문법에서 어떤 내용을 언제 가르칠 것인가, 특정한 시기에 가르치는 문법의 작은 내용들을 어떻게 조리 있는 순서로 배열할 것인가를 미리 머릿속에서 생각해 두고 있어야 한다. 물론 특정 문법을 설명하는 방법론도 중요하다고 할 수 있으나 이러한 유의점에 비해서는 상대적으로 비중이 적다고 할 수 있다.

1.2.2. 오류 분석의 필요성

외국어 문법을 배우는 일은 그 시행착오적 성격에 있어, 모어 문법 습득과 별반 다르지 않다. 이는 필연적이고 불가피한 과정으로서 학습자가 오류를 범하지 않고 오류의 여러 형식으로부터 얻는 것이 없다면 장기적으로 문법 습득 과정은 오히려 지체되기 쉽다. 따라서 한국어 교육자들은 학습자들의 오류를 면밀하게 분석할 필요가 있을 것이다.[1] Corder(1967:167)에 따르면 학습자의 오류 분석은 교육 과정에서 대단히 중요한 작업이라고 한다. 오류는 언어가 어떻게 학습되면서 습득되는지, 그리고 해당 언어의 학습 과정에서 학습자가 어떠한 학습 전략이나 절차를 사용하는지에 대한 증거를 교육자에게 제공하기 때문이라고 하였다.

생성문법에서 언어 능력(competence)과 언어 수행(performance)을 구분하듯 학습자가 행하는 잘못의 두 현상인 오류(error)와 실수(mistake) 역시 구분해야 한다. 오류는 자신이 배우고 있는 언어에 대한 언어 지식이 그 언어의 실제와 달라 범하는 것이고 실수는 알면서도 틀리는 것이다.

오류와 실수는 개념적으로 분명히 구분되므로 학습자의 오류를 제대로 파악하고 그에 대처하기 위해서 교사는 학습자의 언어를 되도록 많이 분석해야 할 것이다. 외국어로서의 한국어 학습자가 일반적으로 저지를 수 있는 오류의 변수는 모어로부터의 간섭이라든가 목표어인 한국어 내에서의 부적응 또는 의사소통의 사회적·심리적 상황 등으로 나누어 볼 수 있다. 교사는 늘 학생들이 범하는 오류의 유형을 잘 분류하여 취약한 부분을 집중 지도하여야 하는 것이다.

오류 분석의 자료는 학습자가 말한 것과 쓴 것이다. 이 자료들은 한국어 학습자가 이해하는 한국어 모어 화자의 자료와 상당한 차이를 갖고 있다. 논리적으로는 그들 사이에 간격이 없어야 하지만 실제는 그렇지 않으므로 교사는 표현 영역과 이해 영역의 수준을 각각 어느 정도에 맞춰야 할지 그때그때의 단계에 따라 잘 판단

---

[1] 오류 분석을 다룬 단행본으로는 고석주 외(2004), 이정희(2003)를 참고할 수 있다.

하고 있어야 한다.

그러나 오류에 대해 지나친 관심은 오히려 역효과를 가져올 수도 있다. 우선 자연스러운 대화 상황에서 지나친 교정은 언어 습득 과정에 방해가 될 수 있다. 즉 의사소통에 장애를 가져오는 전반적 오류와 한국어 화자라면 무엇이 틀렸다고 자명하게 알 수 있는 국부적 오류를 교사가 동일시함으로써 의사소통 발전에 방해가 될 수 있는 것이다. 둘째, 한국어 학습자의 표현 영역에서의 자료를 지나치게 신경 씀으로써 이해 영역에 소홀하게 될 수 있다.

또한 교사는 오류 분석의 한계를 명확히 알고 있어야 한다. 예를 들어 한국어 학습자가 어려운 문법을 의도적으로 사용하지 않는 회피 전략(avoidance strategy)을 쓰고 있지 않은지 늘 주의 깊게 관찰하여야 한다. 이를 소홀하게 생각하면 학습자의 능력 급수가 상당한 수준에 이르더라도 표현이나 이해의 측면에서 큰 약점이 있을 수 있다. 특히 특정 어미나 조사만 사용하거나 선택하기 어려운 부분에서 조사를 생략해 버리지는 않는지에 대해서도 면밀히 살펴보아야 한다.

1.2.3. 학습자 수준별 교사의 문법 교수 태도

초급, 중급 전반 과정의 학생들을 대상으로 할 때와 중급 후반, 고급 과정의 학생들을 대상으로 할 때에 문법 교육 방식에서 차이를 두는 것은 당연한 일이다. 다소 도식적으로 말하자면, 전반 과정 교육은 어떠한 문장을 쓸 수 있게 하는 문법을 가르치는 것이고 후반 과정 교육은 어떠한 문장을 쓸 수 없게 하는 문법을 가르치는 것이다. 요컨대 전반 과정에서는 주로 문법적 원리를, 후반 과정에서는 주로 문법적 제약을 다룬다.

전반 과정에서 원리를 가르치는 방식은 직접 설명식이 통하기 어려우므로 주로 많은 예문을 제시하는 일에 의존하고 또 이 방법이 가장 효율적이다. 그러나 단지 예문 제시만 해서는 안 되고 그 예문의 발생 상황을 학생들이 알아들을 수 있는 말을 사용하여 예문 제시 전에 설명해 주는 일이 반드시 필요하다. 언어 지식 습득은 어떤 문장에서 특정 상황 구조를 상정하느냐 안 하느냐에 따라 속도 차이가 현저하기 때문이다. 물론 학습자들의 실력이 차츰 향상되면 직접 설명식의 비중을 높일 수 있을 것이다.

오류에 대해서도 교사는 전반 과정에서 학생들이 양산하는 문장이 원리적인 잘못을 저지른 것이 아닌 한 되도록 잘못을 지적하지 않는 것이 좋다. 물론 과제로 제출하는 문장 혹은 직접 수업 시간 중에 시켜서 만드는 문장의 경우에는, 그것이 글로 표현된 것이든 말로 표현된 것이든 간에, 정확한 표현으로 수정해 줄 필요가 있을 것이다. 과제로서 만든 문장들은 학습자들 기억 속에 강하게 남기 때문에 잘못된 문장을 방치하면 안 되며, 수업 시간 중에 시켜서 만드는 문장은 다른 학습자들에 대한 파급 효과 때문에 방치해서는 안 되는 것이다. 그러나 다른 상황에서는 최대한 그 원리를 많이 이용할 수 있도록 배려해 주어야 할 것이다.

2. 문법 교육 방법과 문법 수업 활동 유형[1]

2.1. 언어학 이론과 문법 교육

외국어로서의 한국어를 교육함에 있어서 중요한 비중을 차지하는 부분이 '어떤 문법을 가르칠 것인가'와 '문법을 어떻게 가르칠 것인가'의 문제이다. 문법 교육의 내용과 방법을 알아보기에 앞서 문법 교육의 기원을 살펴보도록 하자.

문법 교육은 외국어 교육의 기원에서 의의를 찾을 수 있다. 외국어 교육의 시작은 로마 시대로 거슬러 올라간다. 로마가 유럽의 전 지역을 정치적으로 지배하였을 때 로마는 각 지역에 로마인 지도자를 파견하는 방식을 택하지 않았다. 대신 각 지역에 있는 각 민족 중에서 지도자를 선임하여 지배하는 방식을 택하였다. 민족 회유 정책으로 각 지역을 통제한 것이다. 그 결과 피지배 민족의 지도자들은 라틴어를 배울 필요가 생겼다. 또한 지배국인 로마 역시 피지배 민족에게 라틴어를 가르칠 필요가 절실하였다. 이러한 상황 아래 라틴어를 단기간에 쉽게 배울 수 있는 방법은 복잡한 라틴어 문법을 체계화하여 암기하는 것이었다. 문법의 규칙을 찾아내고 규칙을 암기하고 이를 자유자재로 구사할 수 있을 때까지 반복 학습하는 것이다. 외국어 교육의 핵심이 문법 교육이라는 생각은 외국어 교육의 기원에서 찾을 수 있다.

그 후 문법 교육의 방법은 언어학 이론의 출현과 맥을 같이하면서 발달하고 있다. 구조주의의 출현, 변형생성문법의 출현, 인지주의 언어학, 사회언어학의 출현

---

[1] 이 장의 일부는 권순희(2006)으로 게재한 바 있다.

등 새로운 언어학 이론의 출현은 문법 교육의 방법을 바꾸어 가고 있다. 언어학 이론의 출현과 함께 언어 교육의 향방도 달라졌던 역사를 생각해 볼 때, 한국어 교육의 문제도 언어학 이론의 발전과 더불어 논의되는 것이 바람직하다. 구조주의 문법론자들이 고안해낸 청화식 교수법[2]이 있었던 것처럼, 사회언어학자들의 이론에 근거하여 의사소통식 교수법이 대두된 것도 한국어 교육과 언어학 이론의 관계를 말해준다. 언어의 형식과 구조를 분석 파악하고 이를 교육하고자 하는 구조주의에 근거를 둔 문법 교육에서는 문법의 구조와 형식에 비중을 두어 문법을 기술하고 이를 교육한다.

형식적 구조주의 후기에 변형생성문법이 등장한다. 변형생성문법을 주창한 촘스키는 언어 이론의 대상을 완전히 동질적인 언어 사회에서의 이상적인 대화자가 내재적으로 지니는 언어 능력, 즉 문법 규칙의 체계를 이해하는 능력이라 못을 박고 구체적인 상황에서 실제로 언어를 사용하는 행위, 즉 언어 운용은 관심 밖의 것으로 취급하고 있다(황적륜 2003:84).

그러나 실제의 언어 사용은 문법 규칙에 의해서만 규제되는 것이 아니라 여러 가지 사회적 요건에 의해 이루어지는 사회언어학적 규칙에 의해서 규제된다. 황적륜(2003:88)에서는 이러한 과정을 다음과 같이 도식화하고 있다.

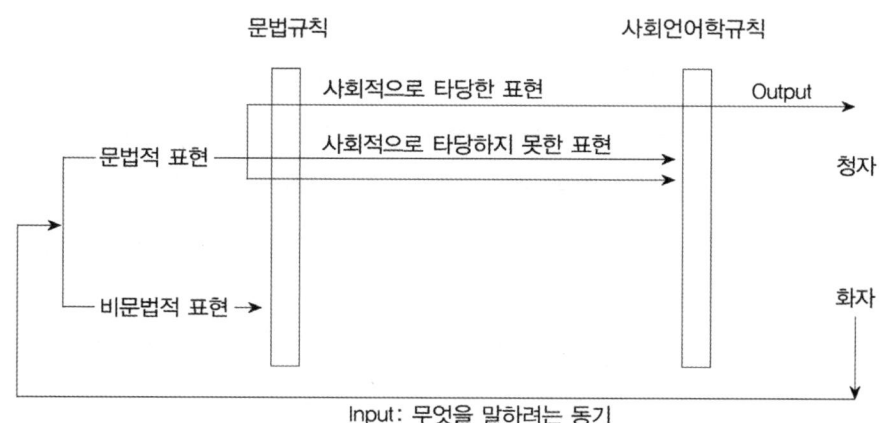

---

[2] 청화식 교수법은 외국어를 가르치기 위해서 먼저 그 구조를 가르쳐야 한다는 방침에 근거한다. 문형학습에 중점을 둔 교재를 개발하고 이를 교육한 방법이 청화식 교수법이다. 청화식 교수법은 구어에 대한 집중적 훈련과 단계적이고 체계적인 내용 전개, 모방, 반복, 문형 연습을 특징으로 한다. 자세한 논의는 한재영 외(2005:21-23) 참고.

사회언어학의 출현으로 촘스키 식의 문법 규칙 못지않게 중요한 사회언어학 규칙을 체계적으로 접근할 교육의 필요성이 대두되었다. 즉 문법 규칙에서 사회언어학 규칙까지를 아우르는 문법 교육이 이루어져야 한다는 주장이 그것이다.

사회언어학 규칙을 논의하는 문법 교육 관점에서는 언어 사용 공동체를 중요하게 여긴다. 이 관점에서는 문법이 언어 사용 공동체 속에서 형성된 규칙이라고 본다. 이 이론의 대표적인 학자로는 Wittgenstein을 들 수 있다. Wittgenstein(1958)은 그의 후기 철학에서 언어의 다양한 사용에 주목하면서 언어의 특정한 사용은 특정한 언어활동 혹은 언어 게임으로 해석되어야 한다고 주장하였다. 언어 게임은 규칙을 따르기 마련이고 규칙을 따른다는 것은 관습에 따른다는 것을 의미한다.

언어학 이론에서 문법 규칙에 대한 논의는 학자마다 다르다. Searle(1969:34)은 규칙을 규정적 규칙과 구성적 규칙으로 구분하고 언어의 규칙은 규정적 규칙이 아니라 구성적 규칙이라고 주장한다. 규정적 규칙이란 일상생활의 예의범절과 같이 어떤 행위를 규제하고 지시하는 규칙이고, 구성적 규칙은 단순히 어떤 행위를 규제하고 지시하는 것이 아니라 축구나 장기의 규칙과 같이 새로운 형태의 행위를 창조하는 규칙이라고 말한다. 송하석(1999:370)은 언어 사용에 있어서의 규칙은 언어를 소유하는 인간의 삶에 필수적인 일종의 문화적 상례성(cultural regularity)이라고 보고 화용론적 개념이 필요하다고 주장한다. 이상의 논의들은 문법이 언어 사용 공동체, 즉 언어문화 속에서 형성된 규칙이라고 보는 관점을 취하고 있다. 이 관점을 취하게 되면, 문법은 의사소통의 상호작용 속에서 화용론적인 언어 사용과 관련하여 언어문화 속에서 형성된 구성적인 규칙을 의미하며, 문법 교육은 이를 익혀 나가는 것이다.

이 외에도 문법을 의사소통 능력의 일부로 보는 관점의 논의가 있다. 문법은 언어 사용과 학습에서 중요한 역할을 한다고 보고 문법적 능력은 의사소통 능력의 주요 요소 가운데 하나로 설명하는 견해가 이에 해당된다. Canale & Swain(1980)에 의하면, 의사소통 능력은 문법적 능력, 사회언어학적 능력, 담화 능력 그리고 전략적 능력으로 구성된다고 한다.

문법적 능력은 단어 형성 규칙, 문장 형성 규칙, 음운 규칙, 맞춤법 등 문법 및 어휘에 대한 언어학적 능력을 말하고, 사회언어학적 능력은 대화가 일어나는 상황에 따라 적절하게 언어를 사용하는 능력으로서 화제와 태도에 따른 의미의 적절성, 관습적 표현 사용의 적절성, 언어 사용역(register)에 따른 표현의 적절성을 강조한다. 담화 능력은 결합 기제나 연결 원리를 이용하여 개별 표현을 전체 담화 및 문맥의 의미와 관련지을 수 있는 능력을 의미한다. 전략적 능력은 대화를 시작, 종료, 유지, 수정 및 보완할 때 대화자가 사용하는 언어적·비언어적 전략을 의미한다. 문법적으로 정확한 문장을 사용하는 것은 문법적 능력이 좋은 것을 의미하지만 파티에서 친구와 대화하면서 강연식으로 이야기한다면 사회언어학적 능력이 부족함을 의미한다. 직업을 물었을 때 나이를 대답했다면 아무리 문법적으로 정확한 표현이라 하더라도 담화 능력은 부족한 것이다. 또 문법적으로 틀린 문장을 자주 사용하더라도 글로 쓰면서 대화를 한다든지 또는 자주 질문을 한다든지, 부족한 어휘를 몸짓이나 표정 및 그림 등을 이용하여 대화를 한다면 그 대화자는 전략적 능력을 사용하고 있는 것이다(유제명 1998:54-55). 문법적 능력에 한정하여 문법을 기술하고 문법 교육을 논의할 경우에는 제한적이고 협의적인 범위의 논의가 될 가능성이 크다

다음으로는 의사소통 능력과 관련하여 의사소통적 문법이 있다. 문법 구조가 자연스럽게 발생되는 상황에 문법 구조를 관련시키는 것이 의사소통적 문법이다. 문법이 구조라는 측면에서 제시되는 전례적인 방법과는 달리 의사소통적 문법은 사용 문법을 다룬다. 예를 들어 전례적인 문법 기술에서는 대우법을 다룰 때 주체 대우, 객체 대우, 청자 대우 등으로 구분하고 문법 표지 위주로 기술하였으나 사용 문법을 다루는 의사소통적 문법 기술에서는 어휘의 선택이나 비언어적 요소 선택 부분도 대우법에서 빼놓을 수 없는 부분[3]인 것이다. 화자의 의도나 의사소통 상황과 맥락에 따라 존대의 의미가 있는 어휘를 선택하거나 존대에 해당하는 비언어적인 요소를 선택하여 의사소통을 할 것인지 여부를 결정하게 되는 것이다. 의사소통적 문법의 관점으로 문법 교육을 할 경우에는 언어의 구조에 대해서 교수·학습할 뿐만 아니라 언어의 사용에 관심을 가지고 문법 교육이 이루어진다.

이상에서 살펴본 바와 같이 구조주의적 문법과 변형생성문법에서 담화·화용론으로 발전한 언어학 이론의 경향에 따라 외국어로서의 한국어 문법 교육에 대한 연구 경향도 달라지고 있다. 문법 기술도 문장 차원에 한정되는 것이 아니라 담화 차원

---

3) 일례로 연령별 대우법 사용 양상을 분석함으로써 대우법 교육에 대한 논의를 한 연구가 있다. 개인의 언어 사용에서 대우법의 양상을 보려 했던 기존의 연구와는 달리 연령을 근거로 하여 집단의 언어 사용 양상을 토대로 대우법 교육을 재검토해야 한다는 연구이다. 박혜경·권순희(2006)을 참고할 것.

으로 변화를 겪고 있다. 또 문법의 정확성을 강조하던 것에서 의사소통의 유창성이나 사회언어학적인 용인성으로 그 관심의 영역이 변화되었다.

구조주의적, 변형생성문법적 언어학의 영향을 받던 시기의 외국어 교육은 문법 중심으로 이루어졌다. 그런데 이러한 교육을 받은 학습자들이 실제의 담화 현장에서 아무런 의사소통도 할 수 없는 경우가 발생[4]하게 되어, 기존의 교수법에 대한 거센 반발과 함께 문법 교수 자체에 대한 부정으로 이어져 초기의 의사소통 중심의 외국어교육에서는 문법 무용지물론이 나오기에 이르렀다(이해영 2003가).

담화·화용론에 기반을 둔 언어 교육에서는 문장을 구성하는 요소들에 대한 학습보다는 실생활 활동 중심의 총체적인 학습을 지향하고 있다. 그러나 담화·화용론에 기반을 둔 언어 교육에서는 문법 지식을 경시하는 분위기를 만들었다는 비판을 받고 있다. 담화·화용론에 기반을 둔 언어 교육을 비판하는 사람들은 외국어 교수·학습에서 문법을 배제한 상태로 유창한 의사소통 능력 발달이 가능하지 않다고 보고 있다.

이상과 같은 양극단적인 문법관을 결과 중심의 문법관, 과정 중심의 문법관, 기능 중심의 문법관 등 세 가지의 문법관과 관련시켜서 설명할 수 있다. 문법 규칙에 중심을 두는 문법관을 결과 중심의 문법관이라고 명명할 수 있다. 또 과제 해결을 위해 구사하게 되는 문법과 관련하여 과정 중심의 문법관, 맥락과 상황을 고려한 언어 사용과 관련된 사회언어학 규칙에 비중을 부여하는 문법관을 기능 중심의 문법관이라고 명명할 수 있다.

Bastone은 결과 중심의 문법 교육, 과정 중심의 문법 교육, 기능 중심의 문법 교육에 관한 핵심 논제를 다음과 같이 제시하고 있다(Bastone 1994, 김치홍 뒤침 2003:83).

결과 중심의 문법 교육	과정 중심의 문법 교육	기능 중심의 문법 교육
특정한 형식과 의미에 초점을 둠으로써 학습자가 문법 규칙을 눈여겨보고 구조화하도록 도움을 준다.	학습자에게 언어 사용 기술들을 연습해 보게 하고, 자신의 지식을 절차화하도록 해준다.	자신의 의사소통을 위해 문법을 이용하도록 세심하게 학습자를 안내한다.

---

[4] 2003년 본서 집필 회의에서 현윤호는 "A: 학교에 갑니까? — B: 예, 학교에 갑니다. / A: 음악회에 갑니까? — B: 예, 음악회에 갑니다." 식의 연습을 통해 문법을 배웠던 학생이 "안녕하십니까"라는 인사에 "예, 안녕하십니다."라고 답변했던 현장 사례를 들어 '담화 현장을 고려하지 못하는 문법 교육의 문제점'을 지적한 바 있다.

본서에서는 한국어의 구조에 초점을 둔 문법 기술뿐만 아니라, 의사소통적 문법과 언어문화 속에서 형성된 구성적 규칙을 교수·학습한다는 관점으로 문법에 대해 기술할 것이고 문법 교육을 논의할 것이다. 또 문법 교육 방법을 기술할 때, 한국어 교재(교과서)에 나타난 한국어 문법 분야의 구성 방식과 수업 사례를 포함하여 기술할 것이다. 문법 교육 방법과 문법 수업 활동 유형을 관련시켜 기술한다.

2.1.1. 결과 중심의 문법 교육

결과 중심의 문법 교육은 특정한 문법 구조에 초점을 두고 그 의미를 밝혀주고 문법 규칙을 이해하도록 지도하는 것이다. 결과 중심의 문법 교육은 단기간의 문법 교육으로 외국어 학습의 효과를 낼 수 있다는 장점이 있다. 그러나 언어 사용의 실제적 적용 측면에서 지도가 부족하다는 약점을 지닌다.

Bartlett(1981)에 의하면, 교사와 언어적 상호작용을 많이 한 유아는 언어적 상호작용의 기회가 별로 없는 유아보다 언어적 발달이 향상되었다고 한다. 그리고 지시에 의한 외적 언어적 반복은 유아 언어 발달에 도움이 안 되며 자연스러운 언어 환경 접근이 언어 습득에 도움이 된다고 주장하였다. Bartlett의 연구는 학습자가 유아이고 학습 언어가 모어인 경우에 해당하는 논의이지만, 외국어로서의 한국어 교육에도 적용이 된다. 한국어 문법 사항을 학습자에게 지시에 의한 반복 학습으로 습득하게 하고 자연스러운 의사소통 상황에 맞는 표현을 구사하도록 훈련하지 않는다면 학습자가 자연스러운 의사소통의 상황에 맞는 표현을 구사하도록 하기 어렵다.

문법을 '절대적인 규칙'처럼 여기는 것은 잘못이다. 실제적인 의사소통 상황에서 나타나는 언어의 규칙성은 정도의 문제이다(Baston 1994, 김치홍 뒤침 2003:24). 문법 규칙의 정오에 초점을 두어 지도하다 보면 학습자의 표현 능력을 위축시킬 우려가 있다.

결과 중심의 문법 교육을 염두에 둔 교재의 사례를 소개하면 다음과 같다.

(1)

> 단원명: 제○과 들어가도 괜찮습니까?
>
> Ⅰ. 발음
>   설날 〔설랄〕   난로 〔날로〕   한라산 〔할라산〕
>
> Ⅱ. 낱말
>   들어와요 / 나가요
>   들어가요 / 나와요
>   가져와요 / 가져가요
>
> Ⅲ. 구조
>
>   ┌─────────────────────────────┐
>   │ -아/어도 괜찮아요, -(으)면 안돼요 │
>   │ = -아/어도 좋아요   │
>   │ = -아/어도 돼요   │
>   └─────────────────────────────┘
>
>   담배를 피워도 괜찮습니까?
>   • 네, 괜찮아요.(= 피워도 괜찮아요.)
>   • 아니요, 피우면 안 돼요.
>
>   ┌─────────────────┐
>   │ -은/는, -도, -만 │
>   └─────────────────┘
>
>   A: 이영민 씨는 일본에 갔었습니다.
>   B: 필리핀에도 갔었습니까?
>   A: 아니요, 필리핀에는 안 갔었습니다.
>   B: 태국에는 갔었습니까?
>   A: 아니요, 태국에도 안 갔었습니다.
>   영민 씨는 일본에만 갔었습니다.

(1′)

- 대화 -

한국에서 어디에 갔었어요?
설악산에 갔었어요?
제주도에도 갔었어요?
울릉도에는요?

한국에서 겨울에 스키를 탈 수 있어요?
여름에도 탈 수 있어요?
가을에는 어때요?
알래스카에서는 어때요?
알래스카에서도 여름에 스키를 못 타요?

집에서 이대까지 어떻게 와요?
지하철역에서부터는 어떻게 와요?

— 이화여자대학교 언어교육원(1996:23-29)에서 —

이화여자대학교 교재 중에서 일부만 발췌한 것이다. 이 교재에서는 본문에서 다루게 될 대화를 소개하기에 앞서 발음과 단어, 구문을 소개하고 있다. 위와 같이 규정된 일반 문법을 먼저 소개하고 이를 활용하여 문장 연습을 하도록 구성된 교재가 결과 중심의 문법 기술에 해당한다. 또 이를 사용하여 기술된 순서대로 수업을 진행한다면 결과 중심의 문법 교육이 되기 쉽다. 학습자에게 문법 규칙을 찾아보도록 하기보다는 교사가 문법 규칙의 결과물을 학습자에게 제시하고 제시한 문법을 학습자가 암기하도록 하는 방법의 수업이 결과 중심의 문법 교육이라고 할 수 있다.

(1′)에서 제시한 '대화' 부분은 다른 교재와 차이가 있다. 질문과 답변의 짝으로 구성되는 일반적인 교과서 구성과는 달리 질문만으로 구성되어 있다. (1′)는 문법 구조를 이용하여 자유롭게 답변을 구사할 수 있도록 배려한 교과서이다. 결과 중심 문법 기술 방식을 사용하고 있으면서도 학습자의 활동을 고려한 교과서라고 평가할 수 있다.

2.1.2. 과정 중심의 문법 교육

과정 중심의 교육은 학습자를 직접 언어 사용 절차 속으로 들어가게 하는 방법이다. 특정한 문법 파악에 목표를 두는 것이 아니라, 학습자가 담화 참여자로서 표현하고자 하는 바를 효율적으로 표현할 수 있도록 과제를 구성한다. 담화를 구성하는 과정에 대한 기술과 전략을 계발하는 데 목표를 둔다. 그 결과 과정 중심 교육은 과제에 기반한 것(Bastone 1994, 김치홍 뒤침 2003:105)이다.

과정 중심의 문법 교육은 학습자가 스스로 문법의 규칙을 발견하도록 할 뿐만 아니라, 언어 사용에 대하여 자기표현 능력도 성취하기를 바라는 교육 방법이다. 과정 중심의 교육과 과정 중심 활동을 혼동하지 말아야 한다.

심리언어학적으로 보면 학습자들이 선행 학습 요소들을 익히고 있을 때 교수가 성공적으로 이루어지므로 문법 항목은 선행 학습 요소를 바탕으로 지속적이고 누적적으로 학습되어야 할 것(이해영 1998:422)이다. 과정 중심의 문법 교육은 결과 중심의 문법 교육에 비해 시간적으로 경제적인 방법은 아닐 수 있다. 과정 중심의 문법 교육은 선행 학습 요소를 바탕으로 학습자의 흥미를 끌며 수업을 진행할 수 있는 방법이며 문법에 대한 흥미와 문법 교육의 필요성을 실감하지 못하는 시기의 학습자들에게 효과적인 방법이다.

문법 교육 방법을 연령별로 구분하려는 시도는 최길시(1998)에서 볼 수 있다. 외국인에게 한국어를 교육할 때, 학습자가 임계기(臨界期: critical period) 이전의 유아 또는 아동이냐, 아니면 임계기가 지난 연령층(청소년, 성인 등)이냐에 따라 문법 교육 방법이 달라야 한다. 임계기 이전의 아동들은 언어의 규칙이나 이치에 관심이 없거니와, 설령 그것을 교육한다 하여도 이해하지 못하기 때문에, 이해를 위한 설명보다는 재미있는 말놀이 등, 흥미를 유발할 수 있는 듣기와 말하기의 실행을 통하여 한국어의 구조와 어휘를 직접 체감, 체득케 하는 것이 효과적이다(최길시 1998:133). 이 견해에 따른다면 과정 중심의 문법 교육 방법은 연령으로 보았을 때 성인보다는 청소년에게 상대적으로 더 적절한 방법이라고 할 수 있다. 왜냐하면 성인들의 경우는 결과 중심의 문법 학습 방법이 단기적으로 외국어를 배우는데 있어서 경제적이라고 받아들이기 때문이다.

(1)

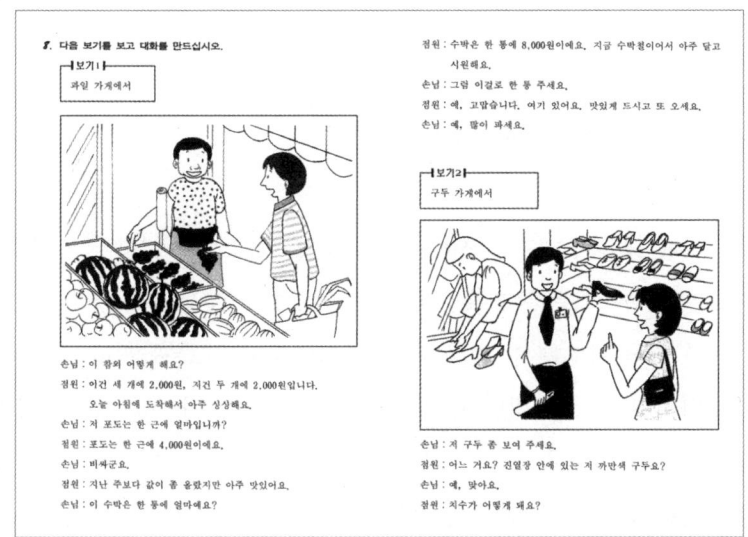

― 연세대학교 한국어학당(2002:68-69)에서 ―

(2)

> ※ 보기의 단어를 가지고 내가 갖고 있는 옷, 사고 싶은 옷을 설명해 보십시오.
> 옷 종류: 바지, 짧은치마, 긴치마, 원피스, 블라우스, 셔츠, 반팔 티셔츠, 양복, 양장, 반바지
> 옷 색깔: 하얀색, 까만색, 파란색, 초록색, 분홍색, 노란색, 밤색, 회색, 빨간색
> 옷 무늬: 줄무늬, 체크무늬, 꽃무늬, 물방울무늬
>
> ※ 옷 가게에서 옷을 사려고 합니다. 대화를 만들어 보십시오.
> ※ 어려운 표현을 찾아서 그 표현이 왜 어려운지 생각해 보십시오.
> ※ 말하고자 하는 내용을 모어로 표현해 보고 한국어로 표현할 때의 차이점이 무엇인지 생각해 보십시오.
> ※ 표현하기 어려운 문장을 찾아보고 그 속에서 문법 규칙을 찾아보십시오.

위의 교재는 연세대학교 교재를 참고하여 연구자가 구안해 본 것이다. 대화의 예시를 먼저 보여 주고 '옷 가게에서 옷을 사려고 합니다'라는 상황을 부여하여 학습자 간의 표현 활동을 하도록 유도한 것이다. 표현 활동을 통해 예시에서 보여주고 있는 문법 규칙을 찾아내고 활용하도록 구성해 보았다.

과정 중심의 문법 교육은 문법 규칙을 스스로 발견하는 과정을 중시한다. 위 교재처럼 '과일 가게에서', '구두 가게에서', '옷 가게에서'와 같이 주제 상황을 제시하

고 학습자 간의 의사소통을 통하여 필요한 문법 규칙을 찾아보는 것이 과정 중심의 문법 교육이다.

2.1.3. 기능 중심의 문법 교육

결과 중심의 문법 교육과 과정 중심의 문법 교육을 결합하여 교사는 특정한 문법 형식에 초점을 맞춰 학습자들을 교육할 수 있고, 또 언어 사용에서 이 문법 형식들을 응용할 기회를 주어 지도할 수 있다. 결과 중심의 문법 교육과 과정 중심의 문법 교육은 서로 보완적인 기능을 지닌다. 그렇기 때문에 문법 형식에 초점을 두는 문법 교육과 더불어 의사소통이 이루어지는 상황과 맥락, 의사소통의 의미와 의사소통자 간의 상호작용 등을 유지하고 실행하는 접근이 필요하다. 이 접근이 기능 중심의 문법 교육이다.

기능 중심의 문법 교육은 개개인의 학습자와 학습자의 상호작용에 초점을 유지하고 실행하는 접근법이다. 결과 중심의 문법 교육이 언어 현실보다는 결과 중심의 언어체를 학습의 목표물로 삼고 있으며, 과정 중심의 문법 교육이 과제 중심의 표현에 초점을 두는 것임을 감안한다면 기능 중심의 문법 교육은 언어 사용자에게 초점을 둔다는 점으로 그 특징을 요약할 수 있다. 기능 중심의 문법 교육은 학습자의 관심을 문법으로 안내하고, 언어 사용에서 문법을 이용하면서 학습자가 문법에 주목하는 능력을 가르치는 법을 돕는 과제를 계획하는 일을 의미한다.

말하기와 쓰기 등 표현 활동에서 학습자들이 많이 실수하는 부분은 문법적인 부분이다. 표현 활동 시 학습자의 문법적 오류를 언제 교정하는 것이 바람직할까? 학습자가 말하는 중간 중간에 오류를 교정해주는 것이 바람직한 것일까 아니면 학습자가 말을 마친 후 또는 글쓰기를 마친 후에 오류를 교정해주는 것이 바람직할까? 말하는 도중에 교사가 학습자를 방해하면서 문법의 오류를 수정하는 것이 학습자의 표현 능력을 향상시키는데 도움이 되지 않는다는 연구 결과가 있다(Brown, 권오량 외 역 2003:450). 학습자가 의사소통의 흐름을 유지하고, 학습자 스스로 수정을 최대화하고, 학습자가 처해 있는 감정적이고 언어학적인 위치를 민감하게 고려하는 원칙을 고수하는 것이 바람직한 오류 교정 방법이다. 언어 사용자인 학습자를 문법보다 중심에 두어야 한다는 원칙을 교사는 잊지 않도록 한다.[5]

반면에 Hendrickson(1980)은 오류 처리에 관한 실제적인 연구에서 오류를 총체적인 것과 국부적인 것으로 구분하였다. 국부적 오류는 청자가 그 메시지를 명확하게 인식할 수 있고 오류 수정이 오히려 의사소통의 흐름을 방해할 수 있기 때문에 굳이 고쳐줄 필요가 없다고 한다. 반면에 총체적 오류의 경우에는 메시지가 왜곡될 수 있기 때문에 어떤 식으로든 교정을 해주어야 한다고 언급하고 있다. 또한 학습자는 수업 중 범한 오류에 대해 교정받기를 원한다고 논의하고 있다. 오류 교정 방법에 관한 문제는 간단한 문제가 아니다. 오류 교정 방법에 관한 연구를 살펴보아도 쉽게 결론을 내리기 힘들다. 기능 중심의 문법 교육에서는 학습자가 표현하는 것을 최대한 방해하지 않는 범위 내에서 오류 교정이 이루어져야 한다.

기능 중심의 문법 교육을 위한 교재의 예를 구성하여 제시하면 다음과 같다.

(1)[6]
<u>파트 1. 대화를 통한 의사소통 양상을 살펴본다.</u>
19과 시간이 나면 뭘 해요?
소피아: 시간이 나면 뭘 해요?
수미: 난 주말마다 등산을 가요. 소피아 씨는 취미가 뭐예요?
소피아: 날씨가 좋으면 밖에 나가서 그림을 그려요.
수미: 참 멋있는 취미를 가지고 있군요. 난 그림을 전혀 못 그려요.
소피아: 등산도 아주 좋은 취미인 것 같아요. 건강에도 좋고요.
수미: 이번 일요일에 관악산에 가려고 하는데, 같이 갈래요?
소피아: 그거 좋은 생각이에요. 아름다운 경치를 보면서 그림도 그리고요.

<u>파트 2. 발음, 문법, 어휘와 표현 등으로 정리 - 교사와 학습자 간의 상호작용으로 그 원리를 찾아내려는 노력을 한다.</u> 유사한 표현을 탐구하여 비교 후 표현의 차이점 등을 검토한다.

---

[5] 기능 중심의 문법 교육에서는 문법을 사용하는 학습자를 기능보다도 중시한다는 점에서 학습자 중심의 문법 교육이라는 표현이 더 적절할 수도 있다. 그러나 기능 중심의 문법 교육만이 학습자 중심의 교육이고 결과 중심이나 과정 중심의 문법 교육은 그렇지 않다고 할 수 없는 것이기 때문에 이 용어를 사용하지 않기로 결정하였다.
[6] 서울대학교 언어교육원(2003:189)를 참고하여 재구성한 것임.

문법

V-(으)ㄹ래요?/V-(으)ㄹ래요.

영화표가 두 장 있는데 같이 <u>갈래요</u>?
테이프를 하나 샀는데 한번 <u>들어 볼래요</u>?
나는 냉면을 <u>먹을래요</u>. 영숙 씨는요?
- 나도 같은 것을 <u>먹을래요</u>.

<u>비교 표현: -겠어요?/-겠어요.</u>
같이 <u>가시겠어요</u>?
나는 <u>냉면을 먹겠어요</u>.

<u>파트 3. 실제적인 상황 하에서 학습자 상호간의 대화 연습을 하도록 한다.</u>
이번 주말에 무엇을 할 거예요?
친구들 중에서 같이 주말을 지낼 수 있는 사람을 찾아보세요. 그리고 대화를 만들어 보세요.

〈필요에 따라 그림 제시〉

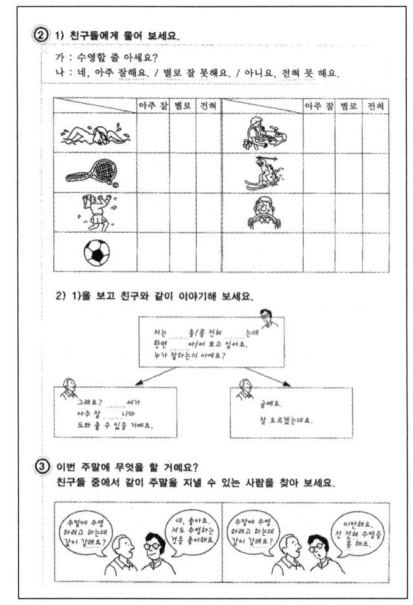

-서울대학교 언어교육원(2003:193)에서-

<u>파트 4. 소집단 별로 혹은 2인 1조로 대화 발표를 듣고 학습자 상호간의 논의를 통해 검토 교정한다. 문법 요소 검토를 빠뜨리지 않도록 한다.</u>
<u>파트 5. 검토 교정한 것을 토대로 대화를 재구성하여 역할놀이로 실연한다.</u>

(1)에서 보여주는 문법 기술은 'V-(으)ㄹ래요?/V-(으)ㄹ래요.'와 '-겠어요' 표현을 비교하게 함으로써 같은 의미로 통하는 표현을 학습할 수 있도록 구성된 것이다. 유사한 표현, 비교되는 표현, 반대되는 표현 등을 제시하여 학습자에게 탐구할 수 있는 기회를 주고 학습자 간의 상호작용을 통해 다양한 표현의 사례를 접한다면 결과 중심의 문법 교육이나 과정 중심의 문법 교육의 단점을 보완할 수 있다.

(1)에서는 기능 중심의 문법 교육을 위한 교재를 5개의 부분으로 구성하였다. 파트 1은 일상적인 대화를 듣게 함으로써 화제나 상황에 따른 일반적인 표현의 양상을 접하게 한다. 파트 2에서는 파트 1에 나타난 표현을 검토하면서 문법적인 요소를 추출해 내거나 다양한 표현의 사례를 탐구하도록 한다. 이때 교사와 학습자 간의 상호작용이 이루어지도록 한다. 파트 3에서는 파트 2에서 학습하고 탐구한 문법적인 요소를 이용하여 실제적인 의사소통 상황에서 학습자 간의 활동을 통해 구현하도록 한다. 학습자 간의 언어 사용으로 문법의 기능을 살펴본다. 파트 4에서는 학습자 간의 상호작용으로 평가를 하고 문법 요소를 재검토한다. 파트 5에서는 한국어의 원활한 사용을 위하여 구체적인 상황 속에서 언어 사용을 익힐 수 있도록 역할놀이를 하도록 한다. 교재에서 구체적인 사례를 제시하면 실제 문법 교육에 도움이 될 것이다.

2.2. 문법 교육의 절차

문법 교육의 절차는 문법 교육의 방법에 따라 달라질 수 있다. 다음은 일반적인 문법 교육의 절차이다.

첫 단계는 도입 단계이다. 학습 목표를 알려주고 학습 동기를 유발시키며, 배경지식을 활성화시키는 도입 활동을 하고 배울 내용에 대한 예측 활동을 해본다. 학습 문제 해결 활동 전에 학습 문제와 관련된 배경지식을 활성화하고 확장하는 학습 활동을 한다. 두 번째 단계는 인지 학습 단계이다. 문법의 일정한 규칙을 예측해 보는 단계이다. 세 번째 단계는 원리 학습 단계이다. 문법 사용의 원리나 규칙, 방법을 깨닫고 교사의 시범에 따라 학습하는 단계이다. 주로 교재를 이용하여 학습하도록 한다. 네 번째 단계는 적용 학습 단계이다. 실제적인 의사소통 상황에 문법 사용의 원리나 규칙을 적용하여 사용하는 단계이다. 학습자 상호간의 관계 속에서 실제 의사소통과 유사한 상황에서 자연스럽게 구사할 수 있도록 문법을 익히는 단계이다. 교재를 응용하거나 교재 이외의 교구를 사용하여 학습 활동을 진행하도록 한다. 다섯 번째 단계는 정리 단계이다. 학습 목표를 확인하고 수업 내용을 정리하고 평가하는 단계이다.

문법 교수 학습의 단계를 그림으로 제시하면 다음과 같다.

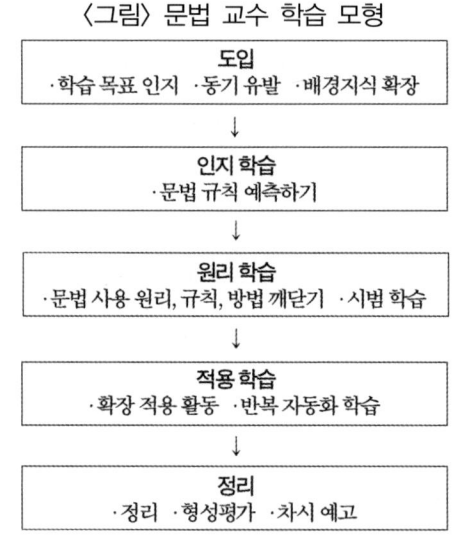

〈그림〉 문법 교수 학습 모형

문법 교육 절차를 단계로 설명하였지만 한 단계를 지나고 나면 다시는 되돌릴 수 없는 단절적인 단계로 이해하기보다는 역동적인 관계 속에서 연속적인 단계의 반복을 할 수 있다는 생각으로 문법 교육에 임하는 것이 바람직하다.

2.3. 수업 활동 유형

문법 교육을 효과적으로 하기 위한 수업 활동 유형은 교사 변인, 학습자 변인, 교재 변인 등에 따라 달라질 수 있다. 교사는 학습 목표의 설정이나 교사의 의도에 따라 교육 내용을 구성하여 수업 활동을 준비하고 진행하게 된다. 교사가 수업 활동을 구성하는 단계에서 교사는 교실 전체를 교구화할 수도 있으며, 학습자와의 관계 속에서 학습 상황을 교구화할 수도 있다. 또 교재를 응용하여 다양한 교구를 개발하거나 개발된 교구를 이용하는 것이 수업 활동을 진행하는 데 도움이 된다.

교실 전체를 교구화한다는 것은 교실 공간을 이용하는 것이다. 학습 도구나 학습 결과물로 교실 환경을 꾸미고 이를 이용하여 수업에 활용한다. 예를 들면, '가을'을 주제로 그림을 그리게 한 후 그 중에서 몇 명의 학습자 작품을 전시하고 그림을 설명하는 글을 써보게 한다. 그 과정에서 드러나는 문법적인 요소를 정리하고 다양한 표현을 모색해 보게 한다.

학습자와의 관계 속에서 학습 환경을 교구화한다는 것은 학습자를 학습에 활용하는 것을 의미한다. 교사와 학습자 간의 상호작용 학습 활동을 하다가 학습자와 학습자 간의 상호작용 학습 활동을 전개하는 것이 그 예이다. 문법 구문을 이용하여 학습 활동을 할 때, 리듬감을 이용하여 속도를 빠르게 하거나 느리게 하는 등 언어 외적인 요소를 혼합하여 학습 활동을 전개하면 지루하지 않게 수업을 진행할 수 있다.

교재를 응용하여 다양한 교구를 개발하는 것으로는 어휘 카드나 문법 표지 카드, 그림 카드 등을 준비하는 방법이 있다. 카드를 학습자가 활용할 수 있도록 한다. 어휘 카드나 문법 표지 카드, 사진, 그림 등을 학습자에게 각각 필요한 분량만큼 나누어 주고 수업 시간에 말하기나 쓰기 표현을 할 때 이를 활용하도록 한다.

다음으로는 수업 전개에 초점을 둔 문법 교수 학습 모형에 대해 살펴볼 수 있다. Thornbury(2000:128-9)에서는 다음과 같이 외국어 교수법 모형을 두 가지로 제시하고 있다.

첫째, 제시 훈련(PPP) 모형이다. 교사가 올바른 언어 사례를 제시하고 학습자가 반복 연습하여 바른 언어 자료를 자율적으로 생성할 수 있도록 하는 교육 모형이다. 앞서 논의한 결과 중심의 문법 교육 방법은 제시 훈련 모형으로 구체화할 수 있다. 그 과정을 제시하면 다음과 같다.

> 제시(presentation) ― 연습(practice) ― 생산(production)

둘째, 과제 훈련(TTT) 모형이다. 의사소통 능력 함양을 목표로 과제를 제시하여 과제 해결형 언어 습득을 하도록 지도하는 모형이다. 과제 훈련 모형은 의사소통 능력 함양을 위한 과제 제시라는 점에서 앞서 논의한 문법 교육 방법과는 차이가 있다. 그러나 문법 과제를 해결하는 과정을 논의하는 과정 중심의 문법 교육 방법을 과제 훈련 모형으로 응용, 적용할 수 있다.

> 과제(1)[task(1)] ― 교수 활동(teach) ― 과제(2)[task(2)]
>
> 과제(1): 의사소통형 과제(communicative task)
> 과제(2): 과제(1)의 반복 또는 유사 과제

의사소통형 과제인 과제(1)을 의사소통 양상 속에서 문법적 요소를 찾아 탐구하는 과제로 변형하여 활용한다.

Thornbury(2000)가 제시한 교수법 모형과 더불어 앞서 논의한 기능 중심의 문법 교육을 위한 수업 모형으로 상호작용 훈련 모형을 제안한다. 학습자의 상호작용을 통한 의사소통 훈련과 평가로 의사소통 능력의 함양을 위한 문법 요소를 찾아 학습하도록 하는 모형이 상호작용 훈련 모형이다.

일상 대화 혹은 글에 나타난 담화를 이해하는 단계를 거쳐 담화 속에서 교사와 학습자 간의 상호작용을 통해 문법 요소를 찾고 의사소통 상황을 구연하는 역할놀이 등을 통해 문법을 학습하게 되는 방법이 상호작용 훈련 모형이라 할 수 있다. 상호작용 훈련 모형을 그림으로 나타내면 다음과 같다.

> 담화 이해 ― 문법 탐구 ― 의사소통 상황에서 구연
>
> 문법 탐구: 교사와 학습자 간 상호작용
> 의사소통 상황에서 구연: 학습자 상호간 훈련

제시 훈련 모형은 문형 연습을 통해, 과제 훈련 모형은 유의미한 연습을 통해, 상호작용 훈련 모형은 학습자 참여 활동을 통해 구체화될 수 있다. 교과서 유형에 따

라 수업 활동이 달라지겠지만 수업 활동의 유형을 3가지로 나누어 제시할 수 있다. 제시 훈련 모형에 따른 문형 연습과 과제 훈련 모형에 따른 문제 해결의 유의미적 연습, 상호작용 훈련 모형에 따른 의사소통적 문법 연습의 학습자 참여 활동으로 나누어 소개하겠다.

2.3.1. 문형 연습

반복 연습, 대체 연습, 변형 연습, 대화 연습, 확대 연습, 대체표의 활용 등이 제시 훈련 모형에 따른 학습 지도 방법이다.

① 반복 연습

기본적인 예문을 주고 익숙해질 때까지 되풀이하는 방법이 반복 연습이다. 다음은 교사가 예문을 말하면 학습자들이 반복적으로 '-아/어 보입니다' 라는 구문으로 바꾸어 말하는 연습을 하는 경우이다.

교사: 기분이 좋습니다.

학습자: 기분이 좋아 보입니다.

교사: 요즘 건강합니다.

학습자: 요즘 건강해 보입니다.

교사: 걱정이 있습니다.

학습자: 걱정이 있어 보입니다.

교사: 나이가 어립니다.

학습자: 나이가 어려 보입니다.

② 대체 연습

대체 연습은 학습하고자 하는 부분 예를 들면, 문장성분 일부, 문법 항목의 일부 등을 대체하면서 문장 전체가 익숙해질 때까지 연습하는 방법이다. 어휘를 바꾸어 본다든지, 표현을 바꾸어 보도록 연습한다.

교사: 언제 차가 많이 밀립니까?

학습자: (　)에 차가 많이 밀립니다.
학습자1: 출퇴근 시간에 차가 많이 밀립니다.
학습자2: 추석 귀성길에 차가 많이 밀립니다.
학습자3: 주말에 차가 많이 밀립니다.
학습자4: 금요일 저녁에 차가 많이 밀립니다.
교사: 요즘 무슨 과일이 잘 팔립니까?
학습자: 요즘 (　)이/가 잘 팔립니다.
학습자1: 요즘 사과가 잘 팔립니다.
학습자2: 요즘 바나나가 잘 팔립니다.
학습자3: 요즘 배가 잘 팔립니다.
학습자4: 요즘 감이 잘 팔립니다.

③ 확대 연습

문장을 만들어 연습할 때 문장성분 중 한 가지를 넣어서 문장을 만들게 하다가 시간이 지남에 따라 차츰 알려주는 정도를 줄여나가는 방법으로 학습자의 자율성을 넓히는 방법이다. 다음에 제시한 사례처럼 '(1)→(2)→(3)' 순으로 학습자의 표현 활동을 확대하는 방향으로 지도하는 방법이 확대 연습 방법이다.

(1)

여기는 서울역입니다.

학습자1: 신촌에 가려면 (　　　　)?
학습자2: (　　　　)에서 내려서 (　)호선으로 갈아타세요.

(2)

지금 잠실역에 있습니다.

학습자1: (　　　)에 가려면 (　　　　　)?
학습자2: (　　　)에서 내려서 (　　　　　).

(3)
> 지금 시청역에 있습니다.
>
> 학습자1: 공항에 (   )?
> 학습자2: (   ).

④ 지시대로 연습하기

학습자로 하여금 주어진 지시대로 문장 생성 활동을 하도록 하는 방법이다. 수업 시간에 익혀야 할 중요한 문법 위주로 반복과 응용이 이루어지는 학습 활동이다. 청화식 교수법에서 많이 사용된 방법이다. 이를 위해서는 교사가 사전에 교재를 철저히 준비하는 것이 바람직하다.

■ 대조 후 부정문 연습하기

> 다음 예문처럼 (ㄱ)~(ㄹ)을 만들어 보라.
>
> 철수는 녹차를 마시지만 커피는 마시지 않는다.
> (ㄱ) 좋아한다 - 아이스크림/케이크   (ㄴ) 말한다 - 영어/일본어
> (ㄷ) 즐긴다 - 축구(하기)/테니스(하기)   (ㄹ) 본다 - 영화/연극

2.3.2. 문제 해결의 유의미적 연습

① 문법 구조 인지하기(awareness)

학습자들에게 문법 구조를 제시한 후 간단한 담화 문맥을 제시하여 특정한 형태나 의미를 주목하여 문법 구조를 찾아내도록 한다.

■ 시제 형태 익히기

신문 기사를 읽고 용언의 과거시제 부분을 찾아보고 과거시제에 공통적으로 사용되는 문법 표지를 찾아보도록 한다. 다음 예에서 '개발됐다', '밝혔다', '만들어졌다' 등의 표현에 나타난 공통된 문법 표지를 찾아보는 것이 그것이다.

〈신문 기사의 변형〉

"사과 껍질 안 벗기고 한 번에 8조각이 짠"

　　껍질을 벗기지 않고 손쉽게 나눠 먹을 수 있는 사과 칼(사진)이 개발됐다.
　　농촌진흥청은 씨앗 부분을 제거하면서 한 번에 8조각으로 사과를 절단할 수 있는 강화 플라스틱 사과 칼을 개발했다고 27일 밝혔다.
　　원예연구소가 이번에 개발한 사과 칼은 사과 껍질을 깎지 않은 상태에서 단 한 번의 힘으로 사과를 나눌 수 있으며 휴대가 간편한 원형으로 만들어졌다.
　　농촌진흥청은 이 사과 칼을 사과 축제 등 각종 행사 때 생산자 단체와 농가, 소비자에게 보급할 계획이다.

〈그림〉 인터넷 어린이 동아 2003년 10월 28일자

② 창의적 표현 연습하기(meaningful drills)

　　학습자로 하여금 주어진 문장을 응용하여 다양한 방식의 창의적 표현을 구사하게 한다. 창의적 표현 연습하기는 '문장 확장하기' 방법으로 응용 연습하게 할 수도 있다. 이 방법을 통하여 배우고자 하는 문법 표지뿐만 아니라 다양한 표현을 익힐 수 있다.

교사: 영희는 아이스크림을 좋아한다.
학습자1: 영희는 아이스크림이 좋다.
학습자2: 영희는 디저트로 아이스크림을 언제나 선택한다.
학습자3: 영희는 디저트로 아이스크림을 언제나 먹는다.
학습자4: 영희는 아이스크림이 없으면 못 산다.
학습자5: 영희는 선물로 아이스크림 케익을 받았을 때 가장 기뻐한다.

③ 제시된 조건으로 창의적 표현 연습하기(guided, meaningful drills)
한 문장의 일부를 조건으로 제시하고 문장을 완성해 보도록 한다.

'-것이다'의 문법 표지를 익히기 위해서 다음과 같이 한 문장의 일부를 조건으로 제시한 후 문장을 완성하게 한다.

내가 운전면허를 따게 되었을 때, _____
내가 운전면허를 따면, _____
내가 차를 사게 되었을 때, _____
내가 차를 사면, _____

④ 문제 해결 방안 모색하기
해결해야 할 과제의 상황과 문제 항목을 제시한 후 제시된 문법 항목을 이용하여 문제 해결 방안을 표현하게 한다.

해결해야 할 과제와 관련된 상황
우리는 평범한 가정이며 화목한 가정을 이루고 있다. 우리에게는 11살 아들과 4살 딸이 있다. 그런데 아들이 2년 전부터 도벽이 생겼다. 아들에게 용돈을 많이 주는 편이고, 주말이면 함께 놀아주기도 하는데 아들이 왜 도둑질을 하는지 모르겠다. 어떻게 해야 할지 모르겠다.

〈활동〉 문제를 해결할 수 있는 방안을 '-는 것이 좋다, -아/어야 한다' 등을 사용하여 표현하도록 한다.

배가 난파되어 무인도에 도착하게 되었다. 다음 어구를 이용하여 휴대전화로 구조를 요청해야 하는 상황을 조별로 이야기해 본다. 학습자 활동 시 '-거나', '-자마자', '은/는커녕' 등 어구는 교사나 학습자의 필요에 따라 배운 것을 토대로 다양하게 제시할 수 있다.

⑤ 어휘를 통한 창의적 표현

학습자로 하여금 주어진 조건에 따라 활동을 요구하되 다양한 어휘 사용을 통해 창의적 표현을 유도한다.

'만일 내가 10억 원이 있다면', '만약 로또에 당첨이 된다면' 등의 조건에서 무엇을 할 것인지 다양한 어휘를 사용하여 구체적으로 말하거나 써 보도록 한다.

이때 교사가 관련된 그림을 소개하면 도움이 된다. 또는 학습자가 표현하고자 하는 바를 그림으로 직접 표현한 후 말이나 글로 설명하게 한다.

⑥ 정보의 공백 채우기

잡지나 신문의 광고를 교사가 준비한다. 예를 들면, 세제 광고도 좋고, 휴대전화 광고, 공익 광고도 좋다. 문구가 많지 않은 광고를 준비하여 2인 1조의 학습자들에게 나누어 준다. 광고를 보고 광고 문구를 만들어 보게 한다. 수업 시간에 배운 문법이나 표현을 사용하도록 권고한다.

다음은 일회용품 사용을 자제할 것을 촉구하는 공익광고협의회 광고이다.

"1회용을 다시 썼습니다. 4,000억 원을 저금했습니다." 라는 문구를 참고하여 환경을 보호하자는 취지의 광고문을 학습자들이 만들어 보도록 한다. 광고 문구의 일부를 삭제하여 제시할 수도 있다.

"일회용품을 사용하지 않으면 (   )을/를 아끼는 것입니다.", "일회용품을 사용하지 않으면 (   )이/가 보존됩니다." 등과 같은 응용 문구를 사용할 수 있도록 교사가 몇 가지 문구를 제시하도록 하는 것도 좋은 방법이다.

⑦ 물건 제시하기

가르치는 현장에 실물 차원의 사물이나 그림, 사진을 가져와서 꾸민다. 교실에 있는 사물을 활용하여 학습자들이 서로 의사소통 활동에 참여하게 함으로써 교사는 학습자들에게 대화 규칙들과 여러 표현을 시도해 보도록 한다. 실물을 제시하기 어려운 경우에는 낱말 카드로 대신할 수 있다. 예를 들어, 교통편에 관련된 주제로 수업을 할 경우 지하철 노선표나 방향을 나타내는 낱말 카드를 교실 벽에 붙여놓고 이를 활용하도록 한다. '-(으)려면, -자마자, -(으)로 갈아타세요' 등과 같은 표현을 함께 연습하도록 한다.

2.3.3. 의사소통적 문법 연습

① 자유 작문하기(free sentence-composition)

영화 장면을 제시하고 그 다음 장면에서 어떤 일이 벌어질 것인지 추측하여 소집단별로 이어 쓰기를 한다. 이어 쓴 내용을 토대로 발표하거나 역할놀이를 실연하도록 한다. '-(으)ㄹ 것이다' 와 같은 구문을 사용하도록 한다.

시청각 자료나 상황적 단서를 주고 학습자가 각자 자유롭게 말하거나 쓰게 한다. 다양한 시청각 자료나 상황 단서를 마련한 후 제비뽑기를 통해 조별로 선택하게 하는 것도 좋은 방법이다. 또한 많은 사람이 다양한 일을 하고 있는 그림이나 만화, 사진 등을 주고 교사가 제시하는 문법 요소를 사용하여 표현해 보도록 하거나 이어서 이루어질 사건 등을 표현해 보도록 하면서 특정 문법 요소나 어휘를 사용하도록 유도할 수 있다.

'이어 그림 그리기 활동'을 사용하여 응용할 수 있다. 4명을 한 팀으로 구성한 다음 예상되는 내용을 그림으로 나타내되 한 가지 요소만 나타내게 한다. 한 가지 요소가 그림으로 표현되었다면 시계 오른쪽 방향으로 종이를 돌리게 한다.[7] 옆 사람의 종이에 새로운 그림 요소를 추가한다. 이런 식으로 그림을 그려나가면 합작으로 그림을 완성하게 된다. 여러 가지의 그림 요소가 첨가되면서 본인이 생각했던 그림과는 판이하게 다른 그림이 나올 수도 있다. 이때 자신의 생각과 그림의 차이점을 비교하면서 표현하도록 지도한다.

② 이야기 구성하기(discourse composition)

소집단별로 과제를 주고 특정 문형 사례를 제시한다. 각 소집단에서 한 사람씩 돌아가면서 앞 사람이 한 이야기를 받아 이어가기를 통해 이야기를 구성하게 한다. 여러 가지의 문형 사례 중 제비뽑기를 하여 자신이 선택한 문형을 사용하여 이야기할 수 있도록 하는 것도 하나의 방법이다.

학습자들에게 곤란한 상황을 가정하게 하고(가령, 지하철에서 내릴 때 가방을 놓고 내렸을 경우 어떻게 할 것인가? 자취집 화장실의 변기가 고장이 났을 때 어떻게 할 것인가? 등) 해결책을 말로나 글로 제시하도록 한다. 이때 가능, 당위, 추측 등의 문법 표지를 사용하도록 지도한다.

---

7) 돌릴 때, '얼씨구'와 같은 팀의 구호를 외치게 한다든지 '하나, 둘, 셋'을 리듬감 있게 외치게 하면 학습자에게 활력을 줄 수 있다.

③ 문법 게임

교사가 제시하는 그림, 만화 등을 보거나 음악을 듣고 학습자들은 이야기를 상상해 보면서 표현하고자 하는 내용을 모색해 보도록 지도한다. 학습자들이 상상한 이야기를 표현할 때 사용할 수 있도록 문법 항목이 포함되어 있는 문장을 교사가 미리 준비한다. 교사는 미리 문법 항목이 있는 10개의 문장을 한 바구니에 넣어 두고 학습자가 필요한 문장이나 문법 항목을 선택하여 사용하도록 유도한다. 예를 들면, 봄소식과 관련된 배경 음악을 준비한다. 또 문장 카드로 다음과 같은 예들을 준비한다.

◎ 꽃씨를 화분에 심자마자
◎ 기도하는 마음으로 정성스럽게 물을 주었는데
◎ 흙을 뚫고 연두색 싹이 나왔을 때
◎ 빨간 꽃봉오리가 맺혔습니다.
◎ 결혼시켜야 할 아들이 있었습니다.
◎ 울음을 터뜨리고 말았습니다.
◎ 나비야 정말 고맙구나.
◎ 친구들에게 자랑을 했습니다.
◎ 말하였는데도 불구하고
◎ 좋은 신랑이 되겠습니다.

문법 항목이나 문장 중에서 학습자들이 반드시 사용해야 할 것과 변형해서 사용해도 좋은 것을 구분하여 교사가 학습자들에게 제시하여도 좋다. 문장 카드를 숨겨 두고 찾도록 하는 방법을 병행해도 좋다.

문법 게임을 이용한 수업의 장점은 다음과 같다.

㉠ 학습자들 스스로 문법이 어떤 것인지 생각할 수 있도록 유도한다.
㉡ 학습자들이 안 사실을 교사가 접근하여 쉽게 정리해 줄 수 있다.
㉢ 심각한 문제를 놀이의 문맥으로 해결하여 딱딱한 문법 수업이라는 생각 없이 문법을 공부할 수 있다.
㉣ 학습자들의 집중을 높일 수 있다.

2.4. 문법 교육 평가

일반적으로 평가(evaluation)라 함은 교육과정 평가(curriculum evaluation)와 같은 넓은 의미의 평가로부터 수량화를 전제로 하는 측정(measurement)과 검사(testing)의 형태와 일정 기준에 부합 여부를 판정하는 사정(assessment)의 의미까지 폭넓게 사용되는 개념이다(이희경 외 2002:345). 본서에서는 학습 내용 평가에 초점을 맞추어 논의하겠다.

2.4.1. 문법 교육 평가의 방법과 내용

평가를 통해 교사는 교수 학습 효과에 대한 중요한 자료를 얻게 된다. 교사로서 학습 내용의 진단과 보완과 교정을 할 수 있고, 교수법의 개선과 평가 방법에 대한 개선도 숙고하게 된다(이인선 2002:111). 또한 평가는 학습자에게 자기 학습 진단을 할 수 있는 기회를 제공한다.

한국어 문법 영역의 평가에서 고려해야 할 사항은 다음과 같다.

첫째, 평가 영역 면에서 보았을 때, 한국어 문법에 대한 지식을 평가하는 것과 문법을 활용하여 언어를 사용하는 능력을 평가하는 것으로 대별할 수 있다. 문법에 대한 지식이 한국어 사용 능력에 그대로 반영된다고 보기 어렵기[8] 때문에 문법에 대한 평가의 성격을 분명히 할 필요가 있다.

한국어 모어 화자를 상대로 한 문법 지식 평가와 외국인을 상대로 한 문법 지식 평가는 달라야 한다. 한국어 모어 화자에게는 문법 지식을 언어 사용 능력과 구별하여 별도로 측정하는 것이 바람직하다는 견해가 있다. 예를 들면 박영목 외(1991:153)에서는 한국어 모어 화자를 상대로 한 국어 교육에서는 읽기 제재를 활용하여 독해력을 평가하는 문항의 일부로 문법 지식을 묻는 방법보다는 학습자들의 문법 능력을 잴 수 있는 별도의 평가 문제지를 구성하여 평가하는 것이 바람직하다고 보고 있다.

---

8) "나는 호랑이를 좋다"라는 표현이 옳지 않은 표현이라고 평가지에서 답한 학습자의 경우에도 글짓기 과정에서는 "나는 호랑이를 좋다"라는 잘못된 표현을 쓰는 경우가 적지 않다.

외국인을 상대로 한 문법 지식 평가도 평가 대상에 따라 달라져야 한다는 견해와 교육 현실을 고려하여 굳이 그렇게 나눌 필요가 있는가 하는 의문을 제기하는 견해가 있다. 또 학교나 한국어 교육 기관 등에서 행해지는 평가는 학업 중심의 대상자 집단이라는 점 때문에 기업체나 단체 등과 같은 업무 중심의 대상자 집단에서 이루어지는 평가와 달라야 한다는 견해가 있다. 그러나 평가의 경제성과 효율성 등을 감안할 경우, 이 두 집단을 굳이 나누어 별도의 평가 제도를 마련하기보다는 학업 중심의 대상자 집단을 기준으로 평가하는 것이 현실적이라고 보는 견해(남기심 외 2002:532)가 있다. 이상에서 살펴본 바와 같이 평가 내용과 평가 대상에 대한 합일점을 찾는 것은 쉽지 않다. 본서에서는 문법 교육 평가에 대한 일반적인 논의를 할 것이다. 먼저 평가 내용과 관련하여 남기심 외(2002:538-9)에서 제시하고 있는 어휘 및 문법 영역의 평가 항목은 다음과 같다.

㉠ 한국어의 수준별 어휘 및 문법의 이해 능력
㉡ 어휘 및 문법(구문과 문형, 활용, 문법적 기능어의 용법) 구사의 정확성 및 적절성의 평가
㉢ 표준적 문장의 구성 능력의 평가
㉣ 한국어의 언어 구조에 관한 지식의 평가
㉤ 어휘 및 문법의 문화적 역사적 배경에 관한 이해도의 평가
㉥ 한자 및 한자어의 이해 및 구사 능력의 평가

외국인을 상대로 한 문법 지식 평가에서는 말하기, 듣기, 읽기, 쓰기와 같은 언어 사용 영역을 활용하여 평가를 할 것인가, 문법 지식만 별도로 평가할 것인가의 문제를 문법 교육의 입장에 따라 기준을 삼을 수 있다.

결과 중심의 문법 교육의 입장에서는 문법 지식을 별도의 영역으로 평가하는 것이 바람직할 것이다. 그러나 과정 중심의 문법 교육의 입장이나 기능 중심의 문법 교육 입장에서는 말하기, 듣기, 읽기, 쓰기와 같은 언어 사용 영역을 활용하여 문법 지식을 측정하는 방법을 택하는 것이 바람직하다.

둘째, 평가 방법에 따라 학습자의 학습 방법에도 영향을 미치기 때문에 적절한 평가 방법을 선택하는 것이 중요하다. 질문지와 면담을 통해 문법을 말하기, 듣기,

읽기, 쓰기 영역에 대한 평가의 하위 영역으로 취급하여 간접적으로 평가할 것인지 선택형의 문항으로 문법에 대한 영역을 별도로 평가할 것인지에 따라 학습자의 학습 방법이 달라진다. 평가 방법에 따라 학습자의 사고 능력 발달에도 영향을 미치게 된다. 질문지와 면담을 통해 문법을 평가하는 방식을 대비하는 학습자는 확산적 사고 능력을 발달시켜야 할 것이고 선택형 평가를 대비하는 학습자는 분석적 사고 능력을 훈련해야 한다.

다음은 '한국어능력시험' 문제로 선택형 평가의 예이다.

※ [16-18] 〈보기〉와 같이 ( ) 안에 맞는 것을 고르십시오.

〈보기〉
오늘 오후( ) 백화점에서 친구를 만났어요.
① 가   ② 를
③ 에   ④ 에서

16. 나는 파란색( ) 좋아요.
 ① 을   ② 으로
 ③ 이   ④ 에

17. 월요일( ) 금요일까지 회사에서 일을 합니다.
 ① 과   ② 부터
 ③ 에   ④ 한테

18. 아침에 빵( ) 우유를 먹었어요. 그리고 과일( ) 먹었어요.
 ① 와, 을   ② 과, 은
 ③ 을, 도   ④ 과, 도

※ [23-24] 〈보기〉와 같이 틀린 것을 고르십시오.

〈보기〉
아이스크림을 ① 너무 ② 많이 ③ 먹는 배가 ④ 아파요.

23. ① 지금 아이가 방에서 ② 자요. ③ 그리고 시끄럽게 ④ 떠들지 마세요.

24. 은행에 사람들이 ① 너무 ② 많아요. 한 시간 ③ 전에 ④ 다시 오겠어요.

※ [29-30] 다음 글을 읽고 질문에 답하십시오.

> 점원: 어서 오세요. 어떤 옷을 찾으세요?
> 손님: 어제 여기에서 이 옷을 샀어요. 그런데 옷이 좀 작아요. 그래서 (㉠).
> 점원: 그러세요? 그런데 지금 그 옷은 큰 것이 없어요. 이건 어때요?
> 손님: 한 번 (㉡) 볼게요.

29. ㉠에 알맞은 것을 고르십시오.
　　① 바꾸세요　　② 바꾸었어요
　　③ 바꾸고 싶어요　　④ 바꿔요

30. ㉡에 알맞은 것을 고르십시오.
　　① 입어　② 입지　③ 입는　④ 입은

〈제4회 한국어능력시험 1급 표현(어휘·문법, 쓰기) 평가 중에서〉

다음은 제4회 한국어능력시험문제 중 쓰기 영역 일부이다.

※ [49-50] 다음 밑줄 친 것 중에서 잘못 쓴 것을 고르십시오.

49. ① 며칠 전에 친구 생일에 초대를 받았습니다. 친구의 집은 우리 집에서 멉니다. ② 그래서 걸어서 갔습니다. ③ 친구 집에서 파티를 하고 노래를 불렀습니다. ④ 생일 파티가 참 재미있었습니다.

50. 저는 영화를 좋아해요. 그래서 ① 한 달에 한두 번밖에 영화를 보지 않아요. ② 특히 한국 영화를 좋아해요. ③ 한국의 풍습을 알 수 있기 때문이에요. 지금도 영화를 많이 보지만 ④ 앞으로 더 많이 볼 거예요.

〈제4회 한국어능력시험 2급 표현(어휘·문법, 쓰기) 평가 중에서〉

　한국어능력시험은 어휘·문법 30문항과 쓰기 30문항으로 구성되어 있다. 한국어능력시험 1급의 23번 문항은 문법 영역의 문제이고 한국어능력시험 2급의 49번 문항은 쓰기 영역 문제이다. 그러나 그 차이를 구별하기 어렵다.

다음은 호주 시드니의 NSW대학에서 한국어 3급을 배우는 학습자에게 시행한 말하기 평가 내용이다. 말하기 능력을 평가하기 위해서 시행된 구두시험 내용을 녹음하여 전사한 것이다.

1교사: 가장 좋아하는 쇼핑센터는 어디예요?
2학습자: 가장 좋아하는 쇼핑센터는 ○○에요. 파라마타 에쉬필드 쇼핑센터는 집에서 아주 가깝습니다. 하지만 파라마다 에쉬필드 쇼핑센터는 분위기 있어서 큰 쇼핑센터는 안가요. 파라마다 쇼핑센터는 여자 친구의 집에서 아주 가까무면서(→가까우면서) 갔어요. 그리고 에쉬필드 쇼핑센터에서 음식 있어요.
3교사: 여름 방학에 무엇을 할 거예요?
4학습자: 여름 방학에 취직해야 돼요. 내년에 결혼해서 취직해야 돼요. 하지만 여름 방학 주말에 여자친구 같이 여행 갈 거예요. 그리고 가고 싶어요. 여행가고 싶어요.
5교사: 어떤 취직하고 싶어요?
6학습자: 어떤 취직?
7교사: 무슨 취직하고 싶어요?
8학습자: 취직? 호주도 있으면 컴퓨터공학해서 과학 취직하고 싶어요. 하지만 여행하면 (음) 해외에 가면 영어 선생님하고 싶어요. 영국에 가면 컴퓨터 (어 음) 취직할 것이고요.
9교사: NSW 대학에서 책 가게(서점) 어디에 있어요?
10학습자: 책 가게?
11교사: 예.
12학습자: 출구에서 오른쪽으로 가고 또 (어 음)(음) 세 번째 건물 후에(→건물 뒤에) 오른쪽 있어요.
13교사: 오른쪽 있어요.
14교사: 주차는 어디에 해요?
15학습자: 주차는? 어디에?
16교사: 예 주차는 어디에 해요?
17학습자: 주차는 이 건물 출구에서 오른쪽으로 가고 첫 번째가 (음)에 오른쪽으로 가고 출구에서 오른쪽으로 가서 거기에서.
18교사: 가장 좋아하는 식당은 어디에 있어요?
19학습자: 가장 좋아하는 식당은 ○○이에요. 시드니에서 ○○레스토랑 식당은 길 가에 있어요. 여자 친구의 집에서 가깝습니다.

위 예문에서 "에쉬필드 쇼핑센터는 분위기 있어서 큰 쇼핑센터는 안가요."는 "에쉬필드 쇼핑센터는 분위기 있어요. 하지만 저는 큰 쇼핑센터를 좋아하지 않아요." 라는 의미로 해석해야 할 것이다.

"파라마다 쇼핑센터는 여자 친구의 집에서 아주 가까우면서 갔어요."는 "여자 친구의 집에서 아주 가까워서 갑니다."로 표현을 고쳐야 한다. '-(으)면서'의 쓰임을 보면 '먹으면서 걸어요'처럼 동시적으로 일어나는 행위를 표현할 때 사용하고 '-아/어서'는 인과관계적인 행위를 표현할 때 사용한다. 그러나 위 예문에서 학습자는 그 차이를 구별하지 못하고 있다. 대화 상황을 고려한다면 의사소통이 안 되는 것은 아니지만 명확한 자신의 의도를 전달하지 못하는 표현이다.

"호주(Australia)도 있으면 컴퓨터공학해서 과학 취직하고 싶어요."는 "호주에 있으면 컴퓨터 공학해서 공과 분야에 취직하고 싶어요."로 표현을 명확하게 바꾸어야 한다.

이상에서 살펴본 말하기 평가에서의 문법 오류를 통해 볼 때 학습자가 적절한 어휘의 사용과 정확한 문법 구사 능력을 갖춘다면 말하기 능력이 향상될 것이라는 예상을 하기 쉽다. 말하기 지도에서 어휘력 향상과 문법 교육을 강조한 것도 이러한 현상과 무관하지 않다.9)

2.4.2. 학습 내용 평가의 유형과 실제

교수 학습 과정에서 한국어 능력 평가가 필요한 지점을 기준으로 진단평가, 형성평가, 총괄평가 등으로 분류할 수 있다. 진단평가는 교수 학습 목표를 배우기 전에 학습자가 배울 준비가 되어있는지 평가하는 것이고, 형성평가는 교수 목표를 배우는 과정 중에 교수 학습이 제대로 이루어지고 있는지를 점검하기 위한 평가이다. 총괄평가는 최종적으로 교수 학습이 완료되는 시점에서 이전에 설정된 교수 목표의 달성 여부를 평가하는 것이다. 한국어 교육 기관의 교육 과정 단계에 맞추어 볼 때 진단평가적 성격을 띠고 있는 것은 배치평가에 해당한다고 할 수 있다(이희경 외 2002:345).

---

9) 언어 표현 능력을 어휘력이나 문법 능력만으로 설명할 수 있는 간단한 문제는 아니다. 예문에서 보여주는 구두 시험 대상이었던 트랜트라는 학습자는 다른 학습자에 비해 확산적 사고능력이 뛰어났다.

형성평가, 총괄평가에는 일정 기간 교수 학습 결과로서 습득한 학습 정도를 측정하는 성취도 평가가 있으며 지금까지 축적된 학습 결과 언어 능력 수준을 평가하는 숙달도 평가가 있다. 한국어 교육 기관에서 학기별로 시행하는 평가는 일반적으로 성취도 평가의 성격을 띠며 1997년부터 시행되고 있는 한국어능력시험(KPT) 등이 숙달도 평가의 대표적인 예이다.

첫째, 성취도 평가는 학습 목표와 밀접하게 관련되어 평가가 이루어지고 숙달도 평가는 교육 목표와 관련되어 평가가 이루어져야 한다.

뉴 사우스 웨일즈 대학교에서 2001년에 시행된 학기말 시험 중 문법에 관련된 문항을 소개하고자 한다. 이 학교에서 시행된 기말고사는 성취도 평가에 해당하는 방식을 취하고 있다. 문법을 단독으로 측정하는 방식을 취하지 않고 쓰기 능력 측정 속에서 문법 능력을 평가하는 방식을 취하고 있다. 다음은 3단계 한국어 교육을 받은 외국인 학습자들이 치른 시험 문항과 답안의 예이다.

Attempt ALL question.

1. Translate the following(1-5) into Korean, (6-10) into English.

(1) I'd like to make a reservation. I want a double room with a bath. How much does it cost per day?

학습자 답: 예약하고 싶은데요. 목욕실이 있는 더블룸을 원해요. 하루저(→하루에) 얼마입니까?

(2) Australia is safer than America. Because Australian government prevents people from having a pistol.

학습자 답: 미국은 호주보다 더 안전합니다. 호주 통치는(→호주 정부는) 사람들은 대포를 소유없기(→사람들이 총을 소유할 수 없도록 하기) 때문입니다.

(3) I wear size 10. This is too small. Please show me another one.

학습자 답: 나는 스이즈(→사이즈) 싶번(십 번) 옷을 입니다(→입습니다). 이곳(이것) 너무 작입니다(작습니다). 한나들개 보요주세요(→다른 것 하나 보여주세요).

〈중략〉

(5) Australia belongs to Oceania geographically.

학습자 답: 호주는 지리한(→지리적으로) 대양주에 속합니다.

(6) 한국에서 쇼핑을 즐기려는 외국인들에게 가장 잘 알려진 곳은 서울의 이태원

> 과 남대문의 시장이다.
> 학습자 답: In Korea foreigners enjoy shopping, mostly well known places in Seoul like Namdeamun and Itewan market.

　예에서 제시한 학습자의 답안을 살펴보면 문법적인 부분이 많이 틀리고 있음을 알 수 있다. 다른 학습자에 비해 문법 면에서 부족한 러셀 스코트라는 학습자의 답안이다. 그는 다른 학습자에 비해 한국어 회화를 열심히 배우려고 하였고, 한국어 회화의 기회를 갖기를 좋아하는 학습자이었다. 그러나 기본적인 문법에 대한 학습이 숙달되지 않았기 때문에 회화에서도 오류가 많이 발생하고 쉽게 한국어 구사 능력이 늘지 않았다. 영어 문장을 한국어로 번역하고 한국어 문장을 영어로 번역하는 과정에서 문법 사용 능력을 측정하고 있는 위 문항은 문법 능력이 숙달된 학습자의 경우에는 적절할 수 있지만 문법 능력이 미숙한 학습자의 경우에는 답하기 어려운 평가 방식이다.

　언어 사용 능력의 유창성과 정확성의 문제를 놓고 학자 간의 이견이 있는 것은 주지의 사실이다. 그러나 한국어 교육에 있어서는 문법 면의 정확성을 무시할 수 없다.

　위에서 제시한 예와 비교하기 위해 숙달도 평가에 해당하는 한국어능력시험의 문법 영역 평가 문항을 제시하면 다음과 같다.

> ※ ( ) 안에 알맞은 말을 고르십시오.
> 〈보기〉 학교에 ( ) 친구를 만났어요.
> 　① 가고　② 가서　③ 가러　④ 가도

　위 예는 한 문장을 구성할 때 문맥에 적절한 동사의 활용을 알고 있는지 평가한 문항이다. 실제 상황을 고려한 현실적인 대화에서는 "학교에 갔더니 친구가 있어서 친구를 만났어요." 나 "학교에서 친구를 만났어요.", "학교에 가서 친구를 만났어요." 등의 문장을 쓸 수 있다. 각 문장에 나타난 의미의 차이점을 학습자가 알고 있는지 위 예시의 선택형 평가를 이용한 숙달도 평가에서는 측정하기 어렵다. 이를 보완하기 위하여 다음과 같은 문제를 출제하기도 한다.

```
※ (    ) 안에 맞지 않는 것을 고르십시오.
가: 왜 병원에 갔어요?
나: 아픈 친구를 (    ) 병원에 갔어요.
   ① 만나러          ② 만나려고
   ③ 만나고 싶어서    ④ 만나면
```

위 문항의 예는 물음 부분을 부정문으로 구성함으로써 다양한 표현 방식을 이해하게 하고 선택형 평가가 가지는 분절적 평가의 단점을 보완하고 있다.

평가 유형 중 가장 보편적으로 사용되는 선택형 평가의 방법을 소개하고자 한다. 선택형 평가 방법은 가장 보편적이고, 교육 현장에서 흔히 사용되는 방법이다. 선택형 평가는 문제의 요구에 따라 답지 중에서 가장 적절한 답지를 선택하게 하는 방식의 평가이다. 보통 답지의 수로 학습자가 우연히 답지를 선택하게 되는 가능성을 줄인다. 답지를 4개로 했을 때보다 답지를 5개로 작성하여 평가한 경우 우연성이 작용할 확률이 낮아진다. 선택형 평가 방법은 다수의 학습자를 짧은 시간 내에 평가할 수 있고 평가 결과에 따라 학습자의 학습 능력을 서열화하기 쉽다는 장점이 있다. 그러나 학습 목표에 적합한 학습 능력 성취 여부를 측정하는 타당도가 높은 문항을 구성하기 어렵다는 단점이 있다. 즉 학습자가 학습 목표를 수행한 결과에 대한 측정인지, 학습자의 배경지식 활성화에 대한 측정인지 구별하여 평가하기 어렵다는 단점이 있다. 또한 선택형 평가는 분절적 평가라는 단점이 있다. 분절적 평가란 전체적인 학습 목표의 성취도에 대한 평가보다는 학습 목표를 구성하고 있는 여러 요소로 분석하여 평가하는 것이다. 복잡한 과제나 사고는 구성 요소로 나누어질 수 있고 복잡한 과제의 각 구성 요소들이 어디에 사용되건 간에 일정한 형태를 유지할 것이라고 가정하고 이를 평가하는 것이다. 그러나 전체는 부분의 합 이상이며 부분적인 기능들이 다른 영역으로 자동적으로 전이될 수 있다고 보기 어렵다.

한국어 문법에 관련된 선택형 평가 문항을 작성하는 요령과 평가 문항을 검토하는 방법을 제시하면 다음과 같다.[10]

---

[10] 김광해(2002:126)에서 제시한 한국어능력시험 출제 관련 사항을 참고하여 재구성한 것임.

① 문항 제작 요령
- 각 답지마다 반복되는 말이 있다면 문두에 포함시켜 표현한다.
- 답지의 길이는 가급적 모두 비슷하게 조절한다.
- 답지 간에 어떤 논리적 순서나 관용적 순서가 있으면 그에 따라 배열한다.
- 가급적 질문지의 문구는 길고 자세하게 표현하고 답지는 짧고 간결하게 표현한다.
- 오답을 지나치게 생소한 용어로 표현하지 않는다.
- 답지 간의 어휘 해독 난이도를 비슷한 수준으로 맞춘다.
- 정답의 위치가 특정한 답지에 편중하지 않도록 주의한다.
- 문항의 물음 부분이 부정문일 때는 부정하는 부분에 반드시 밑줄을 친다.

② 문항 검토 시 유의사항
수험생의 입장에서 조금이라도 이상하다고 생각되는 부분이 없는지 살펴본다.

전반	출제 계획에 부합하게 출제되었는가? 교육과정, 교과서의 학습 목표에 부합하게 출제되었는가? 지나치게 어렵거나 쉬운 문항은 없는가? 출제 원칙에 맞게 출제되었는가? 난이도와 변별도는 적절한가?
질문	정답 시비가 야기되지 않도록 필요한 조건이 모두 포함되어 있는가? 정답에 대한 단서가 제시되어 있지는 않은가? 부정문으로 표현된 문항의 경우, 긍정문으로 바꾸어 묻는 것이 더 바람직하지는 않은가?
답지	답지의 길이가 너무 다른 것은 없는가? 질문이나 답지의 표현이 불필요하게 장황한 것은 없는가? 답지끼리 중첩되는 것은 없는가? 두 개 이상의 답지에 공통적으로 포함되는 요소로 인하여 정답의 단서가 되는 것은 없는가? 답지는 논리적 순서에 따라 배열되어 있는가? 정답의 위치가 특정한 답지에 편중되어 있지는 않은가?

정답지	관점에 따라서 오답이 될 가능성은 없는가? 정답 시비의 소지가 있지는 않은가?
오답지	정답지에 비해 너무 생소한 오답지는 없는가? 관점에 따라서는 정답이 될 가능성은 없는가? 오답지의 매력도가 너무 부족하지 않은가?

평가의 나아갈 방향을 제시하면 다음과 같다.

첫째, 평가의 목적에 따라 평가의 유형을 선정하는 작업이 필요하다. 한국어능력시험평가는 선택형 유형이 대부분을 차지하고 있다. 채점의 용이성에 기인한 것이다. 그러나 실제적인 언어 능력 수행 여부를 평가하려는 의도에서는 주관식 유형이 바람직하다.

둘째, 문법 능력을 말하기, 쓰기의 표현 능력과 듣기, 읽기의 이해 능력 평가의 하위 능력이나 기초 능력으로 간주하여 평가하는 경우와 독자적인 영역으로 평가하는 경우를 학습자의 언어 능력, 학습 능력 수준에 따라 결정하는 것이 바람직하다.

셋째, 언어 기능별 평가 범주를 일정한 비율로 분배하는 작업이 필요하다. 한국어 교육 기관이나 교사의 재량에 따라 주어지기도 하는 언어 기능별 평가 비율은 학습 목표나 교육 목표에서 추구하는 바에 따라 달라질 수 있다. 한국어능력시험평가보다 한국어 학당의 시험에서 문법 능력 측정에 그 비중이 상대적으로 치우쳐 있는 경향이 있다는 연구(이희경 외 2002:352) 결과는 다양한 문제 유형의 개발이 필요하다는 것을 시사한다.

넷째, 문법 능력에 대한 측정을 하면서도 사회 문화적 영역에 대한 이해를 아우르는 평가도 고려할 필요가 있다. 김하수(1998)에서는 한국어 평가 시 과제 지향적인 문항으로 제시하고 구체적인 주제와 관련된 언어 기능 영역 및 상황에 관한 정보를 제공하여 평가할 것을 주장하고 있다. 언어에 대한 지식 부분에 있어서도 문법이나 어휘 사용 능력보다는 속담 등 특정 언어 영역이나 국어사전, 옥편의 사용 능력 등 특정 주제나 과제와 관련된 항목에 중점을 두고 있다.

3. 듣기와 말하기에서의 문법 교육

3.1. 입말(구어)의 주요 특징

본 장에서는 말하기와 듣기의 문법 교육을 위해 우선 입말의 주요 특징을 살펴보고 그러한 특징들이 문법 교육에서는 어떻게 다루어져야 하는지 몇몇 구체적 예를 들어 언급하겠다.

말하기에서 언어가 짜이는 방식은 흔히 글쓰기에서 취해지는 모습과는 다르다. 이는 언어가 산출되는 시간 제약과 관련이 있기 때문이다. 구어의 의사소통에서는 무엇을 말하고 어떻게 말할지를 판단하는 데, 말을 내보내는 데, 화자의 주요한 의도들이 잘 구현되어 있는지를 점검하는 데, 제한된 시간만이 허용된다.

촉박한 시간상의 제약은 적어도 두 가지 주요한 방식으로 언어 사용에 영향을 미치게 된다. 첫째, 화자는 산출을 촉진하기 위해 여러 기제들을 사용한다. 둘째, 화자는 흔히 표현하기 어려운 난점들을 보충해 가며 의사소통을 한다.

화자가 말하기 산출을 촉진할 수 있는 네 가지 주요한 방식은 ㉠ 언어 구조를 단순하게 만듦으로써, ㉡ 생략함으로써, ㉢ 상투적인 표현을 이용함으로써, ㉣ 군말 집어넣기나 주저하는 언어적 기제를 사용함으로써 촉진된다.

말하기에서는 이미 말한 것을 고치거나 바꾸어 표현하는 것이 필요하다. 자신이 말한 어떤 부분을 바꾸기 위해 어떤 명사나 형용사를 다른 요소로 대치하기도 하고, 어떤 명사 무리를 반복하거나 형용사나 부사를 추가하여 고쳐 말하게 된다. 그리고 전체 전달 내용의 요점을 화자의 기억 속에 붙잡아 두어야 하기 때문에 기억을 쉽게 하기 위하여 화자는 자신이 말한 바를 다시 풀어 설명하고 고쳐 나가는 경향이 있다. 흔히 이것은 사람들에게 이해할 시간을 주고, 이미 언급된 것을 상기시키기 위한 것이다.

따라서 입말의 처리 조건을 공통된 몇 가지 언어 특징으로 요약하면 다음과 같다.

㉠ 통사적 특징: 축소, 생략, 나열
㉡ 조절: 주저거림, 잘못된 시작, 자기 교정, 다시 설명하기, 에둘러 말하기[1]
㉢ 반복: 확장이나 축약을 통한 반복
㉣ 정형화된 표현(formulaic expressions)

이러한 입말의 특징은 말하기와 듣기에서의 문법 교육 시 고려되어야 하는 요소들이다.

3.1.1. 축소, 생략

구어의 의사소통을 살펴보면 조사가 생략되거나 음절이 축소된 준말이 많이 사용되고 있음을 알 수 있다.

① N+이다

N+입니다 형태는 학습 초기에 교수되는데, 이때 '이다' 앞에 오는 명사가 받침이 없으면 축약된다는 것을 교수한다. 교사의 이러한 설명이 없으면 학습자는 다른 형태로 받아들이게 되고 결국 자연스러운 구어의 의사소통 능력 신장에 어려움을 느낄 것이다. 특히 학습자의 숙련도가 낮을수록 이러한 부분의 지도에 주의를 기울여야 한다.

(1) 가. 이민호 + 입니다 → 이민호입니다 → <u>이민홉니다</u>
    나. 의사 + 입니다 → 의사입니다 → <u>의삽니다</u>

---

[1] 바로 말하지 않고 짐작하여 알아듣도록 말하는 것을 뜻한다.

(1가)의 경우 고급반 학습자일지라도 이해를 못해 질문을 하는 경우가 빈번하다. 예를 들어, 뉴스 듣기에서 취재기자가 자신이 취재한 기사를 전하고 자신의 이름을 말하는데, 이때 위와 같은 축약 현상을 교사가 설명하고 교수하지 않으면 제대로 듣지 못하는 경우를 종종 보게 된다. (1나)의 경우도 마찬가지로 실제 한국인과의 대화에서 "그 사람 의산데……", "그 사람은 의삽니다."라는 단순하고 간결한 문장에서도 '무엇을 샀다'고 이해하는 경우가 많다. 따라서 듣기와 말하기 지도에서의 문법 교육은 이러한 측면이 교수되어야 할 것이다.

② 지시대명사+조사/보조사, 인칭대명사+조사/보조사

학습 초기에 교수되는 인칭대명사와 지시대명사는 뒤에 조사나 보조사가 오면서 축약되는 경우가 있음을 가르쳐야 하고 실제 발화에서 빈번히 축약되어 쓰임을 교수한다.

(2) 가. 이것이 → 이게, 이것은 → 이건, 이것을 → 이걸
    나. 그것이 → 그게, 그것은 → 그건, 그것을 → 그걸
    다. 저것이 → 저게, 저것은 → 저건, 저것을 → 저걸
    라. 이것에는 → 이것엔, 그것에는 → 그것엔, 저것에는 → 저것엔

위와 같은 현상을 몇 번 반복하여 교수함으로써 듣기 능력 향상과 더불어 말하기로 자연스럽게 이끌 수 있다.

(3) 가. 저는 → 전
    나. 저를 → 절
    다. 저에게는 → 저에겐
    라. 그에게서는 → 그에게선
    마. 저로서는 → 저로선

위와 같은 현상을 정리하여 교수하는 것이 필요하다. 또한 듣기나 말하기 교육을

위한 학습 자료 제작 시 이러한 요소들이 반영되어야 한다.

③ 축약의 '요' 형태

앞서도 언급하였듯이 구어의 의사소통은 완전한 문장이 아닌 축약된 형태로 메시지를 전한다. 따라서 축약의 '요' 형태를 하나의 구조처럼 제시하고 교수하는 게 효과적이다.

(4) A: 마이클 씨는 어디에서 왔어요?
　　B: <u>영국에서요</u>.
　　A: <u>유리 씨는요</u>?

사실 실제 의사소통은 (4)에서처럼 진행된다. 그러나 학습 현장에서 교사는 구어의 의사소통 지도 시 이러한 점을 간과하고 굳이 완전한 문장으로 발화하라고 요구할 때가 많다.

(5) A: 왜 어제 안 왔어요?
　　B: <u>아파서요</u>.
(6) A: 주말에 여행 안 가기로 했어요?
　　B: 네 그렇게 됐어요. <u>바빠서요</u>.

이러한 축약의 '요' 형태를 모르는 학습자는 '아파서요'라는 문장을 대부분 '아팠어요'로, '바빠서요'를 '바빴어요'로 이해한다. 교사는 이러한 축약의 형태가 구어의 의사소통에서는 빈번히 쓰이고 자연스러운 언어 표현임을 교수할 필요가 있다.

④ 생략

화자가 말하기 산출을 촉진하기 위해 사용하는 방식 중의 하나가 바로 '생략'이다. 즉 시간이 촉급할 때 산출을 촉진하기 위해 사용하는데, 통사적 축약에서와 같이 문장의 일부를 삭제한다.

(7) A: 선생님이 오라고 하셨어.
    B: <u>왜 나를?</u>

한국어 교수 현장에서 이러한 통사적 축약이 일어난 대화문을 제시하고 완전한 문장으로 변형해 본다거나, 완전한 문장을 제시하고 축약해 보는 연습을 한다. 이러한 학습은 듣기와 말하기 능력의 신장을 위해 필요한 부분이다.

3.1.2. 도치

뉴스나 안내 방송을 제외한 대화문, 즉 실제 대화를 녹음하여 전사해 보면 대부분의 대화 참여자가 도치의 형태로 자신의 의사를 전달하는 것을 볼 수 있다. 도치를 유형별로 제시하면 다음과 같다.

① 기본적인 단순한 도치

(1) 가. 안 해도 되지, 그건.
    나. 그 시험에 합격하기는 어렵겠지, 아무래도.
    다. 아, 그렇게 하기는 했는데…… 만났어, 민수가.

위와 같이 나타난 도치는 일반적인 어순으로 쉽게 바꿀 수 있다. 이를 바꾸면 다음과 같다.

(1′) 가. 그건 안 해도 되지.
    나. 아무래도 그 시험에 합격하기는 어렵겠지.
    다. 민수가 만났어.

도치 형태에 대한 이해는 특히 듣기 자료 구성 시 적극 활용하여 듣기 능력을 향상시키는 동시에 학습자가 듣기를 통해 익힌 도치가 말하기로 자연스럽게 전이될 수 있도록 이끈다.

② 중간에 청자의 발화가 끼어 있는 도치

(2) A: 이걸 입을까 저걸 입을까 하다가…… <u>수미가 내일 이 옷을 입고 간대</u>.
    B: 응.
    A: <u>결혼식이 있다고</u>.
(3) A: 전 셋째예요.
    B: 셋째요? 와, 몇 명인데요?
    A: 딸 넷. 네 명 중에서.
    B: 와, 딸만. 딸 부잣집이네요.

(2)는 "수미가 내일 이 옷을 입고 간대."라는 발화를 한 후 청자인 B가 "응."이라고 맞장구를 치고 그에 이어서 다시 A가 "결혼식이 있다고."라고 한다.

(3)은 좀 더 복잡한데, A가 "저는 셋째예요."라고 하자 B가 "몇 명인데요?"라고 묻는다. A는 먼저 질문에 "딸 넷"이라고 답하고, "네 명 중에서."라는 말을 한다. 여기서 "네 명 중에서."는 앞의 "저는 셋째예요."와 자연스럽게 연결되는 발화이며 도치로 인하여 뒤에 온 성분인 것이다.

도치에 대한 학습은 말하기와 듣기의 문법 교육에서 반드시 다루어져야 한다. 교실 밖을 벗어나 실제 의사소통 현장에서는 이러한 도치가 빈번히 일어남을 볼 수 있다. 한국어 교수 현장에서 듣기용 학습 자료 구성 시 청자와의 관계 속에서 이러한 도치가 고려되어 교수되어야 한다.

3.1.3. 주저하며 말하기

한국어 모어 화자가 사용하는 주저어로는 '뭐, 그, 아, 어, 응, 왜, 저, 뭐라, 요, 허, 말이야, 그러니까' 등이 있다. 이러한 주저어는 발화의 가장 앞부분이나 발화 도중, 발화의 가장 뒷부분에 나타난다.

사실 이러한 주저어는 듣기와 말하기에서 교수되어야 할 부분이다. 앞서도 언급하였듯이 시간의 압박 속에 이루어지는 입말은 이러한 언어적 기제를 통해 산출을 촉진시키는 것이다.

3.1.4. 자기 교정

자기 교정을 크게 세 가지 유형으로 나누어 보면 ① 화자가 발화를 하다가 말을 잇지 못해 청자에게 도움을 요청하고 발화를 끝내는 유형, ② 화자가 앞에서 발화한 것과 뒤에 이어 가려는 것이 어울리지 않아 발화를 교정하는 유형, ③ 교정을 하지 않고 문법에 맞지 않는 상태로 발화를 계속하는 유형으로 나누어 볼 수 있다.

① 화자가 발화를 하다가 말을 잇지 못해 청자에게 도움을 요청하고 발화를 끝내는 유형

(1) 가. 아까 말한 거…… 그거…… 그게 뭐더라?
　　나. 기…… 기술적…… 뭐라…… 뭐래야 되지?
　　다. 야, 민수야, 근데 이거 이게 뭐였지? 미역인가?

위와 같은 예는 화자가 말을 하다가 말을 잇지 못해 청자에게 묻고 있다. 이러한 경우 자주 휴지가 생기는 것을 알 수 있다. 미리 계획된 발화가 아니라 즉시 발화해야 하기 때문에 말을 원활하게 잇지 못하고 결국 청자에게 질문을 하는 경우이다. 사실 이러한 측면은 의사소통 전략 중 하나로 교수하여 학습자가 자신감을 갖고 적극적으로 대화를 유지해 나가도록 지도한다.

② 화자가 앞에서 발화한 것과 뒤에 이어가려는 것이 어울리지 않아 발화를 교정하는 유형

(2) 가. 그럴 일은 별로 없…… 없기 때문에…… 그럴 일은 없는데
　　나. 그래서…… 그날 입고 갔는데…… 너무 멀어서…… 신촌에서 가…… 신

촌으로 옮겼던 말이야.

자기 교정에서는 위와 같은 현상이 빈번히 일어나는데, 특히 조사를 교정하는 예들이 많다. 교정할 때 잘못 사용된 부분만을 교정하는 게 아니라 그 부분을 포함한 휴지로 구분되는 부분을 다시 발화함으로써 교정하고 있다. 사실 잘못 사용된 조사만을 다시 발화해도 교정은 성공하지 못할 것이다. 문어에서는 틀린 조사만 바꾸면 독자는 이해할 수 있는 반면 구어에서는 그렇지가 않다.

③ 교정을 하지 않고 문법에 맞지 않는 상태로 발화를 계속하는 유형

이러한 유형은 사실상 그렇게 많지 않다. 흔히 구어는 문법적으로 맞지 않는 발화가 자주 나온다고 하지만, 사실 대부분 자기 교정을 통해서 문법에 맞는 발화로 실현하기 때문이다.[2] 다음은 문법을 어긴 채 발화가 계속되는 형태이다.

(3) 가. 어제 너가 나를…… 돈을 줬기 때문에…… 돈이 있던 관계로
    나. 민수를 좋…… 그러니까 민수가 좋아하는 사람은 수진인데……

이러한 자기 교정은 구어의 의사소통에서 자연스러운 현상이다. 그런데 학습자 중 대부분은 머릿속에서 완벽한 문장으로 몇 번씩 연습하고 발화하려는 경향이 있다. 그러다 보면 말하기를 주저하거나 포기하게 된다. 교사는 학습 현장에서 학습자가 머릿속에서 완벽한 문장으로 몇 번씩 연습한 후 발화하기보다는 일단 자신의 생각을 말로 시작하고 교정해 나가도록 지도하여야 할 것이다. 또한 학습 초기부터 한국어의 조사와 보조사 사용을 지나치게 의식하여 '이/가, 을/를, 은/는' 등을 선택하는 데 많은 시간을 할애하고 그러다가 자신이 말하고자 하는 내용을 잊어버려 발화를 중단하거나 포기하는 것을 종종 보게 된다. 따라서 구어의 문법 교육에서는 이 점을 염두에 두고 지도해야 할 것이다.

---

[2] 문법을 어긴다고 하는 것은 명확한 문법 위반으로 볼 수 있는 것에 한정한다. 구어적 특징인 반복, 도치, 주저거림, 생략 등은 포함시키지 않는다.

3.2. 구어체 어법 항목

다음은 입말 담화나 텍스트에서 주로 다루어지는 문법 항목을 선택하여 등급별로 기술하였다.3) 한국어 교수 현장에서 흔히 교포 학습자가 가지고 있는 문제 중의 하나가 바로 입말과 글말을 구별하여 사용하지 못한다는 점이다.4) 또한 일본어권 학습자 중 독학으로 한국어를 학습한 학습자에게서는 구어체 표현에 문어체 요소가 많이 혼합되어 쓰이는 것을 볼 수 있다. 따라서 다음은 구어체 문형이나 구조를 도표로 제시하고 그 중 몇 가지를 소개하겠다.

■ 초급

범 주	항 목
조 사	하고, 한테, 한테서, (이)랑
종결어미	-아/어요, -요, -(으)ㄴ데요, -지요?, -(으)ㄹ래요?, -(으)ㄹ게요
기 타	-아/어서 그래요

■ 중급

범 주	항 목
군 말	어, 음, 글쎄, 그러니까
종결어미	-대요/래요/재요, -(으)ㄹ텐데, -(으)려던 참이다, -(으)라고요?, -다고요? -다면서요, -ㄴ/는다지요?, -ㄴ/는다니까요, -(으)라고 하더군요, -나 보다, -잖아요, -았/었으면 좋겠다, -거든요, -았/었단 말이에요, -(으)ㄴ/는/(으)ㄹ 모양이다, -구나, -군요, -네요
연결어미	어찌나 -(으)ㄴ/는지, 어찌나 -던지, -아/어서 그런지, -(으)ㄹ 테니, -아/어 가지고, -거들랑
기 타	-(으)면 어떨까요? -는 게 좋겠어요, -느니 차라리, -지 그래요, -아/어서 죽겠다, -는 게 어때요?, -도록 하세요, -(으)시겠어요?, -아/어 줄까요?, -(으)면 어떨까요?,

---

3) 백봉자(1999)를 참조하여 구성하였다. 빈도에 중점을 두어 선택적으로 제시하였음을 밝힌다.
4) 교포 학습자의 작문이나 쓰기에서 문어와 구어가 혼용되고 있음을 볼 수 있다. 이 부분은 읽기와 쓰기에서의 문법 교육 편에서 자세히 언급될 것이다.

■ 고급

범주	항목
종결어미	-(으)ㄴ/는걸요, -(으)ㄴ/는다나 봐요, -는다나요?, -는다니요?, -디?, -는다더니, -(으)ㄹ라고? -(으)랴?, -(으)려나?, -(으)려나 보다, -(으)려무나, -(으)렴, -(으)마, -고말고요, 말이다, -(으)ㄹ까 보다, -다뿐이겠습니까?, -지 싶다, -자꾸나, -(으)ㄹ 턱이 있다/없다, -는 판에, -(으)ㄹ까 말까 하다
연결어미	-(으)랴 -(으)랴, -기에 망정이지, -(으)면 몰라도, -(으)ㄹ까 봐, -(스)ㅂ니다만, -아/어다가
조사	마따나, 보고, 서껀
기타	-(으)면 -지

① (이)랑

교포 학습자나 한국인과의 접촉이 빈번한 학습자는 '(이)랑'의 표현을 자연스럽게 구사한다. 그러나 작문에서도 '(이)랑'을 사용하여 입말과 글말의 차이를 인지하지 못하는 경우가 종종 있다.

1) 구조: '함께'라는 뜻으로 명사에 붙어 쓰이는 조사이다. 둘 이상의 사물을 연결하는 접속의 기능을 하는 경우와 일부 동사 앞에 쓰여 부사어 기능을 하는 경우가 있다.
2) 주의: 구어와 시어로 쓰이고, 여자 말이나 아이들의 말에 많이 쓰인다.
3) 예문
  ㉠ 접속의 기능을 하는 경우에는 '와/과'로 대치할 수 있다.
    ㉠ A: 여행 준비 다 했어?
      B: 옷이랑 세면도구랑 사진기랑 거의 다 챙겼어.
    ㉡ A: 마늘이랑, 소금이랑 잘 넣어 봐.
      B: 너무 싱겁지 않을까?
  ㉡ '같다, 비슷하다' 등 일부 동사 앞에서 부사어를 이루는 경우 '와/과'로 대치할 수 있다.
    ㉠ 엄마랑 꼭 닮았구나.

ⓛ 아빠랑 의논해 보고 결정해야지.
　　ⓒ 아빠랑 체격이 비슷해서 100 사이즈면 될 것 같아요.
　(ㄷ) 둘 이상의 사물을 연결하면서 하나의 명사에만 '(이)랑'을 붙임으로써 '등등'의 뜻을 나타내는 경우 '와/과'와 대치할 수 없다.
　　㉠ 주말에는 청소랑 할 일이 많아 쉴 틈이 없어.
　　ⓛ 자꾸 살이 쪄서 수영이랑 운동 좀 해야겠는데.
　　ⓒ 시장에 가서 생선이랑 다 사오셨어요?

② -아/어서 그런지

　학습자들은 '-아/어서'와 '-아/어서 그런지'는 어떤 차이가 있는지 의문을 갖고 질문할 때가 종종 있다. 그러므로 가령 "아파서 늦게 왔어요."와 "아파서 그런지 늦게 왔어요."와 같은 예문의 차이가 무엇인지 구조와 의미, 그 쓰임에 대한 정확한 설명이 필요하다.

1) 구조: 연결어미 '-아/어서' + 동사 '그러하다' + 연결어미 '-(으)ㄴ지'
　　　　동사에 붙어서 선행절을 후행절에 종속적으로 연결한다. 이것은 후행절의 서술 부분을 두 번 반복해야 하는 번거로움을 피하기 위해서 '그런지'로 대신하는 것이다.
2) 의미: '선행절 때문에 후행절과 같은 결과가 생겼다고 단정할 수는 없지만'이란 의미가 들어있다.
3) 예문
　㉠ A: 사람들이 많이 왔어?
　　 B: 아니. 날씨가 <u>추워서 그런지</u> 생각보다 많이 오지 않았어.
　ⓛ A: 신상품은 잘 팔린대?
　　 B: 경기가 <u>나빠서 그런지</u> 그저 그렇대.
　ⓒ A: 비가 <u>와서 그런지</u> 날씨가 좀 쌀쌀해졌네요.
　　 B: 오늘 오후부터 바람이 불고 추워진대요.
4) 주의: '이다' 류와 붙어서 쓸 때는 '-(이)라서 그런지'로 된다.

㉠ A: <u>교포라서 그런지</u> 한국말을 빨리 배우는군요.
　　B: 말하기와 듣기는 괜찮은데 쓰기는 여전히 어려워요.
㉡ A: 일본 사람<u>이라서 그런지</u> 문법은 비교적 이해하기가 쉬워요.
　　B: 아, 그렇군요.

③ -아/어 가지고/갖고

드라마나 영화를 통해서, 한국인과의 대화에서 빈번히 쓰이는 것으로 이때 '가지고/갖고'가 도대체 무엇인지 질문하는 경우가 많다. 학습 현장에서 '-아/어서'와 '-아/어 가지고/갖고'가 어떻게 다른지 질문을 받아 본 경험이 있을 것이다.

1) 구조: 연결어미 '-아/어' + 동사 '가지다/갖다' + 연결어미 '-고'
2) 의미: 선행절의 행위를 하여 그것을 보유하고, 또는 지니고 그 다음에 후행절의 행위를 한다는 뜻을 나타낸다.
3) 예문
　㉠ 동사와 결합하는 경우 선행절의 행위를 한 후 그 결과를 바탕으로 후행절의 행위가 이루어짐을 나타낸다.
　　㉠ 공부를 안 <u>해 가지고</u> 시험에서 떨어졌어.
　　㉡ 학생을 <u>불러 가지고</u> 물어보면 되잖아.
　　㉢ 편지 <u>써 가지고</u> 와.
　㉡ 형용사와 결합하는 경우 보유의 뜻보다는 선행절 상태가 후행절 행위의 이유나 원인이 됨을 나타낸다.
　　㉠ <u>추워 가지고</u> 외출하기가 싫어.
　　㉡ 지하실이 너무 <u>어두워 가지고</u> 찾을 수가 없어.
　　㉢ 키가 너무 <u>커 가지고</u> 옷 사기가 힘들어.

④ 문장 + -(으)ㄴ/는 말이다, -았/었단 말이다

이 표현은 자칫 잘못 사용하면 품위 없고 무례해 보인다. 특히 작문에 이런 표현이 그대로 쓰이면 아주 어색해진다.

1) 의미: 자신의 말이나 상대의 말을 반복할 때 쓰는데 이 경우에 문장은 간접인용의 형식을 쓴다. 그리고 화자가 두 번 반복하여 화가 났거나 강조하는 뜻이 있으나 품위는 없는 표현이다.
2) 예문
   ㉠ A: 빨리 가잔 말이야.
      B: 글쎄, 내가 왜 가야 하는데?
   ㉡ A: 이 카드는 유효 기간이 지났단 말입니다.
      B: 하, 참. 그럴 리 없는데……
   ㉢ A: 도대체 어떻게 했길래 이 모양이니?
      B: 열심히 했단 말이에요.

⑤ 말고

1) 구조: 주로 명사 뒤에 쓰지만 때로 '는, 도'와 같은 조사에 붙여서 쓸 수 있다.
2) 의미: '~ 은/는 아니고', '~ 은/는 제외하고'의 뜻을 나타낸다.
3) 예문
   ㉠ 현금 말고 카드를 가져가는 게 좋아.
   ㉡ 그 사람은 사업 말고는 아무 것도 모르는 사람이야.
   ㉢ 장난감 말고도 선물할 게 얼마나 많아.

⑥ -지 싶다

1) 구조: 종결어미 '-지' + 보조형용사 '싶다'
   문장종결을 나타내는 어미 '-지'와 어떤 사물에 마음이 있음을 나타내는 '싶다'가 결합한 것이므로 어떤 사물에 대한 화자의 주관적 판단이 개입되었음을 나타낸다.
2) 의미: '(으)ㄴ/는 것 같다', '다고 생각하다'의 뜻으로 화자의 예측이나 추측을 나

나타낸다.

3) 예문
 ㉠ A: 아직 회사에 있을까?
    B: 7시가 좀 넘었으니 퇴근했지 싶어.
 ㉡ A: 화가 났지 싶다.
    B: 왜? 무슨 일 있었어?

⑦ -(으)ㄹ래야[5]

1) 구조: 의도를 나타내는 '-(으)려고 하다'와 당위성을 나타내는 연결어미 '-아/어야'가 결합한 '-(으)려고 해야'의 준말이다. 후행절에는 부정 형태의 문형, '이/가 없다, -(으)ㄹ 수가 없다'가 오며 동사를 반복해서 사용한다.
2) 의미: 화자가 의지를 가지고 아무리 노력해도 더 이상 어떻게 할 수 없음을 나타내거나 그러한 행동이 불가능함을 나타낸다.
3) 예문
 ㉠ 사람이 많아서 앉을래야 앉을 수가 없어.
 ㉡ 더 이상 참을래야 참을 수가 없습니다.
 ㉢ A: 의논해 보고 결정하시죠.
    B: 외국에 사니 의논할래야 의논할 사람이 없어요.

⑧ -(으)ㄹ래(요)

학습자에게 '-(으)ㄹ래(요)'가 '-(으)ㄹ까(요)', '-(으)시겠어(요)'와 어떻게 다른지 설명해 주고 주의 사항을 전달하여 구어에서 어떻게 사용할 수 있는지 교수한다.

---

[5] '-(으)ㄹ래야'의 정확한 규범형은 '-(으)려야'이지만 여기에서는 실제 많이 쓰이는 어형을 제시하였다.

1) 구조: 동사에 붙어 주어가 1인칭이면 서술형으로 쓰이고 2인칭이면 의문형으로 쓰인다. 명령형과 청유형으로 쓰이지 않는다.
2) 의미: 앞으로 어떻게 하겠다고 하는 주어의 의도를 나타내는 말로, '-(으)려고 해요, -겠어요'와 비슷하다. 구어에 많이 쓰이는 비격식체 말이므로 정중한 느낌을 주지 못한다.
3) 예문
   ㉠ 뭐 드실래요? / 뭐 먹을래?
   ㉡ 휴가 때는 집에서 쉴래요.
   ㉢ 같이 갈래요?

⑨ -(으)ㄹ까 보다

1) 구조: 의문형 종결어미 '-(으)ㄹ까' + 보조형용사 '보다'
   의문을 나타내는 어미 '-(으)ㄹ까'와 '보다'가 결합한 형태로서 주어가 1인칭일 때만 쓰인다. 뒤에 시제 선어말어미나 연결어미가 올 수 없다.
2) 의미: 화자가 그 행위를 시험적으로 해 볼 생각이 있음을 나타낸다.
3) 예문
   ㉠ 이 문제에 대해서 더 이상 이야기하지 말까 봐.
   ㉡ 계속 이해 못 하는 것 같아. 구체적으로 얘기해 줄까 봐.
   ㉢ 오늘 집에 있을까 봐. 감기 기운이 있어.
4) 주의: '-(으)ㄹ까 보다'는 화자의 의도를 나타내거나 화자의 의지를 강하게 나타내어 위협이 되도록 하는 의미가 있고 '-(으)ㄹ까 하다'는 확실하지 않은 화자의 의지를 나타낸다.

⑩ 비격식적 부사: 너무, 되게

한국어의 입말에서는 비격식적 부사가 많이 쓰이고 글말에서는 격식적 부사가 많이 쓰인다(노대규 1996:56). 예를 들어 감정 부사의 경우 '너무, 되게, 굉장히' 등이 주로 사용되는 반면 글말에서는 '매우, 무척, 대단히' 등이 주로 사용된다.

  ㉠ 전 삼겹살 <u>되게</u> 좋아해요.
  ㉡ 그 음악 처음 들었을 때, <u>너무</u> 좋았어요.

4. 읽기와 쓰기에서의 문법 교육

4.1. 글말(문어)의 주요 특징

텍스트의 관점에서 볼 때 읽기와 쓰기 영역에서의 한국어 문법 교육의 목적은 존재하는 텍스트에 대한 올바른 이해와 새로운 텍스트의 정확한 구성이라고 할 수 있을 것이다. 읽기와 쓰기에서의 텍스트는 구어체로 쓰여진 텍스트일 수도 있고 문어체로 쓰여진 텍스트일 수도 있다. 그러나 중급이나 고급 단계로 올라갈수록 한국어 학습자들이 읽기 영역에서 만나게 되는 텍스트들은 구어적인 텍스트에서 점차로 신문 기사, 사설, 설명문, 논설문 등 문어적인 성격이 짙은 것으로 이어질 것이며, 쓰기 영역에 있어서도 단순한 문장 만들기나 자신의 경험을 글로 쓰는 작문에서 점차로 문어의 성격이 강한 글을 쓰게 될 것이다.

한국어 학습자들이 가장 먼저 대하게 되는 텍스트는 곧 한국어 교과서와 각 한국어 교육 기관에서 사용하는 워크북 형식의 교재일 것이다. 그런데 이러한 교재들은 대부분 말하기, 듣기 중심의 자유로운 의사소통을 가장 중요한 목적으로 삼기 때문에 일반적으로 문어보다는 구어적인 성격이 훨씬 강하다. 이러한 교과서 텍스트의 특징은 초급 단계의 한국어 학습자로 하여금 자연스러운 한국어를 익히게 하는 데에는 상당한 효과를 보여 주고 있는 것이 사실이다.

하지만 초기 학습부터 구어체 중심의 텍스트를 접하는 비율이 워낙 크기 때문에 중급, 고급 단계로 올라가면서 점차로 교과서에서 문어체가 차지하는 비중이 높아지고는 있다고 하더라도 학습자들의 한국어 문어 혹은 문어체에 대한 이해도나 문어와 구어, 문어체와 구어체와의 차이에 대한 인식의 정도는 생각보다 낮은 편이다.

그러므로 여기에서는 읽기, 쓰기에서의 효과적인 문법 교육을 위해서 먼저 글말(문어)의 어떠한 측면이 입말(구어)와 차이가 나는지 살펴보고 문어적인 성격이 강한 문법 요소들에 대하여 간단하게 언급하고자 한다.

4.1.1. 글말(문어)의 형태적 특징

글말은 입말과 다른 형태적인 특징을 보인다. 우선 조사 중에서 우리가 구어와 문어의 차이를 설명해 주는 대표적인 것으로는 '에게, 한테, 더러'가 있을 것이다. 이 중에서 '한테, 더러'는 구어적인 표현이고 '에게'가 문어적인 표현이라는 것은 초기 단계부터 학습자들에게 가르쳐 준다.

이 외에도 격조사 중 차이를 보이는 것으로 호격조사를 들 수 있다. 호격조사 '아/야'는 부르는 대상을 가리켜 주는 격을 나타내는 조사이므로 문어 텍스트에서는 거의 사용되지 않지만, 특정한 글의 종류나 특수한 문맥에서는 (1)의 예와 같이 구어에서는 사용되지 않는 '여/이여' 등의 특징적인 호격조사가 사용된다.

(1) 가. 주여, 저희를 굽어 살피소서.
　　나. 사랑하는 나의 님이여.

한편 격조사의 생략이라는 측면에서도 글말과 입말은 차이를 보인다. 한국어에서 격(case)은 대체로 격조사에 의해 표현되는데, 구어에서는 격조사가 실현되지 않는 경우가 많지만 문어에서는 격조사가 실현되는 것이 일반적인 양상이다.

(2) 가. 창문 열려 있어.
　　나. 창문 열려 있어요.
(3) 가. 창문이 열려 있다.
　　나. ?창문 열려 있다.

위에서 (2)는 구어의 예이고 (3)은 문어의 예이다. (2가)나 (2나)에서는 '창문' 뒤에 격조사가 실현되지 않아도 자연스러운 문장으로 파악된다. 그러나 (3)의 경우는 '창문' 뒤에 격조사 '이'가 실현되지 않으면 부자연스러운 문장으로 파악된다. 상황의 도움을 받기 어려운 문어 텍스트에서는 되도록이면 필요한 모든 정보를 표현하는 것이 의사소통에 도움이 된다. 따라서 문장 내의 다른 요소와의 문법적 관계를, 특히 서술어와의 관계를 적극적으로 드러내는 격조사의 실현은 문어 텍스트에서는 필수적이라고 할 수 있다.

구어식 표현에 많이 노출되어 있는 한국어 학습자의 경우 구어의 본질적인 특징이라고 할 수 있는 이러한 '생략의 전략'이 작문에도 영향을 미쳐 상당히 많은 문체적인 오류가 나타나기도 한다. 그러므로 교사들은 특히 쓰기 교육에 있어서 먼저 구어와 문어가 가지고 있는 차이를 설명해 주면서 생략이나 줄여서 사용하는 표현들을 사용하지 않도록 주의를 줄 필요가 있을 것이다.

관형격조사 '의'의 쓰임에서도 구어와 문어는 차이를 보인다.

(4) 가. 학생으로서의 본분
나. 일상으로부터의 해방
다. 이런 의미로의 해석

문어에서는 구어에 비하여 관형격조사 '의'가 많이 사용되는 경향을 보이며 되도록 생략하지 않고 쓰는 것이 일반적이다. 특히 (4)와 같은 예는 아예 '의'의 생략이 불가능한 경우로 주로 외국어 번역 투의 문장, 학술적인 문어 텍스트 등에서 많이 나타난다.

한편 대명사의 사용에서도 그 차이를 볼 수 있다. 국어에서는 대명사의 사용이 인구어에서처럼 자유롭지 못하고 제한적이다. 인칭대명사를 쓰기보다는 신분이나 직위를 나타내는 명사를 직접 쓰는 것이 오히려 일반적이라고 할 수 있다. 특히 1·2 인칭의 '나, 너'와 같은 대명사는 직접 발화의 장면에서도 잘 나타나지 않지만 문어에서는 더욱 잘 나타나지 않을 것으로 예상된다. 3인칭의 '그, 그녀' 등도 문어적인 글에서나 등장하는 대명사들이다. 특히 '그'와 같은 경우 실제 구어에서는 '걔'와 같은 형식으로 대우법 등급을 달리하여 존재할 뿐이다.

시제를 나타내는 형태소에서도 이러한 차이를 생각해볼 수 있다. 이른바 '회상'의 의미를 갖는 '-더'의 경우 화자의 시점이 강하게 드러나므로 문어적인 성격의 글에서는 잘 나타나지 않을 것이다. 한편 동일한 추측의 의미를 가지고 있는 '-겠'과 '-(으)ㄹ 것'의 경우에도 구어성과 문어성에서 차이를 보인다.

(5) 가. 내일은 점차 흐려지다가 오후 늦게부터 비가 오겠습니다.
　　나. ?내일은 점차 흐려지다가 오후 늦게부터 비가 올 것입니다.

위의 두 문장을 비교해보면 (5가)의 문장이 (5나) 문장에 비해 구어적인 표현임을 알 수 있다. 실제로 일기예보 등의 뉴스에서도 (5가)의 문장이 더 많이 사용되고 있으며, 반대로 학술적인 논문의 경우 양쪽이 다 사용되지만 역시 (5나)와 같은 표현이 더 많이 사용된다.

4.1.2. 글말(문어)의 문법적 특징

글말의 문법적 특징이 잘 드러나는 것은 역시 어미이다. 그 중에서도 종결어미는 하나의 문장을 마무리하며, 한편으로는 평서문, 의문문, 명령문, 청유문 등의 문장 유형을 표시하고, 다른 한편으로는 해라체, 해체, 하게체, 하오체, 해요체, 하십시오체 등의 청자대우법을 표시하므로 문장의 성격을 결정짓는 데 중요한 역할을 담당한다고 할 수 있다. 일반적으로 신문 기사나 책 등 불특정 다수를 대상으로 하는 문어 텍스트에서는 문장 유형과 청자대우법이 다양하게 실현되지 않고 고정되는 경향을 보이는데, 문장 유형으로는 평서문이, 청자대우법으로는 해라체가 주로 사용된다.

한국어 교육에서 이러한 종결어미에 대한 교육은 단순한 문장 만들기 과제에서 벗어나 한 편의 완성된 글을 쓰기 시작하는 첫 단계에서 주의 깊게 이루어질 필요가 있다. 대체로 초급에서 중급으로 올라가게 되면 한 편의 완성된 글을 쓰는 작문 과제가 주어지는데 이때 종결어미를 '아/어요'나 '(스)ㅂ니다'의 형이 아닌 '다'를 사용하여 해라체의 평서문을 쓰도록 하는 것이다.

이때 주의해야 할 것이 현재형을 만드는 것이다. 형용사와 동사의 현재형이 구별되기 때문이다. 형용사의 경우는 아래 (1)의 예처럼 그대로 형용사의 어간에 '다'가 붙은 기본형이 그대로 현재형으로 사용되지만, 동사의 경우에는 (2)의 예처럼 'ㄹ'

이외의 자음으로 끝나는 어간에는 '는다'가 결합하고 모음이나 'ㄹ'로 끝나는 어간과는 '-ㄴ다'가 동사의 어간에 결합하여 현재형을 만든다.

(1) 가. 시원한 바람이 참 좋다.
    나. 꽃이 예쁘다.
(2) 가. 밥을 먹는다.
    나. 비가 온다.

이러한 연습이 초기에 분명하게 이루어지지 않으면 고급 단계에 가서까지 오류를 범하게 되므로 특히 쓰기 교육에 있어서는 가장 중요하게 이루어져야 할 것으로 생각된다.

한편 동사나 형용사를 명사와 같은 기능을 하도록 만들어 주는 명사형 어미 '-기', '-(으)ㅁ'도 구어보다 문어에서 더 활발하게 사용하는 것 같다.

(3) 가. 성공하기를 기원합니다.
    나. 사건이 완전히 종료되었음을 의미한다.
    다. 그 일은 다 범인이 꾸며낸 것임이 밝혀졌다.

이러한 명사형 어미는 문장을 추상화하는 기능을 담당하며, 정보를 요약적으로 전달하고자 하는 상황에서 주로 사용된다고 할 수 있다. 따라서 구어보다는 문어에서 활발하게 사용되는 것이다.

4.1.3. 글말(문어)의 어휘적 특징

구어에는 거의 사용되지 않지만 문어에서는 자주 사용되는 어휘에 대한 학습도 필요하다. 물론 모든 어휘가 구어 어휘, 문어 어휘로 구별되는 것은 아니다. 구어에만 사용되는 어휘도 있고 문어에만 사용되는 어휘도 있으며, 구어와 문어에 모두 사용되는 어휘도 있다. 즉 구어 어휘인가 문어 어휘인가 하는 것은 상대적이며 정도의 개념으로 이해하여야 할 것이다.

예를 들어, 자기 아버지를 의미하는 '가친(家親), 엄친(嚴親)' 등을 보면, 이 단어들은 문어에서는 쓰이나 구어에서는 거의 쓰이지 않는다. 또한 생각을 나타내는 '사고(思考), 사유(思惟), 사상(思想)' 등도 문어에서는 흔히 쓰이나 일상적인 대화에서는 별로 쓰이지 않는다.

학술적인 논문인 경우에 그 논문을 쓴 자기 자신을 본문 속에서 언급할 때에 '필자'라는 말을 써야 하며 또 실용문의 계약서나 서식 상에서는 자기 자신을 가리킬 때에는 '본인'이라는 어휘를 사용해야 하며 쌍방의 계약자를 가리키는 표현으로서 '갑, 을'이라고 하는 어휘를 사용하기도 한다. 이러한 단어들은 우리가 실제로 쓰는 구어와 문어의 어휘 사이에는 간과할 수 없는 차이가 있음을 보여 주고 있다. 아마도 이러한 어휘 차이의 상당 부분이 국어 어휘 체계에서 고유어와 한자어가 보여주는 역할의 차이에서 비롯된 것이 아닌가 한다.

한편 문장과 문장 간의 논리적인 연결을 담당하여 텍스트의 완결성을 높여 주는 접속부사의 경우도 우리가 일반적으로 구어와 문어에서 자주 사용하는 것이 있는가 하면 문어에서만 주로 사용되는 것들도 존재한다.

이렇듯 문어가 가지고 있는 형태적, 문법적, 그리고 어휘적 특징에 대하여 교사들이 학습자에게 제시하여 줌으로써 읽기, 쓰기 교육에 미치는 구어식 표현의 부정적인 영향에서 어느 정도 자유로울 수 있을 것이다.

4.2. 읽기와 쓰기에서의 글말(문어) 교육

읽기와 쓰기에서의 글말 교육에서 문법 교육과 관련을 지어서 우리가 생각할 수 있는 것은 우선 맞춤법 교육과 관련된 것이다. 이것은 일반 외국인 학습자보다도 동포 학습자들이 그 대상이 될 것이다.

고석주 외(2004:179)에 의하면 동포 학습자와 외국인 학습자의 오류율에 있어서 다른 부분에서는 그 차이가 별로 없는데 맞춤법 오류에 있어서 동포 학습자들의 오류율이 높은 것으로 나타났다고 한다. 이러한 동포 학습자의 맞춤법 문제는 성인과 아동 모두에 해당한다고 할 수 있다. 현재 이와 같은 문제의식을 바탕으로 하여 몇몇 기초 연구들이 이루어지고 있는 상태이다.[1]

최인실(2007)에서 이루어진 동포 아동 학습자들의 받아쓰기 실험 결과를 요약하면 다음과 같다.

(1) 표기와 발음이 다른 단어의 정답률이 표기와 발음이 같은 단어의 정답률보다 낮다. 표기와 발음이 같은 단어라고 하더라도 이중모음이 포함된 단어의 정답률이 더 낮다. 그러나 음운현상의 유무나 종류에 따라 단어의 정답률의 높고 낮음을 예측하기는 어렵다.
(2) 오답이 대부분의 항목에서 편중되어 나타났다. 즉 실험 항목에서 오답이 완전히 불규칙적인 것이 아니라 오답 중에서 특정한 오답이 높은 빈도로 나타나는 경향성을 보여준다.

이 실험 결과 중에서 우리가 주목해야 할 것은 (2)의 내용일 것이다. 동포 아동 학습자들의 오답이 어떤 경향성을 띠고 있다는 주장은 맞춤법 학습의 방향성을 제시해 줄 가능성이 높기 때문이다.

한편 한국선교사자녀교육개발원 편(2006)은 동포 아동 학습자들과 비슷한 환경에 놓인 선교사 자녀들의 한국어 교육을 위해 개발된 교재인데 상대적으로 취약한 쓰기 능력을 강화하기 위해 쓰기 연습 문제로 다음과 같은 것을 매 과마다 제시하였다.

(3) 똑같이 써 보세요: 이것은 원고지 칸을 만들어 놓고 위에 제시해 놓은 문장을 그대로 옮겨 쓰는 연습이다. 정확성과 함께 띄어쓰기 능력을 향상시키기 위한 연습 문제이다.
(4) 고쳐 보세요: 이것은 문장의 일부를 발음 나는 대로 적어 놓고 이것을 맞춤법에 맞게 적어 보도록 하는 연습 문제이다. 예를 들어 "한국의 글짜는 '한글' 입니다, 생일을 추카해 주어써요" 등과 같은 문장을 주고 고치도록 하여 철자의 오류를 바로잡을 수 있도록 해 준다.

---

1) 지금까지의 연구에 대해서는 최인실(2007:461-462)을 참고할 수 있다.

위의 (3)과 같은 연습 유형이 최인실(2007)과 같은 실험 결과를 토대로 하여 체계적으로 제시될 수 있다면 동포 학습자들에게 상당히 유용한 맞춤법 학습 방식이 될 수 있을 것이다.

한편 읽기, 쓰기에서의 글말 교육에서 문법 교육이 필요한 다른 영역으로는 학문 목적의 한국어 교육도 있다. 학술적인 글을 읽거나 보고서를 쓰기 위해서는 '-(으)려고 하다, -기 때문에'와 같은 표현과 더불어 '-고자 하다, (으)로 말미암아' 등과 같이 상대적으로 문어의 성격이 강한 표현들도 알고 있어야 한다.

그러나 아직 이와 같은 문어체 어법 항목에 대한 연구는 거의 이루어지지 않고 있다. 점점 학문 연구를 목적으로 하는 유학생들이 증가하고 있는 시점에서 이 분야의 연구가 더 이루어질 필요가 있을 것이다.

4.3. 문어체 문법항목

위에서 살펴본 글말의 형태, 통사, 어휘적 특징을 바탕으로 하여 한국어 교육에서 필요한 문법 항목들을 나열하고 간단하게 설명해 보고자 한다.[2]

① -고자

학술적인 논문에서 자신이 쓰고자 하는 논문의 목적을 밝힐 때에 '-고자 한다'라는 표현을 많이 사용하므로 특히 고급 단계에서 혹은 대학에서 유학생들에게 보고서 쓰는 법을 가르칠 때에 학습할 필요가 있다. 유용하게 쓸 수 있는 표현이다.

1) 구조: 주로 동사에 붙어서 쓰이며 '-고자 하다'의 형태로 문장의 끝에 쓰이는 경우가 많다. '-고자'가 붙는 선행절에는 시제 선어말어미가 올 수 없다.
2) 의미: 주어의 의도나 희망을 나타낸다.

---

[2] 이 부분은 임호빈 외(1997), 백봉자(1999), 이희자·이종희(2001) 등을 주로 참고하여 작성하였다.

3) 예문:
  ㉠ 한미 양국은 좋은 관계를 <u>유지하고자</u> 노력해 왔다.
  ㉡ 우리 회사의 이익만을 <u>챙기고자</u> 하는 일은 아니다.
  ㉢ 한국과 베트남의 문화 차이에 대하여 <u>살펴보고자</u> 한다.

② 에 관하여

1) 구조: 조사 '에'와 활용이 불완전한 '관하다'가 결합한 형태로서 '에 관하여, 에 관해(서), 에 관한'의 세 가지로 쓰인다. '에 관하여'나 '에 관해서'는 결합한 명사와 함께 부사어로 쓰이고 '에 관한'은 관형어로 쓰인다.
2) 의미: '에 대하여, 에 관계되어'의 뜻으로 쓰이는 말이다. '에 관하여'는 '에 대하여'에 비해서 격식체이고 공식적인 느낌을 주기 때문에 회화에서보다 문어에서 많이 쓴다.
3) 예문:
  ㉠ <u>'노인과 복지 문제'에 관한</u> 졸업논문을 썼다.
  ㉡ <u>정부는 노사 문제에 관해서</u> 관심을 표명하였다.
  ㉢ <u>통일에 관한</u> 토론회가 내일 열립니다.

③ -기에

1) 구조: 동사나 형용사를 명사형으로 만드는 전성어미 '-기'에 부사격조사 '에'가 결합되어 부사어를 형성한 것이다.
2) 의미: '-기에'가 붙은 선행문이 뒤에 오는 문장의 판단 기준이 되거나 후행문에 대한 이유 또는 원인을 나타낸다.
3) 예문:
  ㉠ 아직 <u>결혼하기에는</u> 이른 나이라고 생각한다.
  ㉡ 워낙 많은 위험이 <u>따르기에</u> 모든 사람들이 주저하고 있다.
  ㉢ 너무 충격이 <u>컸기에</u> 아무 말도 할 수 없었다.

④ -거니와

1) 구조: 용언, '이다', '-았/었', '-겠' 뒤에 쓰이며, 명령형이나 청유형과는 어울리지 않는다.
2) 의미: 이미 있는 사실을 인정하면서 보다 한걸음 더 나아간 사실도 인정함을 나타내는 연결어미이다. 한편 설명하는 말에서는 '-는데'의 뜻도 가지고 있다.
3) 예문:
   (ㄱ) '~ 은/는 물론이고 이에 더 나아가'의 뜻.
      ㉠ 돈도 없거니와 시간도 없다.
      ㉡ 공부도 안 했거니와 배우려는 의욕도 없었으니 성적이 형편없었다.
   (ㄴ) '-는데'의 뜻.
      거듭 말하거니와 정직이 최선이다.

⑤ -기(가) 그지없다

1) 구조: '-기'와 결합한 명사형에 '끝이 없다'는 뜻을 가진 '그지없다'가 결합한 것으로 '-기' 다음에 오는 주격조사 '가'는 생략되기도 한다. '-기' 앞에는 형용사만 올 수 있으며 동사는 쓸 수 없다.
2) 의미: 형용사가 의미하는 바가 정말로 그러하다는 뜻을 나타낸다.
3) 예문:
   ㉠ 매일 매일의 생활이 지루하기 그지없었다.
   ㉡ 오랜만에 친구를 만나니 반갑기 그지없었다.

⑥ (으)로 말미암아

1) 구조: 이유를 나타내는 조사 '(으)로'에 '말미암다'가 결합된 것으로 후행절의 서술어는 대부분 피동형이나, '-게 되다', '-아/어지다'와 같은 말이 온다.
2) 의미: 앞에 오는 명사가 원인이 되어 후행절의 결과가 온 것임을 나타낸다.
3) 예문:

㉠ 환경오염으로 말미암아 생태계에 큰 변화를 가져오게 되었다.
㉡ 남편의 갑작스러운 죽음으로 말미암아 온 가족이 큰 어려움을 당했다.
㉢ 그 전쟁으로 말미암아 두 나라의 관계는 급속히 악화되었다.

⑦ -(으)리라고

1) 구조: 추측의 선어말어미 '-(으)리'에 종결어미 '-라'가 결합하여 확대된 어미 '-리라'에 다시 인용의 '-고'가 결합된 형태이다.
2) 의미: 화자의 의지나 추측을 나타내며 의지의 경우에는 '결심하다' 류의 의미를 가진 동사가 주로 결합되며 추측의 경우에는 '생각하다, 보다' 류의 의미를 가진 동사가 결합된다.
3) 예문:
  (ㄱ) 의지를 나타낸다.
    ㉠ 이번에는 꼭 계획대로 해 보리라고 결심했다.
    ㉡ 이번에는 꼭 성공하리라 굳게 마음먹었다.
  (ㄴ) 추측을 나타낸다.
    ㉠ 언젠가는 다시 만날 수 있으리라고 생각했다.
    ㉡ 더 이상 논의할 필요가 없으리라고 본다.

⑧ -(으)므로

1) 구조: 용언이나 '이다'에 붙어서 선행절을 후행절에 종속적으로 연결해 준다. 후행절로 명령형이나 청유형은 오지 못한다.
2) 의미: 선행절이 후행절의 이유나 근거가 됨을 나타낸다.
3) 예문:
  ㉠ 속담은 한 민족문화의 소산이므로 속담을 많이 안다는 것은 그 나라 사람의 사고방식을 잘 안다는 이야기이다.
  ㉡ 현대인은 긴장과 불안 속에서 살고 있으므로 현대인들에겐 종교가 필요하다.

5. 문법 교육의 내용

5.1. 언어와 문법

5.1.1. 규칙과 문법 단위

우리는 간혹 우리가 사용하고 있는 언어가 일정한 규칙을 가지고 있으며, 그러한 규칙들이 일정한 체계를 이루고 있다는 사실을 미처 깨닫지 못하는 경우가 있다. 언어는 일상생활을 하면서 잠시도 없이 지낼 수 없는 것이면서도, 모어에 관한 한 특별한 고민이 없이도 필요한 말을 구사하는 데에 거의 불편을 느끼지 못하는 까닭에 언어가 규칙으로 이루어져 있다는 사실을 미처 깨닫지 못하는 경우가 있다.

그러나 외국어를 배우거나 그를 사용하게 되는 경우라든가, 외국인에게 한국어를 가르쳐 주어야 할 경우에 우리는 우리의 언어가 엄격한 규칙으로 이루어져 있음을 알게 된다. 발음도 그렇고, 조사와 어미의 사용도 그러하며, 어휘의 사용에도 엄격한 질서가 있음을 깨닫게 되는 것이다. 문장의 구성이 문법적으로 구성이 되었다고 하더라도, 말하는 이와 듣는 이가 누구인가에 따라 사용에 제약이 있는 표현도 있는 것이다. 그러한 제약이 모두 한국어를 구성하고 있는 규칙인 것이다.

그와 같은 언어의 규칙은 상당히 복잡하여 몇 개의 층위로 갈라 이해하는 것이 편리하다. 음운·문법·어휘 등의 층위가 그것이며, 그들은 각각의 하위 층위로 다시 나누어 이해하는 것이 그것이다. 그들 각각의 하위 층위를 언어 단위라고 하며, 문법의 하위 층위에 대해서는 문법 단위라고 한다. 문법 단위로는 형태소·단어·구·절·문장 등이 있다.

5.1.2. 문법적 기능과 문법 범주

보다 작은 문법 단위들이 모여 보다 큰 문법 단위를 이룰 때, 각각의 하위 문법 단위들은 상위 단위 속에서 일정한 기능을 수행하게 되는데, 우리는 그것을 문법적 직능(grammatical function)이라고 부른다. 주어와 목적어라든가 관형어나 부사어 또는 서술어 등의 역할이 그것이다.

문법 단위들이 문장 속에서 일정한 문법적인 기능을 수행한다고 할 때, 그러한 문법적인 기능들은 공통적인 속성에 따라 묶이기도 하고, 묶인 요소들이 이루는 내용들은 보다 큰 내용으로 묶이기도 한다. 품사라든가 시제, 성, 수, 격 등이 그것이다. 이들을 문법범주라고 부르거니와, 이들 문법범주는 언어에 따라 실현되는 양상에 차이를 보인다. 외국어로서의 한국어를 가르칠 때에 특별히 어려움을 겪게 되는 부분도 다른 외국어와는 다른 양상을 보이는 한국어만의 문법범주에 있다고 할 수 있다. 여기서는 단어와 문장을 구성하는 원리와 문법범주 각각을 살펴 한국어 학습자들에게 가르쳐야 할 내용과 효과적인 교수 방안에 대하여 생각해 보기로 한다.

5.2. 단어

5.2.1. 단어의 특징

외국인이나 교포 학습자들이 한국어를 처음 배우게 될 때 혹은 배우기 전에 그들에게 가장 친근한 언어 단위는 아마도 문장일 것이다. 그들은 짧은 인사말이나 자기소개의 문장을 그대로 자신의 모어와 대응시켜서 외우는 수준으로 한국어를 말하기 시작하게 된다. 그러나 점점 한국어를 배워 가면서 한국어 학습자들은 문장을 더 작은 단위로 나누는 것이 가능하게 될 것이다. 물론 이러한 분석 능력은 한국어 수준에 따라 차이가 있을 것이다.

어제는 비가 많이 왔어요.

위의 문장을 어절 단위로 분석하는 한국어 학습자들도 있을 것이고 거기에 더하여 '는, 가' 등의 조사를 분석해 내는 한국어 학습자들도 있을 것이다. 또 어떤 학습자들은 '왔어요'를 분석하지 않고 그대로 '오다' 혹은 '와요'의 과거형으로 습득했을 수도 있고 어떤 학습자들은 '오- + -았 + -어요'로 분석해 낼 수도 있을 것이다.

이렇게 문장을 분석하고 이해하는 능력은 외국어를 학습하는 데 매우 중요한 역할을 한다. 왜냐하면 이러한 분석 능력은 분석된 단위를 바탕으로 하여 새로운 조합을 통해 새로운 단어, 어절, 문장을 구성하거나 창조하는 것을 가능하게 만들기 때문이다.[1]

이와 같은 생각은 문장의 단위인 단어에도 적용될 수 있다. 더구나 문법 구조적인 측면에서 한국어와 전혀 다른 모어를 가지고 있는 학습자라면 한국어 단어의 구조적 특성을 이해하는 것이 아주 중요하다고 할 수 있을 것이다.

5.2.1.1. 용언의 의존성과 조사의 존재

아마도 한국어의 단어 구조 중 특징적인 것으로 가장 먼저 지적할 수 있는 것은 동사와 형용사의 의존성일 것이다(이익섭·이상억·채완 1997:106). 즉 한국어의 동사, 형용사의 어간은 그 단독으로는 사용될 수 없고 '먹-고, 먹-으니, 먹-어서, 푸르-고, 푸르-니, 푸르-지'처럼 반드시 어미와 결합하여서만 사용될 수 있다. 그러므로 한국어 학습자들은 동사나 형용사의 의미를 아는 것만으로는 충분하지 않으며 자신이 표현하고자 하는 바에 합당한 어미를 선택하고 어간과 결합시키는 방식을 학습해야 한다.

주어나 목적어 등의 문법적 관계를 표시해 주거나 특정 의미를 더해 주는 조사의 존재도 외국인 학습자에게는 한국어의 주요한 특징으로 인식될 것이다. '내일은 가요, 내일만 가요, 내일도 가요'처럼 짧은 문장이나 대화라고 할지라도 문맥이나 대화 상황까지 포함한다면 조사로 인해 생기는 의미 차이는 상당히 크게 느껴질 것이

---

[1] 물론 이러한 분석 능력이 언제나 적합한 단어나 문장을 생성해 내는 것은 아님을 우리는 잘 알고 있다.

다. 고급 학습자라 할지라도 여전히 '은/는'과 '이/가'의 사용이 자유롭지 못한 경우가 많은데, 이것은 조사의 정확한 용법과 사용을 습득하는 것이 그만큼 어렵다는 것을 보여준다. 따라서 한국어 조사에 대한 교육이 문법 지식과 외국인 학습자의 오류 분석을 바탕으로 조직된 교수 내용을 가지고 정확하게 이루어질 필요가 있다.

이러한 어미와 조사가 단일한 형태를 가지고 있는 것이 아니라는 것도 한국어 학습자들에게는 매우 중요하다. 어미와 조사가 하나의 형태만 가지고 있는 것이 아니라 앞에 오는 형태소가 모음으로 끝나느냐 자음으로 끝나느냐에 따라 다른 형태를 보이기도 하고, 모음과 'ㄹ'로 끝나느냐, 'ㄹ' 이외의 자음으로 끝나느냐에 따라 달리 나타나기도 한다. 그러므로 한국어 학습의 초기에 이러한 형태에 대한 인식과 연습은 빠질 수 없는 교수 내용이 된다.

5.2.1.2. 한자어

동사, 형용사의 의존성이나 조사의 존재는 한국어 단어의 굴절적인 특징을 보여주는 것이다. 이와 달리 한국어 단어들을 그 기원에 따라 고유어와 외래어로 크게 나눌 수 있을 것이다. 그런데 이런 외래어 중에 특별한 위치를 차지하는 것이 오랜 세월에 걸쳐 중국으로부터 들어온 한자어이다.

한국어 학습 단계가 높아질수록 한자어에 대한 이해는 매우 중요한 의미를 갖는다. 초급 단계에서는 우리의 일상생활에 필요한 어휘와 표현을 중심으로 학습하게 되므로 한자어의 빈도가 상대적으로 높지 않다. 또한 굳이 한자어라는 것을 학습자에게 알려 줌으로써 얻을 수 있는 한국어 교육상의 효과도 별로 없는 편이다. 그러나 중·고급 단계로 가게 되면 일상생활에 필요한 어휘와 표현을 넘어서서 역사, 문화, 사회, 과학, 경제, 예술 등 다양한 방면에 걸친 어휘와 표현을 배우고 구어적인 표현뿐만 아니라 문어적인 표현들을 접하게 된다. 이때 다수의 한자어가 등장하게 되는데, 이러한 한자어 어휘에 대한 학습이 한국어 어휘를 확장시키는 데 상당히 큰 부분을 차지하게 되는 것이다.[2]

이렇게 한자어가 한국어 어휘 체계 내에서 중요한 비중을 차지하게 된 이유에 대해서 이익섭·이상억·채완(1997:152-153)에서는 다음과 같이 설명하고 있다.

---

[2] 학문 연구를 목적으로 한국어를 배우는 경우에도 한자어 어휘에 대한 학습은 필수적이다.

(1) 한자어는 복합 개념을 하나의 단어 속에 종합하여 표현하기에 적합한 특성을 가지고 있어 새로운 어휘들을 만들기에 용이하다.
(2) 한자어는 고유어에 비해 그 의미가 좀 더 세분되고 구체적이다.
(3) 한자어는 약어를 만들기 수월한 특징이 있다.

그렇다면 외국인 학습자들에게 유의미한 한자어 교육이란 어떤 것일까? 먼저 한자어의 구조에 대해서 간단히 살펴보기로 하자.3) 한자어는 1음절이 하나의 단어가 되는 것보다 2음절 이상의 한자어가 하나의 단어를 이루게 되는 것이 훨씬 많다.4)

(4) 가. 산(山), 강(江), 문(門)
　　나. 인심(人-心), 국어(國-語), 학력(學-力), 법학(法-學), 병원(病-院)5)
　　다. 가건물(假-建物), 고차원(高-次元), 몰인정(沒-人情)
　　라. 서점가(書店-街), 인문계(人文-系), 서양식(西洋-式)

(4가)는 1음절로 완전한 하나의 단어가 되는 한자어 단일어의 예이고, (4나)는 2음절로 한자어 형태소 둘을 포함한 한자어 합성어의 예이다. (4다)는 '가(假)-, 고(高)-, 몰(沒)-' 등의 접두사가 결합한 한자어 파생어이고 (4라)는 '-가(街), -계(系), -식(式)' 등의 접미사가 결합된 한자어 파생어의 예들이다.

아마도 한자어 교육 중에서 가장 효과가 큰 것은 한자어계 접두사, 접미사를 통한 어휘 확장이 아닌가 싶다. 예를 들어 '신(新)-'이라는 한자어계 접두사를 알게 되면 '신세대, 신정부, 신기술, 신개념' 등의 어휘에 대해 금방 이해할 수 있고 습득하는 속도가 훨씬 빨라질 것이다. 또한 새로운 어휘를 만들어 내는 데에도 어느 정도

---

3) 사실 한자어에 대한 언급은 문법 교육보다 어휘 교육에 가까운 것이다. 여기서는 넓은 의미의 문법 교육에 포함시켜 제시하되 따로 장을 마련하지 않고 단어의 특징을 기술하는 가운데 포함시켜 설명하기로 한다.
4) 한자어의 구성 방식에 대한 국어학적 서술은 임홍빈·안명철·장소원·이은경(2001:67-69)과 이익섭·이상억·채완(1997:151-155)의 내용을 참고하였다.
5) 기존의 문법 기술은 '인심, 국어, 학력'은 구성 요소가 둘 다 어근인 것으로, '법학, 병원'은 구성 요소 중 하나는 어근이고 하나는 단어의 자격을 가지는 것으로 나누어 설명하고 있다. 여기에서는 그와 같은 구별이 외국인 학습자의 한자어 어휘 습득에 큰 영향을 미치지는 않을 것으로 판단하여 하나로 묶어 제시하였다.

도움을 줄 수 있을 것이다.

위의 (4나)는 한자어 조어법상으로는 합성어에 속하는 것이지만 '-어(語), -력(力), -학(學), -원(院)' 등은 일단 그것이 '말, 힘, 전공 학문, 건물' 등의 의미를 가지고 있음을 알게 되면 역시 한자어 파생어처럼 어휘의 이해에 도움을 줄 수 있을 것이다.

그러나 우리가 주의해야 할 사항이 있는데, 위에서 살펴본 한자어 접두사나 접미사에 대한 지식은 어휘 생성의 측면보다는 어휘 이해의 측면에서 학습자들에게 제시되어야 한다는 점이다. 그렇지 않으면 학생들이 마음대로 어휘를 확장하거나 잘못된 단어를 만들어서 학습에 방해를 가져올 수 있기 때문이다.6) 예를 들어 가게나 상점을 뜻하는 접미사로 '점(店)'을 배운 학생들이 '신발 가게', '옷 가게'라는 어휘 대신 '신발점, 옷점'이라는 어휘를 잘못 만들어 사용하거나, '서점, 책방'이라는 어휘를 배운 학습자가 '책점'이라는 단어를 만들어내는 오류를 범하는 경우를 종종 보게 된다.7)

따라서 교사는 한자어 접두사나 접미사의 의미를 가르쳐 주는 데서 그쳐서는 안 된다. 이들과 유사하게 사용되는 다른 접미사, 접두사, 명사들이 있다면 이들이 어떤 공통점과 차이점을 지니는지 분명하게 제시해 줄 수 있어야 한다. 다만 이러한 규칙성이 아주 명확하게 드러나는 경우는 드물기 때문에 규칙을 제시해 주려고 하기보다는 실제 단어의 예를 제시하는 방식으로 가르치는 것이 학습자에게는 더 효과적일 것이다.

위에서 살펴본 한자어계 접미사나 접두사의 교육을 통한 어휘 확장과 더불어 유의어의 의미 변별 교육도 한자어의 교육에 꼭 필요한 부분이다.8) 중·고급 단계의 한국어 학습자들은 '실력, 능력', '모양, 모습', '예의, 예절' 등이 어떤 의미 차이가 있는지를 교사에게 질문한다. 이러한 질문에 대한 교사의 대응 방식은 대체로 최대한 의미 차이가 드러나도록 설명한 후 그에 해당하는 예를 들어 주는 것이리라 생각된

---

6) 강현화(2001:54)에서는 한자 자체의 교수 목적도 '교재에 나타난 새 한자어 어휘를 학습할 때 한자를 앎으로 해서 의미 파악에 도움을 주거나 연관어휘 확장에 도움을 줄 수 있도록' 이루어져야 한다는 관점을 취하고 있다.
7) 물론 이러한 오류가 부정적인 의미만 갖는 것은 아니다. 한자어 접미사나 접두사를 통해 새로운 단어를 만들어 보려는 학습자의 노력은 긍정적으로 평가되어야 하며 교사가 이러한 학습자의 태도를 격려해 줌으로써 한층 더 정확한 어휘 습득과 사용에 대한 관심이 높아질 수 있다.
8) 이에 대한 자세한 논의는 문금현(2004)를 참고하기 바란다. 여기에서는 문금현(2004)의 논의 중 '결합 구성의 차이에 따른 유의어의 의미 분석'을 중심으로 요약, 정리하였다.

다. 이때 '최대한 의미 차이가 드러나도록' 이라는 표현이 단순히 교사의 언어 직관에만 의존한 설명을 의미하게 된다면 체계적이고 일관성을 가진 교육이 이루어지기 어려울 것이다.

이러한 유의어의 의미 변별에 관하여 문금현(2004:69)에서는 7개의 기준을 제시하였다.

1) 1단계 의미 변별 기준
(5) 어종의 차이 — ㉠ 고유어 : 한자어 ㉡ 고유어 : 외래어 ㉢ 한자어 : 외래어
(6) 사용 빈도의 차이 — 저빈도어 : 고빈도어

2) 2단계 의미 변별 기준
(7) 적용 범위의 차이 — 전문어 : 일상어
(8) 지시 범위의 차이 — 광범위 : 소범위
(9) 표현상의 차이 — ㉠ 경어 : 비어 : 평어 ㉡ 줄임말 : 본딧말 ㉢ 구어 : 문어
     ㉣ 강조 : 평조적 표현

3) 3단계 의미 변별 기준
(10) 결합 구성의 차이

4) 4단계 의미 변별 기준
(11) 내포 의미의 차이

여기에서 각 단계는 변별 과정의 난이도를 의미한다. 즉 1단계에 의해 그 차이를 구별하기 어려운 유의어의 쌍들은 2단계의 의미 변별 기준을 사용하여 구별하고 여기에서도 뚜렷한 차이를 보이지 않은 경우에는 3단계의 기준을 적용시켜 보면 된다는 것이다. 물론 하나의 유의어 쌍에 하나의 기준만 적용되는 것은 아니다. 각 단계의 기준에 의한 구별이 모두 가능할 수도 있다. 예를 들어 '길 : 도로(道路)'의 경우 위의 1단계 기준에서 어종의 차이를 보이며, 2단계 기준에서는 '길' 보다 '도로'가 상대적으로 전문어로서 자주 사용되어 두 기준이 모두 적용됨을 볼 수 있다.

이러한 의미 변별 기준 중 대부분은 한국어 교사들이 수업 현장에서 사용한 경험이 있는 것들이다. 그러나 그것이 교사의 직관에 의해 임의적으로 선택되어 설명되는 것보다 위와 같은 단계를 염두에 두고 설명되는 편이 훨씬 효율적이고 체계적일 것이다. 유의어 쌍의 의미 차이가 어떤 기준에 의해서 좀 더 명확하게 설명될 수 있는지를 교사가 판단하고 그 부분에 집중하여 교육이 이루어질 수 있기 때문이다.

위의 의미 변별 기준 중 특히 문법 교육과 관련해서 흥미로운 것은 '(10) 결합 구성의 차이'라는 기준이다. '결합 구성의 차이'라는 것은 어떤 명사가 어떤 용언과는 자연스럽게 결합하여 쓰이지만 어떤 용언과는 함께 쓰이면 매우 어색하다거나 혹은 어떤 명사가 특정 용언과만 어울려서 사용되는 경향을 보이는 것을 말한다. 예를 들어 '취업 : 취직'의 경우를 보면 '을 하다/이 되다/을 시키다/을 못 하다' 등과는 둘 다 자연스럽게 사용된다. 그런데 '위장 취업, 해외 취업, 취업 설명회'와 같은 경우는 '*위장 취직, *해외 취직, *취직 설명회'와 같이 사용하면 어색하게 된다. 한편 '취직 시험'은 자연스러우나 '*취업 시험'은 어색하다.

이와 같이 명사가 다른 명사와 결합하여 명사구를 이루거나 용언과 결합하는 구성의 차이를 학생들에게 제시해 준다면 좀 더 명확하게 의미의 차이를 알 뿐만 아니라 정확하게 그 어휘를 사용할 수 있도록 지도해 줄 수 있을 것이다.9)

앞에서 살펴본 바와 같이 용언의 의존성, 조사의 존재, 차용어 중 한자어의 비중 등이 한국어 단어가 갖는 큰 특징이라고 얘기할 수 있을 것이다. 용언의 의존성, 조사의 존재는 한국어 단어의 굴절적인 특징이며 한자어의 존재는 단어의 기원에 따른 분류에서의 특징이다.

한편 단어를 형성 방식에 따라 분류할 때에는 단일어, 파생어, 합성어로 나누는 것이 일반적이다. 이와 같은 단어 구성 방식은 어느 언어에나 동일한 것이므로 그것 자체가 한국어 단어의 특징이라고 할 수는 없다. 그러나 파생어와 합성어의 구성 요소에 대한 지식 가운데에 외국인 학습자와 한국어 교사에게 반드시 필요한 지식이 있다. 5.2.2.에서는 이 중에서 합성어, 파생어를 중심으로 한국어 단어의 구성 방식에 대해 살펴보고자 한다.

---

9) 이와 같은 유의어의 의미 변별 교육은 사실 일반적인 어휘 교육 전반에 적용시킬 수 있을 것이다. 다만 명사류나 동사류의 유의어 쌍의 대부분이 '고유어 : 한자어, 한자어 : 한자어'로 이루어진 경우가 많으므로 여기에서는 한자어의 교육에 국한시켜 적용하였다.

5.2.2. 단어의 구성 방식

한국어 단어는 조어법(word formation)에 따라서 단일어와 복합어로 나눌 수 있는데, 단일어는 형태소 하나로 이루어진 단어를 가리키며(손, 머리, 술, 멀다, 바쁘다 등), 복합어는 두 개나 그 이상의 형태소로 이루어진 단어를 말한다(고무신, 값싸다, 풋과일, 지우개 등). 복합어는 다시 합성어와 파생어로 나눌 수 있다. '고무신, 값싸다'와 같이 두 개 이상의 어근 형태소들이 결합하여(고무 + 신, 값 + 싸-) 새로운 단어를 형성하는 것을 합성어라고 하고, 어근과 접사가 결합하여(풋- + 과일, 지우- + -개) 새로운 단어를 만들어 내는 것을 파생어라고 한다.[10]

본 절에서는 한국어 합성어와 파생어의 특징을 간략하게 제시하고 그 교육 방법에 대해 살펴보기로 한다.[11] 파생어의 경우 특히 그 생산성이 높은 접미파생의 경우에는 한국어 교과서 내에서 문법 사항으로 다루어지기도 한다. 이것은 파생어 구조에 대한 지식이 한국어 어휘 학습에 상당한 도움을 줄 수 있다는 것을 보여 주는 것이라고 할 수 있다. 그러므로 이 장에서의 논의는 주로 파생어를 중심으로 이루어지게 될 것이다.

5.2.2.1. 합성어
기존의 문법서들이 서술하고 있는 합성어의 특징을 요약하면 다음과 같다.

(1) 합성어의 의미는 두 구성 요소의 의미를 결합한 것으로 충분한 경우도 있지만 (산-나물, 창-문), 각각의 의미만으로 불충분한 경우도 있다(큰집, 두꺼비집).
(2) 합성어는 그 구성 요소의 배열 방식에 따라 통사적 합성어(볼일, 알아보다)와 비통사적 합성어(콧물, 굶주리다 등)로 나눌 수 있다.
(3) 합성어는 그 품사에 따라 합성명사, 합성동사, 합성형용사, 합성부사 등으로 나눌 수 있으며 그 각각은 다양한 구성 방식을 지니고 있다.

---

10) 다른 문법서들의 경우 복합어와 합성어의 개념을 반대로 사용하는 경우도 있다. 즉 단일어와 상대되는 개념으로 합성어를 사용하고 복합어와 파생어를 하위 개념으로 사용하는 것이다.
11) 아직 파생어나 합성어의 교육 방법에 대한 논의는 많지 않다. 따라서 복합어 교육의 전체적인 방향성을 제시하는 정도의 기술이 될 것이다.

문법 교육 혹은 어휘 교육의 관점에서 위의 기술이 의미를 가지기 위해서는 학습자들로 하여금 새로운 어휘를 생성하거나 이해하는 데 도움을 줄 수 있는 규칙적인 면이 드러나야 한다. 또한 그 규칙성은 학습이 가능하도록 단순해야 한다. 하지만 '통사적 합성어, 비통사적 합성어'의 개념 자체가 학습자의 합성어 생성이나 의미 발견에 도움을 주는 것 같지는 않다. 그리고 합성어의 구성 방식도 너무 다양하여 규칙으로 단순화하기가 쉽지 않다.

물론 학습자의 이해를 돕기 위해 어휘의 각 구성 요소의 의미를 알려 주는 경우도 있다. 그러나 이와 같은 분석적인 설명도 위의 (1)에 의하면 일부 합성어만 가능하다. 구성 요소의 의미의 합으로도 유추되기 어려운 합성어는 오히려 이러한 설명 자체가 학습자를 혼란스럽게 할 수도 있음을 한국어 교사들은 경험적으로 알고 있을 것이다.

외국인 학습자에게 합성어는 단일어와 마찬가지로 하나의 어휘로 인식되는 것으로 보인다. 어떤 의미를 한국어에서는 두 개념의 결합으로 파악하여 합성어로 표현하지만 학습자의 모어에서는 단일한 개념으로 표현하는 경우가 있다. 예를 들어 '눈물, 손가락, 책상' 등과 같은 합성어도 영어에서는 'tear, finger, desk' 등과 같이 단일어로 표현된다. 그렇다면 외국인 학습자에게 '눈물, 손가락, 책상' 등이 모두 합성어로 인식되지 않을 가능성이 있는 것이다.

또한 새로운 어휘를 습득하는 과정의 측면에서도 처음에는 단일어와 마찬가지로 인식되는 것이 자연스럽다고 할 수 있다. 예를 들어 '책상'의 경우 학습자가 '책'과 '상'의 개념을 알고 그것을 결합하여 [desk]라는 의미를 파악해 냈다기보다는 어휘의 의미를 먼저 습득한 뒤에 '밥상, 찻상, 잔칫상' 등과 같은 비슷한 구성을 갖는 어휘에 노출되고 나서 '상'을 분석해 내는 과정이 뒤따른 것이라고 보는 것이 더 타당할 것 같다. 즉 하나의 단일어로 먼저 습득하고 다른 동일한 구성을 가진 다수의 어휘에 노출된 뒤 합성어로 재범주화하게 된다는 것이다.[12]

그렇다면 위에서 언급한 합성어의 특징들은 먼저 학습자들에게 규칙으로서 제시

---

12) 이러한 주장은 Thornbury(2002:109)에서 보인다. Thornbury(2002:109-111)에서는 이러한 논의를 바탕으로 하여 조어법이나 단어 결합(word combination)을 가르칠 때 규칙을 기반으로 하지 않고 어휘 항목 학습을 기반으로 하는 것이 더 바람직하다는 주장을 하고 있다. 이에 대해서는 파생어를 다루는 부분에서 좀 더 자세히 살펴보기로 한다.

되기보다는 비슷한 구조를 가진 합성어를 많이 접한 후에 학습자 스스로에 의해 발견되는 특징들이라고 보는 것이 좋을 것이다.13)

5.2.2.2. 파생어

5.2.2.2.1. 접두파생

파생어는 접두사에 의한 파생어와 접미사에 의한 파생어로 나눌 수 있는데, 여기에서는 접두사에 의한 파생어 형성의 특징과 그 교육에 관하여 살펴보고자 한다. 기존의 문법서에서 기술하고 있는 접두사의 특징은 다음과 같다.

(1) 접두사는 같이 결합하는 형태소의 품사를 바꾸는 일은 없고 의미만 덧붙인다.
(2) 접두사는 그 기원에 따라 한자어 접두사와 고유어 접두사로 나눌 수 있다.
(3) 접두사는 결합하는 형태소의 품사에 따라 명사 앞에만 결합하는 접두사, 형용사와 동사 앞에만 결합하는 접두사, 명사와 동사에 모두 결합하는 접두사로 나눌 수 있다.
(4) 파생명사를 만드는 접두사가 가장 많고 그 중에서도 사람을 가리키는 명사나 동식물 이름 앞에 붙어 의미를 더해 주는 것들이 많다.

위의 (3)에서 언급한 바와 같이 국어학에서 이루어지는 접두사에 의한 파생의 분류기준은 해당 접두사와 결합하는 어기이다. 즉 접두사가 명사와 주로 결합하느냐 동사와 결합하느냐 아니면 둘 다와 결합하느냐에 따라 분류되었다. 그러나 이와 같은 문법 기술을 위한 분류 체계가 한국어 어휘 학습에 직접 도움을 주지는 않는다.

서희정(2006:214-215)에서는 "어떤 품사에 어떤 접두사가 결합될 수 있는가를 보여주는 것보다는 접두사가 가진 의미자질을 제시하는 것이 어휘 확장에 바람직하다"고 주장하고 있다. 즉 학습자에게 직접적인 도움을 주는 것은 접두사가 결합하는

---

13) 여기에서 언급하지 못한 것으로 '사이시옷'의 문제가 있다. '사이시옷'은 단어의 구조에 대한 논의에 앞서 발음, 맞춤법 등의 문제에 있어서도 접근이 매우 어렵다. 특히 한자나 한자어에 대한 지식이 전혀 없는 외국인 학습자들은 거의 이해할 수 없다고 해도 과언이 아니다.

환경이나 조건보다 접두사의 의미라는 것이다.

　이와 같은 주장에 한 가지 조건을 덧붙인다면 접두사가 가진 의미자질을 제시하되 그 해당 접두사의 의미가 명확하게 드러나는 것이어야 한다는 점이다. 여기에서 말하는 '명확함'이라고 하는 것은 그 접두사의 의미가 파생된 어휘들에 최대한 분명하게 그리고 일정하게 드러나야 한다는 의미이다. 다음의 예를 보자.

(5) 가. 잔-: 잔주름, 잔글씨, 잔털, 잔돈, 잔꾀, 잔뼈, 잔뿌리, 잔재주
　　 나. 시-: 시동생, 시부모, 시누이, 시어머니, 시아버지
　　 다. 맏-: 맏아들, 맏누이, 맏형, 맏며느리, 맏딸

　위의 예들은 각각 '잔-, 시-, 맏-'의 접두사가 결합되어 파생된 명사들이다. 그런데 '잔-'이 결합된 파생명사들을 볼 때 '잔돈, 잔뼈, 잔재주, 잔꾀' 등에서 '잔-'의 의미를 일정하게 추출해 내기는 쉽지 않을 것 같다. 하지만 (5나, 5다)의 파생명사들에 더해진 '시-, 맏-'의 의미는 '잔-'의 의미보다는 결합된 파생어들에서 상대적으로 명확하게 드러나는 것 같다. 그렇다면 한국어 교사가 학습자의 어휘 확장을 목적으로 가르칠 접두사 목록을 선정할 때에 '시-, 맏-'이 '잔-'에 비해 상대적으로 높은 우선순위를 갖는다고 할 수 있을 것이다.

　한편 의미를 기준으로 삼는다고 했을 때 접두사의 의미 자체보다 그 접두사가 결합되는 어기의 의미를 고려하여 학습 가능한 어휘를 확장하는 경우도 있을 수 있다.

　'덧-'은 '덧거름, 덧니, 덧셈'처럼 명사에 결합될 수도 있고 '덧나다, 덧붙이다'와 같이 동사에 결합될 수도 있는 접두사이다. 그런데 '덧-'에 의해 파생된 어휘들을 보면 '덧-'의 의미가 분명하게 드러나지 않는 어휘들도 있다. 예를 들어 '덧셈'과 같은 어휘가 있을 때에 이 어휘를 수업 중에 제시하면서 '덧-'이라고 하는 접두사에 대해 설명하거나 다른 '덧-'이 들어가는 파생어들을 제시해 주는 것이 효과적이라고 보기 어려울 것이다. 오히려 같은 의미 부류로 묶을 수 있고, '(수를) 세다'의 명사형인 '셈'을 공통 요소로 가지고 있는 '덧셈, 뺄셈, 나눗셈, 곱셈'을 제시하여 수의 계산과 관련된 어휘 학습이 이루어지도록 하는 것이 더 효과적이다.

　위의 (2)에서 접두사를 그 기원에 따라 한자어 접두사와 고유어 접두사로 나누었는데 이 중에서 부정의 의미를 지닌 한자어 접두사인 '무(無), 불(不), 비(非), 몰

(沒), 미(未)'에 대해서는 약간 언급이 필요하다.

노명희(1998:121-134)에서 언급하고 있듯이 이들 부정 접두한자어들은 두 가지 특징을 가지고 있다. 하나는 어기의 성격에 따라 이들 접두사들이 어느 정도 배타적인 분포를 보여준다는 점이다. 예를 들어 '의식(意識), 의미(意味)'은 '무의식(無意識)'은 가능하지만 '불(不), 비(非), 몰(沒), 미(未)'와는 결합하지 않는다. '해결(解決), 완성(完成)'은 '미해결(未解決), 미완성(未完成)'으로는 쓰이지만 그 밖의 부정 접두사들과는 어울리지 않는다.14)

또 하나의 특징은 '-하다'와의 결합 양상에서 부정 접두사가 결합된 것과 결합되지 않은 것이 차이를 보이는 경우가 있다는 것이다. 예를 들어 '의식(意識)'은 '-하다'가 붙어 동사로 활용되지만 '무의식(無意識)'은 '-하다'가 붙을 수 없다는 것이다. 반대로 '질서(秩序)'는 '-하다'가 붙을 수 없지만 '무질서(無秩序)'는 '-하다'가 결합되어 형용사로서 활용된다. '개발(開發)'의 경우에는 '-하다, -되다'가 모두 결합될 수 있지만 '미개발(未開發)'의 경우에는 '-되다'만 결합될 수 있다. 고급 학습자들의 경우 '개발'과 '미개발'을 반의 관계로 습득한 후 그 활용에서 '개발하다'처럼 '미개발하다'라는 어휘를 사용하는 오류가 나타날 수 있다. 그러므로 부정 접두사가 결합된 어휘를 가르칠 때에는 단지 반의관계에만 집중하기보다 그 어휘의 '-하다', '-되다'의 결합 양상을 아울러 가르쳐야 할 것이다.

한국어 학습에 있어서 단어 구조에 대한 이해나 설명은 한국어 어휘의 의미를 정확히 파악하고 깊은 이해가 필요한 경우에만 선별적으로 이루어져야 한다. 그리고 어휘 학습을 돕기 위해서는 한국어 문법을 엄격하게 지키게 하기보다는 학습자의 관점에서 볼 필요가 있으며 그리하여 때로는 접두사 자체보다도 의미 부류로 묶을 수 있고 공통된 요소가 포함된 것을 기준으로 하여 어휘에 대한 설명을 시도할 때도 있을 것이다.

5.2.2.2.2. 접미파생

접미사에 의한 파생은 접두사에 의한 파생과 비교할 수 없을 정도로 그 수가 많

---

14) 물론 '무가치/몰가치', '무배당/미배당'과 같이 의미 차이를 보이면서 하나 이상의 부정 접두한자어와 결합하는 경우도 있다(노명희 1998:121).

다. 그리고 접미사간의 생산성에 있어서도 차이가 커서 많은 어간과 비교적 자유롭게 결합하는 것도 많지만 겨우 한두 어기와만 결합되는 것도 적지 않다. 본 절에서는 접미사와 결합하여 형성된 파생어 중에서 그 교육 방법이 다소 다르게 적용될 필요가 있는 것으로 판단되는 명사 파생접미사 '-이, -기'와 형용사 파생접미사 '-스럽-, -답-'을 살펴보고자 한다.15)

① '-이, -기'에 의한 명사 파생

'-이, -기'는 용언 어간으로부터 명사를 파생시키는 접미사들로서 매우 높은 생산성을 보여 줄 뿐만 아니라 사용 빈도도 높은 편이라고 할 수 있다. 그런데 이 접미사들이 결합하여 만들어 내는 파생명사들을 그 의미를 기준으로 하여 살펴보면 매우 다양하다.

(6) 가. 구두닦이, 길잡이, 때밀이; 똘똘이, 멍청이, 뚱뚱이
    나. 옷걸이, 책꽂이, 손톱깎이, 재떨이, 통닭구이, 소금구이
    다. 집들이, 셋방살이, 해돋이, 걸음걸이
    라. 길이, 깊이, 높이, 넓이

위의 예는 명사 파생접미사 '-이'가 결합된 다양한 양상을 보여 주고 있다. (6가-다)는 '구두(를) 닦- + -이', '옷(을) 걸- + -이', '해(가) 돋- + -이' 등과 같은 구조를 보이는 것들인데 (6가)는 그런 행위를 하는 사람을 뜻하는 인성(人性)명사의 예이고 (6나)는 사물명사, (6다)는 행위(혹은 사건)명사를 파생시킨 것이다. (6라)는 형용사 어간에 '-이'가 결합되어 척도명사가 파생된 예들이다.

(7) 가. 소매치기, 양치기, 퍽치기
    나. 달리기, 더하기, 빼기, 읽기, 쓰기, 글짓기, 줄넘기, 짝짓기

---

15) 여기서 언급하는 두 가지 교육 방식은 이 접미사들에만 국한되는 것이 아니라 결국은 다른 파생어의 교육에도 일반적으로 적용될 수 있는 원리일 것이다.

다. 크기, 굵기, 빠르기, 세기, 기울기, 굳기

　(7가-다)는 명사 파생접미사 '-기'가 결합된 다양한 양상을 보여 주고 있는데, (7가)는 어떤 행위를 하는 사람을 가리키되, 모음으로 끝나는 형태소 뒤에만 온다는 제약을 가지고 있어 '-이'와 배타적인 분포를 보이고 있다. (7나)는 행위명사의 예들로 '-기'가 결합된 파생명사 중 가장 많은 예를 보여준다고 할 수 있다. (7다)는 한국어의 척도명사에는 명사 파생접미사 '-이'가 결합된 것도 있지만 '-기'가 결합된 것도 존재함을 보여준다.

　(6)과 (7)의 예를 살펴보면 명사 파생접미사로서 '-이'와 '-기'는 그 파생된 명사의 의미상으로 볼 때 '행위를 하는 사람, 어떤 행위, 척도명사'라는 공통된 의미를 가지게 된다. 그러면 학습자들에게 어떤 경우에 '-이'를 결합시켜 파생명사를 만들고 어떤 경우에 '-기'를 결합시킨 파생명사를 만들 수 있는지를 설명해 주는 것이 가능할까? 이것은 사실상 불가능하다고 할 것이다. 기존의 국어학적 설명을 보더라도 우리가 일반적으로 이 둘의 파생명사 형성이 어떤 단일한 원리에 의해 이루어지는지를 찾기는 어렵다.

　그렇다면 우리의 '-이, -기' 파생접미사 교육의 초점은 이 접미사들이 결합된 파생명사들은 '행위를 하는 사람, 어떤 행위, 척도명사'라는 의미들 중 하나를 갖게 된다는 사실을 알게 해 주는 것이라고 할 수 있다. 그렇다면 이러한 교육은 어떻게 이루어질 수 있을까?

　Thornbury(2002:106-111)에서는 학습자에게 조어법(word formation)을 가르치는 방식을 크게 두 가지로 나누어 설명하고 있다. 하나는 규칙을 가르치는 것이다. 즉 '-이, -기' 접미사가 동사나 형용사의 어간에 결합되어 명사를 파생시키는 방식을 규칙의 형식을 갖추되 일반적인 용어를 사용하여 외국인 학습자에게 제시해 주는 것이다. 물론 이때의 규칙이라고 하는 것은 엄격한 의미의 규칙이 아닌 경험에 의거한 규칙을 의미한다.

　또 하나의 방법은 학생들로 하여금 문법에 맞는 올바른 예들에 많이 접하게 하는 것이다. 이것은 개별 어휘 항목 학습(item learning)이라고 할 수 있는데 복합어의 학습도 단일어를 학습하는 것과 동일한 과정을 포함하는 것으로 보고 '-이, -기' 접미사가 결합하는 방식이나 결합 후 형성된 파생명사의 의미 차이에 초점을 맞추기보다는 그냥 결합된 파생어들을 개별 어휘로서 학습한다는 것이다. 이 방법은 처음에는 이렇게 개별 어휘들로 학습하게 되지만 나중에는 학습자 스스로가 이들에 규칙성을 부여하게 된다고 주장한다. 즉 학습자는 '길이, 높이, 넓이, 크기, 굵기, 빠르기' 등을 접하게 된 후 '-이, -기'가 척도명사를 만드는데 사용된다는 것을 스스로 범주화한다는 것이다.16)

'-이, -기' 파생접미사의 교육과 관련해서는 후자의 방식이 더 적합하다고 생각한다. Thornbury(2002:106-111)에 의하면 후자의 방식은 학습자로 하여금 자신이 배우는 언어의 규칙성이나 패턴에 주의를 집중하게 함으로써 위에서 언급한 스스로 규칙성을 발견하는 과정을 도울 수 있다고 한다.17)

예를 들어 학습자들에게 '-이, -기'가 결합된 파생명사를 포함한 읽기 자료를 제시하고 이들을 다양한 방식으로 발견하게 하는 활동을 통해 규칙 찾기나 패턴 인식에 주의를 기울이게 할 수도 있을 것이다.

② '-스럽-, -답-'에 의한 형용사 파생

'-스럽-, -답-'은 명사나 어근과 결합하여 형용사를 파생시키는 가장 생산적인 접미사이다. 사전에 실려 있지 않은 새로운 단어들이 계속 만들어지고 있다는 사실도 이러한 기술을 뒷받침해 준다. '-스럽-, -답-'과 관련해서 우리가 살펴보고자 하는 것은 인성명사를 어기로 할 경우이다.

(8) 가. 어른스럽다, 바보스럽다, 여성스럽다
    나. 어른답다, 학생답다, 남자답다

예를 들어 '저 사람은 어른스럽다, 저 사람은 어른답다'라는 문장이 있다면 이 두 문장의 의미 차이는 '스럽'과 '답'의 의미에 달려 있다고 할 수 있다. 그렇다면 이와 같은 경우에도 '-이, -기'의 경우와 같이 학습자에게 스스로 규칙을 발견하도록

---

16) 전자는 연역적 접근, 후자는 귀납적 접근 방식이라고 부를 수도 있을 것 같다.
17) Thornbury(2002:109)에서는 이것을 'consciousness-raising'이라고 부르고 있다.

하는 것이 더 나은 방식일까? 이 경우에는 오히려 '-스럽'과 '-답'의 의미 차이를 미리 제시해 줌으로써 학습자의 이해를 돕는 것이 더 나을 것이다.

'-스럽'은 그 앞에 결합하는 형태소의 특징이나 속성에 매우 가깝게 근접해 있거나 그 속성의 일부를 지니고 있다는 의미를 갖는다. 위의 예들 중에서 '어른스럽다, 바보스럽다' 등을 사용하여 문장을 만들 때에는 실제로 그 대상이 '어른, 바보'가 아니라는 사실이 전제되어야만 가능하다. 학습자들에게 '-스럽'의 의미를 가르쳐줄 때에 이 점을 이용하면 학생들이 쉽게 그 의미를 이해할 수 있다. 즉 'A는 어린이예요. 그런데 어른 같아요.'라고 이야기하면서 'A는 어른스러워요'라고 하는 의미를 자연스럽게 끌어낼 수 있는 것이다.

'-답'은 지위나 신분을 나타내는 명사와 결합하여 '그만한 자격이 충분히 있다'는 의미를 나타낸다. 이 경우에 '-스럽'과는 반대로 언급되는 대상이 반드시 그러한 지위, 신분을 가진 사람이어야 하는 전제가 성립되어야 한다. 즉 '어른답다'라면 그 가리키는 대상이 실제로 '어른'이어야 한다. 아이에게 '어른답다'라는 표현을 쓸 수는 없다는 것이다.[18]

위에서 살펴본 바와 같이 조어법을 가르칠 때에는 규칙성이나 패턴을 먼저 언급하는 것이 좋은지 아니면 학습자가 스스로 규칙성을 발견하도록 유도하는 학습 방식이 좋은지를 교사가 먼저 파악해야 할 것이다. 또한 후자의 방식을 사용하기 위해서는 그 의미를 정확하게 드러낼 수 있는 좋은 예들을 학습자에게 제공해 주어야 하며 학습자들로 하여금 규칙성에 주의를 기울일 수 있도록 학습 활동을 고안할 필요가 있다.

5.2.3. 체언

'체언'은 명사, 대명사, 수사에 속하는 단어들이 문장에서 주어의 기능을 담당한다는 점에서 붙여진 명칭이다(임홍빈 외 2001:94). 우리가 한국어 교육 현장에서 '체언'이라고 하는 문법 용어를 사용하는 경우는 거의 없을 것이다. 그것보다는 오

---

[18] 물론 어기를 인성명사에 국한시키지 않고 '-스럽-, -답-'이 포함된 모든 파생명사들을 대상으로 할 때에는 규칙을 먼저 제시하는 방법보다 개별 어휘 항목 학습을 통해 학습자 스스로가 규칙을 발견하도록 하는 방법으로 가르쳐야 할 것이다.

히려 이 체언을 다시 의미를 기준으로 나눈 '명사, 대명사, 수사' 등이 한국어 교육 현장에서 직접 다루어지는 문법일 것이다.

5.2.3.1. 명사

5.2.3.1.1. 명사의 특징

명사는 사물의 이름 또는 개념을 가리키는 어휘를 말하는데, 한국어의 명사가 가지고 있는 몇 가지 특징들이 있다.[19] 우선 한국어의 명사는 격조사가 생략되는 경우도 있지만 일반적으로는 뒤에 격조사를 동반하고 문장 속에 나타난다.

(1) 가. 민호가 6시에 일어났다.
　　나. 아직 점심 안 먹었는데.

그리고 명사는 '이다'와 연결됨으로써 문장의 서술어로 기능하게 되며 '새, 헌, 이, 그, 저' 등과 같은 관형사나 관형어의 수식을 받는다.

(2) 가. 저는 유학생입니다.
　　나. 새 선생님이 오셨어요.

그러나 실제 한국어 문법 교육에서 위와 같은 명사의 특징이 동일한 중요성을 가지는 것은 아니다. 제일 처음에 언급한 명사의 특징 중의 하나인 격조사를 동반한다는 사실은 현장에서 그렇게 강조하여 가르치는 것 같지는 않다. 명사가 격조사를 동반한다는 특징을 언급하기보다는 오히려 '이/가'가 붙으면 문장에서 주어의 역할을 하게 된다고 하는 문장성분의 관점에서 설명하는 것이 훨씬 효과적이며 또한 학습자들에게는 격조사 자체의 기능과 의미가 한국어 학습에 있어서 더 중요한 문법 항목이 되기 때문이다.

반면에 상대적으로 명사가 '이다'와 연결되어 문장의 서술어로 기능한다는 사실

---

[19] 여기서는 이익섭·이상억·채완(1997:108-109)을 참조하여 명사의 특징을 요약하였다.

은 학생들에게 교육 현장에서 명시적으로 전달된다. 다른 경우에는 주로 동사나 형용사가 문장의 서술어로 오는데 명사의 경우에는 '-이다'를 통해서 서술어 역할을 할 수 있다고 가르쳐 줄 필요가 있기 때문이다.

관형어의 수식을 받는다는 특징도 문법 교육 현장에서는 그 초점이 동사, 형용사의 관형형을 어떻게 만드느냐에 있을 것이다. 특히 '것, 이, 분, 데, 줄, 수' 등의 의존명사들은 자립성이 없어서 반드시 관형어의 수식을 받아야만 하고 또한 동사, 형용사의 관형형이 시제를 표현해 주기 때문에 외국인 학습자들이 초급 단계에서부터 주의를 기울여 학습하게 된다.

명사는 의미상의 특성에 따라 크게 고유명사와 보통명사, 유정명사와 무정명사로 나눌 수 있고, 관형사나 관형절의 수식어 없이 쓰일 수 있느냐 없느냐에 따라 자립명사와 의존명사로 나눌 수 있다. 아래에서는 이러한 기존의 분류 틀 속에서 한국어 교육 현장에서 중요하다고 생각되는 것들을 중심으로 기술해 가고자 한다.

5.2.3.1.2. 고유명사와 보통명사

고유명사와 보통명사의 개념이나 그 구별이 한국어 문법 교육 내에서 필요한 것은 아니다. 다만 고유명사 중에서 한국인의 이름의 구성 방식이나 성, 이름 뒤에 직함이나 지위를 나타내는 명사를 붙여 말할 경우에 대해서는 약간의 언급이 필요하다.

우선 한국어의 이름은 성이 앞에 오고 이름이 뒤에 오는 순서로 구성되며 성 한 음절에 이름 두 음절로 이루어지는 것이 가장 일반적이다(이익섭·이상억·채완 1997:111). 간혹 이름이 한 음절인 경우도 있으며 드물게 '선우, 황보, 남궁, 독고, 제갈' 등과 같이 성이 두 음절인 경우도 있다.

(3) 김-대중, 박-찬호, 허-준, 독고-탁, 남궁-옥분

그리고 자음으로 끝나는 이름 뒤에 조사가 붙는 경우에 흔히 접미사 '-이'를 붙여 말하기도 한다(한재영 외 2005:393).

(4) 가. 영수는 책을 좋아한다.
　　나. 준상이는 책을 좋아한다.

다. 준상은 책을 좋아한다.

(4가)의 '영수'는 이름이 모음으로 끝나므로 직접 조사와 연결되지만 (4나)의 '준상'은 자음으로 끝나는 이름이므로 '-이'를 붙이는 것이 일반적이다. '-이'를 붙이지 않는 경우도 있는데 가리키고자 하는 사람이 윗사람이거나 친하지 않은 사람일 때는 '-이'를 붙이지 못한다. 또한 소설 등에서도 작가가 등장인물에 대하여 서술할 때에 이름 뒤에 '-이'를 붙이지 않는 경우가 간혹 있다. 이럴 경우에는 친하지 않기 때문이라기보다 서술의 객관성을 확보하기 위해서라고 하는 편이 나을 것이다. 그리고 성과 이름을 같이 붙여서 말할 때에는 '-이'를 붙이지 않는다.

한편 일본어 학습자의 경우 성이나 이름 뒤에 붙는 '씨(氏)'를 가르칠 경우 약간 주의할 필요가 있다. '씨'는 단어의 의미로서 일본어의 'さん(SAN)'에 대응하지만 실제로 청자를 대우하는 데 있어서 용법상 차이가 있다. 일본어에서 'さん(SAN)'은 이름 없이 성에 바로 붙어서 '야마모토 さん, 나카타 さん'과 같이 사용되어도 상대방을 어느 정도 높이는 표현이 된다. 그러나 한국어에서 '김 씨, 이 씨, 박 씨'라는 표현을 쓰게 되면 이는 상대방을 높이기보다 오히려 낮추는 표현이 된다. 그래서 한국어를 배우러 온 일본 학생들이 나이가 비슷한 한국 학생을 처음 만났을 때 상대방을 어느 정도 대우하는 뜻으로 '김 씨' 등을 사용하게 되면 한국 학생들이 처음에 어리둥절해 하는 모습을 종종 보게 된다. 그러므로 단순히 '씨'와 'さん(SAN)'의 대응 관계만으로 설명이 끝나서는 안 되며 한국어에서는 성과 이름 뒤에 '씨'를 붙여야만 청자를 어느 정도 대우하는 표현이 된다는 것도 같이 언급해 줄 필요가 있다.

5.2.3.1.3. 유정명사와 무정명사

명사를 감정을 가진 생물을 가리키느냐 감정이 없는 사물을 가리키느냐에 따라 유정명사와 무정명사로 나눌 수 있다(임홍빈 외 2001:97). 그런데 이러한 구별이 한국어 교육에서 의미를 갖는 것은 이 두 명사류에 여격조사 '에, 에게, 한테' 등이 결합될 때 차이를 보인다는 점이다. 유정명사 다음에는 '에게, 한테'가 쓰이나 무정명사 다음에는 '에'만이 쓰인다(한재영 외 2005:393).

(5) 가. 영희는 개에게 밥을 주었다.

나. 철수는 꽃에 물을 주었다.

일본어 학습자의 경우 한국어의 '에, 에게'에 해당하는 'に(NI)'라는 조사가 존재하지만 한국어와 같은 구별이 없기 때문에 오히려 더 많은 오류를 보이는 것처럼 느껴지기도 한다. 이러한 구별은 한국어의 특징적인 현상이므로 학습자의 모어에 조사가 있거나 없거나를 막론하고 주의해서 가르칠 필요가 있다.

5.2.3.1.4. 자립명사와 의존명사

명사는 또한 자립명사와 의존명사로 나눌 수 있다. 의존명사는 기능상으로는 엄연히 명사이면서도 자립성이 약해서 단독으로는 문장에 나타나지 못하고 항상 관형어와 함께 쓰인다. 또한 의존명사 중에는 문장의 여러 성분으로 쓰일 수 있는 것이 있는가 하면 특정 문장성분으로만 사용되는 것도 있다.

(6) 가. 지금 먹고 있는 것이 무엇입니까?
    나. 경주에 가 본 적이 있어요.
    다. 비가 올 모양이에요.
    라. 선생님이 가르쳐 주신 대로 만들었어요.

위 예문 (6가)의 '것'은 비교적 여러 성분으로 쓰일 수 있다. (6나)의 '적'은 주로 '있다/없다' 앞에서 주어로만 쓰이며 (6다)의 '모양'은 '이다'와 함께 서술어로만 사용된다. 그리고 (6라)의 '대로'는 부사어로만 쓰인다. 기존의 국어 문법서들은 이러한 제약을 기준으로 의존명사를 보편성 의존명사, 주어성 의존명사, 서술성 의존명사, 부사성 의존명사로 나누어 설명하고 있다.

그런데 한국어 교육에서는 의존명사 자체가 문법 교수 항목이 되기보다는 의존명사가 포함된 '덩어리 항목'이 교육의 단위가 된다.[20] 이미혜(2002:211)에 의하면 의존명사가 포함된 덩어리 항목이 다른 덩어리 항목들 가운데 가장 큰 비중을 차지

---

[20] 이미혜(2002)에서는 '표현항목'이라는 개념을 사용하여 단순 문법 항목과 구분하여 설명하고 있다.

하고 있다고 한다. 그렇다면 의존명사가 포함된 표현에 대해 우리는 무엇을 어떻게 가르쳐야 할까?21)

문법 기술의 내용에는 기본적으로 형태 정보, 의미 정보, 화용 정보가 포함되어야 한다(이미혜 2005:98-99). 이를 의존명사를 포함한 표현에 적용시켜 보도록 하자. 예를 들어 '-(으)ㄹ 것 같다'의 형태 정보라는 것은 다음과 같은 것이다.(국립국어원 2005나:773)

-을 것 같다: ㉠ 'ㄹ'을 제외한 받침 있는 동사나 형용사 어간 뒤
　　　　　　　예) 읽을 것 같다, 좋을 것 같다,
　　　　　　㉡ '-았/었' 뒤
　　　　　　　예) 갔을 것 같다, 먹었을 것 같다
-ㄹ 것 같다: ㉠ 받침 없는 동사나 형용사의 어간 뒤
　　　　　　　예) 갈 것 같다, 예쁠 것 같다
　　　　　　㉡ 'ㄹ' 받침으로 끝나는 동사나 형용사 어간 뒤
　　　　　　　예) 만들 것 같다
　　　　　　㉢ '이다, 아니다'의 뒤
　　　　　　　예) 학생일 것 같다, 학생이 아닐 것 같다

의존명사가 포함된 표현은 위에서 언급했듯이 항상 관형어와 함께 쓰이고 시제와도 관련되므로 이와 같은 형태 정보에 대한 지식이 학습자에게는 반드시 필요하다. 이와 같은 형태 정보는 구조적인 연습과 유의적인 연습을 통해서 학습하게 된다.

의미 정보는 말 그대로 표현이 무엇을 뜻하는가에 대한 것이다. 의미 정보는 기본적으로 설명과 그에 합당한 예문들로 이루어진다. 국립국어원(2005나:774)에서 제시하고 있는 '-(으)ㄹ 것 같다'의 기본적인 의미 정보는 다음과 같다(국립국어원 2005나:774).

---

21) 여기에서는 주로 무엇을 가르쳐야 하는가 하는 교수 내용에 집중하여 설명하고자 한다. 이렇게 함으로써 의존명사가 포함된 표현을 가르칠 때 교사가 사전에 알고 있어야 할 문법내용을 점검할 수 있을 것이다. 구체적인 방식에 대해서는 본서 '6장 문법 교육 설계와 교수안의 실례'를 참고로 하면 될 것이다.

여러 상황으로 미루어 앞으로의 일이나 현재의 일, 과거의 일을 막연히 추측할 때 쓴다.

(7) 가. 오후에 비가 많이 올 것 같아요.
　　나. 다음 주말쯤 졸업 사진을 찍을 것 같다.
　　다. 내일 수업 시간에 이 자료를 읽을 것 같아요.
　　라. 마이클 씨는 한국말을 잘할 것 같아요.
　　마. 아기가 아직 밥을 못 먹을 것 같은데요.
　　바. 내일은 날씨가 따뜻할 것 같아요.
　　사. 저 가수는 청소년들에게 인기가 많을 것 같아요.
　　아. 집에 아무도 없을 것 같아요.
　　자. 밤새 비가 왔을 것 같다.
　　차. 저 사람들이 우리 얘기를 들었을 것 같아요.
　　카. 지금쯤 집에 도착했을 것 같으니까 전화를 한번 해 보세요.
　　타. 할머니가 젊었을 때는 예쁘셨을 것 같아요.

(7가-다)에서 '-(으)ㄹ 것 같다'는 동사에 붙어 앞으로 그런 일이 일어나리라고 추측함을 나타내고, (7라, 마)에서는 동사에 붙어 현재 그런 일이 일어나거나 그러한 상황이라고 추측함을 나타낸다. (7바-아)에서는 형용사에 붙어 현재나 앞으로 그러한 상태에 있거나 있을 거라고 미루어 예측함을 나타내며, (7자-타)에서는 어미 '-았/었'에 붙어 과거에 일어난 일이나 상태에 대해 확신을 덜 가지고 추측함을 나타낸다.

물론 위의 의미 설명 자체를 학습자에게 그대로 제시할 수는 없으며 교사는 학습자에게 친숙한 용어와 개념으로 명확하게 제시하기 위해 고민해야 할 것이다. 또한 교사는 위에서 보인 것처럼 의미 설명에 부합하는 예문들을 준비해야 한다. 최근에는 한국어 학습자용 말뭉치가 구축되어 있어 이를 활용하면 필요한 예문들을 쉽게 찾을 수 있다.[22]

---

[22] 자세한 내용은 조남호 외(2005)를 참고할 것.

그러나 이것이 의미 정보의 전부는 아니다. 의미 정보에는 유사한 의미를 가지는 다른 표현에 대한 것도 포함되어야 한다. 예를 들어 '-(으)ㄹ 것 같다'와 같은 추측 표현의 경우 학습자의 수준에 따라 '-(으)ㄹ 모양이다, -나 보다, -(으)ㄹ 듯하다' 등의 표현과 어떤 의미 차이를 보이는지에 대한 정보도 포함되어야 한다. 이때 '-나 보다'와 같은 것은 보조용언이 결합된 표현이므로 문법범주를 달리하지만 의미의 유사성을 우선으로 하여 역시 함께 설명할 필요가 있다.[23]

또한 통사적인 제약도 의미 정보 안에 포함된다. 예를 들어 '-(으)ㄹ게요'의 경우 언제나 말하는 사람이 주어가 되어야 한다. 즉 1인칭 주어와 함께 쓰여 화자의 의지나 약속을 나타내는 표현이 된다는 것이다. 이와 같은 인칭 제약은 학습자가 만들어낼 수 있는 오류를 최소화하는 역할을 하게 된다. 이 밖에도 종결어미의 제약이나 함께 자주 쓰이는 동사의 의미적인 제약 등도 의미 정보 안에 포함시켜야 한다.

화용 정보에는 주어진 문맥에서의 의미, 함축된 의미와 문자 그대로의 의미, 화자·청자의 지위, 의사소통 장소, 문장 전후의 상황, 언어의 문체 등이 포함된다(이미혜 2005:99). '-(으)ㄹ 것 같다'와 관련된 화용 정보로는 다음과 같은 것이 있다.

㉠ 구어체와 문어체에서 모두 활발하게 사용한다(이미혜 2005:143).
㉡ 상대방에게 말하는 사람 자신의 생각이나 의견을 말할 때 많이 쓰는데, 강하게 주장하거나 단정적으로 말하지 않고 좀 더 부드럽게 또는 겸손하게 그리고 소극적으로 말하는 느낌이 있다. 외국인들이 자신의 생각을 말할 때 많이 쓰는 표현 중의 하나인데, 지나치게 자주 쓰면 별로 자연스럽지 않으므로 유의해야 한다(국립국어원 2005나:774).

이와 같은 화용 정보는 단순의 의미만 알고 사용 가능한 담화 맥락을 몰라 발생할 수 있는 오류를 최소화해 준다. 이 밖에도 공식적인 상황/비공식적인 상황에서의 사용 가능성, 윗사람에게의 사용 가능성, 이 표현을 사용했을 때 청자가 받을 수 있는 느낌 등이 화용 정보에 포함될 수 있다. 교사는 이러한 화용 정보가 의사소통

---

[23] 한편 의미와 상관없이 단지 형태적인 유사성 때문에 나올 수 있는 학습자의 질문도 있을 수 있다. 예를 들어 의존명사 '데'가 포함된 표현 '는 데'를 배우고 나서 전혀 문법범주가 다른 어미 '는데'와 어떤 차이가 있냐고 물어 오는 학생들이 있을 수 있는 것이다.

목적을 달성하는 데 필수적인 요소임을 인식해야 할 것이다.

5.2.3.2. 대명사

5.2.3.2.1. 대명사의 특징

대명사는 명사를 대신하여 가리키는 말이다. 대명사의 특징은 다음과 같이 요약될 수 있다.[24] 대명사의 가장 큰 특징은 대명사로 대체되기 이전의 명사가 앞 혹은 뒤(주로 앞)에 나오고 그것을 대신하는 기능을 갖고 있다는 점이다. 아래의 예에서 '그것'은 앞에 나온 '신문'을 가리킨다.

(1) 가: 오늘 신문이 어디 있지?
　　나: 제 방에 있어요.
　　가: <u>그것</u> 좀 갖다 줘요.

또한 대명사는 상황 의존적이다. 즉 상황이 달라짐에 따라 같은 대상의 명칭이 달라질 수도 있고 지시 내용이 달라질 수도 있다는 말이다.

(2) 나, 너, 그; 이것, 저것, 그것; 여기, 거기, 저기

내가 나에 대하여 말할 때에는 '나'이지만 상대편이 나를 가리킬 때에는 '너'이며 제3자가 말할 때에는 '그'가 된다. 즉 똑같은 대상이지만 그것을 지시하는 사람이 누구냐에 따라 형태가 달라진다. '이것, 그것, 저것'도 동일한 대상이지만 화자에게 가까이 있으면 '이것', 화자에게는 멀리 있으나 청자에게 가까이 있으면 '그것', 화자와 청자로부터 멀리 떨어져 있으면 '저것'으로 명칭이 달라진다. '여기, 저기, 거기'도 마찬가지이다.

---

24) 임홍빈 외(2001:98-100)의 내용을 참고하여 요약하였다.

5.2.3.2.2. 대명사의 종류

대명사는 사람을 가리키는 인칭대명사, 사물이나 장소를 가리키는 지시대명사, 의문문에 쓰이는 의문대명사, 앞에 나온 체언을 다시 가리키는 재귀대명사로 나눌 수 있다.

① 인칭대명사

인칭대명사는 화자가 자기 스스로를 가리키느냐, 상대방을 가리키느냐 아니면 제3자를 가리키느냐에 따라 1인칭, 2인칭, 3인칭 대명사로 나눈다. 아래에 그 목록을 제시하면 다음과 같다.25)

(3) 가. 1인칭: 나, 우리, 저, 저희
    나. 2인칭: 너, 너희, 당신, 자네, 그대
    다. 3인칭: 얘, 이이, 이분, 이들; 그, 그녀, 걔, 그이, 그분, 그들; 쟤, 저이, 저분, 저들; 아무, 누구

인칭대명사에 대해 우선 생각해 볼 수 있는 특징은 대우법의 발달로 화자와 청자의 관계에 따라 다른 인칭대명사를 사용한다는 점이다. 친구에게 말할 때는 '나'를 사용하지만 윗사람에게는 '저'를 써서 말해야 한다. 그런데 이와 더불어 교육되어야 하는 것은 문장종결어미와의 호응이다. 외국인 학습자들이 '나는 -습니다', '제가 -했다'와 같이 쓰는 경우를 자주 볼 수 있는데(이정희 2003:118), 이와 같은 오류를 줄이기 위해서는 대우법에 따른 인칭대명사의 구별 사용에 대한 것과 더불어 종결어미와의 호응에 대해서도 교육이 이루어져야 한다.

또 한 가지 인칭대명사에 관한 중요한 문법 내용은 '나', '저', '너'가 조사 '가', '의'와 함께 쓰이면 '내, 제'로 형태의 변화가 이루어진다는 점이다. '에게'와 결합되는 경우에도 '나에게'가 '내게'로 줄어들기도 한다. 즉 '내, 제, 네' 등은 주격조사와 함께 쓰이거

---

25) 인칭대명사의 목록은 문법서에 따라 차이를 보인다. 여기서는 대부분의 문법서에 공통적으로 나타나는 것만 목록으로 제시하였다.

나 관형격조사 '의', 부사격조사 '에'가 결합한 형태일 수도 있다(임홍빈 외 2001:101).

(4) 가. 내+가 → 내가, 나+의 → 내, 나+에게 → 내게
    나. 제+가 → 제가, 저+의 → 제, 저+에게 → 제게
    다. 네+가 → 네가, 너+의 → 네, 너+에게 → 네게

한편 1인칭대명사가 나타날 자리에 장소 대명사를 써서 나타내는 경우도 있다(한재영 외 2005:396).

(5) 가. 이쪽은 이번에 새로 입사한 김형철 씨입니다.
    나. 저쪽은 우리와 거래를 하고 있는 ○○건설의 이성철 대리입니다.

1인칭대명사의 쓰임 중에서 가장 특징적인 것은 아무래도 '우리'의 쓰임일 것이다. 가족이나 가정을 가리킬 때에 '나의/내'를 사용하지 않고 '우리 아버지, 우리 언니, 우리 집, 우리 마누라'와 같이 표현한다. 또 '우리나라, 우리 동네, 우리 선생님'처럼 나라, 동네, 선생님 등도 공동의 소유로 표현한다(이익섭·이상억·채완 1997:112).

한국어 학습자들의 경우 서로 대화를 나누는 것을 들어보면 '너는 ……'이라고 하는 상대방을 가리키는 말을 필수적으로 사용하는 경우가 많다. 2인칭대명사는 청자가 이해될 수 있는 상황에서는 문장에 나타나지 않는 일이 많으므로 이러한 사실을 미리 가르쳐 주어 지나치게 '너'를 사용하지 않도록 할 필요가 있다.

3인칭대명사는 고유의 형태가 있는 것이 아니라 지시관형사 '이, 그, 저'와 의존명사가 결합된 형태로 이루어져 있는 것이 특징이다. 그 사용에 있어서 주의해야 할 점은 가리키는 상대와의 관계에 따라 적절하게 나누어 사용해야 한다는 점이다. '얘, 걔, 쟤'는 어른들이 아이들을 가리킬 때 쓰거나 친한 친구를 가리킬 때 사용하는 말이다. '이이, 그이, 저이'는 '이 사람, 그 사람, 저 사람'을 조금 높여 가리키는 말인데 주로 여성이 자기 남편을 가리킬 때 사용하며 '이분, 그분, 저분'은 자기보다 윗사람을 가리킬 때 주로 사용한다.

한편 '그, 그녀'는 구어에는 사용하지 않으며 문어로 쓰이는 3인칭대명사이다.

② 지시대명사

지시대명사는 크게 사물을 가리키는 대명사와 장소를 가리키는 대명사로 나눌 수 있다.

(6) 가. 이, 이것, 그것, 저것, 이들, 이것들, 그것들, 저것들
    나. 여기, 거기, 저기, 이곳, 그곳, 저곳 (cf. 이리, 그리, 저리)

(6가)는 사물 지시대명사인데 한국어 학습자에게 자주 발견되는 오류는 화자와 청자 앞에 보이지 않는 상황에서 서로 알고 있는 물건이나 사람을 가리킬 때에는 '그것, 그 사람'이 사용되어야 하나 이때 '이, 저'를 사용하는 경우가 있다는 것이다.26)
 또 한 가지 주의할 점은 '이것, 그것, 저것'이 격조사와 결합하여 축약된 형태로 자주 사용된다는 점이다. 주격조사 '이'와 결합하여 '이게, 그게, 저게'로 쓰이거나, 목적격조사 '을'과 결합하여 '이걸, 그걸, 저걸'로, 보조사 '은'과 결합하여 '이건, 그건, 저건'의 형태로 사용하는 경우가 많다.
 (6나)의 장소 지시대명사와 관련하여 주의할 것은 학습자들이 장소를 지시하는 대명사 '여기, 거기, 저기'와 부사 '이리, 그리, 저리'를 혼동하여 사용하는 경우가 있다는 것이다. 예를 들어 '이리 오세요' 대신 '여기 오세요'와 같은 표현을 사용하는 것이다. 대체로 '이리, 그리, 저리'를 써야 할 자리에 '여기, 거기, 저기'를 잘못 사용하는 경우가 많으며 그 반대의 경우는 자주 나타나지는 않는 것 같다.

③ 의문대명사: 누구(누가), 무엇(무어, 뭐), 언제, 어디

의문문에 사용되는 것으로 영어의 who, what, when, where 등에 해당하는 것이 의문대명사인데, '누구, 무엇, 언제, 어디'로 표현된다. 의문대명사와 관련해서는 '누구'가 조사 '가'와 결합하면 '누가'가 된다는 점, 그리고 '무엇'이 격조사나 어미와

---

26) 이정희(2003:189)에서는 특히 러시아권 학습자들이 위와 같은 상황에서 '이'를 사용하는 경향이 많음을 보여주고 있다. 예) *이(→그) 마을에 가본 적이 없어요.
 한편 일본어권 학습자들은 이러한 상황에서 '저'를 사용하는 경우가 많다.

결합할 때 '뭐가, 뭘; 뭔데, 뭔지, 뭘까' 등으로 줄여서 사용된다는 점 등에만 주의하면 될 것이다.

④ 부정대명사: 누구, 무엇, 언제, 어디, 아무(아무나, 아무도)

의문문에 사용되는 의문대명사와 동일한 형태인데 주로 평서문에 쓰여서 아직 모르거나 특정한 하나로 정해지지 않은 것을 가리킬 때 이들을 부정대명사라고 부른다. 부정대명사는 주로 평서문에 쓰이나 의문문에 쓰일 경우도 있다. 이 경우에는 억양의 차이로 부정대명사로 쓰였는지 의문대명사로 쓰였는지가 구별된다(이익섭·채완 1999:155).

(7) 가. 어디 가세요? (↗)
    가'. 어디 가세요? (↘)
    나. 누가 왔니? (↗)
    나'. 누가 왔니? (↘)

(7가, 7나)는 부정대명사로 쓰인 것으로 '가는지, 왔는지'의 여부를 묻는 판정의문문이 되며 (7가', 7나')는 의문대명사로 쓰인 것으로 '어디, 누구'를 묻는 설명의문문이 되는 것이다.

⑤ 재귀대명사

재귀대명사는 앞에 나온 명사를 도로 가리켜 이르는 대명사인데, 흔히 3인칭의 '자기, 저, 당신'을 가리킨다. '저'는 '자기'보다는 선행 명사를 조금 낮추어 표현하는 데 쓰이며, '당신'은 선행 명사가 존칭 명사일 때 쓰인다. 그런데 존칭 명사라고 하더라도 공적인 자리에서 말할 때는 쓰지 못하며, 주로 가족, 친척과 같이 사적인 관계에 있는 사람에 대해 한정해 쓰는 것이 일반적이다.

(8) 가. 그도 <u>자기</u> 잘못을 시인했다.

나. 동생은 아직 어려서 저밖에 모르니까 잘 가르쳐 주십시오.

다. 할머니는 아직도 당신의 손으로 김장을 해서 자식들에게 준다.

초급이나 중급 단계의 한국어 학습자들의 경우 '자기'라는 어휘의 재귀적인 용법에 대하여 정확하게 모르는 경우가 많고 오직 1인칭인 '나'를 가리키는 말로만 알고 있는 경우가 있다. 고석주 외(2004:221)에 의하면 다음과 같은 오류가 많이 나타난다고 한다.

(9) 가. *한국말을 배울 계획도 있고, 자기 논문을 완성할 계획도 있다.

나. *오래전부터 나는 자기 무역회사가 만들고 싶은 꿈을 갖고 있다.

이와 같은 오류는 '나'를 가리키는 말로 '자기'라는 표현만 알고 있어서 '자신' 혹은 '스스로'라는 말이 더 적합한 자리에 '자기'라는 말을 써서 쓰기의 오류가 나타나는 것이라 해석할 수 있을 것이다.[27]

5.2.3.3. 수사

5.2.3.3.1. 수사의 특징

수사는 사물의 수량이나 순서를 가리키는 단어들이다.[28]

(1) 가. 사과 하나 주세요.

나. 만 원으로 살 수 있는 것이 별로 없다.

(2) 가. 우리 첫째가 이번에 초등학교에 입학합니다.

나. 앞에서 둘째 줄에 앉아 영화를 봤더니 고개가 아프다.

---

[27] 고석주 외(2004:222)에서는 재귀대명사의 오류 비율을 각 언어권별로 살펴보았을 때 일본어권 학습자에게서 가장 높은 오류 비율이 나타난다고 하면서 이것은 일본어의 '자분(自分)'을 그대로 '자기'로 번역하여 쓰기 때문인 것으로 해석하였다.

[28] 수사의 특징에 관한 설명은 임홍빈 외(2001:102-105)를 요약하여 정리하였다.

(1)의 예처럼 수량을 나타내는 수사를 양수사(量數詞) 혹은 기본수사라고 하며 (2)처럼 순서를 나타내는 수사를 서수사(序數詞)라고 한다.

한국어 수사에는 고유어 수사 계열과 한자어 수사 계열의 두 가지가 있다. '하나, 둘, 셋, 넷' 등이 고유어 수사이며 '일, 이, 삼, 사, 오' 등이 한자어 수사이다.

(3) 가. 하나, 둘, 셋, 열하나, 스물, 쉰, 아흔아홉 ; 일, 이, 삼, 사, 오, 백, 천, 만
    나. 첫째, 둘째, 셋째 ; 제일, 제이, 제삼

(3가)는 고유어 양수사, 한자어 양수사의 예이고 (3나)는 고유어 서수사, 한자어 서수사의 예이다.

5.2.3.3.2. 수사의 교육

우선은 위에서 이미 언급한 바와 같이 고유어 수사 계열과 한자어 수사 계열이 공존한다는 것이 한국어 수사의 가장 큰 특징일 것이다. 고유어 수사 가운데 가장 큰 수는 '아흔아홉'이며 이보다 더 큰 수를 셀 때에는 한자어와 고유어를 섞어서 센다. 한국어 학습자들이 초급 단계에서 배우게 되는 시간, 시각 표현에서도 이러한 특징이 잘 드러난다. '시(時)'는 고유어 수사로 표현하고 '분(分), 초(秒)'는 한자어 수사로 표현하기 때문이다. 그러므로 한국어 학습의 초기 단계부터 수사에 이 두 가지 계열이 있다는 것을 가르쳐야 할 것이다.

한자어 수사를 읽을 때 주의해야 할 것이 있는데 '10, 1000' 등은 '일십, 일천'이라고 읽지 않으며 그냥 '십, 천'이라고 읽는 것이 자연스럽다. 일본어 학습자의 경우 일본어의 영향으로 '천'을 자꾸 '일천'이라고 말하는 경우가 많으므로 미리 염두에 두고 가르치는 것이 좋다.

그리고 읽기 지도에서 또 한 가지 주의할 것은 '아라비아숫자 + 단위명사'의 읽기이다. 특히 '1시간'을 '일시간'으로 읽는 경우가 많으므로 특별히 따로 가르칠 필요는 없지만 읽기 연습 때에 오류를 바로 잡아 주는 것이 필요하다. 또 가끔 소수점이나 분수가 나오는 경우도 있는데 이러한 경우에도 그때그때 지도해 주면 좋다.

(4) 3.4(삼점사)[29], 1/10(십분의 일), 2$\frac{1}{8}$(이와 팔분의 일)

한편 정확한 숫자가 아니라 대강의 숫자를 나타내는 표현들도 있다. 이러한 표현들도 중급 이상에서 가르칠 필요가 있다.

(5) 가. 한둘, 서넛, 너덧, 댓, 대여섯, 예닐곱, 일여덟, 여남은
    나. 일이, 이삼, 오륙, 구십

사실 수사만 단독으로 가르치기보다 단위를 나타내는 의존명사인 '개, 병, 권, 살, 세' 등과 함께 교육이 이루어진다. 그런데 이러한 의존명사 앞에 한자어 수사가 오는지 고유어 수사가 오는지에 대한 명확한 규칙이 존재하지 않는다. 그러므로 무리하게 규칙을 설정하기보다는 수사와 단위를 나타내는 의존명사를 함께 학습할 수 있도록 충분한 예를 제시해 주는 것이 바람직하다.

5.2.4. 관계언: 조사

5.2.4.1. 조사의 개념과 성격

조사는 주로 체언 뒤에 결합하여 다른 말과의 문법적 관계를 나타내거나 특별한 뜻을 더해 준다. 조사는 그 기능과 의미에 따라 격조사, 보조사, 접속조사로 나누어진다.
국어 문법서에서 말하는 격에 대한 명칭이나 조사의 분류는 우리 국어의 특수한 성격에 바탕을 두어 이루어진 것이므로 모어의 영향 아래에서 한국어 문법을 배우는 외국인 학습자들에게는 쉽게 이해되지 않는 면이 많다.

5.2.4.2. 격조사

5.2.4.2.1. **격과 격조사의 개념과 종류**

한국어에서 격은 주로 격조사에 의해 표현된다. 혹시 격조사가 전혀 나타나지 않는 경우라도 해당 위치에 어떤 격조사가 나타날 수 있을까를 가정해 보면 어떤 명사의 격을 확인할 수 있다(임홍빈 외 2001:144-145).

---

29) 이를 읽을 때에는 [삼쩜새로 발음한다.

(1) 가. 친구 왔니?
　　나. 오늘은 무슨 영화 봤니?
(2) 가. 친구가 왔니?
　　나. 오늘은 무슨 영화를 봤니?

(1)에서 '친구', '영화'에는 격조사가 결합되어 있지 않지만 이들의 격을 확인하기는 어렵지 않다. 즉 겉으로 나타나든 숨어 있든 국어의 격은 격조사에 의해 결정된다고 할 수 있을 것이다.

학교문법에서는 국어의 격조사를 다음과 같이 나누고 있다.

주격조사, 관형격(속격)조사, 목적격(대격)조사, 보격조사, 부사격조사, 호격조사, 서술격조사

이 중에서 서술격조사는 '이다'의 '이'를 말하는데 이것은 다른 조사와는 달리 활용을 하고 '지정사'나 '계사'라는 이름으로 불리기도 한다. 한국어 문법 교육에서는 '이다'가 활용을 한다는 측면을 강조하여 조사로 다루기보다는 용언의 일부로서 다루는 것이 더 나으므로 여기서 제외하기로 한다.

한편 보격조사는 서술어가 '되다, 아니다'일 경우에 그 앞에 사용되는 '이/가'를 의미하는데 한국어 문법 교육에서는 굳이 '보격조사'를 따로 설정할 필요가 없어 보인다. 학교 문법에서는 보어를 인정하여 서술어가 '되다, 아니다'일 때에 보어를 취한다고 보고 있는데, 그렇다면 보격조사는 분포에 있어서 상당한 제약을 받고 있는 셈이 된다. 형태가 주격조사와 같으므로 주격조사를 다루는 자리에서 그냥 그 쓰임만 언급하면 될 것이다.

결국 한국어 문법 교육에서는 국어의 격조사를 다음과 같이 분류하여 기술하고자 한다.

주격조사, 관형격(속격)조사, 목적격(대격)조사, 부사격조사, 호격조사

5.2.4.2.2. 주격조사: 이/가/께서/에서

주격조사는 어떤 단어가 문장 내에서 주어의 역할을 하고 있음을 나타내는 조사이다. 물론 이때에 꼭 명사만 문장의 주어가 되는 것은 아니다. 명사구나 명사절이 문장의 주어가 될 수도 있다.

(3) 가. <u>바람이</u> 분다.
　　 나. <u>돈 벌기가</u> 쉽지 않다.
　　 다. <u>다시 만나주겠느냐가</u> 문제 해결의 시작이다.

주어가 존칭 명사일 때에는 '이/가' 대신 '께서'가 일반적으로 쓰이며 주어가 단체를 나타내는 명사이면서 서술어가 어떤 행위를 가리키는 말일 때에는 '에서'가 쓰이는 수도 있다.

(4) 가. <u>할아버지께서</u> 내일 올라오신대.
　　 나. <u>정부에서</u> 이 문제를 국민투표에 부치기로 결정했다.

한국어 학습자들이 쓰기에서 보이는 많은 오류는 '이/가'와 '은/는' 간에서 보이게 되는데, 여기에 대해서는 보조사 '은/는'을 다루는 자리에서 살펴보기로 한다.

5.2.4.2.3. 목적격조사: 을/를

목적격조사는 그 앞에 붙은 말이 문장에서 목적어임을 나타내는 조사를 말한다. 앞말이 자음으로 끝나면 '을'을 사용하고, 모음으로 끝나면 '를'을 사용한다. 목적격조사의 경우는 일반적으로 그 개념을 이해하기가 어렵지 않은 것 같다. 하지만 모어에 따라서 오류가 나타나기도 하는데 특히 일본어 모어 화자의 경우 다음과 같은 오류를 보인다.

(5) 가. 식당 건물이 세우고 싶어요.
　　 나. 예쁜 옷이 쉽게 살 수 있어요.

이 경우는 '-고 싶다', '-(으)ㄹ 수 있다'와 동일한 일본어 표현이 한국어의 주격조사에 해당하는 'が'를 요구하기 때문에 일본어의 영향으로 인해 생기는 오류이다.
한편 중급 단계에 들어서면 '에 가다' 뿐만 아니라 '을/를 가다'도 가능함을 학습자들에게 알려 줄 필요가 있다.

(6) 학교{에, 를} 간다.

그런데 이런 현상은 이동의 의미를 갖는 '가다, 다니다, 걷다, 건너다, 날다, 내려가다, 돌아다니다, 오르다, 떠나다, 지나다' 등과 같은 동사에 한해서만 가능하다.
한편 '에 가다'를 배운 뒤에 나타나는 오류 중에 하나는 다음과 같은 문장들이다.

(7) *등산에 가다/*낚시에 가다

이 경우에는 '등산'이나 '낚시'가 이동하려는 장소가 아니라 이동의 목적임을 알려 주고 '을/를'을 써야 함을 가르치면 오류를 피할 수 있다.

5.2.4.2.4. 관형격조사: 의

관형격은 조사 '의'에 의해 표시된다. 이 '의'는 두 명사구를 묶어 준다는 점에서, 명사와 서술어의 관계를 표시해 주는 격조사의 일반적인 기능과는 구별되는 특성을 가진다(이익섭·이상억·채완 1997:167). 그런데 이 두 명사 사이의 의미관계는 매우 다양하다.

(8) 가. 이것은 나의 책이다. (소유)
　　나. 수미는 나의 친구이다. (관계)
　　다. 한라산의 백록담도 가뭄에 물이 줄었다. (소재)
　　라. 갈비는 수원의 갈비가 제일 유명하다. (생산지)
　　마. 공지영의 소설이 갑자기 유명해졌다. (제작자)
　　바. 요즈음 가요는 사랑의 노래가 많다. (제재)
　　사. 뉴욕 메츠의 서재응이 오늘 귀국했다. (소속)
　　아. 이제 남북한의 통일도 멀지 않았다. (주체)

자. 네가 우리 집의 기둥이다. (비유)

이렇게 다양한 의미를 학습자들에게 일일이 설명하는 것은 별로 효과적이지 않다. 그래서 안경화·양명희(2005)에서는 '의'의 교수 방식이 다양한 의미 관계만을 가지고 이루어지기보다 의미 기능과 통사적 특징을 연결시켜 교수하는 방식을 제안하였다. 우선 '의'의 통사 구조를 'N+N 구성, N(의) N 구성, N의 N 구성, N+NP 구성/NP+N 구성'의 네 가지로 나눈 뒤, 각각을 학습 단계에 따라 어휘나 표현 항목으로 도입하거나 문법 항목으로 교수하는 방식을 취하였다.

수의적으로 생략 가능한 'N(의) N' 구성에 대해서는 소유나 소속, 관계 등의 예들을 활용하여 다음과 같이 제시하였다.

(9) 가. 선생님(의) 가방, 친구(의) 책, 아즈사 씨(의) 컴퓨터, 친구(의) 옷
    나. 친구(의) 아버지, 철수 씨(의) 친구, 아베 씨(의) 선생님

물론 이때에도 (10)과 같이 '의'가 항상 생략되는 것이 아님을 가르치는 것도 필요하다고 한다.

(10) 책상의 꽃, 다나카 씨의 희망, 친구의 새 책

필수적인 'N의 N' 구성은 중고급에서 문법 항목으로 도입하는 것이 바람직하다고 하면서 다음과 같은 예를 들고 있다.

(11) 가. 책상의 꽃, 한국의 수도 [전체와 부분이 아닌 위치 관계]
    나. 친구의 희망, 시계의 정확성 [명사-불가산 명사]
    다. 금의 무게, 물의 온도, 국토의 면적 [대상-성질]
    라. 45kg의 몸무게, 5명의 학생 [수량관계]
    마. 최악의 선택, 최선의 방법 [형용사적인 어근+의]

다만 위와 같이 분류를 한다고 하더라도 이것을 학생들에게 설명하는 것이 그리

쉽지는 않을 듯하다.

한편 다음과 같은 경우는 학생들에게 미리 학습을 통해 오류를 방지하는 것이 가능할 것 같다.

(12) 가. 시골(의) 풍경
나. 시골의 평화로운 풍경
다. *시골 평화로운 풍경

위의 예문에서 보듯이 생략이 가능했던 것이라도 중간에 다른 구성이 끼어들면 조사의 생략이 불가능해진다. 이렇게 생략이 불가능하다는 것을 가르쳐주면 적어도 다음과 같은 오류는 막을 수 있을 것이다.

(13) 가. 한국 대표적인 음식
나. 러시아 대표적인 소설

이러한 관형격조사를 누락시키는 오류들은 문장의 의미를 파악하거나 자신의 의사를 전달하는 데에 크게 문제가 생기지 않지만 비문법적인 표현이 학습자들에게 내재화될 수 있으므로 반드시 수정하도록 유도해야 한다.

5.2.4.2.5. 부사격조사

부사격조사는 그것이 결합한 구성이 문장 내에서 부사어로서 기능하도록 만들어 준다는 의미에서 붙은 이름이며, 전통적으로는 이것을 각각 분리하여 '처격, 여격, 도구격, 방위격, 공동격' 등으로 불렀던 것들이다(임홍빈 외 2001:151). 그러므로 부사격조사는 그 수도 많고 동일한 형태가 여러 가지 의미로 사용되는 경우가 많아 매우 복잡하다.

여기에서는 문법 사전식으로 형태를 중심으로 설명하기보다는 의미를 중심으로 한국어 교육에서 자주 쓰이는 조사를 중심으로 설명하고자 한다. 즉 조사의 용법을 중심으로 하여 어떤 조사가 어떤 상황에 쓰이는가에 초점을 맞추기보다 어떤 상황에 어떤 조사를 사용하는가에 초점을 맞추어 설명하는 방식을 취한다. 형태를 중심으로 하는 설명은 일목요연한 장점이 있지만 비슷한 의미로 사용되는 조사 간의 의미 차이에 대해서는 설명할 자리를 마련하기가 어렵게 된다. 한국어 학습자의 입장에서는 비슷하지만 약간 다른 의미를 갖는 조사의 쓰임에 더 관심을 갖게 되므로 여기서는 학습자의 관점을 중시하여 서술하고자 한다. 이렇게 함으로써 자연스럽게 동일한 상황에 사용되는 조사 간의 의미 차이를 드러내 줄 수 있을 것이라고 생각한다.

① 장소와 관련된 조사: 에, 에서, (으)로

'에'는 장소와 관련하여 다음의 세 가지 의미를 갖는다.

(14) 사람이나 사물이 존재하거나 위치하는 곳을 나타낸다. 이때 '있다, 없다' 혹은 '많다, 적다' 등의 상태를 나타내는 동사나 형용사와 결합한다.
  예) 동생이 지금 학교에 있다. 도서관에 사람이 많다.
(15) 행위의 진행 방향이나 목적지를 나타낸다. 이때에는 주로 '가다, 오다, 도착하다, 다니다'처럼 이동의 의미를 갖는 동사와 함께 쓰인다.
  예) 철수는 학교에 갔다. 조금 후에 서울에 도착합니다.
(16) 어떤 동작이나 행위의 영향이 미치는 곳임을 나타낸다.
  예) 나는 칠판에 글씨를 썼다, 그는 침대에 누웠다, 옷장에 옷을 걸었다

한편 '에서'는 어떤 행위나 동작이 이루어지고 있는 장소를 나타낸다. '에'의 (14)와 (15)에 함께 쓰인다고 설명한 이동이나 위치, 존재를 의미하는 동사를 제외한 대부분의 동사가 함께 쓰인다.

(17) 가. 우리는 학교{에서, *에} 공부한다.
  나. 우리는 시험 전날 도서관{에서, *에} 밤을 새웠다.
  다. 동생은 지금 학교{에, *에서} 있다.
  라. 도서관{에, *에서} 사람이 많다.

'에'의 뜻 (17)은 학습자들의 작문에서 종종 '에서'를 사용하여 적는 경우가 많이

나타난다. '쓰다, 눕다, 걸다' 등이 행위나 동작의 의미를 가진 동사이므로 '에서'의 의미를 알고 있는 학습자들은 '칠판에서, 침대에서, 옷장에서'와 같이 문장을 만들게 되는 것이다. 그러므로 교사는 '에'의 뜻 (17)을 학습자에게 가르침으로써 이와 같은 오류가 일어나지 않도록 할 필요가 있다.

'(으)로'는 이동동사와 쓰일 때 방향성을 나타낸다. 방향성을 나타내므로 자연히 '도착하다'라는 동사와는 함께 쓰일 수가 없다.

(18) 가. 나는 대구에 도착했다. (도착점)
　　　가′. *나는 대구로 도착했다.

한편 '떠나다, 향하다, 출발하다, 옮기다, 이사하다' 등의 동사는 방향성의 조사인 '(으)로'만을 취한다.

(19) 가. 나는 대구로 떠났다. (방향성)
　　　가′. *나는 대구에 떠났다.
　　　나. 집을 학교 근처로 옮겼다.
　　　나′. ?집을 학교 근처에 옮겼다.

② 시간과 관련된 조사: 에

시간과 관련해서 주로 사용되는 조사는 '에'이다.

(20) 가. 내일 아침에 떠날 겁니다.
　　　나. 8시 30분에 일어나서 세수도 안 하고 가방만 들고 나왔습니다.
　　　다. 6시에 알람이 울릴 거예요.

그런데 가끔 학생들의 쓰기나 말하기에서 발견되는 오류는 시간의 의미를 갖는 '내일, 오늘'과 같은 명사 다음에도 중복해서 '에'를 쓰는 경우이다.

(21) 가. *선생님, 내일에 만납시다.
　　 나. *오늘에 만날 거예요.

'오늘, 어제, 이제, 지금, 금방, 방금, 아까'와 같은 부사는 '에'와 함께 사용하지 않음을 특별히 강조하여 가르칠 필요가 있다(한재영 외 2005:412).

③ 도구, 수단, 재료 관련: (으)로, (으)로써

'(으)로'는 주로 'A로 B를 -하다'와 같은 구성을 이루어 도구, 수단, 재료의 의미를 나타내는 경우가 많다(이익섭·이상억·채완 1997:170).

(22) 가. 아주머니가 콩으로 두부를 만든다.
　　 나. 영희가 가위로 색종이를 오렸다.
　　 다. 이순신 장군은 죽음으로(써) 나라를 지켰다.

일반적으로 '(으)로'가 더 많이 사용되지만 문어체인 경우, 위의 예에서 '죽음으로써'와 같이 동사의 명사형인 경우에는 '(으)로써'가 더 많이 사용된다.

④ 유정명사와 함께 쓰이는 조사: 에게, 한테, 께

'에게, 께, 한테, 더러'는 흔히 '여격'이라고 불렸던 것들인데, 무정명사일 때에는 '에'를 쓰는 것과 동일한 기능을 갖는다(이익섭·이상억·채완 1997:169).

(23) 가. 만난 지 100일이 된 기념으로 여자 친구에게, 한테} 선물을 주었다.
　　 나. 할머니께 첫 월급으로 내복을 사 드렸다.

이때 '한테'는 '에게'와 거의 같은 분포를 보이지만 더 구어적이고 비격식적인 말투에서 사용한다. 존칭 체언에는 '께'를 사용한다.

⑤ 동반을 나타내는 조사: 와/과, 하고, (이)랑

'와/과', '하고', '(이)랑'은 '함께[공동, 동반]'의 뜻을 나타낸다. 대칭서술어, 곧 '같다, 비슷하다, 유사하다, 친하다, 다르다'와 같은 대칭형용사나 '만나다, 헤어지다, 바꾸다, 결혼하다'와 같은 대칭형용사가 쓰인 문장에서는 이들 조사가 결합된 명사구가 필수적으로 나타난다. 한편 이들은 접속조사로도 쓰일 수 있는데(5.2.4.4. 참조), 여기에서는 부사격조사로 사용되는 예만을 살피기로 한다.

(24) 가. 민지는 윤아와 소꿉놀이를 했다.
　　　가'. 영수는 자기 지우개를 동현이의 연필과 바꾸었다.
　　　나. 정희는 민수하고 결혼했다.
　　　다. 종윤이는 민서랑 친하다.
　　　다'. 영수는 기영이랑 비슷하게 생겼다.

5.2.4.2.6. 호격조사

호격조사란 누구를 부를 때 쓰는 조사를 말한다. 호격조사에는 '아/야'가 있는데 원칙적으로 사람 이름 다음에 사용하며 '아'는 자음 뒤, '야'는 모음 뒤에 쓰인다(임홍빈 외 2001:154).

(25) 가. 영숙아, 시장에 좀 다녀와라.
　　　나. 진아야, 지금 몇 시니?

호격조사는 청자가 화자와 동등한 지위를 가진 사람이거나 그보다 지위가 낮은 사람일 경우에만 사용되는 것이 일반적이다.

그런데 이 호격조사는 실제로 외국인 학생들이 활용하기는 어려운 면이 있다. 외국인 이름을 부를 때에는 그냥 이름을 그대로 부를 뿐, 호격조사를 거의 사용하지 않기 때문이다. 간혹 중국 학생들의 이름을 한국 한자음 발음대로 읽는 경우에 붙이는 경우가 있으나 이것도 중국식 발음으로 읽으면 호격조사를 붙이기 어렵게 된다. 그러므로 호격조사에 관해서는 텍스트 이해의 차원에서 학생들이 이해할 수 있도록 가르치면 될 것이다.

'아/야'가 일반적인 호격조사의 형태이지만 이 외에도 '여/이여', '이시여' 등이 쓰이기도 한다. 이들은 '아/야'의 존대형으로 '아/야'가 생략되었을 때보다도 더 상대를 높이는 기능을 갖는다. 그러니 일상 대화에서 쓰이는 일이 없고 특수한 문맥이나 시적 표현 등에만 쓰인다.

(26) 가. 주여, 저들의 간절한 기도를 들어주소서.
    나. 사랑이여, 다시 한 번.

5.2.4.3. 보조사

5.2.4.3.1. 보조사의 개념과 성격

보조사는 격조사처럼 어떤 문법적인 기능을 담당하기보다는 화자의 태도를 표시하거나 앞에 오는 명사(구)의 의미를 한정하는 등 어떤 의미를 더해주는 데 사용되는 조사를 말한다. 보조사는 격조사와 구분되는 특징을 가지고 있는데 우선 어느 한 가지 격에만 사용되지 않는다(임홍빈 외 2001:162).

(1) 가. 영희도 예쁘다.
    나. 나는 영희도 좋아한다.
    다. 이 과자는 영희도 하나 주어야겠다.

위의 예문에서 보듯이 보조사 '도'는 주어의 자리, 목적어의 자리, 부사어의 자리에 두루 쓰이고 있다.

또한 보조사는 명사 혹은 명사 상당의 구나 절에만 결합하는 격조사와는 달리 부사, 어미, 어근에도 붙을 수 있다.

(2) 가. <u>아직도</u> 그 문제를 못 풀었어요?
    나. 철수가 며칠 동안 <u>자지도</u> 않고 공부했대요.
    다. 집이 <u>깨끗도</u> 하다.

5.2.4.3.2. 보조사의 종류 및 의미

① 은/는

한국어 학습자들이 가장 처음에 접하게 되는 보조사는 아마 '은/는'일 것이다. 그런데 이 보조사 '은/는'은 국어 문법에서 가장 그 의미를 규정하기 어려운 것이라고 할 수 있다. 아마도 가장 큰 이유는 보조사이면서도 주격조사인 '이/가'와 의미 차이를 분명하게 느낄 수 없기 때문일 것이다.

(3) 가. 이 꽃이 무궁화예요.
    나. 이 꽃은 무궁화예요.
    다. 이 꽃도 무궁화예요.

위의 예문에서 '꽃도'의 의미는 '다른 꽃도 그렇고 이 꽃 또한'이라는 의미를 나타내 '꽃이'와 다르다는 것을 분명하게 알 수 있으나 '꽃은'의 경우는 '꽃이'와 어떤 의미 차이를 가지는지 분명하게 드러내어 설명하기가 쉽지 않다. 아래의 예문에서도 마찬가지일 것이다.

(4) 가. 누나가 드디어 의사가 되었다.
    가'. 누나는 드디어 의사가 되었다.
    나. 하늘이 파랗다.
    나'. 하늘은 파랗다.

한국어 학습자들에게 '이/가'와 '은/는'을 구별시키는 것은 그렇게 쉬운 일이 아니다. 흔히 '은/는'을 '이/가'에 대해 '대조(contrast)'의 의미를 더해주거나 '화제(혹은 주제 topic)'의 의미를 갖는다고 설명한다. '다른 것은 모르지만 이것은' 혹은 '다른 것과 구별되어 이것은'이라고 해석할 수 있는 '대조'의 의미는 학습자들에게 쉽게 이해되는 것 같다.

(5) 가. 날씨는 좋습니다. (다른 것은 나쁘지만)
    나. 배가 아픕니다. 그렇지만 머리는 안 아픕니다.

그러나 '은/는'이 갖는 주된 의미라고 할 수 있는 '화제(혹은 주제)'의 의미는 그 개념을 전달하기가 쉽지 않다. 이런 경우에는 '화제'의 개념을 강조하기보다는 실제로 학생들이 만들어 사용하는 문장의 예를 중심으로 하여 설명하는 것이 더 효과적일 수도 있을 것이다. 이때 단순히 문장에만 그치는 것이 아니라 대화의 맥락이라고 하는 좀 더 큰 담화 단위를 통해 설명을 한다면 좀 더 '은/는'과 '이/가'의 차이를 더 쉽게 이해할 수 있을 것이다(김정숙·남기춘 2002:39-40).

우선 어떤 이야기를 시작하는 문장에서 처음 나오는 말은 보통 '이/가'를 붙이고 그 말이 다음에 다시 나올 때에는 '은/는'을 붙인다고 설명해 줄 수 있다.

(6) 가. 희선 씨가 옵니다. 희선 씨는 제 친구입니다.
    나. 옛날에 임금님이 살고 있었습니다. 그런데 그 임금님은 아주 마음씨가 나쁜 임금님이었습니다.

이러한 설명은 사실은 '은/는'은 이미 알려진 정보(old information)를 전달해 주는 기능을 가지고 있고 '이/가'는 새로운 정보(new information)를 전달해 주는 기능을 가지고 있음을 학생들에게 알려 주는 것이다. 이러한 설명은 대화 장면에서도 적용될 수 있을 것이다.

(7) 가. 의자가 어디에 있습니까? 의자는 책상 옆에 있습니다.
    나. 이름이 무엇입니까? 제 이름은 박준상입니다.

의문문과 관련하여 학생들에게 주의시켜야 할 것 중에 하나는 앞에 나온 것이 반복되는 경우가 아니라 새로운 답을 해야 할 경우에는 주어에 반드시 '이/가'를 사용한다는 것이다(한재영 외 2005:415).

(8) 가. A: 이 반에서 가장 나이가 많은 학생은 누구입니까?

　　　　　　B: 홍길동 씨{*는, 가} 가장 나이가 많습니다.
　나. A: 누가 내일 상추와 깻잎을 사오겠어요?
　　　　　　B: {*저는, 제가} 사오겠습니다.

한편 자기소개와 같은 상황에서는 '제가……' 로 시작하지 말고 '저는……' 으로 시작하라고 가르쳐 주면 좋다. 이것은 '이/가' 가 쓰인 문장에서는 관심의 초점이 주어 쪽에 있는 데 반해 '은/는' 이 쓰인 문장에서는 관심의 초점이 서술어 쪽에 있다는 차이에서 나타나는 것이다.

　(9) 가. 저는 이집트 사람입니다.
　　　나. 제가 이집트 사람입니다.

위의 두 문장을 비교해 봤을 때 첫 번째 문장은 "저에 대해 말씀드리자면 저의 국적은 이집트입니다." 라고 해석된다면 두 번째 문장은 "여기 있는 사람들 중에 누가 이집트에서 온 사람이냐면 바로 저입니다." 라고 해석될 수 있을 것이다. 그러므로 자기소개에서는 당연히 관심의 초점이 나에 대한 설명에 있으므로 '은/는' 을 써서 설명하게 되는 것이다.

그리고 '은/는' 과 '이/가' 를 한 문장에서 사용할 때에는 처음 주어에는 '은/는' 을 사용하고 나중 주어에는 '이/가' 를 쓰는 것이 자연스럽다(한재영 외 2005:415).

　(10) 가. 오늘은 날씨가 어떻습니까?
　　　 나. 피터 씨는 키가 아주 큽니다.

한편 중급 이상의 학생에게는 다음과 같이 내포문의 주어 자리에는 '은/는' 이 쓰이지 않음도 가르쳐 줄 필요가 있다(이익섭·채완 1999:207).

　(11) 가. 다음 달에 {제임스 씨가, *제임스 씨는} 결혼할 거라는 소문을 들었는데 사실이에요?
　　　 나. 이 노래는 {제가, *저는} 가장 좋아하는 곡입니다.

이와 같이 국어 문법론에서 흔히 이야기하는 '화제'의 의미를 강조하기보다는 실제 예문들을 통해 '은/는'의 의미에 접근해가는 방식이 실제 수업 현장에서는 더 현실적이지 않을까 한다.

② 도

'도'는 '역시, 또한'의 의미를 나타내며, 어떤 대상에 대해 언급할 때 그와 비슷한 성질을 가진 대상이 더 있음을 의미한다(이익섭·이상억·채완 1997:177).

(12) 가. 민호도 사과를 좋아한다.
　　　나. 민호가 사과도 좋아한다.

(12가)는 민호 아닌 다른 사람이 '사과를 좋아한다'는 전제가 있음을 나타내며 (12나)는 민호가 다른 과일도 함께 좋아한다는 전제가 있음을 나타낸다.

'도'는 이 밖에 단순히 앞에 있는 단어의 정도성을 '강조'하기 위해 사용될 때도 있다.

(13) 가. 눈이 많이도 왔다.
　　　나. 올해는 유난히도 더웠다.
　　　다. 아마도 시험 때문이겠지?

위의 예에서 보듯이 '많이, 유난히' 등의 정도를 나타내는 부사나 '아마'와 같이 추측을 나타내는 부사 뒤에서 대체로 강조의 뜻을 나타내기도 한다. 일부러 '도'의 이러한 쓰임을 설명해 줄 필요는 없지만 간혹 문법에 관심이 많은 학생들은 '아마'와 '아마도'가 어떤 차이가 있는지를 묻기도 하므로 그런 경우에 '강조'의 뜻이 있음을 알려 주면 충분할 것이다.

다음과 같은 예문에서의 '도'는 '아주 극단적인 경우에도 그러하니 다른 경우는 말할 필요도 없다'는 의미를 갖기도 한다(임홍빈 외 2001:166).

(14) 가. 너는 신문도 안 읽니?
　　　나. 너는 이것도 못 풀어?

　이 설명도 '도'를 배우는 초급 단계보다는 중급 이상의 단계에서 가볍게 언급해 주면 좋을 것이다.

③ 만, 밖에, 뿐

　'만'은 대체로 '단독'이나 '오직' 정도의 의미를 나타내는 보조사이다.

(15) 가. 지연 씨만 숙제를 했어요.
　　　나. 하루만 시간을 더 주세요.
　　　다. 손만 잡았어요.
　　　라. 나만의 비밀

그런데 이와 비슷한 의미를 갖는 것으로 '밖에, 뿐'이 있다.

(16) 가. 숙제를 한 사람은 지연 씨뿐이에요.
　　　나. 숙제를 한 사람은 지연 씨밖에 없어요.
　　　다. 손밖에 안 잡았어요.

　위의 예문에서 보듯이 '밖에, 뿐'을 써도 같은 의미를 나타낼 수 있다. 그러나 그 문법적 구성에는 차이가 있다. 먼저 '뿐'은 항상 뒤에 '이다, 아니다'가 와야 하며 다른 서술어와는 결합할 수 없다. '아니다'의 경우도 '~뿐만 아니다'를 제외하면 '뿐이 아니다' 보다 '만이 아니다'가 더 자연스러운 것 같다. 그러므로 학습자들에게는 '뿐'만 따로 주어 설명하기보다는 '뿐이다'를 함께 주어 그 쓰임을 익힐 수 있도록 하는 것이 더 바람직하다.
　한편 '밖에'는 부정문에서만 쓰이거나 '없다, 모르다'와 같은 부정 어휘와만 어울리는 특징이 있다.

(17) 가. 지금 교실에 선생님밖에 안 계세요.
　　　나. 한 끼밖에 못 먹었더니 어지러워요.
　　　다. 집에 동생밖에 없어요.

대체로 초·중급에 걸쳐서 배우게 되는 '만, 밖에, 뿐'은 비슷하면서도 용법에서 뚜렷한 차이를 보이므로 학생들에게 명확하게 제시해 주어야 한다.

④ 까지, 조차, 마저[30]

이들은 앞에서 언급한 '도'와 비슷하게 '역시, 또한' 정도의 의미를 나타내 주는 보조사이다.

(18) 너{도, 조차, 마저, 까지} 나를 못 믿는구나.

그러나 여기에도 미묘한 의미 차이가 발견된다. 우선 '조차'는 화자가 기대하지 못하거나 예상하지 못한 일에 쓰인다는 제약을 가진다. 그리고 명령문과 청유문에는 잘 쓰이지 않는다. 왜냐하면 명령문과 청유문은 모두 화자가 청자의 어떤 반응이나 행동을 이미 기대하고 말하는 것이기 때문이다.

(19) 가. 제임스 씨조차 그 문제를 틀렸다
　　　나. *너조차 내일 일찍 오너라.
　　　다. *여러분조차 함께 봉사하러 갑시다.

'마저'는 '조차'와 매우 비슷하지만 '하나 남은 마지막'이라는 의미가 더 강하며 거의 항상 부정적인 상황에서 사용된다.

(20) 가. 김 씨는 사업 실패로 집마저 팔았다.

---

[30] 아래 서술은 이익섭·채완(1999:210-212)을 요약·정리한 것이다.

나. 올 가을에는 막내마저 집을 떠났다.

마지막으로 '까지'는 기대되는 일에도 쓰인다는 점에서 '조차'와 다르고 '마저'와는 반드시 부정적인 상황에만 쓰이는 것이 아니라는 점에서 구별된다.

(21) 가. 이제는 네 얼굴{까지, 마저, 조차} 잊어버렸다.
    나. 이번 대회{까지, 마저} 지면 우리 팀은 끝장이다.
    다. 그 구두쇠가 선물{까지, ?마저, *조차} 사 왔네.
    라. 그 구두쇠가 선물{?까지, ?마저, 조차} 안 사 왔네.

그러나 이러한 구별은 한국어가 모어인 사람들조차도 쉽지 않은 것이며 명확하게 설명하기도 어려운 것들이다. 다만 교사 자신들은 이러한 차이를 분명히 파악하고 있을 필요가 있다.

⑤ (이)나 / (이)나마 / (이)라도[31]

'(이)나'는 다른 것들을 버리고 어느 하나를 선택하였을 때 쓰이되, 그 선택이 마음에 꼭 들지는 않는 차선의 것일 때에 쓰이는 보조사이다. 즉 '~은 안 되니 ~(이)나'의 의미를 포함하고 있다고 할 수 있다.

(22) 가. 할 일도 없는데 노래방이나 가자.
    나. 복권이나 한번 사 볼까?
    다. 물이나 한 잔 마시자.

'(이)나마'도 최상의 선택이 아니라는 점에서는 '(이)나'와 공통된다.

(23) 가. 선풍기{나, 나마} 하나 있었으면 좋겠다.

---

31) 아래 서술은 이익섭·채완(1999:212-217)을 요약·정리한 것이다.

나. 내 신세에 고향에{나, 나마} 갈 수 있을까?

그러나 여기에는 분명한 의미 차가 있다. '(이)나'는 객관적인 상황으로 보아 만족할 만하지만 더 좋은 상태에 대한 욕심을 부리는 상황에서 쓰일 수 있는데, '(이)나마'는 그러한 상황에서는 쓰이기 어렵다.

(24) 가. 나도 전교 1등{이나, *이나마} 한 번 해 보았으면.
  나. 우리도 자가용{이나, ?*이나마} 하나 사자.

위의 예문에서는 '(이)나마'가 어색하지만, 다음과 같은 예문에서는 자연스럽다.

(25) 가. 나도 우리 반에서 1등{이나, 이나마} 한 번 해 보았으면
  나. 우리도 고물 자가용{이나, 이나마} 하나 사자.

위의 예문들을 통해 알 수 있는 것은 '(이)나마'에는 큰 욕심이 아닌 작은 욕심이라고 판단되는 상황에 쓰일 수 있다는 제약이 있다는 사실이다. 이것은 다른 말로 표현하면 '겸허, 겸손'의 의미를 동반한다고 할 수 있는데, 바로 다음과 같은 예문에서 확인할 수 있다.

(26) 가. 조금이나마 보탬이 되었으면 합니다.
  나. 보잘것없는 물건이나마 정성을 생각해서 받아주세요.

위의 예문을 보면 더 많이 도와주고 싶었고 더 좋은 것을 주고 싶었다는 화자의 마음이 표현된 것임을 알 수 있다.
한편 '(이)라도'도 최선의 선택이 아니라는 점에서 '(이)나'와 비슷한 의미를 가진다. 다음과 같이 상대방에게 가볍게 제안을 하는 의미의 문장에서는 거의 같은 의미로 쓰이고 있는 것을 볼 수 있다.

(27) 가. 차나 한 잔 할까요?

나. 차라도 한 잔 할까요?

그러나 '(이)라도'는 차선책이 아닌 마지막 선택이라는 점에서 차이를 갖는다. 이러한 차이가 잘 드러나도록 하기 위해서 다음과 같은 상황을 만들어서 학생들에게 제시해 줄 수 있다.

> A: 우리 비빔밥이나 먹으러 가자.
> B: 그래, 좋아.
> A: 아주머니, 여기 비빔밥 두 그릇 주세요.
> C: 어떡하죠? 야채가 다 떨어져서 비빔밥은 곤란한데.
> B: 그럼, 뭘 먹을 수 있죠?
> C: 라면밖에 없는데……
> A: 그럼, <u>그거라도(혹은 라면이라도)</u> 주세요.

이러한 경우에는 '라면이나 주세요'는 어울리지 않으며 '라면이라도'를 써야 자연스러운 대화가 된다는 사실을 알려 주면 그 차이를 쉽게 익힐 수 있을 것이다.

이외에 '(이)라도'는 선택 가능성이 가장 적은 경우와 관련되므로 극단적인 경우를 상정하는 문장에 많이 쓰인다.

(28) 가. 그런 어려운 문제는 아무리 천재라도 풀 수 없다.

　　　나. 어려운 때일수록 한 푼이라도 아껴야 한다.

　　　다. 금방 소나기라도 올 것처럼 새카만 구름이 몰려왔다.

5.2.4.4. 접속조사

접속조사는 앞의 명사와 뒤의 명사를 병렬적으로 이어 주는 역할을 하는 조사를 말한다. (1)에서 '와/과', '하고'가 쓰임을 알 수 있다.

(1) 가. <u>금강산과 백두산</u>은 북한에 있는 산이다.

　　　나. <u>경태하고 성호</u>는 둘 다 대학생이다.

이러한 접속조사는 한국어 학습의 초기 단계에서 배우게 되는데 학습에 큰 어려움이 따르지는 않는 것 같다.

접속조사에는 '와/과, (이)랑, 하고, (이)며, 에다' 등이 있다.

(2) 가. 경태와 영수는 어릴 때부터 친구이다.
    나. 경태하고 영수(하고)는 어릴 때부터 친구이다.
    다. 경태랑 영수(랑)은 어릴 때부터 친구이다.
    라. 밥에다 떡에다 고기에다 잔뜩 먹었다
    마. 집이며 땅이며 모두 팔아 버렸다.

접속조사를 가르칠 때에 크게 문제가 되는 것은 없으나 일단 주의해야 할 것이 구어와 문어에서 구별해서 사용하는 경우가 있다는 점이다. 위의 접속조사들 중에서 보고서나 논문을 쓸 때에는 '와/과'를 주로 사용해야 하며 '하고, (이)랑'은 구어에 주로 사용된다. 학생들이 구어, 문어에 어떤 접속조사가 더 많이 사용되는지 모르면 '하고, (이)랑' 등을 보고서와 같은 글에서도 그냥 마음대로 사용하는 경우가 많으므로 이를 주의시킬 필요가 있다.

그리고 또 한 가지는 '와/과'는 동등한 자격의 명사들을 이어줄 때 마지막 명사에는 붙이지 않는다는 점이다. 그러나 '하고, (이)랑, 에다, (이)며' 등은 마지막 명사에 붙일 수도 있고 붙이지 않을 수도 있다.

한편 접속조사로 분류되지는 않지만 명사와 명사 사이에만 사용되는 다음과 같은 어휘들이 있다.

(3) 가. 부총리 겸 교육부 장관
    나. 한국 대 미국
    다. 사장 및 임원들
    라. 열 내지 스물

위 예들의 '겸, 대, 및, 내지' 등은 접속조사는 아니지만 명사와 명사 사이에서 사용된다는 점에서는 접속조사와 동일한 면을 지니고 있다. 학생들에게는 '접속조사'

와 '겸, 대, 및, 내지' 등이 연결해 주는 명사와 명사 사이의 관계가 어떤 차이가 있는지를 설명해 주는 것이 한국어 문법에서는 전혀 그 범주를 달리하지만 실제 한국어 학습 현장에서는 필요할 때가 있다.

5.2.5. 용언[32]

외국인을 위한 한국어 교수 시 학습 초반부터 '이다'라는 요소를 가르치게 된다. '이다'는 활용을 하며, '명사 + 이다' 연쇄는 동사나 형용사같이 서술어의 역할을 하기 때문이다.

(1) 안녕하십니까? 저는 마이클 로렌스입니다.
(2) (가족사진을 보며)
    A: 누구입니까?
    B: 제 여동생입니다.

이처럼 학습 초기부터 자신을 소개한다거나 가족을 소개할 때 '이다'라는 요소는 여느 동사나 형용사보다 먼저 학습하게 된다. '이다' 연쇄는 형태적 측면에서 다음과 같은 오류가 빈번히 나타나고 있다.

(3) 가. *동생이 입니다.
    나. *아버지가 입니다.

이러한 오류는 인구어(印歐語) 화자들에게서 많이 나타나는데 이는 한국어의 특성 중 특히 구어의 의사소통에서 문장의 주어가 생략되는 현상을 제대로 이해하지 못한 데서 기인한다고 볼 수 있다. 따라서 인구어권 학습자 지도 시 이 점을 학습자

---

[32] 용언은 문장의 주어를 서술하는 말이다. 즉 체언과 관련을 맺으며 서술어 구실을 하는 말을 용언이라고 한다. 용언이 문법적인 기능을 발휘하기 위해서 어간에 여러 가지 어미를 번갈아 결합하는 현상을 활용이라고 한다. 용언에는 동사와 형용사가 있다. '이다'는 어미 활용의 측면에서 볼 때 형용사로 분류된다.

에게 정확히 이해시킬 필요가 있다.

이러한 오류 현상의 두 번째 요인으로 '이다' 학습에서 '아니다'가 대립어로 설명되는 데 둘 사이에는 차이가 있다. '이다'는 조사 없이 체언 뒤에 직접 붙이지만, '아니다'는 체언 뒤에 조사가 먼저 붙고 그 뒤에 오면 띄어 쓴다.

(4) 가. 저는 미국 사람입니다.
    나. 저는 미국 사람<u>이 아닙니다</u>.

학습 현장에서 이러한 부분을 감안하여 '이다'의 제시는 '명사 + 이다'로, '아니다'는 '명사 + 이/가 아니다'의 제시로 그 구조가 다름을 분명히 한다.

교육 기관마다, 교육하는 사람의 신념에 따라 약간의 차이는 있겠으나 보통 학습 초기 '아/어요' 형태와 '-(스)ㅂ니다' 형태를 동시에 제시하고 학습한다. 이때 '이다'의 활용에서 철자 오류가 초급에서 뿐만 아니라 중급에서까지도 종종 나타남을 볼 수 있다.

(5) 가. 학생이에요.
    나. *학생이예요.
(6) 가. 의사예요.
    나. *의사에요.
    다. *의사이예요.
(7) 가. 선생님이 아니에요.
    나. *선생님이 아니예요.

사실 위와 같은 현상은 모어 화자에게서도 나타나는데,[33] 이는 발음에서 오는 혼동일 수 있다. 교육 현장에서 몇 번의 강조를 통해 교육할 수 있다.

5.2.5.1. 동사

동사란 주어의 동작이나 작용을 나타내는 단어이다. 동사에는 자동사와 타동사가

---

[33] (6다) '*의사이예요'를 제외하곤 모어 화자도 혼동해서 쓰고 있는 것을 종종 보게 된다.

있다. 학습 초기 문장의 구조를 익힐 때 사실상 자동사와 타동사의 개념이 교수된다. 이때 목적어를 필요로 하느냐 그렇지 않느냐에 초점을 두어 지도한다. 이때 그림 자료를 사용하여 다음과 같이 교수하거나 학습자 모어와 비교 설명해 주기도 한다.

〈그림 자료 제시: 여러 학생들이 다양한 행동을 하고 있는 그림을 보여 준다.〉

가. A: 누가 전화해요?　　B: 영희가 전화해요.
나. A: 마이클이 무엇을 먹어요?　　B: 사과를 먹어요.

　　상황을 잘 보여 줄 수 있는 그림 자료의 사용은 성인 학습자일지라도 학습 초기에 매우 유용하다.
　　현재형 '-ㄴ다/는다'의 학습은 그동안 학습자가 익혀 온 용언, 즉 형용사인지용언인지를 다시 재검해 볼 수 있는 기회를 갖는다는 데에도 의의가 있다. 학습자의 글쓰기나 작문에서 이에 대한 혼동이 빈번함을 볼 수 있는데, 이는 동사인지 형용사인지에 따라 어미 활용이 달라지기 때문이다. 형용사일 경우 기본형과 동일하게 실현되고, 동사일 경우 어간에 받침이 없으면 '-ㄴ다'로, 받침이 있으면 '는다'로 실현된다. 예를 들어 '가다'라는 동사는 '간다'로, '먹다'라는 동사는 '먹는다'로 활용된다. 이러한 활용상의 특성은 동사와 형용사를 구별하게 하는 기준이 되는데, 모어가 한국어인 사람들에게는 직관적으로 그 구별이 용이한 반면, 한국어를 배우는 외국인 학습자에게는 직관으로 해결될 수 없는 부분이기 때문이다.

학습 현장에서 교사는 다음과 같은 질문을 흔히 받는다. 첫째, "동사인지, 형용사인지 어떻게 구별할 수 있습니까?", 둘째로는 '명사+하다' (운동하다, 건강하다 등)로 된 단어는 모두 동사가 아닙니까?" 라는 질문이다. 이러한 질문에 교사는 어떻게 대답해야 할까? 우선, 사전을 찾아 동사인지, 형용사인지를 반복적으로 확인하는 것이 바람직하며, '-ㄴ다/는다' 의 학습은 읽기 자료에서 눈여겨보고 반복해서 익혀 갈 것을 권할 수 있다. 특히 '명사+하다' 로 된 단어가 모두 동사가 아님을 예를 들어 설명해 준다. 이때 물론 문장의 구조와 조사(주격조사, 목적격조사)에 대한 언급이 같이 이루어지면 좋을 것이다.

다음에 제시된 형용사는 초급이나 중급 학습자에게 동사로 혼동을 주어 '-ㄴ다/는다' 와 결합한 형태로, 예컨대 *필요한다' 와 같은 형태로 자주 쓰이는 단어들이다.

(1) 필요하다, 간단하다, 편리하다, 특별하다, 비슷하다, 친절하다, 화려하다, 건강하다, 피곤하다, 심심하다, 뚱뚱하다, 행복하다, 조용하다

위에 제시한 형용사들에 대해 동사의 어미 활용을 하지 않도록 지도한다.

5.2.5.2. 형용사

형용사란 주어의 성질이나 상태를 나타내는 단어이다. 형용사는 성상형용사와, 지시형용사가 있다. 성상형용사는 '착하다, 슬프다' 처럼 사물의 성질이나 상태를 나타내는 형용사이며, 지시형용사는 '이러하다, 그러하다, 어떠하다' 처럼 사물의 성질, 시간, 수량 따위가 어떠하다는 것을 형식적으로 나타내는 형용사이다. 영어에서는 형용사가 서술어가 되기 위해서는 'be' 동사의 도움이 필요하나 한국어에서는 형용사만으로 충분히 서술어가 될 수 있다.

(1) 날씨가 좋다. 좋다 = be good
    (The wether is good.)

이러한 특성은 학습 초기 단어를 제시할 때 '좋다' 를 'good' 만으로 제시하지 않고 'to be good' 으로 제시하면서 그 이유를 설명한다. 이 부분을 이해하지 못한 학습자는 다음과 같은 오류 문장을 생성하는 것을 볼 수 있다.

(2) *우리 선생님은 <u>좋은이에요</u>.

영어권 학습자의 이러한 오류는 영어로 'My teacher is good.'이란 문장을 'is'를 '이에요'로, 'good'을 '좋은'으로 파악하여 표현했기 때문이다. 이때 교사는 학습자가 자신의 모어(영어)와 한국어를 일대일로 대응시키는 데서 나타나는 현상이니 한국어를 한국어로 사고하라고 무조건 강요하기보다는 한국어는 형용사만으로 서술어가 될 수 있다는 설명을 전제로 일대일 대응의 불합리성을 인식시키고 한국어로 사고할 것을 강조해야 한다. 한국어는 영어와는 달리 형용사만으로 서술어가 될 수 있다는 사고를 가져야 목표어인 한국어 학습 시 한국어로 사고하는 것이 가능하고 필요한 것이라는 사실이 학습자에게 설득력 있게 받아들여질 것이다.

형용사는 동사와 달리 원칙적으로 명령형과 청유형으로 활용되지 못한다. 그러나 현대 한국어에서 상대방의 행복이나 건강을 기원하는 의미로 '행복하다, 건강하다' 등의 형용사를 명령형으로 사용하기도 한다.

(3) 가. 행복하세요.
　　나. 건강하세요.

학습자 중에는 '행복하다'와 '건강하다' 등은 형용사인데 왜 이렇게 명령형으로 쓰이냐는 질문을 할 때가 있다. 이때 교사는 위와 같은 사실을 설명해 주면 좋을 것이다.

중급 정도의 수준이 되면 심리형용사의 다양한 학습이 이루어진다. 초급에서는 단순히 자신의 감정을 '기분이 좋다, 나쁘다, 슬프다' 정도로 표현하였는데 이제는 좀 더 세밀하게 자신의 감정을 표현하고자 한다. 이때 다음과 같은 단어를 제시하고 문맥에서 어떻게 쓰이는지 학습해 봄으로써 여러 가지 다양한 감정 표현 형용사 및 동사를 익힐 수 있다.

다음은 중급 정도의 학습자를 대상으로 학습 현장에서 사용할 수 있는 자료의 예이다.

> 연습. 이런 경우에 여러분의 기분은 어떻습니까? 감정은 어떻습니까?
>
> > 기쁘다, 즐겁다, 행복하다, 황홀하다, 신(이) 나다
> > 외롭다, 괴롭다, 우울하다, 슬프다, 화(가) 나다, 짜증(이) 나다
> > 심심하다, 지루하다, 불안하다, 흥분(이) 되다, 긴장(이) 되다
>
> - A: 마이클 씨, 어제 뭐 했어요? 즐겁게 보냈어요?
>   B: 아니요, 어제 약속이 없어서 하루 종일 집에 있었어요. 특별히 할 일도 없어서 너무 _____.
> - A: 마이클 씨, 서울 생활이 어때요?
>   B: 가족도 없고 친구도 없어서 심심하고 _____.
>   A: 그래요? 그럼 제가 친구를 한 명 소개해 줄게요.

―이화여자대학교 언어교육원(2004:1)에서―

위와 같은 문제를 통해서 감정을 나타내는 형용사 및 동사를 학습[34]할 수 있다. 이러한 단어 학습 시 그 단어가 긍정적인 표현인지 부정적인 표현인지 그룹을 나누어 생각해 보게 하고, 언제 이런 기분이 되는지 그 상황을 생각해 보게 한다. 이때 주의할 점은 우선, 어떤 한 상황에서 느끼는 감정은 학습자마다 다를 수 있다는 점을 염두에 두고 단지 하나만의 답만을 강요해서는 안 되고 학습자의 답이 어떤 이유에서 나왔는지 확인하여 올바로 사용하고 있는지를 파악하는 것이 중요하다. 둘째, 사전을 찾아 학습자 자신의 모어로 그 뜻을 확인했지만 제대로 이해하지 못했거나 잘 이해가 안 되어 질문을 할 때가 있다. 예를 들어 '심심하다'와 '지루하다'가 어떻게 다른지, '기쁘다'와 '즐겁다'가 어떻게 다른지 그 변별을 요구하는데 이럴 경우에는 변별 가능한 상황맥락 안에서 그 차이를 이해하도록 교수하고 그 쓰임이 어떻게 다른지 교수한다.

(4) 합격했다는 소식을 듣고 너무 기뻐서{기뻐서, *즐거워서} 눈물이 났다.

---

[34] 동사, 형용사를 나누어 학습하기보다는 감정을 나타내는 표현이라는 범주에서 가르치는 게 바람직하다. 이러한 학습으로 앞서 언급한 동사와 형용사의 활용(-ㄴ/는다) 학습이 반복적으로 이루어질 수 있기 때문이다.

심리형용사는 평서문에서 1인칭 주어와만 사용되고, 청자나 제3자의 주관적 감정 상태를 표현하는 데에는 사용될 수 없다고 규정하고 있다. 그러나 언어 현상을 고려해 본다면 이러한 규정은 다소 문제가 있음이 드러난다.[35]

(5) 가. 〈나의 경험으로 진이의 심정을 내가 판단하건대〉 진이는 슬프다.
    나. 〈동화를 구연할 때〉 진이는 슬펐어요. 눈물이 자꾸 쏟아지려는 걸 꾹 참았어요.
    다. 〈소설에서 전지적 시점으로 서술할 때〉 진이는 슬프다. 기가 막혀 눈물도 안 나온다.

(5가-다)의 예에서 알 수 있듯이 실제 언어 사용 측면에서는 인칭 제약을 인정하는 것이 문제가 됨을 알 수 있다. 따라서 한국어 교수 현장에서 이러한 점이 고려되어야 할 것이다.

평서문에서 2, 3인칭(의문문에서는 1, 3인칭) 주어의 감정 상태를 표현하기 위해서는 심리형용사에 '-아/어하다'가 붙어 파생된 심리동사를 사용한다.

(6) 가. 좋다 – 좋아하다
    나. 싫다 – 싫어하다
    다. 슬프다 – 슬퍼하다
    라. 기쁘다 – 기뻐하다

이 경우 심리형용사 구문과 심리동사 구문 사이에는 규칙적인 대응 관계가 성립한다.

(7) 가. 나는 여름이 좋다. → 민호는 여름을 좋아한다.
    나. 나는 겨울이 싫다. → 민호는 겨울을 싫어한다.
    다. 나는 할머니의 죽음이 슬프다. → 민호는 할머니의 죽음을 슬퍼한다.

---

[35] 이에 대한 자세한 논의는 권순희(1996)을 참고할 것.

라. 나는 시험에 합격해서 기쁘다.→ 민호는 시험에 합격해서 기뻐한다.

'빨갛다, 새빨갛다, 벌겋다, 불그스레하다, 울긋불긋하다, ……'. 이런 단어가 도대체 무슨 뜻인지 제대로 이해가 안 된다는 질문을 받는다. 사실 이런 색채어는 한국어에 아주 많다. 노란색을 나타내는 말을 예로 들어 보면 다음과 같이 다양함을 알 수 있다.

(8) 노랗다, 샛노랗다, 싯누렇다, 노르무레하다, 노르스름하다, 노릇하다, 노릇노릇하다, 노르끄레하다, 노르무레하다, 노릿하다, 노릿노릿하다, 누렇다, 누르끄레하다, 누르무레하다, 누르스름하다, 누릇하다, 누릇누릇하다, 누르칙칙하다

노란색을 나타내는 말이 영어에서는 'yellow' 하나 정도라는 것을 생각해 본다면 한국어에서 색채어가 얼마나 다양하게 발달되어 있는지 쉽게 알 수 있다. 이러한 노란색의 다양한 표현은 상황에 따라 다르게 사용된다. 가을에 흔히 볼 수 있는 아주 진한 노란색의 은행잎은 '샛노란 은행잎'이라고 말하며, 생선전 같은 것은 '노릇노릇하게 잘 부쳤다'라고 표현한다. 그냥 노란색으로 표현할 때는 은행잎과 생선전이 주는 느낌을 제대로 표현할 수 없을 것이다. 세분화된 색감의 사용으로 어휘와 표현을 더 잘 전달할 수 있다(이화여자대학교 언어교육원(2000:20)).

색채어는 크게 네 가지로 정리해 볼 수 있는데 첫째, 색깔을 나타내는 단어에 접두사나 접미사를 붙이는 것, 둘째, 색깔 이름의 모음을 바꿔 표현하기, 셋째, 색깔 이름의 자음을 바꾸기, 넷째, 모음과 자음이 모두 차이가 나면서 색깔의 다름을 표현하는 것이다.

① 색깔을 나타내는 단어에 접두사나 접미사를 붙여 표현한다.

새/샛- 시/싯-	그 색깔이 아주 선명하고 진함을 표현한다. 예) 새빨갛다, 샛노랗다, 시퍼렇다, 싯누렇다
-릇릇 -긋긋	그 색깔이 신선하고 보기 좋음을 표현한다. 예) 노릇노릇하다, 울긋불긋하다, 파릇파릇하다

-스름하다	그 색깔이 진하지 않고 연해서 흐리게 느껴짐을 표현한다. ⑩ 노르스름하다, 푸르스름하다, 불그스름하다
-무레하다 -스레하다	그 색깔이 진하지 않고 연한데 어두운 느낌을 함께 가진다. ⑩ 노르무레하다, 노르스레하다, 희끄무레하다, 불그스레하다, 푸르스레하다

② 색깔 이름의 모음을 바꿈으로써 색깔의 느낌을 표현할 수 있다.

(9) 가. 하얗다 — 허옇다
　　나. 빨갛다 — 뻘겋다
　　다. 파랗다 — 퍼렇다
　　라. 노랗다 — 누렇다

③ 색깔 이름의 자음을 바꿈으로써 색깔의 느낌을 표현할 수 있다.

(10) 빨갛다 — 발갛다

④ 모음과 자음이 모두 차이가 나면서 색깔의 느낌이 다름을 표현할 수 있다.

(11) 가. 파랗다 — 푸르다
　　나. 빨갛다 — 붉다

그렇다면 이러한 색채어 교수는 어떻게 해야 할까? 실제적인 문맥 속에서 색채와 더불어 표현되는 표현 단위로 익히게 하는 것도 바람직하다. 예를 들어 봄에 돌아나는 새싹은 '파릇파릇 돋아난 새싹'이지 '새파란 새싹'이나 '시퍼런 새싹'이 돋았다고 하지 않는다.

(12) 수미: 날씨가 많이 따뜻해진 걸 보니 봄이 됐나 봐요.
　　유진: 나무에서도 새싹이 {파릇파릇하게, 새파랗게, 푸르게} 돋았어요.[36]

한국인이 가지고 있는 색에 대한 이미지를 학습하는 것 또한 필요할 것이다. 이는 나라마다 유사할 수도 다를 수도 있다. 예를 들어 흰색은 '착하다, 선하다' 와 파란색은 '신선하다, 젊다' 라는 이미지를 갖는다는 것을 학습하면 색채어를 좀 더 쉽게 이해할 수 있을 것이다.

(13) 가. 노랗다: 생선전, 빈대떡, 구두쇠, 안색이 나쁘다
    나. 빨갛다: 혈색이 좋다, 흥분하다, 창피하다, 부끄럽다, 거짓말
    다. 파랗다: 신선하다, 젊다, 겁내다
    라. 희다: 착하다, 선하다

다음은 이렇게 색이 가진 이미지가 실제 발화 현장에서 어떻게 쓰이는지 학습할 수 있는 자료의 예이다.

(14) (할머니께서 집 안으로 들어오신다.)
    A: 할머니, 잘 다녀오셨어요?
    B: 어휴, 말도 마라. 지하철에서 {*샛노랗게, *새빨갛게, 새파랗게} 젊은 애들이 노약자석에 앉아서 양보하지 않는 바람에 너무 힘들게 왔다.
(15) A: 민호 씨, 어제 약속 장소에 왜 안 나왔어요?
    B: 미안합니다. 어제 어머니가 갑자기 응급실에 실려 가시는 바람에……
    A: 그런 {*새하얀, *새까만, 새빨간} 거짓말 하지 마세요. 어제 민호 씨가 다른 여자와 만난 걸 다 알고 있어요.
(16) A: 영수 씨, 정호 씨하고 같이 학교 다녔나요?
    B: 아니요, 정호는 저의 {*새파란, *새빨간, 새까만} 후배예요.

이러한 색채어는 정서적인 유사성에 의해 비유 표현으로까지 발전해서 일반 언어생활에서 애용되기도 한다. 예를 들어서 위에서 제시한 것처럼 생각이 좁고 몹시 인색한 사람을 가리켜 '노랑이' 라고 부른다. 노란색의 이미지가 인색한 구두쇠를 연

---

36) 사진 자료 등과 같은 실물 자료를 통해 색채어가 실제로 어떻게 쓰이는지를 익히게 한다.

상시키기 때문이다.

다음은 맛을 나타내는 표현을 살펴보자. 한국어에서는 단맛을 나타내는 표현으로 '달다, 달콤하다, 들척지근하다, 달착지근하다, 들큼하다' 등으로 세분화된다. 단맛이 자신의 입에 맞아 좋다고 느껴질 때, "달아요." 라고 표현하지 않고 "달콤하네요." 라고 표현한다.

달다	달콤하다	달착지근하다, 들척지근하다, 들큼하다
맵다	매콤하다	얼큰하다, 알알하다, 알싸하다, 아리다
시다	새콤하다	시큼하다, 시큼털털하다
짜다	짭짤하다	찝찔하다, 짭조름하다, 간간하다, 건건하다, 건건찝찔하다
담백하다		
싱겁다		밍밍하다
고소하다		
구수하다		
쓰다		씁쓸하다, 쌉쌀하다, 씁쓰름하다

사실 맛을 나타내는 다양한 표현은 지극히 문화적인 것이기 때문에 숭늉이나 된장찌개의 구수한 맛, 과자나 깨소금의 고소한 맛을 설명하고 학습자가 그 맛을 느끼게 하기란 쉽지 않다.

맛을 나타내는 이러한 감각어는 색채어처럼 일반 언어생활에서 비유 표현으로 사용된다.

맛	비유적 표현
짜다	그 사람이 짜다, 점수가 짜다
짭짤하다	수입이 짭짤하다
싱겁다	싱거운 사람, 일이 싱겁게 끝나다
달콤하다	달콤한 사랑, 달콤한 말
구수하다	구수한 이야기, 구수한 목소리

씁쓸하다	씁쓸한 기분
맵다	손이 맵다
고소하다	아이, 고소해!

다음과 같이 실제로 어떻게 쓰이는지 교수한다.

(17) 가. A: 그 사람 어때? 괜찮아?
　　　　B: 그런데 그 사람 왜 그렇게 짜?
　　나. A: 그 교수님 강의는 유익하고 재미있기는 한데……
　　　　B: 그런데?
　　　　A: 점수가 짜다고 소문이 났어.

'짜다' 라는 말은 음식의 간이 적당한 양보다 더 많이 들어갔을 때, 특히 소금의 맛이 강하게 날 때 '짜다' 라고 한다. 이러한 의미가 그대로 전이되어 사람의 특징을 나타내는 말로 쓰이면 '짜다' 라는 말은 인색한 사람을 가리키는 말이 된다. 또한 시험 점수에 대한 표현에서도 "점수가 왜 이렇게 짜?" 라는 말은 점수가 후(厚)하지 않고 박(薄)하다는 것을 뜻한다.

이렇게 비유 표현이 일상 언어생활에서 어떻게 쓰이는지 교수하는 것도 구어의 의사소통 능력 향상에 도움을 줄 것이다.

5.2.5.3. 보조용언

용언 중에는 다른 용언 뒤에 쓰여 문법적인 의미를 더해 주는 용언이 있다. 이를 보조용언이라고 하며, 보조용언의 도움을 받으며 함께 쓰이는 용언을 본용언이라고 한다.

(1) 가. 비가 오고 있다.
　　나. 민수가 책을 들어 주었다.
　　다. 준호는 그 편지를 찢어 버렸다.
　　라. 민호는 많이 아픈가 보다.

위 예문에서 '있다, 주다, 버리다, 보다'는 앞에 있는 주어 명사구와 직접적인 의미 관계에 놓여 있지 않다. '있다'는 '-고'와 함께 '비가 오는 중'임을 의미하며, '주다'는 '-어'와 함께 봉사의 의미를, '버리다'는 '-어'와 함께 주어의 행위가 끝났음을 강조하는 의미로, '보다'는 '-(으)ㄴ가/는가', '-나'와 함께 화자의 추측을 의미하는 것으로 쓰인다. 이처럼 보조용언과 본용언이 합쳐져 하나의 서술어처럼 기능한다. 그러므로 외국어로서의 한국어 교수 시 보조용언의 제시 방식은 '-고 있다', '-아/어 주다', '-아/어 버리다', '-(으)ㄴ가/는가 보다' 등으로 하는 것이 바람직하다.

보조용언을 학습할 때 영어권 학습자 중 종종 혼란스러워 하는 것을 볼 수 있다. '-아/어 주다'의 학습을 예로 들어 보면, 학습자는 '주다'라는 보조용언을 잘못 이해하고 해석하는 것이다. 따라서 앞서의 예문 '민수가 책을 들어 주었다.'라는 문장에서 민수가 "무엇을 주었어요?"라는 질문을 하며 학습자가 의아해 할 때도 있다. 학습 현장에서 '주다'와 '-아/어 주다'라는 문장이 어떻게 다른 의미를 가지며 어떤 상황에서 쓰이는지 비교 설명해 준다.

(2) 가. 민수가 책을 <u>주었다</u>.
    나. 민수가 책을 <u>들어 주었다</u>.

이러한 두 예문을 학습 현장에서 교사가 직접 행동으로 보여 주어 의미가 다름을 교수하고, '-아/어 주다'에서 '주다' 앞에는 형용사가 아닌 동사만이 결합할 수 있음을 설명한다. 형태 조작에 대한 지도는 다음과 같이 하면 되겠다.

교사: '-아/어 주다'는 어떻게 만듭니까?
첫째, 기본형, '들다'에서
둘째, 현재 '-아/어요'로 만듭니다. 그러면 '들어요'가 되지요?
셋째, 여기서 '요'를 빼고, '주다'와 만나게 하면 됩니다. '들어 주다'.

들다	들어요 + 주다	들어 주다
닫다	닫아요 + 주다	닫아 주다
만들다	만들어요 + 주다	만들어 주다
쓰다	써요 + 주다	써 주다

선행 학습 요소 현재형 '-아/어요'를 이용하여 형태 변형을 가르치는 게 효과적이다. 이 과정에서 동사와 결합하고 있다는 것을 학습자에게 명시적으로 제시 하게 된다.

보조용언은 부정법, 피동법, 사동법, 상(aspect)의 문법범주를 형성하기도 하고 문장이 나타내는 명제에 화자의 심리 상태, 주어의 행위에 대한 판단 등을 나타내기도 한다. 이에 대한 구체적 설명은 4장에서 언급할 것이다.

보조용언은 대체로 활용을 하는 모습에 따라 보조형용사와 보조동사로 나눈다.

(3) 가. 이것 좀 먹어 보세요. / <u>본다</u>.
    나. 여권을 준비해 두세요. / <u>둔다</u>.
    다. 편지를 써 주었다. / <u>준다</u>.
(4) 가. 이번 여름에는 배낭여행을 가고 싶어요. / <u>싶은데</u> 어디가 좋을까요?
    나. 사람이 제법 많나 봐요. / <u>본데</u> 예약을 해야겠죠?
    다. 학생들이 많이 참석했나 봅니다. / <u>본데</u> 좌석이 모자라지 않을까요?

(3)의 예문 '보다', '두다', '주다'와 같이 보조동사는 동사와 같은 활용 모습을 보이고 선행하는 본용언도 언제나 동사만이 오므로 보조동사라고 하며, 예문 (4)의 '싶다', '보다'는 형용사와 같은 활용 모습을 보이므로 보조형용사라고 한다.

보조형용사인지, 보조동사인지의 중요성은 학습자가 부정형 '-지 않다'와 결합시킬 때 종종 다음과 같이 나타난다.

(5) 가. 오늘은 덥지 않은데 왜 그래요? (○)
    나. *오늘은 덥지 않는데 왜 그래요? (×)
(6) 가. 아무것도 먹지 않는데 (○)
    나. *아무것도 먹지 않은데 (×)[37]

학습자는 언제 '-(으)ㄴ지, -(으)ㄴ데'로 언제 '-는지, -는데'로 결합되는지를 묻는

---

[37] 이것은 종종 과거와 혼동하여 나타나는 현상이기도 하다. '먹지 않았는데'로 해야 할 것을 '먹지 않은데'로 하면서 과거로 혼동하고 있는 것은 선행 학습 요소, 예를 들면, '먹은 것 같다', '먹은 척하다'에서 과거로의 실현을 적용하기 때문이다.

다. 이러한 질문에 교사는 앞에 오는 용언의 종류에 따라 활용의 모습이 달라지는 것을 설명해 줄 수 있다. 앞에 동사가 오면 동사와 같은 활용을 하며, 앞에 형용사가 오면 형용사와 같은 활용을 한다는 것을 가르쳐 준다.

보조용언은 의미에 따라 세분된다. 보조용언은 주어와 관련된 동작이나 상태를 나타내는 서술어로 쓰이기보다는 서술어의 행위에 대한 화자의 심리적 상태를 보이거나 행위의 상적(相的) 특성을 나타낸다. 이들을 의미적으로 분류하면 다음과 같다.

의미	보조동사
희망	-고 싶다
당위	-아/어야 하다
진행	-고 있다/계시다, -아/어 가다, -아/어 오다
봉사	-아/어 주다/드리다
시도	-아/어 보다
상태 지속	-아/어 있다/계시다
추측	-(으)ㄴ가/는가/나 보다, -는가/나, -(으)ㄹ까, -았/었으면 싶다
결과 유지	-아/어 놓다, -아/어 두다
종결	-고(야) 말다, -아/어 버리다, -아/어 내다
반복·강세	-아/어 대다
시인	-기는 하다
부정	-지 않다, -지 말다, -지 못하다
피동	-게 되다
사동	-게 하다

보조용언 학습 시 중요한 점 중의 하나가 보조용언 구문에서 문법형태소가 어디에 붙는지에 대한 교수이다. 시제 형태소와 존대를 나타내는 문법형태소의 학습에 주의를 기울여야 하는데, 특히 존대를 나타내는 문법형태소 '-(으)시-'의 경우 보조용언에 따라 달라지므로 학습 현장에서 교사는 이에 대한 질문과 종종 마주친다.

먼저 문법형태소에 대해 언급하면 본용언과 보조용언이 한 문장에 쓰였을 때 경우에 따라 보조용언에 붙기도 하고 본용언에 붙기도 한다.

(7) 가. 그 책은 아무도 읽지 않았다.
    나. 전화를 걸어 주었다.
    다. 날씨가 더워서 아이스크림이 먹고 싶었다.
    라. 날씨가 춥기는 했다.
(8) 가. *그 책은 아무도 읽었지 않다.
    나. *전화를 걸었어 준다.
    다. *날씨가 더워서 아이스크림이 먹었고 싶다.
    라. *날씨가 추웠기는 하다.

위에서 보듯이 시제 형태소는 본용언에 붙어야 한다. (8)에서처럼 본용언에 붙으면 비문이 된다.

'-(으)시-'의 경우 시제를 나타내는 문법형태소처럼 보조용언과 결합하는 것이 자연스러우나 (9나, 10나)에서와 같이 본용언과 보조용언이 '-아/어'로 연결되는 경우를 제외하면 본용언에도 '-(으)시-'가 결합할 수 있다.

(9) 가. 그 책은 선생님도 읽지 않으셨다.
    나. 선생님께서 전화를 걸어 주셨다.
    다. 날씨가 더워서 집에서 쉬고 싶으셨다.
    라. 할아버지께서는 재산이 많기는 하셨다.
(10) 가. 그 책은 선생님도 읽으시지 않았다.
    나. *선생님께서 전화를 거셔 주었다.
    다. 날씨가 더워서 집에서 쉬시고 싶었다.
    라. 할아버지께서는 재산이 많으시기는 했다.

다음은 보조용언의 구체적인 교수 방안에 대해 언급하고자 한다.

① -고 싶다, -고 싶어하다

1) 대상: 초급

2) 의미: 주어가 본동사의 동작이나 상태가 되기를 '희망하다, 원하다'는 뜻을 나타낸다.
3) 구조: 본동사 '싶다, 싶어하다'를 연결어미 '-고'로 연결한 형태이다.
4) 주의: 형용사나 '이다'에는 사용하지 않는다.
   주어가 3인칭일 때는 '-고 싶어하다'로 쓴다.
5) 제시: 실제적인 상황맥락에서 음식이라는 주제로 다음과 같이 제시, 설명한다. 초급이므로 상황 그림을 함께 제시한다.

> * 여러분은 주말에 보통 가족과 외식을 합니까? 외식을 할 때 무엇을 즐겨 먹습니까? 어디에 가서 무엇을 먹고 싶은지 자신이 원하는 것을 말하려고 할 때 어떻게 말할까요?38)
>
> 아버지: 오늘 저녁에 뭘 먹을까?
> 아들: 저는 피자를 먹고 싶어요.
> 딸: 저는 갈비를 먹고 싶어요.

이러한 상황맥락에서 의미를 전달하고, 형태를 어떻게 만드는지 형태적 측면의 설명을 한다. 도표로 만들어 제시할 때 목표문법 '-고 싶다'가 잘 드러나게 제시하고 어떻게 만드는지를 설명한다.

기본형	어간	긍정 -고 싶다	부정 -고 싶지 않다
가다 먹다	가 먹	가고 싶다 먹고 싶다	가고 싶지 않다 먹고 싶지 않다

첫째, 동사의 기본형에서
둘째, '다'를 없앱니다.
셋째, 그리고 '고 싶다'를 씁니다.39)

---

38) 목표문법의 설명은 제시 단계에서 어떤 유의미한 상황맥락을 선택하느냐가 중요하다. 지시문(수업 현장에서는 교사의 말로 구현된다)에는 목표문법에 대한 설명이 자연스럽게 스며들어가 있어야 한다. 그러므로 '자신이 원하는 것'을 말할 때 '-고 싶다'라는 문법이 필요하다는 게 명시적으로 들어가는 것이다.

형태 조작의 이해 점검을 위해, 그리고 다음 학습 단계인 연습 활동을 위해 아래와 같은 도표를 완성하게 한다.40)

기본형	-고 싶다	-고 싶지 않다
공부하다		
읽다		
걷다		
팔다		
줍다		

'고 싶다'의 의미와 형태적 조작에 대한 학습이 이루어진 후 연습에 들어간다. 여러 가지 연습이 있겠으나 이 중 다음은 초기 연습의 형태를 제시한 것이다.41)

(ㄱ) 연습 1. 〈보기〉의 단어를 골라 다음 대화를 완성하세요.

유학을 가다, 취직하다, 공부하다, 먹다

ㄱ) 마리: 대학 졸업 후에 뭘 할 거예요?
　　유미: 미국으로 유학을 가고 싶어요. 마리 씨는요?
　　마리: 전 컴퓨터 회사에 _____.

---

39) 실제 학습 현장에서 보면 '어간'에 대한 개념을 모르는 학습자도 많다. 위와 같은 설명은 그러한 현실을 반영하여 '어간'이란 말 대신에 '다'를 뺀 부분이라고 하였다. 또한 기본형이란 개념도 갖고 있지 못하는 학습자에게는 "사전에서 어떻게 찾아요."라는 것으로 기본형을 이해시킬 수 있다.
40) 이것은 연습에 들어가기 전에 형태적 측면을 이해했는지의 여부를 확인하기 위해 사용할 수도 있고, 형태적 측면의 학습 강화를 위해 숙제로 부과할 수도 있다.
41) 문법 교수에 있어서 중요한 점 하나는 바로 어떻게 연습시킬 것인가이다. 연습의 초기 형태라도 늘 유의미한 문맥 안에서 제시하고, 그 연습이 문법을 위한 문법 연습은 지양한다. 연습1은 바로 초기의 연습 형태라도 학습자가 전체 의미를 이해하고 알맞은 단어를 찾아 형태 변화를 시키게 해야 한다. 즉 의사소통적인 연습이 되어야 한다. 연습2-1은 1보다는 난이도 면에서 학습자 활동 면에서 변화를 준 것이고, 2-2는 앞서 설명한 바와 같이 주어가 3인칭일 때 '-고 싶어하다'로 바뀌어야 함을 연습하는 문제이다.

ⓒ 유진: 저녁에 중국 음식 먹을래요?
　　민호: 글쎄요, 점심에도 중국 음식을 먹어서 중국 음식은 _____.
　　　　 일식은 어때요?
　　유진: 좋아요. 일식당에 가서 생선회를 먹읍시다.

(ㄴ) 연습 2-1. 다음 사람들은 졸업 후에 무엇을 하고 싶습니까? 어떤 희망을 가지고 있습니까? 표를 보고 옆 사람과 말해 보세요.

이름	졸업 후 희망
마리코	대학원에 진학하다
마이클	중국으로 유학을 가다
제니퍼	결혼하다
유진	회사에 취직하다

A: 마리코 씨는 졸업 후에 무엇을 할 겁니까?
B: 대학원에 진학하고 싶어요.

연습 2-2. 다음 표를 보고 각 사람들은 어떤 희망을 가지고 있는지 써 보세요.
- 마리코는 대학원에 진학하고 싶어합니다.
- 마이클은 _____.

② -아/어야 하다

1) 대상: 초급
2) 의미: 마땅히 그렇게 하거나 되어야 하는 상황 즉, 당위성을 나타낸다. 반드시 해야 하는 일, 의무를 나타낸다.
3) 구조: 연결어미 '-아/어야'와 보조동사 '하다'가 결합한 형태로 동사, 형용사, '이다'와 결합한다.
4) 주의: 청유형과 명령형은 쓰지 않는다.
5) 제시: 여러 상황이 있을 수 있겠으나 여행 준비라는 주제로 다음과 같이 제시, 설명한다.

> * 다른 나라를 여행하려면 무엇이 필요할까요? 여러 가지 필요한 것이 많이 있을 겁니다. 그 중에서 없어서는 안 되는 것은 무엇일까요? 이렇게 꼭 필요한 것, 반드시 있어야 하는 것을 말할 때 어떻게 말할까요?
>
> A: 여권은 준비하셨어요?
> B: 아니요, 아직 준비 못 했어요.
> A: 다른 나라를 여행하려면 여권이 있<u>어야 합니다</u>. 빨리 준비하세요.

이러한 예문 제시의 이해를 유도하기 위해 '반드시, 꼭'이라는 어휘 의미를 알게 하는 게 중요하다. 이는 바로 목표문법을 쉽게 이해시킬 수 있는 일종의 단서(key word)로 기능하기 때문이다.

'-아/어야 하다' 지도에서 여러 항목 중 꼭 필요한 것, 없어도 되는 것, 있으면 좋고 없어도 되는 것 등을 목록화하면서 그 의미를 설명하는 것도 한 가지 방법이다. 이 과정에서 '-아/어야 하다'의 대립어로 '-지 않아도 되다'를 같이 학습하는 것도 좋을 것이다.

(11) A: 지금 스키 장비를 (꼭) 사야 합니까?
　　　 B: 지금은 사<u>지 않아도 됩니다</u>. 나중에 사도 됩니다.

의미 이해를 점검하고 형태 조작에 대한 학습에 들어간다. 앞서 제시했듯이 기본형 '있다'에서 '있어요'로 바꾸고 '요'를 빼고 '-아/어야 하다'를 결합시키는 방식으로 설명을 준다.

③ -고 있다, -고 계시다

1) 대상: 초급 상, 중급 하
2) 의미: 동작의 진행이나 지속적인 행위, 결과 상태의 지속 등을 나타낸다.[42]

---

42) '-고 있다'의 학습에서 먼저 단순한 동작의 진행이나 지속적인 행위를 나타내는 의미에 국한시켜 학습을 하고, 이 학습이 선행된 후 동작의 결과 상태가 지속되는 의미로서의 학습이 이루어지면 좋을 것이다. 동시에 제시하기보다는 단계적 학습이 더 효과적이다.

3) 구조: 연결어미 '-고'와 동사 '있다'가 결합한 형태이다. 동사와 어울린다. 시제 선어말어미는 '-고' 앞에 쓰지 않고 '있' 다음에 쓴다. 주어가 존대를 받을 대상이면 '-고 계시다'를 쓴다.

4) 주의: 한국어에서 현재시제는 동작의 진행상을 나타내므로 화자가 특별히 동작의 진행을 나타내고 싶을 때가 아니고서는 '-고 있다'를 쓰지 않는다. 따라서 일본어권 학습자에게서 어색한 표현이 나오는 것을 종종 보게 되는데 이는 일본어에서처럼 한국어에서 자주 쓰지 않는다는 것을 강조할 필요가 있다.

5) 제시: 전화 담화 상황을 설정하여 전화를 못 받는 이유가 무엇인지를 통해 의미를 전달한다.

---

* 전화가 왔는데 전화를 받을 수 없는 상황이 있었지요? 여러분이 친구에게 전화를 했는데 친구가 전화를 받을 수 없는 상황입니다. 친구들은 여러분이 전화했을 때 무엇을 하고 있었을까요?

A: 여보세요? 저는 사라예요. 유미 있어요?
B: 네. 그런데 지금 샤워하고 있어요. 30분 후에 다시 전화하겠어요?

의미 전달 후 형태 조작에 대한 설명을 준다. 기본형 '샤워하다'에서 '다'를 없애고, '-고 있다'가 결합됨을 설명한다.

다음은 수업 현장에서 사용 가능한 연습을 제시한 것으로 초기 연습 형태에 속한다. 도움말(cue)을 제시하여 학습자가 형태 변형에 집중하면서 의사소통적 연습이 되도록 한다. 민수와 사라의 모범 대화문을 통해 리처드, 다니엘, 제니퍼도 이와 같은 형식의 대화문이 되도록 짝활동을 시킨 후, 학급 동료들끼리 서로 인터뷰하게 지도한다.[43]

---

43) 교사는 다음과 같은 형식으로 부교재를 제시하여 학급 동료끼리 인터뷰하게 한다. 인터뷰 후 간단하게 메모시킨다. 이러한 활동은 동일한 형태의 반복 연습을 의미 있는 학습으로 지도할 수 있는 연습 유형이 되겠다.

이름	계획	-고 있다

(ㄱ) 연습 1. 여러분 친구들의 올해 계획입니다. 표를 보고 각각의 계획을 위해서 무엇을 하고 있는지 '-고 있다'를 사용해서 말해 보세요.

	계획	-고 있다
사라	6단계 한국어능력시험을 보다	열심히 공부하다
리처드	전시회를 열다	작품을 만들다
다니엘	운전 면허증을 따다	운전을 배우다
제니퍼	멋진 자동차를 사다	저축하다

민수: 올해 어떤 계획을 세웠어요?
사라: 이번 가을에 6단계 한국어능력시험을 보려고 해요. 그래서 열심히 공부하고 있어요.

앞서도 언급하였듯이 '-고 있다'의 사용이 부자연스럽거나 비문이 될 때가 있다.

(12) A: 학교에 버스로 와요?
　　 B: ?아니요, 지하철로 오고 있어요.
(13) *저는 결혼하고 있어요.

주로 일본어권 학습자에게서 나타나는 오류 현상인데, (12)의 경우 보통 어떤 교통수단을 이용하는지를 묻는 질문에 '오고 있다'를 사용하여 어색한 표현이 되고, (13)의 경우 일본어식 표현으로 비문이 된다. 이러한 부분의 의미 변별을 위해 주의 사항에서 제시한 바, 현재시제와 어떻게 달리 쓰일 수 있는지 그 변별을 지도함으로써 목표문법 '-고 있다'의 의미를 강화시키는 설명 및 연습이 필요하다.

(ㄴ) 연습 2. 맞는 것을 고르십시오.
　ㄱ A: 회사에 올 때 어떻게 옵니까?
　　 B: 저는 보통 지하철로 (옵니다, 오고 있습니다).
　ㄴ A: 여보세요? 한진무역입니다.
　　 B: 여보세요? 박상진 과장님 좀 부탁합니다.

　　　　　A: 지금 다른 전화를 (받습니다, 받고 계십니다). 잠시만 기다리십시오.

다음은 '-고 있다'가 동작의 결과 상태가 지속되는 경우이다. 학습 현장에서 종종 '-아/어 있다'와 혼동하고 있음을 보게 된다.

(14) 가. 인천행 지하철을 <u>타고 있다</u>.
　　 나. *인천행 지하철을 <u>타 있다</u>.
(15) 가. 어두운데 왜 불을 <u>끄고 있어</u>?
　　 나. *어두운데 왜 불을 <u>꺼 있어</u>?

'-고 있다'는 '-아/어 있다'와 의미가 같은 듯하나, '-고 있다'는 동작을 한 후의 상태가 그대로 지속됨을 말하고, '-아/어 있다'는 동작의 상태가 그대로 이어짐을 나타낸다.

(16) 가. 모자(안경, 우산)를 쓰고 있다.
　　 나. 까만색 옷을 입고 있다.
　　 다. 운동화(구두, 양말)를 신고 있다.
　　 라. 시계를 차고 있다.
　　 마. 장갑(반지)을 끼고 있다.
　　 바. 가방을 들고 있다.
　　 사. 배낭을 메고 있다.
　　 아. 스카프(넥타이)를 매고 있다.

위 (16)의 경우 탈착동사(입다, 벗다, 신다 등)에 '-고 있다'가 결합된 형태이다. '-고 있다'는 목적어를 가질 수 있는 동사에 쓰이나, '-아/어 있다'는 목적어를 가질 수 없는 동사에 쓰인다. 목적어를 가질 수 없는 동사에 '-고 있다'가 쓰이면 단순한 동작의 진행을 나타낸다.

동작의 결과 상태가 지속되는 '-고 있다'는 여러 상황맥락에서 문법 교육을 할 수 있겠으나 목격자로서 범인의 인상착의를 설명한다거나 사람들이 많이 모인 곳에서 사람을 찾거나 잃어버린 아이의 인상착의를 설명해야 하는 상황에서 의미를 전달한다. 다음과 같은 상황 설정으로 목표문법을 설명할 수 있다.

* 여러분은 누군가 다른 사람의 물건을 훔치는 것을 본 적이 있습니까? 이런 사건을 목격했을 때, 경찰에게 범인의 인상착의를 설명해야 합니다. 이때 어떻게 말할까요?

― 이화여자대학교 언어교육원(1999나:115)에서 ―

• 그 사람은 운동모자를 <u>쓰고 있었습니다</u>. 까만색 옷을 <u>입고 있었고</u>, 운동화를 <u>신고 있었습니다</u>.

목격자 진술이라는 상황맥락에서 인상착의를 말할 때 '-고 있다'가 쓰이고 있음을 설명한다. 다음은 이를 위한 듣기 활동으로 목표문법에 대한 이해 및 학습 강화를 시킬 수 있는 연습 자료이다.

㈜ 연습 3. 다음은 경찰서에서 나누는 대화입니다. 아이를 잃어버린 어머니가 경찰관에게 아이의 인상착의를 설명합니다. 대화를 듣고 그림에서 잃어버린 아이가 누구인지 찾아보세요.

〈그림〉

① ② ③

- 서울대학교 언어 교육원(2005:122)에서 -

〈듣기 내용〉

A: 경찰관 아저씨, 우리 아이 좀 찾아 주세요.
B: 언제 어디서 잃어버리셨습니까?
A: 오늘 오후 세 시쯤 놀이터에서 잃어버렸어요.
B: 아이가 어떻게 생겼습니까?
A: 나이는 일곱 살이고 머리가 깁니다. 하얀 스웨터에 까만색 바지를 입고 있어요. 꼭 좀 찾아 주세요.

④ -아/어 가다, -아/어 오다

1) 대상: 중급
2) 의미: 동작의 상태를 유지하며 가거나 옴을 나타낸다. '아/어 오다'는 과거에서부터 현재까지 어떤 동작이 지속돼 왔음을 표현한다.
3) 구조: 연결어미 '-아/어'와 보조동사 '가다/오다'가 결합한 형태로 주로 동사와 결합한다.
4) 주의: 일부 형용사와 결합할 때는 상태의 진행, 변화를 나타내며 선행하는 형용사를 동사화하는 것이다.(머리가 아파 온다, 발이 시려 온다)
5) 제시: 여러 상황맥락 중 학습자에게 가장 이해가 잘 될 상황을 선택하여 제시

한다. 한국어를 이제까지 배워 오면서 포기하고 싶었던 때나 가장 힘들었던 것 등을 주제로 해도 좋고, 지금껏 살아오면서 가장 후회되거나 아쉬움이 남는 것 등의 문맥에서 제시할 수 있다.

---

* 여러분은 한국말을 배운 지 얼마나 됐습니까? 한국어를 배워 오면서 포기하고 싶을 때가 있었습니까? 그때는 언제였습니까?

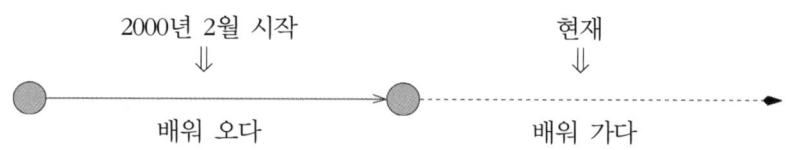

A: 한국말을 배운 지 얼마나 됐습니까?
B: 3년이 넘었습니다.
A: 지금까지 한국어를 배워 오면서 특히 힘들었던 때는 언제였습니까?
B: 자모를 배울 때였습니다.

의미 전달 후 형태 조작에 대한 설명이 끝나면 이해 여부를 점검하고 연습에 들어간다. 여러 가지 연습 유형이 있겠으나 하나만 제시하면 다음과 같다.

연습. A와 B를 연결하여 문장을 만들어 보십시오.

A	B
1. 30년 동안 암 연구를 했다 2. 한국어를 1년 동안 배웠다. 3. 지금까지 힘든 고비를 잘 견뎠다. 4. 5년이나 사귀었다. 5. 시험공부를 꾸준히 했다.	(가) 이제 와서 포기하는 것은 아깝다. (나) 아직도 말하기가 제일 힘들다. (다) 시험 결과가 안 좋다. (라) 수많은 업적을 남겼다. (마) 아직도 그 사람을 이해 못할 때가 있다.

㉠ 30년 동안 암에 대한 연구를 <u>해 오면서</u> 수많은 업적을 남겼다.
㉡ 한국어를 1년 동안 <u>배워 왔지만</u> 아직도 말하기가 제일 힘들다.
㉢ 지금까지 힘든 고비를 잘 <u>견뎌 왔는데</u> 이제 와서 포기하는 것은 아깝다.

이러한 연습은 목표문법이 선행 학습된 연결어미 '-(으)면서, -지만, -(으)ㄴ데/-는데'와 결합되어 쓰이는 경우를 함께 점검해 볼 수 있는 연습 유형이다.44)

'-아/어 오다'와 '-아/어 가다'의 혼동은 다음과 같은 예에서 찾아 볼 수 있다.

(17) A: 경주에 도착하려면 아직 멀었나요?
    B: 다 와 갑니다.
    B': *다 {와 옵니다, 가 갑니다}.
(18) 가. 수업이 거의 끝나 갑니다.
    나. *수업이 거의 끝나 옵니다.

(17)에서처럼 '와 오다', '가 가다'라는 자체가 안 됨을 주지시킨다.

⑤ -아/어 주다, -아/어 드리다

1) 대상: 초급
2) 의미: 주어가 객체를 위하여 봉사하는 마음으로 그 행위를 함을 나타낸다. 존대형으로는 '-아/어 드리다'를 쓴다.
3) 구조: 연결 어미 '-아/어'와 보조동사 '주다/드리다'가 결합한 형태로서 동사와 결합한다.
4) 제시: 다른 사람을 위해서 무엇을 해 주는 상황으로 도입하여 '봉사'의 의미를 전달한다.

---

44) 종결 형태로만 끝나는 연습 유형의 제시를 피하고 선행 학습된 요소와의 결합 여부를 조작할 수 있는 연습의 유형이 되어야 한다.

* 여러분은 다른 사람을 위하여 무엇을 해 줄 때가 있지요? 어떤 경우에 다른 사람을 위해서 무엇을 해 줍니까?

— 이화여자대학교 언어교육원(2000가:106)에서 —

• 제임스는 마이클을 위해서 편지를 써 주었습니다.

'주어가 객체를 위해서 무엇을 해 준다는 의미'를 위와 같은 상황맥락의 도입으로 설명할 수 있다. 의미 전달 후 형태 학습은 기본형 '쓰다'를 현재 '-아/어요'형으로 바꾸고, '써요'에서 '요'를 삭제한 후 '주다'를 결합시키는 단계로 설명한다.

실세계에서 쓰이는 대화문을 제시하여 목표문법이 어떻게 쓰이는지 지도하는 게 중요하다. '-아/어 주다'는 정중한 부탁이나 요청의 표현으로 '-아/어 주시겠습니까?', '-아/어 주세요'로 쓰인다. '-아/어 주다, -아/어 드리다'의 사용법을 말하는 사람과 듣는 사람의 관계에 따라 제시하면 다음과 같다.

화자(질문)	청자(대답)	
상대(청자)를 높여 대우하는 상황	화자를 높여 대우하는 상황	화자를 낮추어 대우하는 상황
·사전 좀 빌려 주시겠습니까? ·이 책 좀 들어 주십시오. ·주소를 써 드릴까요?	예, 빌려 드리겠습니다. 예, 들어 드리겠습니다. 예, 써 주세요.	응, 빌려 줄게. 응, 들어 줄게. 응, 써 줘.

5. 문법 교육의 내용 _163

⑥ -아/어 보다

1) 대상: 중급
2) 의미: 어떤 일을 하기 전에 처음으로 그 일을 시도해 본다는 의미가 있다. 그리고 어떤 일에 대한 경험을 나타낸다.
3) 구조: '-아/어' 와 보조동사 '보다' 가 결합한 형태로서 주로 동사와 결합하고 시제 선어말어미는 '보-' 뒤에 쓰인다.
4) 주의: 목표문법의 의미 전달을 좀 더 확실히 하기 위하여 선행 학습 요소 '-아/어도 돼요, 괜찮아요?' 와 결합시켜 설명하는 것도 좋겠다.
5) 제시: 가게에서 무엇을 사기 전에 자신에게 맞는지, 어울리는지를 알아보기 위해 무엇을 먼저 시도해 본다는 상황으로 도입한다.

* 옷을 사러 옷 가게에 갔습니다. 마음에 드는 옷을 찾았습니다. 그 옷이 자신에게 어울리는지, 치수는 잘 맞는지 알 수가 없습니다. 그러면 어떻게 하시겠습니까?

— 이화여자대학교 언어교육원(1999나:18)에서 —

손님: 이 바지를 입어 봐도 돼요?[45]
점원: 물론입니다. 입어 보세요. 탈의실은 저 쪽입니다.

---

45) 이 경우, 선행 학습된 '-아/어도 되다' 와 결합하여 목표문법이 제시된 것이다. 보통 다른 사람에게 무엇인가에 대해 허락을 구하고자 할 때 사용되는 구조의 학습이 선행되는 편이다. 만일 이것이 선행 학습되지 않았다면 '-아/어도 되다' 와 결합시키지 않는다.

⑥ 연습: 연습 1은 실생활에서 자주 쓰이는 대화문으로 제시하여 연습하게 하고 연습 2는 '-아/어 보다'의 구조에 선행 학습된 다양한 구조가 결합하는 유형으로 제시한다. 연습 3은 다른 사람에게 무엇을 시도해 보도록 조언할 때 사용되고 있다는 상황을 설정하여 연습시킨다.

㉠ 연습 1. 물건을 사러 가게에 갔습니다. 어떻게 말하면 좋을지 다음에서 맞는 것을 골라 '-아/어 보다'를 사용해서 대화를 완성하십시오.

<보기>
쓰다   입다   먹다   뿌리다   하다   듣다

㉠ (모자 가게에서)

 손님: 이 모자를 한번 _____?

 점원: 물론입니다. _____.

㉡ (화장품 가게에서)

 손님: 이 향수는 무슨 향이에요?

 점원: 꽃으로 만든 향수의 한 가지입니다.

 　 한 번 _____. 여기 견본품이 있습니다.

㉡ 연습 2. 다음을 완성하십시오.

 ㉠ 구두를 사려고 구두 가게에 갔다. 검정색과 밤색을 _____후에 검정색으로 샀다.

 ㉡ 오늘 텔레비전에서 빵 만드는 법을 배웠습니다. 그래서 오후에 직접 빵을 _____ 합니다.

㉢ 연습 3. 다음 환자들에게 어떻게 조언하시겠습니까?

・두통약을 먹다   ・비타민 C를 먹다
・따뜻한 차를 마시다   ・냉찜질을 하다
・소화제를 먹다

㉠ A: 어디 아파요?
　　B: 감기 때문에 머리가 좀 아파요.
　　A: 그러면 두통약을 ＿＿＿＿＿＿. 괜찮아질 거예요.
㉡ A: 안색이 안 좋아요. 무슨 일 있어요?
　　B: 요즘 일이 많아서 야근했어요. 그래서 좀 피곤해요.
　　A: 그러면 ＿＿＿＿＿＿. 비타민이 피로 회복에 좋대요.

⑦ -아/어 있다, -아/어 계시다

1) 대상: 중급
2) 의미: 선행 동사의 동작이 완료된 후 그 상태가 지속됨을 나타낸다.
3) 구조: 연결어미 '-아/어'와 동사 '있다'가 결합한 형태로서 주로 동사와 어울리며, 피동 형태의 동사와도 자주 쓰인다. 시제 선어말어미는 '있-' 뒤에 쓰인다.
　㉠ 동사와 어울리는 경우
　　피어 있다, 붙어 있다, 살아 있다, 남아 있다, 앉아 있다, 서 있다
　㉡ 동사의 피동 형태와 어울리는 경우
　　놓여 있다, 닫혀 있다, 열려 있다, 꺼져 있다, 켜져 있다, 그려져 있다, 적혀 있다, 섞여 있다, 버려져 있다, 젖어 있다, 쓰러져 있다, 넘어져 있다, 모여 있다, 잘려 있다, 떨어져 있다, 잡혀 있다
4) 주의: 피동 형태와의 결합이 많기 때문에 피동 표현이 선행 학습된 후에 '-아/어 있다'를 가르치는 게 좋을 것이다.
5) 제시: 출근 전과 출근 후의 방 안 상황을 비교하는 것으로 의미를 전달할 수 있다. 또는 탐정(셜록 홈즈) 사무실을 배경으로 탐정이 외출하기 전 사무실 상황과 사무실로 다시 돌아왔을 때 달라진 상태를 묘사하는 것으로 도입한다.

ⓐ 사무실을 떠났을 때(오후 7시)   ⓑ 지금(오후 9시 30분)
- 이화여자대학교 언어교육원(2000나:107)에서 -

· 7시에는 책상 위 전등이 꺼져 있었는데 지금은 전등이 켜져 있다.
· 7시에는 첫 번째 서류함이 열려 있었는데 지금은 닫혀 있다.

6) 연습: 교실이나, 자신의 방, 교사가 준비한 사진 자료를 보고 방이나 교실의 상태가 어떤지 말하기나 쓰기 활동을 한다. 선행 학습으로 '-고 있다'를 학습하였다면, '-고 있다'와 '-아/어 있다'를 변별하는 문제를 풀어 봄으로써 오늘의 목표문법에 대한 이해도를 높인다. 다음과 같은 연습 문제로 지도한다.

연습. 다음에서 맞는 것을 고르십시오.
㉠ 내가 집에 갔을 때 동생은 벌써 집에 (오고, 와) 있었다. 동생은 점심을 (먹고, 먹어) 있었다.
㉡ 마이클은 지금 한국에 있다. 그렇지만 마이클의 가족은 미국에서 (살고, 살아) 있다
㉢ A: 할아버지 연세가 어떻게 되셨습니까?
   B: 작년에 돌아가셨습니다.
   A: 할머니께서도 돌아가셨습니까?
   B: 아니요, 할머니께서는 아직 (살고, 살아) 계십니다.
㉣ 우리 집 벽지에는 그림이 잔뜩 (그리고, 그려져) 있다. 네 살 된 우리 집 아이가 매일 벽지에 그림을 (그리기, 그려지기) 때문이다.

특히 '살다' 동사는 학습자가 혼동을 하는 경우가 종종 있다. 이와 같은 문제 풀이를 통해 어떤 의미로 어떻게 다르게 쓰이는지 설명해 준다.

⑧ -(으)ㄴ가 보다, -나 보다

1) 대상: 중급 상
2) 의미: 어떤 사실을 보고 그것으로 미루어 다른 동작이나 상태를 짐작함을 나타낸다.
3) 구조: 의문형 종결어미 '-(으)ㄴ가, -나'에 보조동사 '보다'가 결합한 형태이다.
   (ㄱ) -나 보다
   - 동사와 결합한다.
   - 미래시제를 나타내는 말로는 '-(으)려나 보다'를 쓴다.
   - 예: 살이 빠진 걸 보니 다이어트를 하나 봐요.
     내일은 정말 가려나 봐요.
   (ㄴ) -(으)ㄴ가 보다
   - 형용사일 때: 결석할 걸 보니 아픈가 봅니다.
   - '이다'일 때: 여기는 장애인용 주차 구역인가 봐.
4) 주의: 주어는 2인칭과 3인칭만 쓴다. 1인칭 주어를 쓰는 경우는 자기를 3인칭화(객관화)해서 말할 때에 한한다. 형용사에 시제 선어말어미가 붙을 때는 '-는가 보다, -나 보다'를 다 사용할 수 있다.
   - 예: 이번 시험은 어려웠나 보다.
     이번 시험은 어려웠는가 보다.
5) 제시: 어떤 일을 짐작하는데 그 근거가 되는 것을 통해 짐작한다는 의미를 확실히 한다. 따라서 '-(으)ㄴ/는 걸 보니'가 선행 학습된 구조라면 같이 제시하는 것도 좋다. 호응 가능한 문법이나 구조가 뭔지 찾아내어 같이 제시하면 학습의 효과가 좀 더 클 것이다.
6) 연습: 앞서 언급하였듯이 어떤 근거를 통해 추측한다는 것을 연습시키기 위해 〈A〉에서는 근거를 제시하는 도움말(cue)을 제시하고, 〈B〉는 그 근거를 바탕으로 미루어 짐작하게 하는 연습으로 구성한다.

연습. 다음 A 상황을 보고 어떤 일이 있었는지, 어떤 일이 있을 것인지 B에서 찾아 연결하고 '-(으)ㄴ가 보다, -나 보다'를 사용해서 말해 보십시오.

⟨A⟩	⟨B⟩
눈이 충혈되다	배가 고프다
밥을 많이 먹다	아프다
어제 학교에 안 오다	울다
전화를 안 받다	시험에서 떨어지다
우울하다	친한 친구와 싸우다

- 예: 눈이 충혈된 걸 보니 <u>울었나 봐요</u>.
  밥을 많이 먹은 걸 보니 배가 <u>고팠나 봐요</u>.

⑨ -아/어 두다

1) 대상: 중급-상
2) 의미: 동작이 끝난 상태가 그대로 오래 보존된다는 뜻을 나타낸다. 즉 어떤 목적을 위하여 행동이 끝난 상태 그대로 보존한다는 뜻이다.
3) 구조: 연결어미 '아/어'와 동사 '두다'가 결합한 형태로서 타동사와만 결합한다.
4) 주의: 학습자 중에는 '-아/어 놓다'와의 의미 변별을 요구할 때가 종종 있는데, -아/어 두다 '는' -아/어 놓다'에 비하여 다른 사태에 대해 미리 대비하는 의미가 강하다.
5) 제시: 여러 상황맥락이 있을 수 있는데, 미래에 대한 준비로 어떤 일을 미리 해 놓는다는 내용을 쉽게 파악할 수 있는 상황적 접근이 바람직하다. 예를 들어, 다음과 같은 예문이다.

* 여러분의 친구가 해외여행을 간다고 합니다. 이 친구에게 무엇을 조언하겠습니까?

A: 다음 주에 해외여행을 간다면서요?, 그럼 떠날 때 공항에서 여행자 보험을 <u>들어 두세요</u>.
B: 여행자 보험이요? 그럴 필요가 있을까요?

> A: 외국에서 갑자기 어떤 일이 생길지도 모르니까 보험을 들어 두는 것이 좋지 않겠어요?
> B: 듣고 보니 그렇군요.

6) 연습: 여러 가지 유형이 있을 수 있겠으나 다음과 같이 '-아/어 두다' 와 '-아/어 놓다' 를 변별해 보는 문제를 풀게 함으로써 이 둘의 의미 차를 지도할 수 있다.

연습. 다음 중 맞는 것은?

　　A: 그 강도가 사람을 죽였대요?
　　B: 아니요, 그 사람을 인질로 해서 돈을 받아 내려고 죽이지 않고
　　　　_____.
　　　(가) 살려 놓았대요　　　(나) 살려 두었대요

위와 같은 예문에서 '-아/어 두다' 와 '-아/어 놓다' 의 의미 차이가 있음을 지도할 수 있다.

⑩ -고(야) 말다

1) 대상: 중급
2) 의미: 여러 가지 과정을 거쳐서 종말에는 동작이 끝남을, 동작이 완료됨을 나타낸다.
3) 구조: 연결어미 '-고' 와 동사 부정의 뜻을 나타내는 동사 '말다' 가 결합한 보조동사이다. 동사와 결합한다. 명령형과 청유형으로는 쓸 수 없다.
4) 주의: '-고(야) 말다' 와 '-아/어 버리다' 의 의미 변별에 대한 질문이 있을 수 있다. '-고(야) 말다' 가 사실이나 사건의 종말을 나타내는 반면, '-아/어 버리다' 는 동작의 완료로 인한 화자의 심리를 나타낸다.

　　㉠ 별거를 해 오다가 결국 이혼하고 말았다.
　　㉡ 일을 다 끝내 버렸다.

위의 예문에서 알 수 있듯이 ㉠은 이러저러한 우여곡절 끝에 결국은 어떤 종말을 맞았다는 의미이고, ㉡은 일을 완전히 끝내서 속이 후련하다는 의미가 포함되어 있다.

⑪ -아/어 버리다

1) 대상: 중급-상
2) 의미: 동작의 완료로 인한 화자의 기분이 포함되어 있다. 심리적 부담의 제거에서 오는 시원함(주로 1인칭 주어), 기대에 어긋나는 데서 오는 섭섭함(주로 2, 3인칭 주어), 동작의 강조 등을 나타낸다.
3) 구조: 연결어미 '아/어'와 동사 '버리다'가 결합한 형태로서 주로 동사와 결합한다. 동사 '버리다'의 뜻과 관련되어, 동작이 완전히 완료됨을 말할 때 쓴다.

5.2.5.4. 용언의 활용

용언의 어간에 다양한 어미가 연결되어 용언의 모양이 바뀌어 나타나는 현상을 용언의 활용이라고 한다.

(1) 가. 비가 <u>옵니다</u>.
    나. 어제 비가 <u>왔습니다</u>.
    다. 비가 오면 집에서 <u>쉬겠습니다</u>.

한국어 용언의 활용 유형은 대략 다음과 같다.

범주	기본형	어간	선어말어미	어미	활용의 예
동사	가다	가-	-(으)시- -았/었- -았었/었었- -겠- -옵-/-사옵- -더- -(으)리-	-다 -ㄴ다/는다 -(스)ㅂ니다 -(으)냐 -자 -고 -(으)려고 -(으)니까 -아/어서	간다, 갑니다, 갔다, 가시다, 가시겠다, 가셨겠다, ……
	받다	받-			받는다, 받습니다, 받았다, 받으시다, 받으시겠다, 받으셨겠다, ……
형용사	크다	크-			크다, 큽니다, 컸다, 크시다, 크시겠다, 크셨겠다, ……
	작다	작-			작다, 작습니다, 작았다,

				-(으)면 -(으)ㄴ	작으시다, 작으시겠다, 작으셨겠다, ······
체언+ 이다	학생이다	학생이-			학생이다, 학생입니다, 학생이었다 학생이시다, 학생이시겠다, 학생이셨겠다, ······

용언의 활용 형태에서 기본형을 쉽게 찾을 수 있는 규칙 활용은 학습자에게 큰 어려움이 없으나 어간의 형태가 변하는 불규칙 활용에서는 종종 어려움을 느낀다. 예를 들어 '가다' 라는 용언은 규칙 활용을 하기 때문에 다양한 어미들이 연결되어도 어간 본래의 모습을 유지하여 활용 후에도 그 기본형이 쉽게 예측된다. 반면에 용언 어간에 어미가 연결될 때 어미에 따라 어간의 모양이 변하는 불규칙 활용을 하는 경우는 그 기본형 예측이 어렵다.

(2) 가. 한국어 수업을 <u>듣습니다</u>.
    나. 수미는 한국어 수업을 듣고, 나는 영어 수업을 <u>듣습니다</u>.
    다. 어제 한국어 수업을 <u>들었습니다</u>.
    라. 한국어 수업을 <u>들어서</u> 이제는 한국어를 잘합니다.
(3) 가. 가방을 <u>들었다</u>.
    나. 가방을 들고 가는 사람은 우리 형이다.

(2)에서 보는 것처럼 불규칙 활용을 하는 동사 '듣다' 의 어간 '듣' 은 어미가 연결될 때 어떤 경우에는 '듣' 으로 나타나지만 어떤 경우에는 '들' 로 나타난다. '듣' 이 '들-' 로 나타날 때는 (3)의 동사 '들다' 와 표면적으로 구별이 되지 않는다.

학습 현장에서 불규칙 활용을 강조하다 보면 과일반화(overgeneralization) 현상이 나타나는 것을 쉽게 볼 수 있는데, 특히 학습 초기에 그러하다.

(4) 가. *어제 선물을 <u>받았습니다</u>.
    나. *소음 때문에 창문을 <u>달았습니다</u>.

(4)의 경우는 흔히 학습 초기 과거시제 학습 시 불규칙 활용에 대한 언급을 하면

서 '듣다'가 'ㄷ 불규칙' 활용이라고 지도한다. 이때 학습자는 어간 말에 'ㄷ'이 있으면 무조건 'ㄹ'로 변화된다는 생각을 갖는다. 이러한 이유로 '받다, 닫다'의 동사를 과거시제로 변환할 때 (4)처럼 만드는 것이다.

불규칙 용언에는 용언 어간만 바뀌는 경우와 어간과 어미가 모두 바뀌는 경우, 어미만 바뀌는 경우 세 가지로 구분할 수 있다.

■ 어간이 바뀌는 불규칙 활용

① 'ㄷ' 불규칙 활용

어간 말에 'ㄷ'을 가지는 용언 중 일부 용언이 어미와 연결될 때 'ㄷ'이 'ㄹ'로 변하기도 하고 변하지 않기도 하여 용언의 모양이 표면적으로 불규칙하게 나타나는데 이를 'ㄷ' 불규칙 활용이라고 한다. '묻다, 듣다, 걷다, 일컫다, 긷다' 등이 이러한 용언류에 속한다.

(5) 가. 민호가 <u>묻습니다</u>.
　　 나. 민호가 <u>묻지</u> 않고 수미가 묻습니다.
　　 다. 민호가 <u>묻고</u> 수미가 대답합니다.
　　 라. 민호가 <u>묻는</u> 동안 수미는 답을 찾고 있습니다.
　　 마. 민호가 <u>물었습니다</u>.
　　 바. 민호가 <u>물으면</u> 대답하겠습니다.
　　 사. 민호가 <u>물었으면</u> 좋겠습니다.
　　 아. 민호가 <u>물으려고</u> 합니다.

자음으로 시작되는 어미들 '-지, -고, -는, -습니다' 등이 연결될 때는 어간의 모양이 변하지 않지만 모음으로 시작되는 어미 '-았/었-, -아/어서, -아/어도' 등이나 '-(으)려고' 등의 '으' 계 어미류들이 연결될 때는 어간 말 'ㄷ'이 'ㄹ'로 변하여 용언의 모양이 '들-, 물-, 걸-' 등의 형태로 활용한다.

② 'ㅂ' 불규칙 활용

어간 말에 'ㅂ'을 가지는 용언 중 일부 용언이 어미와 연결될 때 'ㅂ'이 '오/우'로 변하기도 하고 변하지 않기도 하는데 이를 'ㅂ' 불규칙 활용이라고 한다. 이때 'ㅂ'이 대부분 '우'로 바뀌고 '돕, 곱'과 같은 단음절 어간에 '아'가 연결될 때에만 'ㅂ'이 '오'로 바뀐다. '도와, 고와'가 된다. 이와 같은 'ㅂ' 불규칙 활용을 하는 용언류에는 '어렵다, 곱다, 돕다, 춥다, (빵을) 굽다' 등의 형용사와 '아름답다'와 같은 'X답다' 류, '한가롭다'와 같은 'X롭다' 류, '조심스럽다'와 같은 'X스럽다' 류 등이 있다.

(6) 가. 날씨가 <u>춥습니다.</u>
　　나. 이곳 날씨는 춥지만 그곳 날씨는 <u>덥습니다.</u>
　　다. 날씨도 <u>춥고</u> 눈도 많이 옵니다.
　　라. 날씨가 <u>춥지</u> 않습니다.
　　마. 어제는 <u>추웠습니다.</u>
　　바. 날씨가 <u>추워도</u> 걱정 없습니다.
　　사. 날씨가 <u>추우면</u> 외출 안 할 겁니다.
　　아. 날씨는 <u>추우나</u> 공기는 맑고 깨끗합니다.

자음으로 시작되는 어미들 '-고, -지, -지만, -는, -습니다' 등이 연결될 때는 어간의 모양이 변하지 않지만 모음으로 시작되는 어미 '-았/었-, -아/어서, -아/어도' 등이나 '-(으)려고' 등의 '으'계 어미류들이 연결될 때는 어간 말 'ㅂ'이 '오/우'로 변하여 용언의 모양이 '추우-, 더우-, 쉬우-, 어려우-' 등의 형태로 활용한다.

③ 'ㅅ' 불규칙 활용

어간 말에 'ㅅ'을 가지는 용언 중 일부 용언이 어미와 연결될 때 'ㅅ'이 탈락하기도 하고 탈락하지 않기도 하여 용언의 모양이 표면적으로 불규칙하게 나타나는데 이를 'ㅅ' 불규칙 활용이라고 한다. 이와 같은 불규칙 활용을 하는 용언에는 '짓다, 붓다, 낫다, 잇다, 젓다' 등이 있다.

(7) 가. 밥을 <u>짓습</u>니다.
　　나. 아내가 밥을 <u>짓는</u> 동안 남편은 청소를 합니다.
　　다. 나는 밥을 <u>짓고</u> 친구는 반찬을 만듭니다.
　　라. 오늘 어머니는 밥을 <u>짓지</u> 않습니다.
　　마. 밥을 <u>지었습니다</u>.
　　바. 밥을 <u>지으려고</u> 쌀을 씻었습니다.
　　사. 밥을 <u>지었으면</u> 상을 차려야지.
　　아. 밥을 <u>지어도</u> 반찬이 하나도 없습니다.

위에서 본 것처럼 자음으로 시작되는 어미 '-는, -고, -지, -지만, -습니다' 등이 연결될 때는 어간의 모양이 변하지 않지만 모음으로 시작되는 어미 '-았/었-, -아/어서, -아/어도' 등이나 '-(으)려고' 등의 '으' 계 어미류들이 연결될 때는 어간 말의 'ㅅ'이 탈락하여 '지-'의 형태로 활용한다.

④ 'ㄹ' 불규칙 활용

어간이 '르'로 끝나는 용언 중 일부 용언이 어미와 연결될 때 '르'가 'ㄹㄹ'로 변화하기도 하고 그렇지 않기도 하여 불규칙하게 나타나는데, 이를 '르' 불규칙 활용이라고 한다. 이와 같은 유형에는 '다르다, 모르다, 오르다, 흐르다, 배부르다, 마르다' 등이 있다.

(8) 가. 이것만 <u>다릅니다</u>.
　　나. 이 문제는 <u>다르지만</u> 어렵습니다.
　　다. 이 문제도 <u>다르지</u> 않습니다.
　　라. 문제가 <u>다르니까</u> 당연히 답도 다릅니다.
　　마. 답이 아주 <u>달랐습니다</u>.
　　바. 문제가 <u>달라서</u> 조금 당황했습니다.
　　사. 문제가 <u>달라도</u> 문제될 게 없습니다.

위의 예와 같이 자음으로 시작되는 어미 '-지만, -지, -고, -는, -습니다' 등이나

'으' 계 매개모음 어미가 연결될 때는 어간의 모양이 변하지 않으나 모음으로 시작되는 어미 '-았/었-, -아/어서, -아/어도'와 같이 모음으로 시작하는 어미가 연결될 때는 '다르-'의 경우 '달ㄹ-'로 그 모양이 변화하는 것처럼 활용하여 '달라서, 달라도, 달라야' 등으로 활용한다.

■ 어간이 바뀌면서 규칙 활용인 경우(반 불규칙)[46]

① '으'가 탈락하는 경우

어간 말 모음 '으'는 자음으로 시작되는 어미가 연결되면 탈락하지 않으나 '아/어'로 시작되는 어미가 연결되는 경우 다음 예에서처럼 어간 말 '으' 모음은 탈락한다. 이러한 불규칙에는 '아프다, 바쁘다, 슬프다, 기쁘다, 쓰다' 등의 형용사와 '쓰다, 따르다' 등의 동사가 이에 속한다.

(9) 가. 감기에 걸려서 <u>아프지만</u> 학교에 왔다.
    나. 머리가 <u>아프고</u> 열도 납니다.
    다. 지금은 <u>아프지</u> 않습니다.
    라. 머리가 <u>아프면</u> 이 약을 드세요.
    마. 어제는 <u>아팠습니다.</u>
    바. <u>아파서</u> 못 갔습니다.
    사. <u>아파도</u> 참석하려고 합니다.

② 'ㄹ'이 탈락하는 경우

알다, 살다, 울다, 만들다의 동사와 '멀다, 길다, 달다' 등의 형용사는 'ㄹ'로 끝나는 용언의 어간에 어미 '-ㄴ, -네, -ㄹ, -ㅂ니다, -(으)사, -(으)오'가 연결되면 어간의

---

[46] 반 불규칙 활용은 국어학적으로 엄밀히 말하면 규칙 활용이지만 외국인에게는 불규칙한 것처럼 보여 특화된 교육이 필요하기 때문에 설정한 '한국어 교육을 위한' 개념이다.

말음 'ㄹ'이 필수적으로 탈락한다. 'ㄹ'로 끝나는 용언의 어간에 앞서 언급되지 않은 '으'계 매개모음 어미가 연결될 때에는 다른 자음으로 끝나는 어간과 달리 '으'가 없는 형태가 연결된다.

(10) 가. 주소를 <u>알면</u> 알려 주세요.
　　　나. 그 사람 주소를 <u>알지</u> 못합니다.
　　　다. 그 사람 주소도 <u>알고</u> 이름도 알고 있습니다.
　　　라. 그 사람을 <u>아세요?</u>
　　　마. 그 사람 주소를 <u>아는</u> 사람 있습니까?
　　　바. 제가 <u>압니다.</u>
　　　사. 그 사람 주소는 다른 사람이 알 수 없지요.

■ 어미가 변하는 불규칙 활용

① '여' 불규칙 활용

'X하다' 용언에 '-아/어도, -았/었' 등의 모음 어미가 연결되면 '하'와 '-아/어'가 결합하여 '하여'로 바뀐다. 이때 '하여'는 구어체에서 흔히 '해'로 줄어든다. 특히 종결형에서는 이 형태로만 쓰인다. 어미에서 '-아/어'가 '-여'로 바뀌는 것이다. 이러한 측면에서 보통 '-여' 불규칙 활용이라고 불린다.

(11) 가. 수미는 한국어 공부를 <u>하고</u> 있습니다.
　　　나. 수미가 공부<u>하는</u> 동안에 민호는 청소를 합니다.
　　　다. 수미는 공부<u>하고</u> 민호는 잡니다.
　　　라. 수미는 한국어 공부를 <u>하지</u> 않습니다.
　　　마. 어제 공부를 <u>하였습니다/했습니다.</u>
　　　바. 공부는 <u>하여도/해도</u> 성적이 안 좋습니다.
　　　사. 수미가 공부를 <u>해서</u> 혼자서 영화를 봤습니다.
　　　아. 너를 <u>사랑해.</u>

② '러' 불규칙 활용

'(에) 이르다', '(빛깔이) 누르다', '(빛깔이) 푸르다'의 단어는 '-어도', '-어서', '-었'처럼 모음으로 시작하는 어미가 연결되면 '-어'가 '-러'로 바뀌므로 '러' 불규칙 활용이라고 한다.

(12) 가. 드디어 목적지에 <u>이르렀다</u>.
     나. 드디어 호텔에 <u>이르러</u> 우리는 짐을 풀었다.
     다. 호텔에 <u>이르렀을</u> 때 우리를 안내할 사람이 왔다.

'있다'와 '없다'는 활용을 할 때 다른 동사나 형용사처럼 활용하지 않으므로 학습자에게 혼란을 주기도 한다. 그것은 '있다'가 동사로 쓰일 때와 형용사로 쓰일 때가 있기 때문이다.

(13) 가. 다른 데 가지 말고 여기 가만히 <u>있어</u>.
     나. 내일은 집에 <u>있는</u>다고 했다.
     다. 30분만 <u>있으면</u> 내 차례다.
(14) 가. 나는 신이 <u>있다</u>고 믿는다.
     나. 이 자리는 주인이 <u>있습니다</u>.
     다. 책상 위에 사전이 <u>있다</u>.

(13)의 경우처럼 사람이 어디에 머무른다는 의미로 쓰이거나 시간이 경과한다는 뜻으로 쓰일 때는 동사로, (14)의 경우처럼 존재한다는 뜻으로 쓰이면 형용사로 활용한다. 그러나 '있다'의 관형사형은 동사 '있다'와 형용사 '있다'를 구별하지 않고 모두 '있는'의 형태로 쓰인다. 따라서 학습자는 다음과 같은 오류를 자주 범한다.

(15) 가. *사전이 <u>있은</u> 사람은 누구예요?
     나. *맛(이) <u>있은</u> 음식을 준비했다.

'없다'는 '있다'와는 달리 형용사로만 쓰인다. 그러나 '없다'의 관형사형은 '있다'와 같이 '-는'이 붙어 '없는'의 형태로 쓰인다. 즉 '없다'는 형용사지만 '-은'이 붙지 않고 '-는'이 붙는 것이다.

5.2.5.5. 어미의 기능과 갈래

어말어미는 종결어미와 비종결어미로 나뉜다. 종결어미는 그것이 나타내는 문장의 종류에 따라 평서형 어미, 의문형 어미, 명령형 어미, 청유형 어미, 감탄형 어미로 나뉜다. 또한 종결어미는 발화 장면에 참여하는 청자와 화자의 사회적 지위의 높낮이나 친소 관계에 따라 해라체, 해체, 하게체, 하오체, 해요체, 하십시오체로 나뉜다. 즉 종결어미는 문장을 종결지으면서 청자에 대하여 화자가 갖추는 태도나 발화 장면의 격식을 표시해 주고 문장의 종류를 표시하는 기능을 한다.

비종결어미는 절과 절을 대등하게 연결하는 접속어미와 문장적 단위를 다른 문장의 한 성분으로 만드는 내포어미로 나뉜다. 내포어미는 다시 명사형 어미, 관형사형 어미, 부사형 어미로 나뉜다.

① 종결어미

구어에서 쓰이는 비격식체 어미인 '-아/어'와 '-아/어요'는 학습 초기 비교적 쉽게 학습이 된다. 문장 끝에 오는 억양이 내려갈 때 평서형 어미로 기능하고, 문말 끝의 억양이 올라갈 때 의문문으로 쓰인다. 이와 대조되는 평서형 격식체 어미로 '-(스)ㅂ니다'가 있는데, 뉴스나 방송에서 주로 사용된다. 의문문인 경우 '-다' 대신에 '-까'로 대치되어 '-(스)ㅂ니까'로 된다.

'-(으)ㄹ래'는 장차 어떤 일을 하려고 하는 스스로의 의사를 나타내거나 상대방의 의사를 묻는 데 쓰이고, '-(으)ㄹ까(요)'는 화자 스스로에게 묻거나 청자가 있을 때에는 화자 자신에게 묻는 듯한 형식을 취하여 청자의 대답을 유발하는 어미이다.

(1) 가. 이것 좀 해 <u>줄래</u>?
　　나. 이게 나한테 잘 <u>어울릴까(요)</u>?

명령문은 청자가 상위자일 때에는 쓰이기가 쉽지 않아 '-(으)십시오'로 부족할 때에는 '-(으)시지요'라는 어미를 명령형 어미로 사용하기도 한다.

(2) 이쪽으로 앉으시지요.

명령형 어미 중에서 '-아라/어라'는 나이 어린 손아랫사람이나 가까운 친구에게 쓰이나, '-(으)라'는 특정 개인을 청자로 한 발화에는 안 쓰이고 불특정 다수를 대상으로 하는 시험문제, 구호 등에 쓰인다.

(3) 다음 중에서 알맞은 것을 고르라.
(4) 독재자는 물러나라.

청유형 종결어미에는 '-자, -(으)세, -(으)ㅂ시다, -아/어(요)' 등이 있다. '-자'는 나이 어린 손아랫사람이나 가까운 친구 사이에 쓰이고, '-(으)세'는 다소 격식적인 말투로서 상대가 아랫사람이기는 해도 나이가 꽤 들어 함부로 대하기 어려울 때 쓰이며, '-(으)ㅂ시다'는 아랫사람이나 친구를 매우 높여 대우할 대 쓰인다. '-(으)ㅂ시다'는 그 자체로 윗사람에게 쓰일 수 없을 뿐만 아니라 '-(으)사'가 붙은 '-(으)십시다'도 윗사람에게 쓰이기 어렵다. 윗사람에게는 보통 '-(으)세요/(으)셔요'나 '-(으)시지요'가 쓰인다.

(5) 가. 우리 같이 영화 보러 가자.
    나. 잘 살아 보세.
    다. 조용히 합시다.
    라. 사장님, 이제 그만 가시지요.

감탄형 종결어미에는 '-구나, -군, -구려' 등이 있다. 이들 어미는 새롭게 알게 된 사실에 대해 놀라움이나 감탄의 뜻을 표시할 때 쓰인다. '-구나'는 나이 어린 손아랫사람이나 가까운 친구에게 쓰이고, '-군'과 '-구려'는 나이가 꽤 든 사람이나 친구를 높여 대우하는 장면에 쓰이나 '-군'에 비해 '-구려'가 높여 대우하는 정도가 더 높다.

이 중에서 '-군'은 혼잣말에 더 자주 쓰인다.

(6) 가. 공부를 열심히 <u>하는구나</u>.
    나. 자네는 오늘도 약속을 안 <u>지키는군</u>.
    다. 이제 곧 눈이 <u>오겠군</u>.
    라. 그것 참 <u>좋구려</u>.

② 접속어미(=연결어미)

접속어미가 표시하는 의미 기능은 크게 나열, 대조, 선택으로 나뉜다. 나열을 나타내는 접속어미에는 '-고, -(으)며'가 있고, 대조를 나타내는 접속어미에는 '-지만, (으)나'가 있으며, 선택을 나타내는 접속어미에는 '-거나, -든지'가 있다.

(7) 가. 나는 공부를 하<u>고</u>, 동생은 그림을 그린다.
    나. 그 사람은 의사<u>며</u> 학자이다.
(8) 가. 민호는 키가 크<u>지만</u> 진수는 키가 작다.
    나. 수미는 공부는 잘하<u>나</u> 운동은 못 한다.
(9) 가. 주말에는 수영을 하<u>거나</u> 테니스를 친다.
    나. 공부를 하<u>든지</u> 놀<u>든지</u> 마음대로 해라.

③ 내포어미

한 문장을 다른 문장의 한 성분이 되게 하는 내포어미는 크게 부사형 어미, 명사형 어미, 관형사형 어미로 나뉜다.

	의미 기능	어미
부사형 어미	시간	-(으)며, -아/어(서), -고(서), -자마자, -다가
	인과관계	-아/어(서), -(으)니까, -(으)므로
	양보	-아/어도, -더라도, -(으)ㄴ들, -(으)ㄹ망정

명사형 어미	조건	-(으)면, -거든, -아/어야, -던들
	목적	-(으)러, -(으)려고, -고자, -게, -도록
관형사형 어미		-(으)ㅁ, -기
		-(으)ㄴ, -(으)ㄹ, -는, -던

1) -(으)며[47]

시간 나열의 경우 동사와만 어울려 쓰인다. 같은 시간대에 두 가지 이상의 행위를 하는 동시 나열로서 선행절과 후행절의 주어는 동일하다. 나열을 나타내는 '-(으)면서'로 대치할 수 있다. 선행절을 후행절에 내포시킨다.

(10) 가. 민수 어머니는 직장 생활을 <u>하며</u> 아이들을 키웠다.
　　　나. 음악을 <u>들으며</u> 공부하는 게 즐겁다고 한다.

2) -아/어서

선행절이 후행절의 조건이 되면서 선행절의 상황과 후행절의 상황이 이어서 일어남을 나타낸다.

(11) 가. 선물을 <u>사서</u> 보냈다.
　　　나. 병원에 <u>가서</u> 진찰을 받아 봐야겠다.
　　　다. 그 사람을 <u>만나서</u> 부탁해 보자.

시간의 의미 기능을 갖는 '아/어서'는 '고'와의 변별 학습이 요구된다. 학습 현장에서 '고'와의 변별 쓰임을 질문하거나 흔히 다음과 같은 오류를 범하는 것을 볼 수 있다.

---

47) 동사, 형용사, '이다'에 붙어 선행절과 후행절을 연결한다. 두 가지 이상의 동작이나 상태의 나열을 나타내는데, 공간 나열과 시간 나열로 나눌 수 있다. 공간 나열의 경우 나열의 뜻을 가진 접속어미 '고'로 대치할 수 있고, 선행절과 후행절을 대등적으로 연결한다.
　·크기는 가로 50센티<u>이며</u> 세로 30센티쯤 된다.
　·그 사람은 키가 <u>크며</u> 체격이 좋은 편이다.
　·현재 그 집 부모는 서울에서 <u>살며</u> 아이들은 미국에서 산다.

(12) 가. 사과를 씻어서 먹는다.
    나. 사과를 씻고 먹는다.
(13) 가. 내 차를 타고 가자.
    나. *내 차를 타서 가자.

(12나)의 경우 '사과를 씻은 동작 후에 다른 행위 즉 무엇인가를 먹는다는 의미가 된다. (12가)처럼 사용해야 하는 경우에 (12나)처럼 사용하는 예를 흔히 볼 수 있다. (13가)는 선행 동작의 상태나 결과가 유지되면서 후행 동작이 진행됨을 나타내는 데, 이때 '-고'는 수단이나 방식을 나타내며, '-고서'로 대치할 수 있다.

3) -자마자
동사에 붙어서 선행절을 후행절에 내포시킨다. 선행 동작이 끝나고 곧 이어 후행 동작이 일어남을 나타낸다. 어떤 경우에는 선행 동작과 후행 동작이 끝나고 일어나는 시간이 순간적일 정도로 가까움을 나타낸다.

(14) 가. 수업이 끝나자마자 나가버렸다.
    나. 우리는 만나자마자 헤어졌다.

4) -다가
동사와 결합하여 선행절을 후행절에 내포시킨다. 동작의 지속성이 있는 동사하고만 어울리며 선행절과 후행절의 주어가 같아야 한다. 선행절의 상황이 끝나지 않은 채 다른 상황이 이어짐을 나타낸다.

(15) 가. 집에 가다가 친구를 만났다.
    나. 편지를 쓰다가 찢어버렸다.
    다. 공부를 하다가 잠이 들었다.

5) -아/어서, -(으)니까
구어에 흔히 쓰이나 '-아/어서'는 선행절의 상황과 후행절의 상황 사이에 필연적인 인과관계가 있든 없든 쓰일 수 있는 반면에, '-(으)니까'는 필연적인 인과관계보다 화자 나름의 주관적 이유를 제시할 때 주로 쓰인다는 차이가 있다. 또한 후행절이 청유문이나 명령문일 때에는 '-아/어서'는 쓰이지 못하고, '-(으)니까'만 쓰인다.

(16) 가. <u>아파서</u> 못 갔다.
　　　나. 그렇게 <u>먹으니까</u> 살이 찌지.
　　　다. 길이 <u>막히니까</u> 지하철로 갑시다.
　　　라. 길이 <u>미끄러우니까</u> 천천히 운전하세요.

특히 서양권 학습자들에게서 빈번히 나타나는 현상 중 하나가 바로 '-아/어서'를 써야 하는 경우에 '-(으)니까'를 사용하여 어색해지는 경우이다. 또한 다음과 같이 시제 형태소를 '-아/어서' 앞에 결합시키는 오류도 종종 나타남을 볼 수 있다.

(17) *어제 <u>아팠어서</u> 못 왔어요.

6) -아/어도

선행절을 후행절에 내포시키고, 동사, 형용사, '이다'와 결합한다. 앞의 문장을 가정하거나 인정하여도 뒤의 문장과 같은 상황이 존재함을 나타낸다. 이때 선행절에 부사 '아무리'를 써서 동사의 뜻을 분명하게 하기도 한다. '-았/었'과 결합할 수 있다.

(18) 가. 한국어가 (아무리) <u>어려워도</u> 배우겠습니다.
　　　나. 편지를 여러 차례 <u>보냈어도</u> 답장이 안 옵니다.

7) -더라도

회상 선어말어미 '-더'와 종결어미 '-라', 연결어미 '-아/어도'가 결합한 형태로 선행절을 후행절에 내포시킨다. 선행절과 같이 가정을 하여도 후행절에서는 선행절의 가정과 상반됨을 나타낸다.

(19) 가. 문제가 <u>어렵더라도</u> 포기하지 말고 노력하세요.

나. 내일은 무슨 일이 <u>있더라도</u> 꼭 참석하세요.

'-더라도'는 보통 '-아/어도' 학습이 선행된 후 학습된다. '-더라도'는 '-아/어도'에 비해 좀 더 가정적이며 실현 가능성이 적다.

8) -(으)면, -거든

조건과 가정을 나타낸다. '-(으)면'은 후행절의 종류에 별다른 제약이 없으나 '-거든'은 후행절이 명령문이나 청유문으로 나타난다.

-(으)면	-거든
1. 조건이나 가정의 뜻을 가진 문장에는 특별한 제약 없이 포괄적으로 쓸 수 있다.	1. 선행절의 사건을 확인한 후에 후행절의 동작이 일어나므로 시간적인 계기성이 있다.
2. '-거든'에 비하여 조건이 좀 더 강조된 느낌이다.	2. '-(으)면'보다 여유를 가지고 다음 동작을 기대하는 느낌이 있다.
3. '-(으)면'으로 된 문장은 제한적으로만 바꿀 수 있다.	3. '-거든'으로 된 문장은 '-(으)면'으로 대체할 수 있다.

(20) 가. 둘에 셋을 더하{면, *거든} 다섯이 됩니다.
　　　나. 해가 뜨{면, 거든} 출발합시다.

9) -아/어야

후행절이 평서문이나 의문문으로 나타난다는 제약이 있다. 따라서 명령형이나 청유형에는 쓰지 않는다. 선행절의 당위성, 또는 최소한의 필연적 조건임을 나타내는데, 원칙이나 진리에 대한 표현이 많다.

(21) 가. 한국말을 <u>알아야</u> 한국에서 생활하기 편합니다.
　　　나. 학생증이 <u>있어야</u> 책을 빌릴 수 있습니다.

후행절에 따라 반대 사실을 조건으로 하는 경우에도 쓰인다. 이때 '-았/었'과 같이 쓸 수 있다.

(22) 가. 컴퓨터를 잘 <u>다루어야</u> 취직을 할텐데.
    나. 비가 안 <u>왔어야</u> 등산을 갔을텐데.

종결어미 '-지'나 '오직'의 뜻을 가진 조사 '만'과 결합하면 좀 더 강한 뜻을 갖게 된다.

(23) 가. 연습을 <u>해야지</u> 잘할 수 있어.
    나. 치료를 <u>받아야만</u> 나을 수 있대.

10) -(으)러, -(으)려고

선행 동작을 이룰 목적으로 후행 동작을 하는 의미를 갖는다. 선행절과 후행절의 주어가 같아야 하는 제약이 있다. '-(으)러'는 후행절의 동사가 이동동사일 것을 요구하나, '-(으)려고'에는 이러한 제약이 없다. 또한 후행절이 명령문이나 청유문일 때는 '-(으)러' 만 쓸 수 있다.

(24) 가. 한국말을 <u>배우러</u> 왔어요.
    나. <u>취직하려고</u> 한국말을 배워요.
    다. 이번 주말에 야외로 놀러 가자.
    라. 날씨도 더운데 <u>수영하러</u> 갑시다.

11) -게, -도록

선행 동작을 이룰 목적으로 후행 동작을 하는 의미를 갖는다. 선행절의 주어와 후행절의 주어가 다르게 나타나는 게 일반적이다. 이때의 '-게'는 '-도록'으로 대치할 수 있다.

(25) 가. 비 안 <u>맞게</u> 잘 덮어 두세요.
    나. 넘어지지 <u>않게</u> 꼭 잡으세요.

'-게'가 형용사 한 단어와 결합하면 단순한 부사처럼 보일 경우가 있다. 이때의 '-

게'는 '-도록'으로 바꿀 수 없다.

(26) 가. 꽃이 <u>예쁘게</u> 피었다.
　　　나. 아이를 <u>튼튼하게</u> 키우세요.

12) -(으)ㅁ, -기

대부분 상위문의 서술어에 다라 선택되는데, 서술어가 '보다, 듣다'와 같은 지각동사, '알다, 깨닫다'와 같은 인식동사, '분명하다, 확실하다'와 같은 평가동사일 때는 '-(으)ㅁ'이 선택되고, 서술어가 '적합하다, 쉽다, 힘들다, 좋다, 나쁘다'와 같은 부류일 때에는 '-기'가 선택된다.

(27) 가. 나는 그 사람의 <u>실수임</u>을 잘 알고 있다.
　　　나. 그가 그 일을 <u>했음</u>이 분명하다.
　　　다. <u>발음하기</u>가 힘들다.

13) -(으)ㄴ, -는, -(으)ㄹ, -던

관형사형 어미를 '-(으)ㄴ, -는, -(으)ㄹ, -던'과 같은 모습으로 제시하는 것은 기존 국어 문법에서의 틀을 존중하려는 태도에 기인하는 것이기는 하나, 국어 문법의 상식에서는 다소 벗어나는 것이라는 점은 미리 지적해 둘 필요가 있다. 한국어 문법에서의 형태소들은 하나의 기본적인 기능을 수행하는 것이 일반적인 것이기 때문이다. 별도의 주요한 기능을 표현하기 위해서는 새로운 형태를 추가하는 것이 국어문법의 원리이기 때문이다.

뒤에 시제를 다루는 곳에서 보다 구체적으로 언급이 되겠지만, 이들 관형사형 어미 '-(으)ㄴ, -는, -(으)ㄹ, -던'은 각각 '-∅- + -ㄴ, -느 + -ㄴ, *-라 + -ㄴ, -더 + -ㄴ'의 결합형태로서, 선행하는 '-∅-, -느-, *-라, -더'가 시제를 나타내고 후행하는 '-ㄴ'이 관형화소로서의 기능을 행사하는 것으로 보는 것이 온당한 이해의 태도가 될 것이다. 여기서 관형사형 어미를 '-(으)ㄴ, -는, -(으)ㄹ, -던'으로 제시하여 다음과 같이 설명하는 것은 문법적인 측면보다는 의미적인 측면을 고려한 때문으로 이해하면 좋을 것이다.

관형사형 어미 중에서 '-는'은 동사 어간에 붙어 현재 사실을 나타내고, '-던'은 동사나 형용사 어간에 붙어 현재는 중단되었거나 바뀐 과거의 어떤 상황을 나타낸다. '-(으)ㄴ'은 형용사 어간에 붙어 현재의 상태를 나타내고 동사 어간에 붙어 현재 이미 정해진 과거의 상황을 나타낸다. '-(으)ㄹ'은 아직 정해지지 않은 미래의 상황을 나타내거나 추측이나 가능성의 의미를 나타내는데, 형용사 어간 바로 뒤에는 잘 결합하지 않는다.[48]

		과거	현재	미래	과거 회상
동사	가다	간	가는	갈	가던
	먹다	먹은	먹는	먹을	먹던
형용사	크다	*	큰	*	크던
	작다	*	작은	*	작던

'-던'은 과거 회상의 선어말어미 '-더-'와 관형사형 어미 '-ㄴ'이 결합한 형태로 과거 동작의 진행이나 동작의 일상성(습관적 행위)을 화자가 보거나 느끼거나 경험한 것을 회상하여 보고하는 뜻을 나타낸다. 학습 현장에서 '-(으)ㄴ'과 '-던'에 대한 많은 학습이 요구되는데 다음은 이 둘을 비교한 것이다.

	-(으)ㄴ	-던
동작이 일어난 시간	과거	과거
동작의 과정	완료 상태	진행 상태
화자의 상태	보고함	경험한 것을 회상하여 보고함
예문	· 어제 먹은 음식은 정말 맛있었다. · 아까 운 아이는 누구야? · 다 본 신문은 버려.	· 어제 먹던 음식을 점심에 먹었다.(먹을 그 당시를 생각하면서, 남은 음식을 먹었음) · 아까 울던 아이는 누구야? (화자가 아이 우는 것을 보았고 그것을 지금 회상함) · 내가 보던 신문 어디 갔지? (신문 보던 과거를 회상함)

---

48) 조건, 양보의 부사절 뒤에서는 '형용사 어간 + -(으)ㄹ'이 가능하다. 예컨대 '청소를 하면 멋있을 집', '화장을 안 해도 예쁠 얼굴' 등과 같이 쓸 수 있다.

'던'은 또한 '았/었던'과는 어떤 의미 차이가 있을까? '았/었던'은 과거 시간에 완료된 동작을 화자가 보거나 경험하고 그것을 회상하며 보고함을 나타낸다. 따라서 여기서 '았/었'은 주어의 동작 완료를 나타내고 '던'은 화자의 경험을 나타내는 것으로 분리해서 생각하면 이해에 도움이 될 것이다.

(28) 가. 우리가 <u>갔던</u> 곳은 정말 좋았다.
　　　나. 지난 회의에서 결정하지 <u>못했던</u> 문제를 다시 의논합시다.

④ 선어말어미

선어말어미는 용언의 어간 뒤, 어말어미의 앞에 붙어 시제나 대우법, 양태의 의미적인 내용을 표시한다. 선어말어미 중에서 '-(으)시'는 주체(주어로 오는 인물)가 상위자로 판단될 때 그와 관련된 서술어에 붙어 그 서술어가 상위자에 관련됨을 표시하는 대우법 어미이고,[49] '-았/었'이나 '-았었/었었'은 과거를 표시하는 시제 어미이다. 그리고 '-겠'은 주체의 의도나 능력을 나타내거나 문장이 표시하는 내용(명제)에 대한 화자의 추측을 나타내는 양태 어미이다. '-더'는 과거 어느 때에 직접 경험하여 알게 된 사실을 현재 말하는 상황에 그대로 옮겨 와 전달한다는 뜻을 나타내는 어미인데, 대부분 일부 어말어미와 긴밀히 결합하여 '-더라, -더니, -더구나, -더냐, -더구려' 등의 형태로 쓰인다.

5.2.6. 수식언

수식언이란 조사나 어미를 취하지 못하면서 뒤따라오는 단어를 수식하거나 한정하는 단어들, 즉 관형사와 부사를 말한다. 관형사는 체언을 꾸미고 부사는 동사와 형용사, 부사 및 문장 등을 꾸민다.

영어 및 유럽어권 학습자 중 부사와 관형사의 쓰임이 부적절한 예를 종종 볼 수 있는데, 예를 들어 "친구를 많이 사귈 수 있어서 좋다"라는 표현을 다음과 같이 하는

---

[49] 5.4.2.에서 구체적으로 언급할 것이다.

경우이다.

(1) 가. *많이 친구를 사귈 수 있어서 좋다.
    나. ?많은 친구를 사귈 수 있어서 좋다.

5.2.6.1. 관형사

관형사는 체언 앞에 놓여서 체언을 꾸미는 품사이다. 즉 관형사란 뒤에 오는 체언이 나타내는 의미를 보다 분명하게 해 주는 단어들의 묶음을 말한다. 관형사는 성상관형사(性狀冠形詞), 지시관형사(指示冠形詞), 수관형사(數冠形詞)로 나눌 수 있다.

성상관형사는 사물의 성질이나 상태를 꾸며주는 관형사이다.

(2) 가. 헌 옷들을 모아 만들었다.
    나. 새 집으로 이사했다.

성상관형사는 고유어 관형사, 1음절 한자어 관형사, '-적(的)'이 붙어 만들어진 한자어 관형사로 나누어 생각할 수 있다.

(3) 가. 딴 사람, 맨 위, 옛 시절, 갖은 노력, 여러 해
    나. 고(故) 김민호, 만(滿) 18세, 순(純) 살코기
    다. 간접적 표현, 대조적 성격, 서정적 내용

이 중 '여러'는 명사구 관형어인 '여러 가지'와 흔히 혼동하여 사용하고 있다.

(4) 가. 여러 사람
    나. *여러 가지 사람

따라서 학습 현장에서 '여러'와 '여러 가지'의 쓰임을 설명해 주는 게 좋다.

(5) 가. 여러 {명, 개, 집, 차례, 가지}
　　 나. 여러 가지 {물건, 문제, 학설, 운동}

지시관형사는 주로 말하고 있는 현장에서 어떤 대상을 가리킬 때 사용한다.

(6) 가. <u>이</u> 사람, <u>그</u> 노래, <u>저</u> 그림, <u>이런</u> 일, <u>저런</u> 행동, <u>그런</u> 사람
　　 나. <u>어느</u> 분, <u>어떤</u> 장소, <u>무슨</u> 노래

(6가)의 '이, 그, 저'는 발화 장면에 위치한 대상을 직접 지시하는 기능을 가지는데, 화자에게 가까운 대상이면 '이', 화자에게는 멀지만 청자에게 가까운 대상이면 '그', 화자와 청자 모두에게 가깝지 않은 대상이면 '저'를 쓴다. '이런, 저런, 그런'은 상태나 모양, 성질이 어떠함을 발화 장면에 있는 대상을 가리키며 나타내는 말이다. (6나)의 '어느, 어떤, 무슨' 등은 여러 대상 가운데 지칭되는 대상이 무엇인지 물어볼 때 쓰는 말인데 때로는 특별히 정해지지 않은 막연한 대상을 가리킬 때도 사용한다.

(7) 가. <u>어느</u> 분이 가져오셨어요?
　　 나. 그러던 <u>어느</u> 날 그가 찾아왔다.

(7가)는 말하는 현장에 여러 사람들이 있는데 그 중 누가 가지고 온 것인지를 묻는 의미로 사용되지만, (7나)는 어떤 특정한 날을 가리키는 뜻으로 사용된 것이 아니다.
　다음은 수관형사에 관해 살펴보자. 수관형사는 명사의 앞에 오는 경우도 있지만 대부분은 수량을 나타내는 단위성 의존명사 앞에 온다. 하나의 수 개념을 두 계열의 관형사가 나타내고 있으므로 외국인 학습자에게 어려움을 준다. 즉 어떤 경우에는 고유어 계열이 쓰이고 어떤 경우에는 한자어 계열이 쓰이기 때문이다.

(8) 가. <u>한</u> 사람, 강아지 <u>두</u> 마리, <u>한두</u> 개, <u>서너</u> 권, 양말 <u>두서너</u> 켤레
　　 나. <u>일</u> 년, <u>이</u> 학년, <u>오</u> 남매, <u>일이</u> 개월, <u>사오</u> 킬로미터

다음은 한자어 계열과 고유어 계열로 쓰이는 수관형사를 정리한 것인데 한꺼번

에 제시하지 않고 단계별로 제시하여 학습시킨다. 이때 단위성 의존명사와 함께 지도한다.

고유어 계열		한자어 계열	
사람	세 명	시간의 분	삼 분
물건(의자, 우산……)	세 개	시간의 초	삼 초
동물	세 마리	나이	삼 세
옷	세 벌	날	삼 일
신발, 양말	세 켤레	주	삼 주(일)
연필	세 자루	달	삼 개월
나무	세 그루	해	삼 년
종이, 사진	세 장	학년	삼 학년
책	세 권	층	삼 층
집	세 채	형제	삼 형제
자동차, 피아노……	세 대	자녀 수	삼 남 삼 녀
맥주	세 병	킬로그램	삼 킬로그램
과자	세 봉지	미터, 센티미터	삼 미터
달걀	세 판	온도, 기온	삼 도
케이크	세 조각	점수	삼십 점
밥, 국	세 그릇	게임의 점수(3:2)	삼 대 이
간장	세 종지	차시	삼 차시
과일, 반찬	세 접시	교시	삼 교시
시간	세 시		
나이	세 살		
노래	세 곡		
알약	세 알		
총알	세 발		

5.2.6.2. 부사

부사는 주로 용언 앞에 와서 그 용언을 꾸미는 품사이다. 동사, 형용사, 부사, 문장 등의 앞에서 이들의 뜻을 더 세밀하고 분명하게 해 주는 역할을 한다.

(1) 가. <u>높이</u> 나는 새가 멀리 본다.
　　나. 그 강연은 <u>무척</u> 지루했다.
　　다. 유행은 <u>너무</u> 빨리 바뀐다.

라. <u>아마</u> 내일쯤 연락이 오겠지.

마. 그 사람에게 줄 선물을 샀다. <u>그러나</u> 건네지 못했다.

(1가)의 '높이'와 '멀리'는 각각 동사 '날다'와 '보다' 앞에 와서 어떻게 날며 어떻게 보는지 밝혀 준다. 그리고 (1나)의 '무척'은 형용사인 '지루하다'를 꾸며 얼마만큼 지루한지 그 정도를 알려 주는 역할을 한다. 부사는 같은 부사를 꾸밀 수도 있는데 (1다)에서 '너무'는 '빨리'를 수식하고 있다. (1라)의 '아마'는 문장 맨 앞에 나와서 그 문장을 말하는 이의 추측을 나타내는데 부사가 문장을 꾸미는 예라 할 수 있다. 또한 (1마)의 '그러나'와 같이 문장과 문장 사이에 나와 앞 문장의 뜻을 뒤 문장에 이어 주면서 뒤 문장을 꾸미는 역할을 한다.

부사는 뒤에 보조사가 올 수 있다는 점이 관형사와 다르다. 이러한 특성은 주로 고급반에서 교육하게 되는 내용이다.

(2) 가. 새가 <u>높이도</u> 난다.

나. 그렇게 <u>빨리는</u> 어렵겠는데요.

다. 이번엔 <u>잘만</u> 하면 상을 받을 수 있겠다.

부사가 품사의 한 종류라면 부사어는 문장성분의 한 종류이다. 부사어는 주로 서술어를 꾸미는 문장성분을 이른다. 관형어와 마찬가지로 문장 내에 없어도 문장이 성립되므로 부사어는 보통 수의적인 성분이다.

(3) 가. 목소리가 <u>참</u> 좋다.

나. <u>내일</u> 등산을 간다.

다. <u>혹시</u> 이 근처에 약국이 어디 있는지 아십니까?

(4) 가. <u>벽에</u> 낙서를 했다.

나. <u>신촌에서</u> 12시에 만납시다.

다. 그 사람은 <u>나에게</u> 그 사실을 알려 주었다.

라. <u>시청까지</u> 몇 분이나 걸립니까?

마. <u>가위로</u> 잘라야 한다.

바. 이보다 좋을 순 없다.

사. 아이와 보내는 시간이 행복하다.

(5) 가. 들은 대로 말해 봐.

나. 옷을 입은 채 잠이 들었다.

다. 얼빠진 양 그 자리에 그대로 서 있었다.

(6) 가. 즐겁게 이야기를 나누세요.

나. 일을 꼼꼼하게 처리한다.

(3)의 '참', '내일', '혹시'는 부사이다. 부사는 그 기능적 특성상 문장 안에서 항상 부사어로 쓰인다. (4)는 명사, 대명사 등 체언이 여러 가지 부사격조사와 결합하여 부사어로 쓰이는 예이다. 부사격조사에는 '에, 에서, 에게, 까지, 로, 보다, 와' 등이 있는데 장소, 시간, 도구, 비교 등의 의미를 나타낸다. (5)는 부사성 의존명사 '대로, 채, 양' 이 관형어와 함께 부사어로 쓰이는 경우이며, (6)은 형용사가 부사형 어미 '-게'와 결합하여 부사어로 쓰인 예이다.

부사는 항상 단어인데 반해 부사어는 (5)의 경우와 같이 단어가 아닐 수 있다. (5)는 관형절과 그 관형절의 수식을 받는 의존명사가 함께 부사어를 이루는 예이다. 그 밖에도 다음과 같이 절이 부사어 역할을 하는 경우도 있다.

(7) 가. 발걸음도 가볍게 집으로 향했다.

나. 연락도 없이 불쑥 나타났다.

부사어는 보통 수의적 성분이지만 필수적 성분으로 쓰이는 경우도 있다.

(8) 가. 민수는 사랑에 빠졌다.

나. 그는 김수진 씨를 아내로 삼았다.

다. 고래는 물고기와 다르다.

(8)의 '사랑에', '아내로', '물고기와'는 (4)와 같이 체언에 부사격조사가 결합하여 이루어졌지만 문법적인 문장을 이루기 위하여 꼭 필요한 성분으로 쓰였다는 점이

다르다. 똑같은 '체언+부사격조사' 구성임에도 불구하고 (4)에서는 수의적 성분이고 (8)에서는 필수적인 성분이 되는 이유는 동사의 성격이 다르기 때문이다. 이러한 점은 학습 현장에서 주로 숙어처럼 가르치는 게 바람직하다. 즉 '~에 빠지다, ~(으)로 삼다, ~와/과 다르다' 등으로 제시하는 것이다.

다음은 성분부사 중 지시부사에 대한 것인데, 중급 정도의 학습자가 종종 의문을 갖는 것 중의 하나이다.

(9) <u>언제</u> 한번 놀러 오세요.

위의 문장에서 '언제'는 특정한 시간을 지정하지 않은 채 막연한 때를 나타내는 의미로 쓰였는데, 이를 시간에 대한 정보를 물어보는 것으로 착각하는 학습자들도 상당수 있다.

다음은 의성부사와 의태부사에 대한 것이다.

(10) 가. 토끼가 <u>깡충깡충</u> 뛰어간다.
　　　나. 너무 속상해서 <u>엉엉</u> 울었다.

(10가)의 '깡충깡충'은 토끼가 뛰어가는 모양을 흉내 내는 의태부사이고, (10나)의 '엉엉'은 소리를 흉내 내는 의성부사이다. 의성부사 학습에서 초기 동물의 울음 소리를 들려주고 한국어로 표현하는 방법을 알려 준다. 또한 접시 깨지는 소리, 문 닫히는 소리, 갑자기 차가 서는 소리 등을 녹음하여 들려주고, 그 소리의 표현을 알려 주면 훨씬 흥미 있게 지도할 수 있다. 의태부사에서는 예를 들어 '깡충깡충'과 '껑충껑충'의 느낌 차이, '줄줄'과 '졸졸'의 느낌 차이를 설명해 준다.

5.2.7. 독립언: 감탄사

독립언은 문장에서 어떤 역할을 할까?

(1) 가. 일본 사람인가요?

나. 네, 그렇습니다.
(2) 저, 말씀 좀 묻겠습니다.
(3) 어머, 언제 오셨어요?
(4) 지금부터 하면 되지, 뭐.

위에서 밑줄 친 '네, 저, 어머, 뭐'는 감탄사인데, 연결된 문장 속의 어떤 말과도 문법적 관련이 없다. 이런 점에서 이들을 독립언이라고 한다. 이처럼 독립언 문장의 다른 성분들과 일정한 관계를 맺지 않는다는 점에서 체언, 용언, 수식언, 관계언과는 다르다.

감탄사는 외국어를 배울 때 가장 빨리 배우는 말 중의 하나이다. 외국에서 생활하지 않더라도 영화나 비디오를 통해서 쉽게 익힐 수 있고, 문법적으로 완벽한 문장을 만드는 것보다 쉽기 때문이다. 그러나 감탄사를 자연스럽게 사용하는 것은 하나의 문장을 구사하는 것보다 쉽지 않을 수도 있다. 갑자기 뜨거운 것을 만졌거나 발을 헛디뎠을 때 사람들은 본능적으로 자신의 모어가 튀어나오기 때문이다. 감정에 따라, 상황에 따라 적절한 감탄사를 구사하는 것은 언어를 사용하는 사회에 몰입된 상태에서만 가능한 일이다. 그러므로 감탄사를 알맞게 사용하기 위해 언어 표현을 익히는 것뿐만 아니라 그 사회 사람들의 감정과 느낌, 상황을 모두 파악하도록 지도하는 것이 바람직하다.

5.3. 문장

5.3.1. 문장의 성격

5.3.1.1. 문장의 개념 및 구성 요소

문장(sentence)은 일반적으로 많이 쓰이는 용어이면서도 문법적으로 엄밀하게 정의하기 매우 어렵다. 일설에는 주요 문법서에 나오는 문장의 정의만 하더라도 200종 이상을 열거할 수 있다고 한다. 그러나 한국어 교육 현장에서 교사는 얼마든지 일반적인 뜻으로서의 '문장'이라는 용어를 사용하여도 무방하다. '문장'에 대한 관념은 대체로 언어 보편적이어서 교수 중 교사와 학습자 사이의 의사소통에 지장을 주는 일이 없다.

'문장'을 정의한 여러 예들을 아래에 보이기로 한다.

(1) 가. 완전한 생각(사상)을 나타내는 한 무리의 낱말들이다.
　　나. 한 통일된 말로 들어낸 것이니, 뜻으로나 꼴(형식)로나 온전히 다른 것과 따로 선(독립한) 것이다.
　　다. 어떤 문법적 구성 방식으로도 더 큰 언어 형식 속에 내포되지 않는 것이다.
　　라. 문장은 주어와 서술어의 2대 요소로 이루어진 언어 구조다.
　　마. 의사소통 과정에서 말하는 사람의 의도가 온전히 포함된 단위이다.
　　바. 문장 부호를 가진 단어의 연속체이다.

(1가-마)는 모두 논리적으로 문제가 있다. 매우 (1가-마)에 비해 소박한 듯하여도 우리는 문장을 (1바)처럼 정의한다. 이 정의가 의미하는 바는 문장이란 문장종결 부호에 의해 결정된다는 것이다. 다음 예를 보자.

(2) 가. 거울! 이것이 없다면 사는 게 얼마나 답답할까?
　　가'. 거울, 이것이 없다면 사는 게 얼마나 답답할까?
　　나. 먹구름이다. 바람이 분다. 비가 온다.
　　나'. 먹구름이다, 바람이 분다, 비가 온다.
　　다. 김 선생님(이분은 3년 동안 미국 유학을 하신 적이 있다)은 영어를 아주 잘하신다.
　　라. 요즘 시테크(時tech) 개념—시간을 최대한 능률적으로 사용하는 기술을 말한다—이 각광받고 있다.

(2가)는 두 문장, (2가')는 독립어(5.3.2.8. 참조)를 포함한 한 문장이다. (2나)는 세 문장, (2나')는 휴지(休止) 없이 말하는 한 문장이다. (2다, 라)에서는 괄호와 줄표 사이에 또 문장이 들어가 있으나 전체적으로는 한 문장으로 취급된다. 이러한 예들은 '문장'을 (1바)와 같이 정의하는 것이 우리 상식에 가장 부합함을 보여 준다.

문장은 보통 문법의 최대 단위로 일컬어진다. 하나 이상의 문장이 어떻게 조직되어 나가는지를 살피는 일은 문법의 영역이 아니고 텍스트 언어학(text linguistics)이라고 하는 영역에서 다루는 것이다. 구조적으로 문장은 하나 이상의 절(節, clause)로 이루어진다. 절은 하나 이상의 구(句, phrase)로 이루어진다. 구는 하나 이상의 어절(語節, word group)로 이루어진다. 어절은 하나 이상의 단어(單語, word)로 이루어진다. 단어는 하나 이상의 형태소(形態素, morpheme)로 이루어진다. '구'와 '절'은 이론적으로도 구분하기가 모호하므로, 한국어 교육 현장에서는 보통 구분하지 않고 '구절'이나 '표현'이라는 다소 모호한 용어로 나타내어도 무방하다. '어절'이란 띄어쓰기의 단위를 말한다. 이와 같은 파악은 언어 표현을 구조적, 형식적인 관점에서 바라보았을 때 이루어진 것인데, 언어 표현을 기능적인 관점에서 바라보면 문장은 '문장성분(sentence component)'으로 이루어졌다고 할 수도 있다. 문장성분에 대해서는 5.3.1.3.에서 다룬다.

5.3.1.2. 기본 문형

문형(文型, sentence type)이라 함은 문장이 보이는 일정한 구조적 유형을 말한다. 그동안 개별 연구 논문이 아닌 국어 문법서에서는 문형에 대해서는 자세한 기술을 거의 행하지 않았다. 그 이유는 두 가지가 있다. 첫째, 문형을 상세하게 분류하려면 대단히 많은 자료의 오랜 관찰이 필요하고 상당한 분량의 지면이 필요한데, 이론적 의의는 그리 크지 않다는 현실적인 이유 때문이다. 둘째, 문형이 거의 전적으로 서술어의 어휘 특성에 의존하기 때문이다. 다시 말해 서술어로 쓰이는 용언(동사, 형용사)이 요구하는 성분에 의해 문장의 구조가 결정되므로 결국 어휘의 문제이고 사전을 찾아보면 되는 문제라고 생각했던 것이다.

이유야 어쨌든 한국어 교육 현장에서는 문형에 대한 지식이 상당히 유용하게 응용될 수 있다. 문형을 통한 한국어 교육은 경제적일 뿐만 아니라 한국어 교재 개발에 상당한 도움을 줄 수 있다(윤희원 외 1998:2). 예를 들어 새로운 어휘 '쉽다'를 교육하려고 하는 교사는 (1가, 나)와 같은 예문을 자동적으로 생산할 수 있어야 한다.

(1) 가. 시험문제가 쉽다.
    가'. 나에게 시험문제가 쉽다.

나. 이 책은 읽기(가/에) 쉽다.

　물론 1급 과정에서라면 (1나)와 같은 예문은 다루지 않을 수도 있다. 그러나 중요한 것은 어느 급수에서건 '무엇이 쉽다', '무엇이 무엇하기(가/에) 쉽다'와 같은 틀을 학습자에게 익히게 하는 것이 유용하다는 사실이다. 전체적인 틀을 제시하고 난 후 (1가)와 같은 응용 문장을 교육하기가 용이하기 때문이다. 학습자들도 차근차근 도식을 익혀 나감으로써 문형과 관련한 어휘 학습에서 혼란을 느끼지 않는다.

　(2) 가. 무엇이 어찌한다
　　　나. 무엇이 어떠하다
　　　다. 무엇이 무엇이다
　(3) 가. 누가 무엇을 ((무엇에서) 무엇으로) 번역하다
　　　나. 누가 {누구와/무엇과, 누구를/무엇을} 닮다
　　　나'. 누가 {누구와/무엇과, *누구를/*무엇을} 싸우다
　　　다. 가 누구와 (무엇에 대해) 논쟁하다
　　　라. 누가 무엇을 무엇과 무엇으로 나누다
　　　마. 누가 누구에게 {무엇을, 어찌하겠다고} 약속하다
　　　바. 누가 무엇을 좋아하다
　　　바'. 누가 {무엇하기를, *무엇함을} 좋아하다
　　　사. 무엇이 밝혀지다
　　　사'. {-(으)ㅁ이/*-기가} 밝혀지다

　문형을 가장 간단하게 도식화하면 위의 (2)와 같이 정리할 수 있다(남기심·고영근 1993:234). 그러나 (2)와 같은 극히 단순화된 문형은 교육 현장에서 직접 적용할 수 없다. 궁극적으로 문형 교육은 (3)과 같은 개별 어휘의 문장 구조 교육이 되어야 할 것이다. 교사는 교육 전에 표준적인 대사전을 참고하여 개별 서술어의 특정 문형을 파악하고 있을 필요가 있다. 어떤 것이 생략되는지, 격조사가 교체될 수 있는지, 보통의 명사 대신 명사형 어미가 이끄는 내포문이나 인용어미가 이끄는 내포문을 쓰는 것이 가능한지, 명사형 어미를 쓸 경우에는 '-(으)ㅁ', '-기'를 모두 쓸 수 있

5. 문법 교육의 내용 _199

는지 둘 중 하나만 쓸 수 있는지와 같은 것이 모두 문형의 정보가 되므로 교사는 이를 교수안에 반영하여야 한다.

(3나)에서 '과'와 '를'은 자유롭게 쓰일 수 있으나 (3나)에서는 그렇지 않다. (3마)에서는 인용어미가 이끄는 내포문이 보통의 명사 대신 쓰였음을 확인할 수 있다. 또 (3바, 3사)에서는 보통의 명사 대신 명사형 어미가 이끄는 내포문이 쓰였는데, 서술어 '좋아하다', '밝혀지다'가 각각 '-(으)ㅁ'과 '-기'를 선택하고 있음을 확인할 수 있다. 교사는 새로운 서술어 어휘를 교육하는 경우 이러한 사실을 숙지하고 있어야 한다.

그러나 (3)과 같은 구조들을 일반화하여 제시하는 것이 필요할 경우도 있다. 곧 '나무'의 문법이 아닌 '숲'의 문법이 필요할 경우를 말한다. 그리하여 기존 연구에서는 (2)와 같은 가장 일반화된 문형 분류에서부터 (3)과 같은 가장 개별적인 문형 분류 사이에 적절하게 일반화된 문형 분류를 설정하는 데 힘을 기울여 왔으나 특별히 정설이라고 할 만한 것은 아직 없다. 다음 (4)-(7)에서 적절하게 일반화된 문형의 예를 소개하도록 한다. 소개하는 예는 구재희(2007:61-85)의 내용을 다소 수정하여 발췌한 것이다. (4)는 '이다, 아니다'의 문형, (5)는 형용사의 문형, (6)은 자동사의 문형, (7)은 타동사의 문형이다.

(4) 가. NP이/가 NP이다.

　　가'. 제 이름은 피터입니다.

　　나. NP이/가 NP이/가 아니다.

　　나'. 이것은 사슴이 아닙니다.

(5) 가. NP이/가 A

　　가'. 이 책은 너무 두껍습니다.

　　나. NP이/가 NP이/가 A

　　나'. 친구가 오늘 돈이 없습니다.

　　다. NP이/가 NP에/에게 A

　　다'. 사장님은 지금 자리에 없습니다.

　　라. NP이/가 NP(으)로 A

　　라'. 그곳은 온천으로 유명합니다.

　　마. NP이/가 NP와/과 A

마. 이 옷은 제 옷과 비슷합니다.

바. NP이/가 NP보다 A

바'. 형이 동생보다 낫습니다.

(6) 가. NP이/가 V

가'. 동생이 큰 소리로 노래해요.

나. NP이/가 NP이/가 V

나'. 영호는 90kg이 넘는다.

다. NP이/가 NP에/에게 V

다'. 이번 달 매출이 80만 달러에 육박한다.

라. NP이/가 NP에서/에게서 V

라'. 나는 잠에서 깨어났다.

마. NP이/가 NP(으)로 V

마'. 나는 수업 후 곧장 집으로 갔다.

바. NP이/가 NP와/과 V

바'. 우리 형이 그분과 결혼했어요.

사. NP이/가 S -고 V

사'. 그는 앞으로도 계속 중립을 지키겠다고 선언했다.

(7) 가. NP이/가 NP을/를 V

가'. 나는 케이크를 좋아한다.

나. NP이/가 NP에/에게 NP을/를 V

나'. 내가 그 사람에게 그 사실을 말했다.

다. NP이/가 NP에서/에게서 NP을/를 V

다'. 동생이 나에게서 책을 빼앗았다.

라. NP이/가 NP을/를 NP(으)로 V

라'. 김 사장님이 현영 씨를 며느리로 삼았다.

마. NP이/가 NP와/과 NP을/를 V

마'. 그 문제에 대해 나는 동료와 의견을 주고받았다.

바. NP이/가 NP에/에게 S -고 V

바'. 소대장이 대원들에게 발포하라고 명령하였다.

한국어 교사는 (4)~(7)이 단지 일반화된 문형이므로 개별 서술어가 어떤 문형 속에 포함되느냐를 확인하는 것만으로는 교육이 제대로 이루어질 수 없음을 유의하여야 한다. 즉, 개별 서술어 교육에서는 세심하게 배려된 예문을 준비하여야 한다는 것이다. 예컨대 '뛰어나다'라는 형용사는 문형으로만 생각한다면 'NP이/가 A' 혹은 'NP이/가 NP에 A'에 속하지만[50] 실제 쓰임에서는 '보다'나 '만큼'을 동반한 비교어와 함께 쓰이는 일이 많으므로 'NP이/가 (NP에/에서) NP{보다, 만큼} 뛰어나다'와 같은 것도 문형으로 인정하여 그에 해당하는 예를 학습자들에게 제시할 필요가 있다는 것이다. 또 가령 주격조사의 '이/가'는 일반적으로 주어가 주제인 경우 '은/는'으로 쓰이고 주어의 지시물이 단체 명사일 때에는 '에서'로도 쓰일 수 있음을 늘 잊지 말아야 한다.

이상의 서술에서 알 수 있듯 동사, 형용사 서술어가 취하는 문형은 어느 정도 정리가 되어 있으나 '명사 + 이다'가 취하는 문형은 연구된 바가 거의 없다. '명사 + 이다'는 재구조화된 하나의 서술어인데, 대부분의 경우 (8가)와 같은 'NP이/가 [명사 + 이다]'의 문형으로 쓰이므로 그동안 별 관심을 끌지 못한 것이다. 그러나 아래 (8나-사)와 같은 단편적인 예에서 보듯이 '명사 + 이다' 역시 특정 문형 구성을 교육하여야 하는 경우가 있다. 한국어 교사 스스로가 (8나-사)와 같은 예를 많이 확보하고 있어야 한다.

(8) 가. NP이/가 [명사 + 이다]
    가′. 김철수 씨는 <u>경찰입니다</u>.
    나. NP이/가 NP에 [명사 + 이다]
    나′. 나는 이 일에 <u>반대(이)다/찬성이다</u>.
    다. NP이/가 NP [명사 + 이다]

---

[50] 한 서술어가 의미에 따라 두 개 이상의 문형을 갖는 경우는 매우 흔하게 볼 수 있다. '뛰어나다'는 총체적인 평가의 뜻을 가질 때도 있고 특정적인 평가의 뜻을 가질 때도 있다. 곧 "김철수 씨는 매우 뛰어난 인물이다."처럼 쓰일 때도 있고 "김철수 씨는 컴퓨터 사용에 매우 뛰어나다."처럼 쓰일 때도 있는 것이다. 심지어 정보 전달에서의 맥락적 의미에 따라 같은 의미를 갖는 서술어라도 두 개 이상의 문형을 가질 수도 있다. 예컨대 "어제 시내에서 {친구를, 친구와} 만나 즐거운 시간을 보냈다."에서는 '와/과', '을/를'이 다 쓰일 수 있지만, "나는 어제 {강도를, *강도와} 만나 돈을 다 털렸다."에서는 '와/과'를 쓰지 못함을 알 수 있다.

다. 그는 인터넷 세대(이)다.
다″. 이것은 된장 냄새(이)다.
라. NP와/과 NP이/가 NP [명사 + 이다]
라′. 김철수 씨와 김길동 씨는 父子 사이(이)다/관계(이)다.
마. NP와/과 NP이/가 [명사 + 이다]
마′. 철수와 영희는 친구(이)다.
바. NP이/가 NP와/과 NP [명사 + 이다]
바′. 철수 씨는 길동 씨와 부자 사이(이)다/관계(이)다.
사. NP이/가 NP와/과 [명사 + 이다]
사′. 철수는 영희와 친구(이)다.

5.3.2. 문장성분

5.3.2.1. 문장성분의 특질

문장성분(sentence component), 혹은 성분(成分, component)이란 일정한 문법적 기능을 가진 단위를 말한다. 하나의 문장성분으로 기능할 수 있는 것은 단어(word), 어절(word group), 구(phrase), 절(clause) 등 다양하다. 다음 예를 보자.

(1) 가. 철수 밥 먹는다
    나. 철수가 밥을 먹는다
    다. 착한 철수가 그런 심한 말을 하다니
    라. 오늘 내가 본 영화는 세계 10대 명화에 속한다고 한다
    라′. 민한경 씨가 익명의 독지가였음이 밝혀졌다

(1가)에서 '철수, 밥'이 단어이자 어절로서 각각 주어, 목적어의 문법적 기능을 수행하고 있음을 볼 수 있고 (1나)에서 '철수가, 밥을'은 조사가 결합된 어절로서 같은 문법적 기능을 수행함을 볼 수 있다. (1다)에서 '착한 철수가, 그런 심한 말을'은 주어, 목적어 성분이 구로 실현된 것이다. (1라)에서 '오늘 내가 본'은 '영화'를 꾸며 주는 관형어 기능을 하는 성분인데 절로 실현되어 있고 (1라′)에서 '민한경 씨가 익명

의 독지가였음'는 주어 성분으로서 명사절로 실현되어 있다.

문장성분은 문장의 뼈대를 이루는 주요 성분, 주요 성분에 딸려 그것을 꾸며 주는 역할을 하는 부속 성분, 다른 성분과 직접적인 관련을 맺지 않고 독립적으로 쓰이는 독립 성분으로 나눌 수 있다. 주요 성분에는 서술어, 주어, 목적어가 있고 부속 성분에는 관형어, 부사어가 있고 독립 성분에는 독립어가 있다. 한 가지 주의할 점은 부속 성분이 수식 성분이라고 해서 반드시 수의적인 것은 아니라는 사실이다. 곧 부속 성분이라도 통사적, 의미적으로 꼭 필요한 경우가 있다.

(2) 가. 영희는 {예쁜, *∅} 것만 좋아한다.
    가'. 한국의 수출 채산성이 {악화, *∅} 일로에 있다.
    나. 철수는 꼭 {애들처럼, *∅} 군다.
    나'. 날씨가 추워지자 물이 {얼음으로, *∅} 변했다.
    다. 고바야시 씨가 {피터에게, ?*∅} 편지를 보냈다.

(2가, 가')에서 보듯이 '것, 일로' 와 같은 의존적 명사는 반드시 그 앞에 관형어 성분이 필요하고 (2나, 나')에서 보듯이 '굴다, 변하다' 와 같은 동사는 반드시 그 앞에 부사어 성분이 필요하다. (2다)에서도 아무 맥락이 주어지지 않았을 때 '누구에게' 를 생략하면 의미론적으로 매우 불만족스러운 문장이 된다.

이상의 사실들은 한국어 교육 현장의 단위 시간에 직접 교육하지는 않으나 한국어 교사라면 반드시 이해하고 있어야 한다.

5.3.2.2. 서술어

서술어(敍述語, predicate)의 개념은 다음과 같이 설명할 수 있다.

(1) 서술어란 원칙적으로 주어에 대하여 그 동작이나 상태 등을 서술하는 역할을 하는 성분을 말한다.

한국인을 위한 국어 문법서에는 '원칙적으로' 라는 말이 빠져 있는 경우가 많은데, 그 이유는 전통문법에서도 '주어+서술어' 의 문장 구조를 표준으로 여겨 왔고 생성

문법 이론에서도 확대투사원리(extended projection principle)에 따라 주어가 실현되지 않은 문장은 완전한 문장으로 보지 않기 때문이다. 따라서 표준적인 국어 문법서에서는 문장성분에 대한 기술에서 주어가 먼저 나오고 서술어가 나중에 나오지만, 실제로는 주어가 실현되지 않는 문장은 흔해도 서술어가 실현되지 않는 경우는 맥락 의존적 생략의 경우 외에는 없으므로 서술어가 더 기본적인 문장성분이라고 할 수 있다. 본서에서 서술어를 주어 앞에서 설명한 이유가 여기에 있다.

다시 말해 한국어 교사는 위의 서술어의 개념 설명에서 '원칙적으로' 라는 말이 갖는 의미를 잘 이해할 필요가 있다는 것이다. 한국어 교육을 위해서는 문장의 심층을 파고드는 문법은 적절하게 응용되기 어렵다. 그렇기 때문에 설령 이론적으로 주어를 상정할 수 있다고 하더라도 표면에서 주어가 없는 것처럼 보이는 문장은 무주어문으로 간주하여 따로 많은 예문을 확보해 두고 있어야 한다. 이는 주어를 반드시 써야 하는 인구어(印歐語) 화자들을 대상으로 한 교육에서 더욱 필요하다. 무주어문에 대해서는 후술하도록 한다.

서술어는 흔히 용언으로 이루어진다. 용언은 동사와 형용사를 아우른다. 표준적인 국어 문법서에서 서술격조사로 규정되는 '이다'는 형용사의 활용 모습과 동일한 활용의 모습을 보이므로 명사에 의존적으로 쓰이는 형용사로 보는 것이 타당하다. 만약 서술격조사라는 범주를 고집하여 교육하려고 하면 용언 아닌 것이 활용한다는 이상한 예외를 만들어 주어야 하는 부담이 생길 뿐 아니라 '격(格)'에 대한 교육을 하는 경우에도 서술격의 개념을 설명하기 곤란한 일이 생긴다. 그러나 의존형용사로 교육할 경우에는 그 의미가 형용사적 성격이 약간 약한 것을 설명하기 곤란할 뿐 특별한 어려움이 없다. 좀 더 자세히 말하자면 '이다'는 지정(指定)형용사인데, 선행 명사의 속성을 가졌음을 가리켜 보여 주는 기능을 하기 때문이다.[51] 다음 (2)에서 이상 세 유형의 서술어들을 확인하기로 한다.

(2) 가. 고바야시 씨는 한국어를 <u>공부한다</u>. (동사)
　　나. 메리 씨는 아주 <u>성실하다</u>. (형용사)

---

[51] '이다'의 '이'를 접미사로 보는 논의도 있으나 다른 접사와 이질적인 느낌이 너무 두드러지므로 한국어 교육을 위한 문법으로는 적절하지 않다.

다. 철수는 영희의 친구이다. (명사 + 이다)

'이다'가 서술어로 기능하는 경우 대개는 (2다)에서처럼 앞에 명사가 붙게 된다. 그러나 '이다' 앞에 붙을 수 있는 표현은 매우 다양하다. 한국어 교육에서는 중급 이후의 과정에서 이 내용을 정리해 주면 큰 효과가 있다. 아래 (3)과 같은 예문이다.

(3) 가. 서울이 여기까지입니다.
　　나. 문제가 되는 것은 여기서부터입니다.
　　다. 내가 잠이 든 것은 자정이 훨씬 넘어서였다.
　　라. 한별이가 학원에 다니는 것은 영어 공부를 하러이다.
　　마. 김 선생님이 이삿짐을 나른 것은 집에 가시자마자였다.
　　바. 그는 "날씨가 좋군." 이라고 말했다.
　　사. 빈칸에 들어갈 알맞은 말은 '깨끗한' 입니다.
　　아. 그의 생활신조는 '노래하고 춤추고' 이다.
　　자. 내가 행복해진 것은 당신을 만나고서부터입니다.

(3가, 나)는 '까지, 부터'가 붙은 말이 '이다' 앞에 쓰일 수 있음을 보인 것이다. (3다-마)는 분열문 구성에서 '-아/어서, -(으)러, -자마자' 등의 활용 어미 뒤에 '이다'가 붙을 수 있음을 보인 것이다. (3바-아)는 따옴표에 들어갈 만한 인용 표현이 언제나 '이다' 앞에서 쓰일 수 있음을 보인 것이다. 위 세 유형은 잘 정리해 주기만 하면 연습시키는 데 큰 어려움이 없다. (3바)는 기본적으로는 (3나)와 같은 형태이지만 좀 더 복잡한 예문으로 반드시 알아 두어야 한다.

서술어에 포함된 '이다', '하다', '되다', '거다', '대다'는 글의 종류나 문체에 따라 잘 생략된다. (4)에서 보듯이 신문 기사나 일기문 등에서 말을 간단히 줄여 끝맺으려는 경우에 자주 그러하고 또 일반적인 국어 문법서에는 이러한 예들만이 제시되어 있다.

(4) 가. 우리는 조국의 방패(이다)
　　가'. 천릿길도 한 걸음부터(이다)

나. 우리 등반대가 정상을 정복(하다)
나′. 오늘 협상이 타결될 듯(하다)
다. 영동 고속도로, 드디어 개통(되다)
라. 돼지는 꿀꿀(거리고/대고), 오리는 꽥꽥(거린다/댄다)

논리적으로 한국어를 공부하는 외국인들에게는 서술어가 없는데도 주어나 목적어가 나오는 경우가 이상하게 비쳐질 수 있다. (4)와 같은 전형적인 예문 이외에 한국어를 모어로 쓰는 사람들에게는 여간해서 눈에 잘 띄지 않는 (5)와 같은 예문을 한국어 교사는 반드시 숙지하고 있어야 한다.

(5) 가. 정부는 연초에 계획을 수립(하여), 연말에 집행할 예정이다.
　　나. 고등학교를 졸업(한) 후에 직장에 들어갔다.
　　다. 회의를 진행(하는) 중이다.
　　라. 철수는 요양을 목적으로 (하여) 시골로 갔다.
　　마. 철수와 영수는 형제(이다)로서 그들은 정말로 우애가 깊다.
　　바. 1월의 손실이 10만 원(이다)에 2월의 손실이 15만 원이다.

(5가-다)는 서술어 '하다'를 보충하여 문장을 해석해야 하는 경우이고 (5마, 바)는 '이다'를 보충하여 문장을 해석해야 하는 경우이다. 예컨대 엄격히 말하면 '수립'이라는 명사가 '계획을'이라는 목적어를 실현시킬 수 없기 때문이다. 외국인을 위한 한국어 교육에서 굳이 '하다'나 '이다'를 보충하여 해석하라고 가르칠 필요는 없다. 그러나 문장 논리적으로 (5)는 비정상적인 예문이므로 한국어 학습자들이 위와 같은 문장에 익숙해질 수 있도록 연습시키는 것은 중요하다.

교육적인 관점에서 필수적인 사항이라고 할 수는 없으나 교사가 이해하고 있어야 할 것이 이른바 통사적 재구조화(restructuring)이다. 재구조화란 둘 이상의 성분이 합쳐져 하나의 단일 성분처럼 기능하는 것을 설명하기 위한 개념이다. 서술어와 관련한 재구조화의 예를 (6)에서 확인할 수 있다.

(6) 가. 철수가 영어를 [공부를 한다].

나. 도시가 [폭파가 됐다].
다. 철수는 영희에게 [신경질을 부렸다].
라. 미국은 이라크에 [공격을 감행하였다].
마. 정부가 이라크와 [협상을 벌인다].
바. 영희는 철수와 [친구이다].

일반적으로 서술어가 주어나 목적어, 여격어52) 등의 문장성분을 요구하는 것으로 볼 때 (6)의 예문들은 이해하기 어렵다. (6가)에서 '영어를'은 '하다'의 목적어로 이해하기 어렵고 '공부를 하다' 전체의 목적어로 이해해야 자연스럽다. 즉, '공부를 하다' 전체가 하나의 서술어처럼 기능한다는 것이다. 같은 논리로 (6나)의 '도시가'는 '폭파가 되다' 전체의 주어로 이해해야 하고, (6다, 라)의 '영희에게', '이라크에'는 각각 '신경질을 부리다', '공격을 감행하다' 전체가 요구하는 여격어로 이해해야 한다. 또 공동격조사 '와/과'가 붙은 (6마, 바)의 '이라크와', '철수와'는 각각 '협상을 벌이다', '친구이다' 전체가 요구하는 성분으로 보아야 한다.

위와 같은 구성과 관련하여 의문을 제기하는 외국인 한국어 학습자는 드물겠지만, 교사가 학습자에게 문장 해석을 해 줄 경우 전체가 한덩이가 되어 하나의 서술어처럼 기능하는 재구조화 개념을 활용하면 효과적이다. 즉, (6)에서 [ ] 안의 의미 해석을 먼저 해 준 다음 그 의미상 필요한 성분을 [ ] 밖에서 찾아 주는 식으로 의미 해석을 해 주는 것이 효율적인 문장 해석 방식인 것이다. 이렇게 계층적(hierarchical)으로 해석하는 경우는 "철수는 영희에게 선물을 주었다."와 같은 문장에서처럼 단순히 선조적(linear)으로 해석하는 경우와 구별된다. 선조적으로 해석하는 경우에는 '영희에게'와 '선물을'이 동등한 가치를 지니므로 어순 바꿈(scrambling)이 아주 자연스러우나(선물을 영희에게 주었다), 계층적으로 해석하는 경우에는 어순 (scrambling)이 어색하거나 불가능하다.

(7)과 같은 보조용언 구성 역시 서술어에 재구조화 기제가 적용된 것으로 이해하면 편리하다. 보조용언 구성이란 본용언과 보조용언이 합쳐져 하나의 서술어처럼

---

52) "영희는 꽃에 물을 주었다.", "철수는 개에게 밥을 주었다.", "민수는 할머니께 선물을 드렸다."에서의 '에, 에게, 께'가 통합된 부사어를 특히 여격어라고 한다.

기능하는 구성을 말한다. 사실 엄밀히 말하면 보조용언 구성은 두 개의 서술어로 이루어져 있다고 해야 할 것이지만 그러한 문법 기술은 한국어 교육에서는 거의 소용이 없다. 한국어 학습자들은 처음 보조용언을 배울 때 본용에 어미가 붙은 형태, 예컨대 '-아/어 버리다'와 같이 배우기 때문에 자동적으로 재구조화된 구성 전체를 배우는 셈이므로 보조용언 구성에 재구조화 기제가 적용되었다는 사실을 따로 가르칠 필요는 없다. 모어의 문법을 내재적으로 습득한 자국인을 위한 문법 교육에서와는 달리 외국어 교육에서 자연스럽게는 해당 언어의 문법을 이해시키는 데 성공하였다면 별도의 문법 설명은 필요하지 않은 것이다.

(7) 가. 철수는 밥을 <u>먹어 버렸</u>다.
　　나. 복남이는 런던에 <u>가 본</u> 적이 있다.

마지막으로 서술어만으로 이루어진 문장, 보통 '무주어문'으로 불리는 문장들에 대해 살펴보기로 한다.

(8) 가. A: 어제 모임에 철수가 왔니?
　　　　B: 응, 왔어.
　　나. 도둑이야.
　　다. 불이야
　　라. 비다.
　　마. 웇이다.
　　바. 셋에서 둘을 빼면 하나다.
　　사. 금강산도 식후경이다.
　　아. 비가 오면 큰일이다.
　　자. 급한 불은 껐지만, 아직도 산 너머 산이다.
　　차. A: 아저씨 잃어버린 개 찾으셨어요?
　　　　B: 아직 오리무중(五里霧中)이야.
　　카. 우리나라는 5년 내에 선진국에 진입할 것이다.
　　타. 비가 올 것 같다.

파. 경제가 예상보다 일찍 회복할 듯하다.
하. 그가 오지 않을 성싶다.

일반적으로 주어가 없는 문장은 (8가)와 같이 문맥상 바로 그 주어를 확인할 수 있는 경우에 사용한다. 그러나 이는 본래적인 무주어문이라고 볼 수 없고 주어가 생략된 것이다.

(8나-마)는 본래적으로 주어를 생각하기 어려운 무주어문이다. 새롭게 어떤 사물을 발화 장면 속으로 도입하는 기능을 가진 문장, 즉 이른바 제시문(presentational sentence)이다. (8바-차)에서 '하나다', '식후경이다', '큰일이다', '산 너머 산이다', '오리무중이야'의 주어를 상정하기는 매우 어렵고 설령 상정한다고 해도 교육적인 관점에서는 거의 쓸모가 없다. 문맥상 해석은 자연스럽게 되지만 주어를 딱히 꼬집어 쓰기 어려운 이러한 예문들을 한국어 교사는 평소에 많이 수집해 두었다가 정리하여 가르칠 필요가 있다. 특히 인구어를 모어로 쓰는 학습자들에게는 교육 효과가 매우 크다.

한편 (8카-하) 역시 이론적으로는 무주어문이다. '것이다, 같다, 듯하다, 성싶다'의 주어가 없기 때문이다. 그러나 교육적 관점에서는 이를 무주어 문장으로 이해하기보다는 재구조화 문장으로 이해하는 것이 훨씬 실용적이다. 즉, '-(으)ㄹ 것이다, -(으)ㄹ 것 같다, -(으)ㄹ 듯하다, -(으)ㄹ 듯싶다, -(으)ㄹ 성싶다' 등이 하나의 서술어로 기능한다고 생각하는 편이 훨씬 이해하기 쉽다. 그럴 경우 (8카-하)의 주어는 각각 '우리나라는, 비가, 경제가, 그가'로 이해할 수 있는데, 이는 교육하기도 쉽다. 거의 모든 한국어 교재가 그렇게 이해할 수 있도록 짜여 있어 교육 과정 중 별다른 문제는 발생하지 않는다.

5.3.2.3. 주어
주어의 개념은 대체로 다음과 같이 정의할 수 있다.

(1) 문장에서 서술의 대상이 되는 성분이다.

이러한 정의는 매우 추상적이어서 의미가 분명히 잡히지 않는다. 실상 국어 문법

학자뿐만 아니라 외국의 어느 문법학자도 주어를 완전하게 정의한 사람이 없을 정도로 주어의 개념을 설명한다는 것은 불가능에 가깝다. 그러나 주어의 개념을 한국어 교육의 단위 시간에 가르치는 일은 없으므로 큰 문제는 되지 않는다. 또 어떤 언어의 화자인가와는 관계없이 사람들은 '단어', '주어' 등 정의하기 어려운 대상에 대한 공통의 직관을 지니고 있다. 한국어 교사는 이와 같은 점을 인식하여 '주어'가 무엇이냐에 구애받지 않고 주어를 확인해 주는 데에만 주의를 기울이면 된다.

주어 확인 작업은 단위 시간에 교육할 수 있는 문법과 관련된 것이 아니므로 그리 중요하다고 볼 수는 없는 일이지만, 성분의 범위와 관련하여 교사가 염두에 두어야 할 사항이 있기는 하다. 보통 무의식적으로 주어를 특정 핵(head)으로만 한정하여 말하는 경향이 있으나 이는 교육적으로 그리 긍정적이지 않다. 예컨대 (2)에서 주어를 '학생이' 혹은 나아가서 '학생'이라고만 말하는 경향이 있으나, '수영을 잘하는 학생이' 전체가 주어이고 주어를 확인해 줄 때 '수영을 잘하는 학생이' 전체에 네모를 둘러 밑줄을 쳐 주는 것이 교육적으로 좋다.

(2) 이 반에는 <u>수영을 잘하는 학생이</u> 많다.

주어를 확인하기 쉬운 것은 굳이 일일이 언급하여 교육할 필요가 없지만, 다음 (3)과 같이 다소 비정상적인 예들은 주어를 확인해 주는 일이 필요한데, 학습자들에게 "뭐가/누가 [서술어]예요?"와 같은 질문을 하고서 설명해 주면 무난하다. 예컨대 (3가)의 예문에서 주어를 확인해 줄 때, "누가 그 일을 못하십니까?"와 같은 질문을 하면 된다. 아래에서 특히 (3타)와 같은 무표지의 예는 대체로 어순이 주어를 확인하는 수단이 됨을 설명하여야 한다.

(3) 가. <u>아버지도</u> 그 일은 못하신다.
　　나. <u>한국어 공부하기가</u> 정말 재미있다.
　　다. <u>그가 집에 왔음이</u> 밝혀졌다.
　　라. <u>여기서부터가</u> 어려운 부분이다.
　　마. <u>사느냐 죽느냐가</u> 문제이다.
　　바. <u>'노래에 살고 사랑에 살고'가</u> 그의 생활신조이다.

사. "저는 한국이 좋습니다." 가 피터 씨의 대답이었다.
아. 누구인들 잘살고 싶지 않겠습니까?
자. 삶이란 고통의 연속이다.
차. 다른 사람들이 모두 탈락했으니 너라도 잘해야지.
카. 자기의 의무를 수행하는 데 어렵고 쉽고는 중요하지 않다.
타. 나 너 사랑해.

한편 주격 표지를 사용하지만 주어라고 할 수 없는 (4)와 같은 예도 있다. 대체로 고급 과정 중의 예문에서 가끔 나타나므로 교사가 크게 신경 쓰지 않아도 되는 것이다. 다만 (4나-마)와 같이 '자동사 + -지' 다음에 나오는 일은 구어에서는 꽤 일반적인 일이므로 예문을 모아 언급해 줄 수도 있다. 이왕 언급할 때에는 그 앞의 서술어가 반드시 자동사(피동사 포함), 형용사임을 설명하는 것이 좋다. 이 내용은 기존 국어 문법서나 한국어 문법서에 잘 언급되지 않는 것이다.

(4) 가. 원래가 사람은 사회생활을 하는 동물이다.
    나. 차가 잘 가지가 않는다.
    다. 봄인데도 꽃이 피지가 않았다.
    라. 공부를 열심히 했는데도, 문제가 쉽지가 않아요.
    마. 한국어 단어는 도무지 외워지지가 않아요.

주어를 가르치면서 가장 어려운 점이 주어의 표지 사용이다. 주격조사는 '이/가'이나 교재 진행상 당분간 '은/는' 은 주격조사로 쓰이는 경우만 나오므로, 한국어 학습자들에게는 '화제(주제)' 혹은 '대조' 의 보조사 '은/는' 이 마치 주격조사처럼 보이는 것이다. 그러나 '은/는' 이 여러 가지 기능을 갖고 있더라도 초급 과정의 학습자들에게는 주격조사라고 가르치는 것이 가장 빠른 길이다. 그런데 주격조사라고 가르치는 일은 학습자들의 이해를 위해 아주 약간의 외국어 판서만 곁들인다면 한국어 예문을 들어 주는 것만으로도 가능하지만, 여러 가지 기능을 갖고 있다는 사실은 그에 합당한 한국어 예문을 들어 주지 않는 한 어느 정도의 외국어 설명을 피하기 어렵다. 이런 어려움 때문에 교재에 따라서는 '은/는' 을 다른 부가 설명 없이 주격을 나타내는 조사로만 제시하는 경우도 있다. 교사는 모든 학습자들이 이해할 수 있는 외국어로 설명을 할 수 있을 만한지 여부를 잘 살펴 설명 방법을 택해야 할 것이다.

우선 일반적인 상황에서 주어는 '은/는' 을 취함을 가르친다. 곧 학습자들은 우선 (5가)의 문장을 만들면 되고 (5나)의 문장은 만들지 않도록 교육한다.

(5) 가. <u>저는</u> 어제 시내의 서점에 갔습니다.
    나. <u>제가</u> 어제 시내의 서점에 갔습니다.

그런 다음 (2)에서 보듯이 의문문의 의문사로서 대답된 문장의 초점이 되는 주어인 경우에는 '이/가' 를 붙임을 가르친다.

(6) 가. 이 반에서 가장 키가 큰 사람은 <u>누구입니까</u>?
    가'. {홍길동 씨가, *홍길동 씨는} 가장 키가 큽니다.
    나. <u>누가</u> 어제 시내의 서점에 갔습니까?
    나'. {제가, *저는} 어제 시내의 서점에 갔습니다.

약간 더 시일이 지난 후에는 (7)과 같은 예문을 다루어 처음 주어에는 '은/는', 나중 주어에는 '이/가' 를 붙임이 자연스러움을 교육한다. '이/가', '은/는' 에 관한 문법은 더 많지만 초급에서는 이 정도까지만 가르치는 것이 바람직하다.

(7) 가. 피터 씨는 키가 아주 큽니다.
    나. 선생님은 고향이 부산입니다.

중급 과정에서도 '은/는', '이/가' 의 쓰임에 대해서 꼭 다룰 내용이 있다. 문장 내포에 대한 이해가 선행된 학습자에게 (8)과 같은 문장의 내포문에서는 원칙적으로 '은/는' 주어를 사용할 수 없음을 언급하여야 하는데, 이 내용은 이해하기가 상당히 어렵기 때문에 중급이라도 말미에 가서나 가르친다. 물론 학습자들은 그 이전에 (8)과 같은 문장들을 접하는 경우가 많지만 명시적인 설명은 상당 수준의 학습 단계가 되기 전에는 할 수 없다.

(8) 가. {도시가, *도시는} 개발됨에 따라 공해가 차츰 심해지고 있습니다.
　　나. 요즘 {길동 씨가, *길동 씨는} 결혼했다는 소문이 들립니다.
　　다. 이 노래는 {제가, *저는} 가장 좋아하는 곡입니다.
　　라. {선생님이, *선생님은} 우리들을 열심히 가르쳐 주시니까 우리도 열심히
　　　　공부하여 한국어를 잘하고 싶습니다.

　'은/는'을 화자 혹은 글 쓰는 사람이 사용할 수 있는 경우는 청자 혹은 글 읽는 사람이 그 대상을 알고 있을 것이라고 생각하는 경우이다. 이것을 한정성(definiteness)이라고 하는데, 이 개념을 외국인 한국어 학습자들에게 이해시키기는 거의 불가능에 가깝다. 그리하여 (9)에서처럼 어떤 장면으로 처음 도입하는 것이어서 이야기 도입부의 비한정적인 대상에 대해서는 '은/는'을 쓰지 않고 '이/가'를 쓴다는, 한 차원 낮은 수준의 설명을 행할 수밖에 없다.

(9) 옛날 어느 작은 나라에 한 예쁜 {공주님이, *공주님은} 살고 있었습니다.

　'은/는', '이/가'와 관련한 설명은 다시 정리하여 가르쳐도 학습자들이 앞으로 응용하는 데 큰 도움을 주지 못하는 경우가 대부분이다. '은/는', '이/가'의 용법은 영어의 'a, the'의 용법과 흡사한 점이 많아 가장 고급 과정에 있는 학습자들에게서조차 오류가 빈번히 목격되는 것이다. 학습자들을 연습시키는 좋은 방법으로 이미 읽은 읽기 자료에서 '은/는', '이/가'만을 비워 놓고 학습자들에게 채워 넣게 하는 방법이 있다. 이러한 연습 문제를 제시한 교재도 더러 있지만 흔히 보기는 어려운데, 초급에서부터 고급에 이르기까지 전반적으로 그 필요성이 인정된다.
　한국어의 주어 교육에서 또 어려운 점은 외국어에서 보기 어려운 이른바 '이중주어문' 혹은 '주격중출문'의 존재에서 비롯된다. 다음 예가 그런 것들이다.

(10) 가. <u>민수는</u> <u>키가</u> 크다.
　　　가'. [민수가 [키가 크다]].
　　　나. 꽃이 <u>장미가</u> 가장 예쁘다.
　　　다. <u>서울이</u> <u>인구가</u> 매우 많다.

라. <u>학생이</u> <u>셋(이)[세 명(이)]</u> 존다.
　　마. <u>저 사람이</u> <u>아들이</u> 아주 공부를 잘한다.
　　바. <u>국어학이</u> <u>취직이</u> 어렵다.
　　사. <u>서울이</u> <u>롯데 백화점이</u> <u>양복이</u> <u>값이</u> <u>3만 원이</u> 싸다.
　　사'. 서울(의) 롯데 백화점에서 양복 값이 3만 원(이) 싸다.
　　아. <u>구두가</u> <u>바닥이</u> <u>구멍이</u> <u>하나가</u> 났다.
　　아'. 구두(의) 바닥에 구멍이 하나(가) 났다.

　(10)에 대해 국어 문법학계에서는 그동안 대소 주어설, 서술절설, 대소 관계설, 기저적 단일 주어설, 주제어설, 다주어설, 다기능어설 등의 여러 가지 문법 원리들을 제시하여 왔다. 어떤 학설도 약점 없는 설명을 하지 못하고 있지만, 한국어 교육의 관점에서는 통사론적으로 서술절설과 의미론적으로 대소 관계설을 적절히 배합하여 가르치는 것이 가장 효율적인 것으로 보인다.

　서술절설이란 예컨대 (10가)를 (10가)의 구조를 지녔다고 설명하는 것이다. 이때 전체 문장의 주어는 '민수가', 그것의 서술어는 '키가 크다'라는 절 형식이고, 문장 '키가 크다'에서의 주어는 '키가'이고 그것의 서술어는 '크다'라고 설명하는 방식이다. 의미론적인 대소 관계설이란 대체로 첫 번째 주어와 두 번째 주어가 '전체-부분, 유형-사례, 부류-일원' 따위의 관계로 이루어졌다고 설명하는 방법이다.

　그러나 대소 관계설은 (10가-다)의 예들을 아주 잘 설명해 주지만, (10마, 바)는 그리 효과적으로 설명하지 못한다. 엄밀히 말하자면 (10마, 바)는 이중주어문이라고 할 수도 없는데, 성격이 아주 다른 (10마, 바)를 다른 유형으로 인식하는 일은 교사들조차도 쉽지 않다. 따라서 (10마, 바)에 대해서는 어떤 화제(저 사람, 국어학)를 정해 놓고 그 화제와 밀접하게 관련되는 사실을 설명하는 말이 뒤에 서술절로 나온다는 정도로 교육하는 것이 좋다.

　(10)에 대한 위와 같은 설명은 물론 초급 과정에서는 적당하지 않고, 또 위와 같은 예문은 (10가, 라)를 제외하면 초급에서는 출현하지도 않는다. 특히 (10사, 아)와 같은 다중주어문과 같은 예를 접하면, 교사는 그 예문들의 이해를 위해 해석을 해 준 후, 학습자들의 한국어 문장 생산은 (10사', 아')처럼 하는 것이 더 바람직함을 설명하는 것이 좋다.

그러나 (10라)와 같은 수량사(구)와 관련된 이중주어문은 유형화되어 있는 것이므로 (11)과 같은 구문 카드를 만들어 놓고 그에 맞춰 설명한 후 학습자들에게 예문 만들기 연습을 시키면 좋다. 고급 과정의 학습자에게는 '이/가' 를 두 군데서 모두 생략할 수 있음이 (11가)의 구어체 예에서만 가능함을 설명할 수 있으나 필수적이라고 할 수는 없다. 이와 같은 예는 사용 빈도가 매우 높으므로 그 정도 수준의 학습자라면 이미 그러한 문법을 자연스럽게 습득하고 있을 가능성이 많기 때문이다.

(11) 가. 명사(이/가) + 수사(이/가)
    나. 명사(이/가) + 수관형사 + 분류사(이/가)

한편 주격조사가 특정 명사 부류에 대해서 특이한 형태를 취하는 경우도 있다.

(12) 가. 이번에 KBS에서 신입 사원을 100명 모집한대.
    가'. *KBS에서 어디에 있습니까?
    나. 둘이서 하니까 일이 훨씬 쉽다.

(12가)와 같은 문장은 '회사, 단체, 학교, 협회, 국가' 등과 같은 특정 집단을 의미하는 문장이 '에서' 를 결합시켜 그대로 주어 역할을 할 수 있음을 보이고 있다. 국어 문법에서는 이 경우 '에서' 를 주격조사로 취급하고 있고 한국어 교육 현장에서도 이를 그대로 활용할 수 있다. 이 내용은 대체로 3급 정도 수준에 있는 학습자에게 어울리는데, 이를 가르칠 때에는 반드시 (12가')와 같은 문장이 불가능함도 함께 가르쳐야 한다. 단체 명사에 '에서' 를 붙여 주어로 사용하는 것은 (12가)에서처럼 어떤 행위성(agentivity)를 표현할 때 성립하는 것이지 (12가')에서처럼 행위성이 없으면 성립하지 않는 것이다. 이는 텍스트 이해를 위해서보다는 텍스트 생산을 위해서 필수적인 내용이므로 반드시 강조하여야 하고 교사는 관련 예문을 많이 준비하여야 한다.

한편 고급 과정 학습자에게는 (12나)와 같은 예, 곧 사람 수 표현이 주어로 사용될 때에는 구어에서 '서' 를 붙이는 일이 많음을 교육할 필요가 있다. 이는 텍스트 생산을 위해서는 거의 중요하지 않으나 빠른 자연 발화를 접하는 고급 학습자들에게는 상당히 유용한 지식일 수 있다. '둘이서, 셋이서, 넷이서, 다섯이서, ……' 와 같은 말은 교수하기가 매우 쉽다.

5.3.2.4. 목적어

목적어는 대체로 다음과 같이 정의할 수 있다.

(1) 목적어는 타동사가 나타내는 동작이나 작용의 대상이 되는 문장성분을 말한다.

주어의 개념과 마찬가지로 목적어의 개념 역시 분명하게 정의되지 않는 추상적인 것이다. (1)에서 '타동사' 역시 엄밀히 정의하기가 어렵기 때문에 (1)의 정의는 결국 결함을 가졌다고 볼 수밖에 없다. 그러나 한국어 교육 현장에서는 목적어는 '을/를' 이 결합할 수 있는 성분이라고 가르치면 되기 때문에 큰 문제는 생기지 않는다. 다만 교사가 몇 가지 염두에 두어야 하는 사실이 있다.

(2) 가. 피터 씨는 김치를 좋아합니다.
　　가'. {김치는, 김치도, 김치만, 김치} 좋아하세요?
　　나. 철수가 학교를 안 가려고 합니다.
　　나'. 철수가 학교에 안 가려고 합니다.
　　다. 요즘 한국어 단어가 통 {외워지지가, 외워지지를} 않아요.

(2가)에서 '김치를' 이 목적어이다. 목적어의 전형적 실현으로서 '을/를' 이 통합되어 있다. 그런데 특정 의미를 더하기 위해 보조사를 사용하거나 아예 조사를 사용하지 않은 (2가')와 같은 문장에서도 '김치는, 김치도, 김치만, 김치' 를 목적어라고 한다. 이것은 (2가)처럼 '김치를' 로도 실현될 수 있기 때문이다. 목적어는 반드시 '을/를' 을 결합시킨 것으로 나타나는 것이 아니라 '을/를' 을 결합시킬 수 있는 성분을 말한다는 것이다.

그렇지만 (2나)에서 '학교를' 이 목적어라 하더라도 (2나')에서 '학교에' 는 목적어로 볼 수 없다. 이는 부사격조사 '에' 가 붙었으므로 부사어로 보아야 하는 것이다. 요컨대 교육 현장에서는 격조사의 이름을 그대로 성분 이름에 적용하는 것이 단순하고 이해하기 쉽다는 것이다.53) (2다)에서는 주격조사, 목적격조사가 쓰일 이유가 없는 것 같은 자리에 주격조사 '이/가', 목적격조사 '을/를'이 사용되고 있다. 엄밀히 문법적인 관점에서 볼 때, 이것들은 이 경우 보조사로서 쓰인 것이지만 교육 현장에서는 그냥 주격조사, 목적격조사라고 하면 된다. 다만 '외워지지가'를 주어로, '외워지지를'을 목적어로 가르치는 것은 학습자들에게 주어와 목적어의 개념에 대해 혼란을 줄 수 있기 때문에 삼가야 한다.

목적어를 확인하는 데에 대체로 '을/를' 통합 가능성이 가장 중요한 기준이 됨을 보았다. 그러므로 내포된 명사절(5.3.3.3.2. 참조), 명사구나 명사구에 준하는 표현에 '을/를'이 붙을 수 있는 경우도 목적어를 확인해 주어야 한다.

(3) 가. 피터 씨는 <u>한국어로 작문하기를</u> 좋아합니다.
    나. 검찰은 <u>홍길동 씨가 임꺽정 씨께 뇌물을 받았음을</u> 밝혀냈다.
    다. 나는 <u>수미가 왜 웃는지(를)</u> 모르겠다.
    라. 선생님은 <u>철수가 왜 학교에 오지 않았는가(를)</u> 곰곰이 생각해 봤다.

(3)과 같은 문장들은 독해 텍스트에서 흔히 볼 수 있는 것이다. 교사는 늘 그럴 필요는 없지만 가끔(대략 셋-다섯 문장에 하나 꼴로) 밑줄 친 목적어를 학습자들에게 확인해 줄 필요가 있다. 묻는 방식과 설명 방식을 반반 정도로 배합하는 것이 적당할 것이다.

주어가 두 번 쓰여 이중주어문(=주격중출문)을 이루는 경우가 있는 것처럼 목적어도 두 번 쓰여 이중목적어문(=목적격중출문)을 이루는 경우가 있다. 그러나 매우 복잡한 모습을 보이는 주격중출문에 비해 목적격중출문은 그 양상이 극히 단순하여 '전체-부분'의 관계 혹은 '대상-수량'의 관계 정도밖에 보이지 않는다.

(4) 가. 철수는 <u>영수를 허리를</u> 잡았다.

---

53) 물론 대부분의 경우 '주어, 목적어, 부사어'와 같은 문장성분의 이름을 사용하지 않고 해당 언어 표현을 그대로 사용하는 것이 더 바람직하다. 그러나 때에 따라서는 문법 용어의 사용이 필요한 경우가 있는 것이다. 교사가 언제까지나 일반화된 문법 설명을 외면한다면 한국어 교육의 수준은 추상성이 완전히 결여된, 곧 지나치게 현상적인 차원으로 떨어지게 된다.

가. 철수는 영수의 허리를 잡았다.
나. 수미는 <u>나무를 가지를</u> 꺾었다.
나'. 수미는 나무의 가지를 꺾었다.
다. 철수는 <u>길을 10km를</u> 걸었다.
다'. 철수는 길을 10km 걸었다.
라. 이번에는 한 반에 <u>학생을 열 명을</u> 배정했다.
라'. 이번에는 한 반에 학생을 열 명 배정했다.

(4가, 나)에서 보듯이 이중목적어는 일반적으로 '전체-부분'의 관계를 보이는 말에서도 보이고 (4다, 라)에서 보듯이 때로는 '대상-수량'의 관계를 보이는 말에서도 보인다. 그러나 이는 텍스트 이해를 위해 간단하게 설명하는 문법이지 적극적으로 생산하도록 유도하는 문법이 아니다. 교사는 이 점을 숙지하여 학습자들의 문장 생산에서는 (4가-라)와 같은 예를 유도하도록 한다.

한편 (5가-다)에서 보듯 여격어와 목적어가 함께 사용된 문장에서는 여격어에 붙는 '에게, 에' 대신 '을/를'을 붙여 결과적으로 이중목적어문과 같게 만드는 경우가 있다. 특히 이러한 일은 '에'에서보다는 '에게'에서 더 흔하게 일어난다. 또 (5라)와 같은 이중목적어문도 있다. 이와 같은 이중목적어문도 그리 자주 나타나는 것은 아니므로 텍스트 이해를 위한 문법이라고 할 수 있고 학습자들에게 적극적으로 가르쳐 문장을 생산해 내도록 유도할 필요는 없다.

(5) 가. 고바야시 씨는 {선생님에게, <u>선생님을</u>} 선물을 드렸습니다.
    나. 영희는 {꽃에, <u>꽃을</u>} 물을 주지 않은 지가 오래됐다.
    다. 사장님이 {부하 직원들에게, <u>부하 직원들을</u>} 일을 많이 시키십니다.
    라. 김 사장님이 <u>이현정 양을</u> {며느리로, <u>며느리를</u>} 삼았다.

끝으로 (6가, 나)에서처럼 'X하다'에서 'X가' 'X를'로 분리되어 결과적으로 이중목적어문처럼 된 경우가 있다. 이 경우 역시 학습자들로서는 (6가, 나)와 같은 문장을 만들어낼 수 있으면 충분하다.

(6) 가. 나는 수학을 공부를 할 때 가장 정신을 집중한다.
　　 가´. 나는 수학을 공부할 때 가장 정신을 집중한다.
　　 나. 우리는 무려 다섯 시간 동안 그 문제를 토의를 하였다.
　　 나´. 우리는 무려 다섯 시간 동안 그 문제를 토의하였다.

5.3.2.5. 보어

보어는 사실 학문적인 국어 문법학계에서는 거의 폐기된 개념이지만, 'A가 B가 되다', 'A가 B가 아니다'에서 문장성분 'B가'에 붙여 줄 이름이 마땅히 없기 때문에 내국인을 위한 국어 문법 교육에서나 외국인을 위한 한국어 문법 교육에서나 아직도 다루고 있는 개념이다. 한국어 교사가 수업 시간에 '주어, 목적어, 서술어' 등의 문법 용어를 사용하는 것은 문법 용어의 사용이 바람직해서가 아니라 그것을 사용함으로써 얻는 이득이 크기 때문이다. 다시 말해 '주어, 목적어, 서술어' 등의 범주화된 문법 용어를 통한 문법 교육은 의사소통적 방식으로 문법을 체득시키는 일보다는 자연성이 떨어지지만 체계성 면에서 효과가 크므로 권장할 만한 일이다.

그러나 '보어'는 문법범주로서의 교육 가치가 현저히 떨어진다. 단지 '되다, 아니다' 두 서술어를 위한 개념에 불과하기 때문이다. 따라서 한국어 교사는 이 문법 용어를 교육 현장에서 활용할 필요는 없고 개별 어휘 '되다, 아니다'의 용례만 제대로 제시해 줄 수 있으면 된다. 다만 보어의 표지는 주어의 표지와 동일한 '이/가'임은 강조하여 가르치고 연습시킬 필요가 있다. 대부분의 한국어 교재가 그러한 방향으로 교수할 수 있도록 짜여 있어 교육상 큰 문제는 발생하지 않는다.

(1) 가. 수미 씨는 의사가 되었습니다.
　　 나. 수미 씨는 한국어 선생님이 되고 싶어합니다.
(2) 가. 민수 씨는 학생이 아닙니다.
　　 나. 이것은 모자가 아닙니다.

5.3.2.6. 관형어

관형어(冠形語)의 개념은 다음과 같이 정의할 수 있다.

(1) 관형어란 명사나 명사구를 수식하는 문장성분이다.

관형어는 수식 성분이기 때문에 화살표를 이용하여 뒤의 성분을 꾸민다는 것을 보여 줄 필요가 있다. 언어에 따라 관형어의 위치가 꾸밈을 받는 성분 뒤에 오는 경우도 있고 앞에 오는 경우도 있기 때문에 꾸밈의 화살표는 자연스러운 한국어 문법을 습득하는 데 은연중 상당한 기여를 한다. 한국어에서는 관형어가 수식어 뒤에 오는 일이 전혀 불가능한데 학습자들에게 그 사실을 따로 가르칠 필요 없이 화살표로 도시(圖示)함으로써 자연스럽게 체득하게 할 수 있다는 것이다.

관형어는 수식 성분이기 때문에 대체로 생략이 가능하다. 그러나 어떤 명사는 특정한 형식의 관형어를 항상 요구하는 일이 있는데, 이를 '필수 관형어'라고 할 수 있다. 그러나 그러한 구성을 가르칠 때에 이 개념을 사용할 필요는 없다. 그보다는 해당 명사가 나올 때 그에 필요한 관형어의 형태를 항상 명시해 주는 것이 반드시 필요하다.

(2) 가. 그가 나를 {사랑했을, 사랑할} 리가 없다.
　　가'. *그 사람이 나를 {사랑한, 사랑하는} 리가 없다.
　　나. 그것은 재고의 여지가 없다.
　　다. 민수는 그 친목 단체의 일원이다.
　　라. 그 노조는 강경 일변도의 투쟁으로 국민의 지지를 못 받고 있다.
　　마. 갑작스러운 정전 사태로 수도권 일대가 완전 마비되었다.

(2가)에서의 '리'와 같은 의존명사가 앞에 관형어(주로 관형사절)을 요구하는 사실은 잘 알려져 있다. 그런데 관형사절의 관형사형 어미가 '-(으)ㄹ'로 제한되어 있는데 이러한 사실을 '리'라는 의존명사를 처음 다룰 때 명시적으로 설명하고 (2가)와 같은 예문을 다루어 주지 않는다면 일반적인 과거시제 관형사형 어미, 현재시제 관형사형 어미의 쓰임에 따라 (2가')와 같은 비문을 생산할 가능성이 있으므로 바람직하지 못하다.

(2나-2마)에서의 '여지', '일원'은 관형격조사 '의'가 결합된 명사를, '일변도', '일대'는 조사가 결합되지 않은 명사(구)가 반드시 그 앞에 나와야 한다.[54] 일종의 의존명

---

54) 다만 관용적으로 쓰이는 '여지없다, 여지없이 (처부수다)'와 같은 표현이나 문맥이 뒷받

사라고 할 수 있을 것이다. 이 사실은 내국인을 위한 국어 문법서의 어디에서도 다루어지지 않고 있으나 한국어 교육 현장에서 명시적으로 교육할 만한 가치가 있다. 보통 한국어 교재에서는 이러한 말들의 풀이를 의미 설명 후 용례만 보이는 식으로 하고 있다. 물론 학습자들이 그 용례를 활용하여 올바른 표현을 하게는 되겠지만, 그 과정을 효율적으로 단축시키는 단어의 용법 설명이 필요하다.

같은 수식 성분이면서도 아래 부사어가 홀로 쓰일 수 있는 것과는 달리 (3)에서 확인할 수 있듯이 관형어는 단독으로 쓰이지 못한다. (3)에서 보듯이 관형어는 충분한 문맥이 뒷받침되어도 단독으로는 쓰일 수 없다. 이것은 단순하면서도 강력한 제약의 문법이므로 명시적인 설명이 효과적이다.

(3) 민수: 그거 어떤 모자야?
    현정: *{빨간, 새, 헌, ……}
         {빨간, 새, 헌, ……} 모자

관형어는 표현의 필요에 따라 얼마든지 겹쳐 나올 수 있으나 그 순서에는 다소간 제약이 있다.55)

(4) 가. {저 두 벽돌, *두 저 벽돌, *저 벽돌 두} 집
    가′. {이 여러 새, ?여러 이 새, *새 이 여러} 책
    나. {저기 저, *저 저기} 사람
    다. 저 {황금빛 물결이 출렁이는 넓은, *넓은 황금빛 물결이 출렁이는} 논
    라. {저 아름다운, 아름다운 저} 소녀

(4가, 가′)는 '이, 그, 저, 이런, 그런, 저런, 이러한, 그러한, 저러한'과 같은 지시관형어와 '여러, 모든, 한, 두, 세, 네, 여러 번의, 몇 차례의'와 같은 수관형어, '새, 헌, 허튼, 옛' 등과 같은 성상관형어가 함께 쓰일 경우 그 순서가 '지시관형어+수관

침된 특수한 경우 "일대는 혼란에 빠졌습니다." 와 같은 표현은 예외로 한다.
55) 이와 관련하여서는 대단히 많은 서술이 필요하다. 여기에서는 몇 가지 예만 보이기로 한다. 더 다양한 예는 이현우(1995:5-59)를 참조할 것.

형어+성상관형어'의 형태로 이루어짐을 보인다. 다른 순서로 배열되면 어색하거나 비문법적인 말이 된다.

(4나)는 장소 표현의 명사 관형어가 지시관형어보다 반드시 먼저 나옴을 보인 것이다. (4다)는 같은 관형사절이라도 '넓은'과 같은 짧은 관형사절이 '황금빛 물결이 출렁이는'과 같은 긴 관형사절보다 피수식 명사에 더 가깝게 쓰임을 보인 것이다. (4라)는 관형사절과 지시관형어가 함께 나올 경우 그 순서에 제약이 없음을 보인 것이다.

이상의 예들은 명시적으로 가르칠 경우 단순한 암기용 문법이 되기 쉽다. 되도록 학습자들의 작문 사례를 통해 지도할 수 있도록 하고 그렇지 못한 경우 고급 과정에 가서야 일반화된 문법으로 지도하는 것이 좋다.

아래 (5)~(10)에서 관형어를 몇 가지 유형으로 나누어 예를 보인다.56) 특히 (6)과 같이 명사구 내부에서 어떤 조사 연결형이 후행 명사를 꾸밀 때에는 반드시 '의'가 필요한 현상57)은 인구어에서는 보기 어려운 현상이므로 충분한 예를 보일 필요가 있다.

(5) 관형사
　　가. 지시관형사: 이, 그, 저, 이런, 저런, 그런
　　나. 수관형사: 여러, 모두, 한, 두, 세, 네
　　다. 성상관형사: 새, 헌, 옛, 허튼, 순(純), 주(主), 귀(貴), 본(本)
(6) 관형격[속격]조사 연결형: 나의58) 책, 당신들의 천국, 자식으로서의 도리/*자식으로서 도리, 본국으로의 귀환/*본국으로 귀환, 승리에의 집념/*승리에 집념, 자유로부터의 도피/*자유로부터 도피
(7) 단순 명사(구): 철수 사진, 경제 발전, 대통령 이승만, 건설적59) 의견, 인부 김 씨, 우리들의 고향 삼포, 김 선생님

---

56) 관형사에 관한 학교 문법적 지식은 남기심·고영근(1993:171-175, 265-271)을 참조할 것.
57) "철수는 자식으로서 도리를 다한다."와 같은 문장은 「철수는][자식으로서 도리를 다한다.」와 같이 분석되므로 '자식으로서 도리'가 하나의 명사구 성분이 아니다. 다른 예들도 마찬가지 원리가 적용된다.
58) 관형어 '나의'는 '내'로, '너의'는 '네'로, '저의'는 '제'로 실현되기도 한다.
59) 학교문법에서 접미사 '-적(的)'이 붙은 말은 환경에 따라 명사와 관형사로 이원화하여 품사를 구분하고 있으나 온당하지 못하다. 여기에서는 명사가 관형어로 사용되는 경우로 처리하였다.

(8) 관형사절⁶⁰⁾: <u>내가 간</u> 집, <u>넓은</u> 밭, <u>민수가 결혼한</u> 사실, <u>영호가 입원했다는</u> 소문
(9) 명사절: <u>네가 거짓말을 했기</u> 때문에, 수미 씨는 <u>떠나기</u> 전에 전화를 해 주었다
(10) 부사: <u>아주</u> 부자를 만났다, <u>바로</u> 오늘이 내 생일이다, <u>오직</u> 너만을 사랑한다

5.3.2.7. 부사어

부사어(副詞語)의 개념은 (1가)와 같이 정의할 수 있다. 이 정의를 보면 부사어가 꾸며 주는 성분의 종류가 이질적으로 다양하다는 사실을 알 수 있다. 꾸며 주는 각각의 성분의 예를 (1나-마)에서 확인할 수 있다.

(1) 가. 부사어란 서술어, 관형어, 다른 부사어, 문장 전체를 꾸며 주는 문장성분이다.
    나. 서술어를 꾸며 주는 경우: 축구를 <u>아주</u> 좋아한다
    다. 관형어를 꾸며 주는 경우: 판다곰은 <u>매우</u> 희귀한 동물이다
    라. 다른 부사어를 꾸며 주는 경우: 피자를 <u>너무</u> 많이 먹었다
    마. 문장 전체를 꾸며 주는 경우: <u>틀림없이</u> 철수는 이번 시험에 합격할 것이다.

앞서 관형어와 마찬가지로 부사어 역시 수식 성분이기 때문에 화살표를 이용하여 뒤의 성분을 꾸민다는 것을 보여 줄 필요가 있다. 또 부사어 역시 관형어와 마찬가지로 대체로 생략이 가능하다. 그러나 어떤 서술어는 특정한 형식의 부사어를 항상 요구하는 일이 있는데, 이를 '필수 부사어'라고 할 수 있다. 그러나 그러한 구성을 가르칠 때에 이 개념을 사용할 필요는 없다. 그보다는 그 특정 서술어가 나올 때 그와 어울리는 부사어를 항상 명시해 주는 것이 좋다. 예컨대 (2)에서의 '여기다'라는 동사를 다룰 경우 교사는 '을/를 ~ (으)로 여기다'와 같이 가르쳐야 한다는 것이다.

(2) 가. 우리는 단원 김홍도를 <u>한국 최고의 화가로</u> <u>여긴다</u>.

---

60) 관형사절은 관계절[관계문]과 보문[보절]로 나눌 수 있다. 그것은 5.3.3.3.에서 다루기로 한다.

나. 김동식 부장님이 정선희 씨를 며느리로 삼았다.
　　다. 민수는 철수와 닮았다.
　　라. 이 이야기는 중국에서 유래하였다.
(3) 가. 철수는 영희에게 편지를 보냈다.
　　나. 우리는 나무로 의자를 만들었다.
　　다. 색깔이 노란색으로 변해 버렸다.
(4) 가. 철수는 학교에서 늦게 왔다.
　　나. 민영이는 밥을 빨리 먹는다.

(2)에서 서술어 '여기다', '삼다'는 목적어 외에 격조사 '(으)로'가 붙은 말을, '닮다'는 '와/과'가 붙은 말을, '유래하다'는 '에서'가 붙은 말을 요구한다. 이것은 반드시 필요한 성분이어서 생략하면 불완전한 문장이 된다.

그러나 (3)에서는 서술어 '보내다'가 '영희에게'를, '만들다'가 '나무로'를, '변하다'가 '노란색으로'를 요구하지만, 그것들이 필수적인 성분은 아니다. 즉 통사적으로는 (2)의 경우보다 생략에 좀 더 여유가 있다는 뜻이다.

(2)와 (3)의 대조에서 알 수 있듯이 교사는 어떤 서술어가 나오면 그것이 요구하는 성분을 보여 줄 필요가 있고, 특히 (2)와 같은 경우에서는 그 성분을 생략하지 못한다는 설명까지 할 필요가 있다. 그렇게 가르치면 학습자들은 (3)에서의 '영희에게', '나무로', '노란색으로'처럼 필요한 성분이라도 생략이 비교적 자유로운 성분이나 (4)에서의 '학교에서', '빨리'와 같이 서술어가 요구하지 않는 성분은 언어 보편적인 정보 표현의 직관에 따라 문맥에 맞게 생략하게 된다.

같은 수식 성분이라도 관형사가 독립적으로 쓰일 수 없는 것과는 달리 부사어는 독립적으로 쓰일 수 있다.

(5) 가. 민수: 어제 누구하고 영화 봤어?
　　　　민경: 신영호 씨하고.
　　나. 영훈: 어제 왜 야구 시합에 안 나왔니?
　　　　민수: 배가 갑자기 아파서.
　　다. 빨리!

라. 김 선생님은 민수를 무척 사랑하셨다.
　　라'. 김 선생님은 무척 민수를 사랑하셨다.
　　라". 김 선생님은 민수를 사랑하셨다, 무척.
　　마. 이상하게도 철수가 시험에서 떨어졌다.
　　마'. 철수가 시험에서 이상하게도 떨어졌다.
　　마". 철수가 시험에서 떨어졌다, 이상하게도.
　　바. 피터 씨는 된장찌개를 {잘, 안} 먹는다.

　(5)의 밑줄 친 예들은 충분한 문맥이 있다면 얼마든지 단독으로 쓰일 수 있는 부사어이다. 그런데 (5)와 같은 예는 한국어 텍스트에서 자연스럽게 습득할 수 있으므로 따로 가르칠 필요가 없다. 오히려 5.3.2.6.의 (3)과 같은 경우가 관형어의 중요한 문법적 제약으로서 반드시 강조해야 할 내용이다.
　부사어의 이러한 특징 때문에 부사어는 문장 내에서 위치 이동이 비교적 자유롭다. 예 (5라-라", 5마-마")가 그러한 사실을 잘 보여 주는데, 특이하게 (5바)에서 보듯 '잘'과 '안'은 용언 바로 앞에서만 쓰이고 다른 자리에서 쓰일 수 없다. 다른 부사어가 비교적 자유롭게 위치 이동을 할 수 있다는 일반적 사실을 가르치는 것은 교육적 효과가 떨어지지만 '잘'과 '안'이 위치 이동할 수 없는 문법적 제약을 가르치는 것은 교육적 효과가 크다.
　한국어의 표준 문법에서는 품사로서의 접속사를 인정하지 않고 부사의 일종으로 보기 때문에 문장성분으로서의 접속어도 인정하지 않고 부사어 혹은 독립어의 한 종류로 취급한다. 그러나 이들을 '부사어' 혹은 '독립어'라고 교육하는 것은 전혀 효율적이지 못하다. 접속부사는 일반적인 부사어의 특징인 수식의 역할이 잘 느껴지지 않기 때문에 학습자들에게는 혼란을 줄 수 있다. 특히 인구어와 같이 접속사가 품사로 인정되는 언어의 화자들에게는 더욱 그러하다. 따라서 교사가 굳이 '접속어' 개념을 사용하지 않는다고 하더라도 '부사어'로서 가르칠 필요는 없다. 오히려 그에 대해 자세히 묻는 고급 학습자가 혹 있으면 '접속어'라고 지도하는 편이 효율적이다. 다음 (6)에서 예를 보인다.

(6) 가. 사과 및 배, 교장 겸 교감 (학교문법에서는 부사어)

나. 그리고, 그러나, 그렇지만, 그런데, …… (학교문법에서는 독립어)

아래 (7)~(11)에서 부사어를 몇 가지 유형으로 나누어 예를 보인다.

(7) 부사: <u>매우</u> 빠르다, <u>빨리</u> 먹는다, <u>아주</u> 심각하다, <u>많이</u> 힘들다, <u>잘</u> 잔다, <u>안</u> 간다, <u>길이</u> 빛나리라, <u>편히</u> 쉬세요, <u>자주</u> 찾는다.
(8) 명사와 형태가 동일한 부사: <u>오늘</u> 월드컵이 개막된다, <u>자연</u> 그렇게 될 것이다, <u>내일</u> 간다, <u>잘못</u> 알았다, <u>여러</u> 번 말했다.
(9) 부사성 의존명사 구성: <u>마음 내키는 대로</u>, <u>내가 사랑한 만큼</u>, <u>그냥 웃기만 할 뿐</u>, <u>가는 족족</u>.
(10) 부사절
　　가. 부사화 접미사가 결합된 부사절: <u>아무 말도 없이</u> 떠났다, <u>돈 없이도</u> 행복하게 살 수 있다, <u>남편과는 달리</u> 영희는 아주 친절하다, <u>너와 같이</u> 뛰어난 인재는 우리 회사에 남아야 한다.
　　나. 부사형 어미가 결합된 부사절: <u>오징어를 삶아</u> 먹었다, <u>예쁜 옷을 입고</u> 나들이를 간다, <u>낚시하러</u> 춘천 소양호에 갔다, <u>집을 나가려고</u> 짐을 싼다, <u>이상하게도</u> 오늘 운수가 좋다, <u>행복하게</u> 한국어 공부를 한다.
(11) 조사 연결형
　　가. 처소: <u>산속에</u> 숨었다, <u>운동장에서</u> 논다, <u>십 년 간병에</u> 효자 없다, <u>집에</u> 있다.
　　나. 도구, 재료, 방법, 경로: <u>지우개로</u> 글씨를 지웠다, 나무를 <u>톱으로</u> 썬다, <u>포도로</u> 술을 만들었다, <u>영어로</u> 말한다, <u>종로로</u> 해서 왔습니다, <u>그 이야기로써</u> 교훈을 주려고 했다.
　　다. 출발점, 근원: <u>집에서</u> 나왔다, <u>서울로부터/서울에서부터</u> 부산까지, <u>할머니에게서</u> 전화가 왔다, 그 여자는 <u>천사에서</u> 악마로 변해 버렸다.
　　라. 목표, 도달점, 방향: <u>영희에게</u> 편지를 보냈다, 꽃에 물을 주었다, <u>선생님께</u> 인사를 하다, <u>집에</u> 가고 싶다, <u>손자에게</u> 옛날이야기를 해 주었다, <u>철수한테</u> 돌을 던졌다, <u>끓는 물에</u> 커피를 넣다, <u>마음에</u> 들다, <u>나에게</u> 알맞다/적당하다/적합하다.
　　마. 공동, 동반: <u>강아지와 함께</u> 논다, <u>영희하고</u> 잘 지낸다, 황산을 <u>가루와</u> 섞다,

그는 <u>나와</u> 피를 나눈 형제이다, 오디오를 <u>비디오와</u> 바꾸었다.
바. 비교: 요리 솜씨에서는 수미가 <u>민경이만</u> 못하다, <u>집채만</u> 한 호랑이, <u>꽃처럼</u> 예쁘다, 딸기가 <u>설탕보다</u> 달다, 민수가 <u>민경이보다</u> 공부를 잘한다, 영희도 <u>수미만큼</u> 예쁘다.
사. 자격, 신분: 홍길동 외교통상부 장관이 <u>대표로</u> 참석하였다, 저는 <u>이 학교의 학생회장으로서</u> 맡은 본분을 충실히 다하겠습니다.
아. 원인: <u>감기로</u> 앓아누웠다, <u>술에</u> 취했다, <u>카드 빚으로</u> 고생하는 사람이 많다.
자. 변화된 것, 결과, 상태: 물이 <u>얼음으로</u> 되었다/변했다, <u>소풍을 안 가기로</u> 결정하다.

5.3.2.8. 독립어

독립어의 개념은 (1)과 같이 정의할 수 있다.

(1) 독립어는 문장 중의 어느 성분과도 직접적인 관련이 없는 독립된 성분이다.

위에서 접속부사 중 '그리고, 그러나, 그러면, ……' 등은 모두 독립어로 다루어지지만 한국어 학습자에게는 '접속어'로 교육함이 더 효과적임을 언급하였다. 한편 위에서 다룬 문장 수식 부사를 독립어로 보기도 하나 여기에서는 인정하지 않도록 한다. 다시 정리하자면, 한국어 교육 현장에서 접속부사는 '접속어'로, 문장 부사어는 '부사어'로 교육하는 것이 효과적이다. 하지만 한국어 표준 문법에서 접속부사와 문장 부사어는 독립어로 다루어지므로 여기에서 몇 가지 예를 보인다.

(2) 가. 왕이 죽었다. <u>그리고</u> 왕비도 죽었다.
　　나. 왕이 죽었다. <u>그러나</u> 왕비는 죽지 않았다.
　　다. 순희는 의지가 강하다. <u>그러므로</u> 반드시 성공할 것이다.
(3) 가. <u>미안하지만</u>, 이번에는 네가 틀렸다.
　　가'. 이번에는, <u>미안하지만</u>, 네가 틀렸다.
　　가". 이번에는 네가, <u>미안하지만</u>, 틀렸다.
　　가'''. 이번에는 네가 틀렸다, <u>미안하지만</u>.

나. <u>다행히</u> 그 교통사고에서 아이는 죽지 않았다.
　　나'. 그 교통사고에서 <u>다행히</u> 아이는 죽지 않았다.
　　나". 그 교통사고에서 아이는 <u>다행히</u> 죽지 않았다.
　　나'''. 그 교통사고에서 아이는 죽지 않았다, <u>다행히</u>.

　독립어의 가장 흔한 형식은 감탄사, 부름말일 것이다. 부름말을 흔히 '호격어'라고도 하지만 호격조사가 붙지 않는 경우도 많으므로 '부름말'이 더 정확한 용어라고 여겨진다.

(4) 가. <u>아이고</u>, 이거 큰일 났네.
　　나. <u>어머나</u>, 이를 어쩌나.
　　다. <u>와</u>, 정말 멋있다.
　　라. <u>얼씨구</u>, 잘들 논다.
　　마. <u>아차</u>, 중요한 서류를 깜빡 잊고 왔네.
　　바. <u>앗</u>, 비행접시가 나타났다.

(5) 가. <u>어머니</u>, 오늘 늦게 들어올 거예요.
　　나. <u>여보</u>, 아이가 아파요.
　　다. <u>기영아</u>, 숙제는 다 했니?
　　라. <u>숙희야</u>, 우리 등산 가자.
　　마. <u>철수</u>, 지금이 몇 신가?
　　바. <u>해여</u>, 어서 떠오르소서.
　　사. <u>달님이시여</u>, 제 소원을 들어주시옵소서.

　(4)는 감탄사의 예들을 보인 것이다. 모종의 감정 상태를 표현한 말로서 문장의 다른 성분과 아무런 관련이 없다고 할 수 있고 생략되어도 무방하다. 그런데 한국어에서 감탄사는 그 수효가 적다고는 할 수 없으나 일상생활의 구어에서 쓰이는 빈도가 그리 높지 못하다. 일상생활에서 매우 자주 감탄사가 쓰이는 영어를 모어로 하는 한국어 학습자들은 한국어 감탄사를 배우면 한국어 화자에게는 어색할 정도로 감탄사를 많이 사용하는 경향이 있다. 한국어에서 감탄사는 구어에서 많이 쓰이지

않고 문어에서 더 많이 쓰임을 언급할 필요가 있다.

(5)는 부름말의 예를 보인 것이다. (5다, 라)처럼 고유명사를 부름말로 쓸 때에는 호격조사 '아/야'를 덧붙여 쓴다. (5마)와 같이 때로 '아/야'가 붙지 않는 경우도 있으나 상당히 드물게 쓰이므로 텍스트 이해를 위한 교육이 아니라면 학습자들에게 굳이 제시할 필요는 없다. (5가, 나)의 '어머니, 여보'는 특정 대상을 부를 때 쓰는 말이다. (5바, 사)의 '(이)여, (이)시여'는 옛말[古語] 투의 호격조사로서 현대 한국어에서 거의 쓰이지 않으므로 한국어 교육 현장에서 다룰 필요는 없다. 한편 부름말(호칭어)은 가리킴말(지칭어)와 구별되어야 하는데, 이는 중급 과정 정도의 한국어 학습자에게는 반드시 강조하여 가르쳐야 한다.

(6) 가. <u>선생님</u>, 어디 편찮으세요?
　　가′. 저는 <u>선생님</u>을 존경합니다.
　　나. <u>여보</u>, 오늘 몇 시에 들어와요?
　　나′. 우리 {*<u>여보는</u>, <u>남편은</u>} 매일 늦게 들어와요.
　　다. *<u>애인</u>, 우리 몇 시에 만날까?
　　다′. <u>애인</u>이 속을 썩여 죽겠어요.
　　라. {*<u>시어머님</u>, <u>어머님</u>}, 이것 어떻게 할까요? (며느리가 시어머니에게)
　　라′. 우리 {*<u>어머님은</u>, <u>시어머님은</u>} 성격이 아주 좋으세요.

(6가)에서 '선생님'은 부름말로 쓰이고 있고 (6나)에서는 가리킴말로 쓰이고 있다. 모두 자연스럽게 사용된다. 그러나 (6나)에서 '여보'는 부를 때에는 사용할 수 있으나 가리킬 때에는 '남편'을 사용하고 있음을 알 수 있다. (6다, 다′)에서 보듯 '애인'은 부름말로는 사용할 수 없고 가리킴말로만 사용할 수 있다. (6라, 라′)에서도 '시어머님'은 가리킴말로만, '어머님'은 부름말로만 사용할 수 있음을 알 수 있다.

이러한 쓰임의 차이는 상당 부분 친족 관계 단어들에서 볼 수 있어 한국어 학습자들에게 그다지 중요한 사실이 아니라고 할 수도 있으나,61) 구어 한국어에서 대단

---

61) 예전에는 외국인 한국어 학습자들이 '어머님'이라는 부름말을 쓸 경우는 거의 없었으나, 최근 들어 한국인과 결혼하는 외국인들이 늘어남에 따라 가르쳐야 할 어휘 목록이 되었다고 할 수 있다.

히 중요하게 다루어지므로 일정 정도 수준에 오른 학습자들에게는 교육할 가치가 있다. 한국어 교사는 어떤 말이 부름말과 가리킴말로 다 쓰이고 어떤 말이 부름말로는 되지만 가리킴말로는 안 되고 어떤 말이 부름말로는 안 되지만 가리킴말로 되는지 교수 이전에 정리해 둘 필요가 있다. 다음에 몇 가지 예를 보인다.

(7) 가. 가리킴말, 부름말: 사장님, 회장님, 선생님, 교수님, 할아버지, 할머니, 아버지, 어머니, 누나, 형, 삼촌, 고모, 이모
   가'. 가리킴말, 부름말[명사 + 호격조사]: (7가, 나, 다)를 제외한 모든 명사
   나. 부름말: 여보, 아버님('시아버지'의 뜻), 어머님('시어머니'의 뜻)
   다. 가리킴말: 시아버지, 시어머니, 며느리, 사위, 아들, 딸, 조카, 손자, 손녀, 자식, 애인, 남편, 아내, 여자 친구, 남자 친구

(7가)는 명사에 호격조사 '아/야'가 붙어서 이루어진 부름말을 뜻한다. 예를 들어 "제 컴퓨터가 고장 났어요."라고 말할 수도 있고 "컴퓨터야, 제발 작동 좀 해라."와 같이 말할 수도 있다. 한편 '아들'은 가리킴말로만 쓰인다고 했는데, *'딸아'가 불가능한 것과는 달리 '아들아'는 어느 정도 가능하므로 (7가)에 넣을 수도 있다.

독립어 중 약간 특이한 예로서 '제시어'가 있다. '제시어'란 어떤 명사구가 독립어로 제시되고 그 말을 받는 대명사가 뒤에 따라 나오는 경우에 쓰는 용어이다.

(8) 가. 김치, 이것은 한국을 대표하는 음식이라 할 만하다.
   나. 충무공 이순신, 온 국민이 그를 존경한다.
   다. 전주는 비빔밥, 그게 유명하다.
   라. 영희는 민수, 그 사람을 잘 안다.

(8)에서 보듯 '김치, 충무공 이순신, 비빔밥, 민수'가 일단 제시되고 나서 뒤 문장에서 그것을 받는 대명사가 따라 나오고 있다. (8다, 라)처럼 문장 중간에 제시어가 나오는 경우는 흔하지 않으므로 텍스트 이해를 위해서가 아닌 한 미리 교육할 필요는 없다고 할 수 있으나 (8가, 나)와 같이 문장 처음에 제시어가 나오는 경우는 수필이나 논설문, 설명문 등에서 상당히 자주 볼 수 있으므로 독립어 개념을 가르칠

때 함께 다루어 주는 것이 좋다.

5.3.2.9. 문장성분의 호응 및 배열 순서

문장성분은 서로 어울려서 한 문장을 형성한다. 서로 잘 어울리는 것(혹은 어울려야만 하는 것)이 있고 잘 어울리지 못하는 것이 있다. 잘 어울리거나 어울려야 하는 것을 서로 '호응한다'고 한다. 따라서 '호응'은 어려운 개념이 아니고 위의 문장성분에 관한 설명에서 쉽게 정리할 수 있는 내용이다. 다음 (1)은 서로 잘 어울리는 성분을 정리하여 보인 것이고 (2)는 서로 어울리지 않는 성분을 정리하여 보인 것이다. 독립 성분인 독립어는 아무 것과도 어울리지 않는다.

(1) 가. 주어-서술어
　　나. 목적어-서술어
　　다. 부사어-서술어
　　라. 부사어-부사어
　　마. 부사어-관형어
　　바. 관형어-명사(및 명사와 조사가 만드는 성분)
(2) 가. 주어-목적어
　　나. 부사어-목적어
　　다. 관형어-서술어
　　라. 부사어-명사(및 명사와 조사가 만드는 성분)

문장성분이 배열되어 한 문장을 이룰 때에는 일반적인 순서가 있다. 이를 다음과 같이 정리한다.

(3) 가. 주어-서술어
　　나. 주어-목적어-서술어
　　다. 주어-여격 부사어-목적어-서술어
　　다'. 주어-목적어-여격 부사어-서술어
　　라. 꾸밈말인 관형어, 부사어는 꾸밈말 바로 앞에 온다.

마. 독립어는 문장 맨 앞에 온다.

(3)과 같은 순서는 보통의 문장에서 거의 지켜지지만 강조하고 싶은 표현이 있을 경우에는 어순을 바꾸기도 한다. 정상적인 'A-B' 순서가 'B-A' 순서가 되었다면 거의 틀림없이 화자가 B를 강조하고 싶은 경우이다. 그러나 관형어는 절대로 꾸밈을 받는 말 뒤에 올 수 없고 부사어도 경우에 따라 꾸밈을 받는 말 뒤에 오면 매우 어색해진다. 예컨대 (4)에서 밑줄 부분은 그것이 꾸미는 '굴다, 삼다, 새' 뒤에 오기 어렵다. 교사라면 한국어에서의 이러한 현상에 대한 직관을 다 갖추고 있을 것이나 문제는 교육 시간 중에 적절히 지도하는 것이다. 특히 (4다)와 같은 예는 꾸밈의 화살표 등으로 강조하여 보일 필요가 있다.

(4) 가. 철수가 영희에게 <u>귀찮게</u> 군다.
    나. 김민수 씨가 신민정 양을 <u>며느리로</u> 삼았다.
    다. 이 책은 헌책방에서 샀지만, 아직도 <u>아주</u> 새 책이다.

5.3.3. 문장의 구성 방식

5.3.3.1. 문장의 구성: 단순문과 복합문

사태, 곧 사건(evnet)이나 상태(state)는 기본적으로 주어와 서술어로 표현된다. 주어와 서술어가 한 번 나타나면 단순문(=홑문장) 혹은 단문, 두 번 이상 나타나면 복합문(=겹문장) 혹은 복문이라고 한다.

(1) 가. 자동차가 멋있다.
    나. 그 집에서 오늘 돌잔치가 있어.
    다. 우리 집 정원에 드디어 장미꽃이 피었어.
(2) 가. 미국은 멀고 중국은 가깝다.
    나. <u>날씨가 좋으면</u> 소풍을 갑시다.
    나'. 날씨가 좋다. + 소풍을 갑시다.
    다. (꽃이) <u>예쁜</u> 꽃이 피었다.

다′. 꽃이 예쁘다. + 꽃이 피었다.

라. 나는 <u>그 사람이 우리를 떠났음</u>을 모두에게 알렸다.

라′. 그 사람이 우리를 떠났다. + 나는 모두에게 알렸다.

(1)의 각 문장은 그 길이와 무관하게 서술어가 각각 '멋있다', '있다', '피다' 로서 한 번만62) 나왔으므로 단순문이다. (2가)에서는 서술어가 '멀다' 와 '가깝다' 로서 두 번 나왔다. (2나)에서는 서술어가 '좋다', '가다' 로서 두 번 나왔고, (2다)에서는 서술어가 '예쁘다', '피다' 로서 두 번 나왔으며, (2라)에서는 서술어가 '떠나다', '알리다' 로서 두 번 나왔다. 그러므로 (2)의 모든 문장은 복합문이다. 특히 (2다)는 동일 주어를 한 번만 썼기 때문에 단순문처럼 느껴지나 구조상 복합문이다.

그러나 같은 복합문이라도 그 성격에 따라 다시 하위 구분될 수 있다. (2가)는 접속어미(=연결어미) '-고' 에 의해 앞 절과 뒤 절이 통사적으로 대등한 자격을 갖고 연결된 것이다. 한편 (2나-라)는 큰 문장(전체 문장)이 작은 절(밑줄 친 절)을 마치 엄마가 아이를 안고 있듯이 안고 있다.

이에 따라 (2가)를 '이어진문장(=접속문)', (2나라)를 '안은문장(=내포문)' 이라고 부른다. 특히 안은문장 전체에서 바깥쪽 부분의 문장을 안은문장(=상위문) 혹은 모문(母文)이라고 부르고 안쪽 부분의 문장을 안긴문장(=하위문) 혹은 내포문/절이라고 부른다. 이에 따르면 '안은문장' 은 두 가지 의미로 쓰인다. 내포문 전체 절을 가리킬 때도 있고 안긴문장의 바깥쪽 문장만을 가리킬 때도 있는 것이다. 그러나 대체로 안은문장이라고 할 때에는 전자를 가리키므로 교육적으로 큰 문제를 야기하지는 않는다. '내포문' 역시 전체 문장을 가리키는 경우가 있고 안긴문장만을 가리키는 경우가 있지만 단순한 용어상의 혼란일 뿐이므로 한국어 교육 현장에서는 별 문제가 되지 않는다.

(2나)의 성격 규정은 다소 혼란스러운 면이 있다. 어떤 국어 문법가는 (2가)와 (2나)를 한데 묶어 접속문으로 처리하고 (2가)를 대등 접속문, (2나)를 종속 접속문이라고 구분하고 있으나, 최근에는 (2나)의 종속절이 부사절의 기능을 하므로 (2나)를

---

62) 엄밀히 말하면 [주어+서술어] 관계가 한 번만 이라고 표현하여야 한다. 그러나 국어에서 주어는 여러 가지 이유로 나타나지 않는 경우가 많으므로 서술어가 몇 번 나왔는지를 보는 것이 손쉽다.

부사절을 안은문장, 곧 내포문으로 처리하는 것이 보편적이다. 본서에서도 (2나)와 같은 문장을 부사절 내포문으로 처리한다.

물론 이와 같은 개념들을 한국어 교육 현장에서 직접 활용하는 일은 없다. 그러나 복잡한 문장을 독해하는 경우, 교사는 학습자에게 문장을 도해(圖解, illustration)해 주어야 하는 경우가 많은데, 위 내용에 대한 지식은 필수적이다. 가령 내포문 속의 안긴문장에 네모를 쳐 준다든가 절과 절의 이어짐을 선으로 연결해 보여 준다든가 하는 경우에 유용하다.

이 장에서는 문장의 구조에 대해 자세히 살펴보도록 한다.

5.3.3.2. 접속문 구성

5.3.3.2.1. 접속문의 구성 방식

접속문은 접속어미(=연결어미)의 도움을 받아 구성된다. 곧 A 문장과 B 문장은 'A-연결어미 B'와 같은 접속문이 되는 것이다. 교사는 처음 가르치는 접속문에서 'A-연결어미 B'와 같은 구문 카드를 준비하여 제시할 필요가 있다. 그러나 이 공식은 원칙적으로 매우 단순해 보이지만, 교육적으로 문제가 그리 단순하지 않다. 첫째, (1)에서 보듯이 한국어에서 접속문을 만드는 접속어미의 수효는 적지 않다.

(1) -고, -(으)며, -지만, -(으)나, -거나, -든지, -든가

둘째, (2가)에서 보듯이 대부분 A를 문장 그대로 사용하지 않고 명제로만 사용하는 경우가 대부분이다.

(2) 가. 백두산은 장엄하다. + 금강산은 아름답다.
    나. 백두산은 {장엄하고, *장엄하다고}, 금강산은 아름답다.

셋째, (3)에서 보듯이 B 문장에서도 A와의 동일 주어를 탈락시켜야 한다.

(3) 가. 철수는 키가 크다. + 철수는 잘생겼다.

나. 철수는 키가 크고, {ø, *철수는} 잘생겼다.

넷째, (4)에서 보듯이 선행 문장을 단순한 명제 형태로 쓰는 경우도 있고 시제, 상, 존대, 양태 요소의 선어말어미와 함께 쓰는 경우도 있다.

(4) 가. 철수가 갔다. + 영희가 갔다.
　　 가'. 철수가 {가거나, 갔거나} 영희가 갔습니다.
　　 나. 산은 높았다. + 물은 깊었다.
　　 나'. 산은 {높고, 높았고} 물은 깊었다.

그러므로 외국인 학습자들이 한국어의 접속문을 제대로 만들어내는 일은 대개 한두 해 안에 끝나지 않는다. 적어도 확실한 3급을 마친 수준에 이르러서야 거의 오류 없는 접속문을 생산한다.

5.3.3.2.2. 접속문의 유형

접속문은 그 의미에 따라 대략 다음과 같이 나눌 수 있다.
첫째, 한 가지 이상의 일을 나열하는 것으로서 '-고, -(으)며, -자'가 있다.

(5) 가. 인생은 짧고 예술은 길다.
　　 나. 영호는 얼굴이 미남이며 성격도 친절하다.
　　 다. 홍길동 씨는 시인이자 소설가이십니다.

둘째, 두 가지 이상의 일을 대조하는 것으로서 '-(으)나, -지만, -만'이 있다.

(6) 가. 피터 씨는 한국어를 잘하지만 이반 씨는 한국어에 아직 서투릅니다.
　　 나. 영호는 군대에 갔으나 민수는 가지 않았습니다.
　　 다. 아버지는 건강하십니다만 어머니는 건강이 좋지 않으십니다.

셋째, 두 가지 이상의 일 중 특정한 것을 선택하는 것으로서 '-거나, -든지, -든가

가 있다.

(7) 가. 이번 여행은 일본으로 가거나 중국으로 갈 거예요.
나. 배를 드시든지/드시든가 사과를 드시든지/드시든가 마음대로 하세요.

교사가 한국어 학습자에게 위와 같은 문장을 교육할 때에는 다음과 같은 사실에 유의하여야 한다. 첫째는 (8)에서 보듯이 접속어미는 대부분 문장 전체에 붙이는 것이 아니라 명제에 붙인다는 사실이다. 그러므로 선행절의 용언 어간까지만 쓴 후 거기에 접속어미를 붙이는 것을 시각적으로 두드러지게 보여 주는 것이 좋다. 둘째는 역시 (8)에서 볼 수 있듯이 선행절과 후행절의 주어가 같으면 후행절의 주어를 생략한다는 사실이다. 이것은 언어 보편적이므로 굳이 강조하여 교육하지 않아도 되지만 처음 몇 번쯤은 후행절의 주어를 지우는 과정을 시각적으로 보여 줄 필요가 있다.

(8) 가. 영호는 얼굴이 미남이다. 영호는 성격도 친절하다.
나. 영호는 얼굴이 <u>미남이며</u>, 성격도 친절하다.
나'. *영호는 얼굴이 <u>미남이다며</u>, 성격도 친절하다.

셋째는 (9)에서 보듯이 접속어미가 명제 자체에만 붙는 것이 아니라 명제에 시제, 상, 양태, 대우법의 선어말어미가 붙은 후 접속어미가 붙는 경우도 있다는 사실이다.

(9) 가. 철수는 부산으로 {가고, 갔고} 영희는 광주로 갔다.
나. 땅이 젖은 것을 보니 어젯밤에 눈이 {오거나, 왔거나} 비가 왔다.
다. 지금쯤이면 철수는 대전까지 {가고, 갔고, 갔겠고}, 영희는 대구까지 갔겠다.
라. 아버지는 몸이 {약하고, 약하시고}, 어머니는 몸이 건강하십니다.

접속문만 생각해 보면 이 사실은 교육상 큰 문제가 되지 않는다. 둘 다 되므로 학습자들이 오류를 범할 경우가 적은 것이다. 그러나 뒤에 나올 부사절 내포문을 가르칠 때에는 접속문에서의 이와 같은 특징을 대조하여 가르칠 필요가 있다. 부사절 내포문에서는 선어말어미의 제약이 심하기 때문이다.

넷째는 접속어미가 명제나 '명제+선어말어미' 형태에 붙는 것이 아니고 완전한 문장에 붙는 특이한 경우가 있다. 내국인을 위한 국어 문법서든 외국인을 위한 한국어 문법서든 이러한 경우에 대해 서술한 일이 거의 없는데 (6다)와 같은 문장을 교수할 때에는 이 사실을 강조할 필요가 있다.

다섯째는 (5다)에서의 '-자' 역시 문법서에 언급되어 있는 일이 거의 없으나 비교적 자주 쓰이는 접속어미이므로 중급 후반 정도에 있는 학습자에게는 반드시 교육하여야 하는 접속어미라고 할 수 있다. (10)에서 보듯 특히 이 접속어미는 '이다'에만 붙음을 강조할 필요가 있다.

(10) 가. 홍길동 씨는 시인이자 소설가이시다.
   나. *영희는 예쁘자 착하다.
   다. *철수는 담배를 피우자 술도 좋아한다.

5.3.3.3. 내포문 구성

5.3.3.3.1. 내포문의 구성 방식

내포문을 구성하는 방법은 여러 가지가 있다. A 문장이 B 문장 속에 안길 적에 A가 명사절로 안기거나 관형사절로 안길 경우에는 각각 명사형 전성어미, 관형사형 전성어미를 사용하는 반면, 부사절로 안기는 경우는 부사형 어미나 부사화 파생접미사인 '이'가 쓰이고 인용절로 안기는 경우는 '-고', '-라고', '-다고', '-냐고', '-자고'와 같은 인용어미63)가 사용된다. 서술절로 안기는 경우는 아무런 형태도 필요하지 않다. (1)-(5)의 (가)에서 각각 명사절 내포문, 관형사절 내포문, 부사절 내포문, 서술절 내포문, 인용절 내포문의 예를 보기로 한다. (나)는 내포되기 전의 문장을 대략 복원해 본 것이다.

---

63) 내국인을 위한 표준 학교문법에서는 이들을 '인용의 부사격조사'라고 한다. 이들이 어미인지 조사인지 정확히 규명하는 일은 매우 어려우나 한국어 교육 현장에서는 아무런 문제가 되지 않는다.

(1) 가. 홍길동이 범인임이 밝혀졌다.

　　나. 홍길동이 범인이다. + 그 사실이 밝혀졌다.

(2) 가. 내가 들은 음악은 새로 작곡된 것이다.

　　나. 내가 음악을 들었다. + 그 음악은 새로 작곡된 것이다.

(3) 가. 영호는 잘생겨서 인기가 좋다.

　　나. 영호는 잘생겼다. + 영호는 인기가 좋다.

(4) 가. 토끼는 귀가 길다.

　　나. 토끼. + 귀가 길다.

(5) 가. 선생님이 학생들에게 숙제 꼭 해 오라고 말씀하셨다.

　　나. 선생님이 말씀하셨다. + "숙제 꼭 해 오세요."

5.3.3.3.2. 명사절 내포문

　명사절 내포문을 만드는 것은 명사형 전성어미 '-(으)ㅁ, -기'에 의존한다. 때로는 '-(으)ㄴ/-는/-(으)ㄹ/-던 것'을 '-(으)ㅁ, -기'와 함께 명사형 전성어미로 다루는 일도 있으나 엄밀히 말하면 이 구성은 의존명사 '것'을 관형사절이 꾸미는 구성이므로 관형사절 내포문이라고 할 수 있다. 여기에서는 명사절 내포문에 대해 살펴본다.

　일반적으로 말해 '-(으)ㅁ'은 [+결정성, +실체성]의 뜻을 지니고 '-기'는 [-결정성, -실체성]의 뜻을 지니고 있다. (1)에서 이를 확인할 수 있다.

(6) 가. 홍길동 씨가 {범인임이, 범인이었음이} 밝혀졌다.

　　가'. *홍길동 씨가 {범인이기가, 범인이었기가} 밝혀졌다.

　　나. 나 보기가 역겨워 가실 때에는 말없이 고이 보내 드리오리다.

　　나'. *나 봄이 역겨워 가실 때에는 말없이 고이 보내 드리오리다.

　(6가, 가')를 보면 홍길동 씨가 범인이라는 결정된 사실을 하나의 객관적 실체로 보고 그것에 대해 서술하므로 '-(으)ㅁ'을 사용하고 '-기'를 사용하지 못하는데, (6나, 나')를 보면 나를 보는 행위는 실제로 일어난 일이 아니라 화자의 머릿속에서 가상한 일이므로 [-결정성, -실체성]의 뜻을 지니므로 '-기'가 사용되고 '-(으)ㅁ'을 사용할 수 없다.

이러한 원리는 교수하기도 쉽지 않을 뿐만 아니라 예외도 적지 않아 한국어 교육 현장에서 활용하기가 쉽지 않고 활용한다고 하더라도 문법만을 심화시켜 교육하는 중급 이상의 학습자들에게나 적당하다. 그러나 이 원리를 가르치지 않으면 학습자들이 지속적으로 비문법적인 문장을 양산하므로,64) 적절한 설명이 필요하다. [결정성, 실체성]이라는 다소 어려운 개념보다는 [구체성]과 [추상성, 일반성]이라는 개념으로 가르치는 것도 생각해 볼 수 있다. '-(으)ㅁ'은 '구체적인 일'에 쓰이고 '-기'는 일반적이고 추상적인 일에 쓰인다고 설명하는 것이 더 나은 경우가 많다.

교육 현장에서 '-(으)ㅁ', '-기'의 구분이 구체적으로 문제가 될 경우에는 위의 원리를 가능한 한 적용하여 설명하고 그렇지 못한 경우 뒷말과의 관계에 따라 설명하면서 가능한 예문을 하나씩 익히게 하는 것이 최선으로 보인다.

(7)에서 보듯이 '보다, 듣다, 느끼다, 기쁘다/기뻐하다, 슬프다/슬퍼하다'와 같은 지각용언, '알다, 깨닫다, 잊다, 인식하다, 의식하다'와 같은 인식용언, '분명하다, 확실하다, 틀림없다'와 같은 평가용언, '밝혀지다, 드러나다, 주장하다, 고백하다, 지적하다, 알리다, 암시하다'와 같은 동사가 뒤에 나오면 그 앞의 목적어 명사에 '-(으)ㅁ'을 결합시키고 '-기'는 결합시키지 않는다. 인지용언65)이나 평가용언, '밝혀지다, 드러나다'와 같은 동사는 이미 결정되어 존재하는 실체에 대한 것이기 때문이다.

(7) 가. 민수는 영희가 자기를 사랑하지 않(았)음을 {알았다, 몰랐다, 깨달았다, 잊었다}.
　　가'. *민수는 영희가 자기를 사랑하지 않(았)기를 {알았다, 몰랐다, 깨달았다, 잊었다, 한탄했다}.
　　나. 음악 소리가 잔잔해지면서 영화가 끝나고 있음을 {암시했다, 알렸다}.
　　나'. *음악 소리가 잔잔해지면서 영화가 끝나고 있기를 {암시했다, 알렸다}.
　　다. 이효리 씨가 어제 그 프로에 출연하지 않았음이 {분명하다, 틀림없다, 확

---

64) 물론 이 문법을 가르치지 않아도 문법적인 문장을 계속 보고 듣게 하면 언젠가는 학습자들이 이 문법에 자연스럽게 익숙해진다. 다만 그렇게 될 때까지 걸리는 시간이 문제가 되는 것이다. 문법 교육은 자연스러운 한국어를 이해하고 생산하기 위한 지름길을 제시하는 것이 목적이다.
65) '인식용언'과 '지각용언'은 명확히 구분되는 것이 아니다. 이를 '인지용언'으로 합쳐 부르기도 한다.

실하다, 밝혀졌다, 드러났다}.
다´. *이효리 씨가 어제 그 프로에 출연하지 않(았)기가 {분명하다, 틀림없다, 확실하다}.
라. 나는 피로로 온몸이 무거워짐을 {느꼈다, 의식했다}.
라´. *나는 피로로 온몸이 무거워지기를 {느꼈다, 의식했다}.
마. 홍길동 씨는 자신이 그 사건과 관련이 없음을 {주장했다, 밝혔다, 고백했다, 지적했다}.
마´. *홍길동 씨는 자신이 그 사건과 관련이 없기를 {주장했다, 밝혔다, 고백했다, 지적했다}.

반면 (8)에서 보듯 후행 용언이 '좋다/좋아하다, 싫다/싫어하다, 피하다, 꺼리다'와 같은 감정 표현 용언, '쉽다, 용이하다, 수월하다, 어렵다, 까다롭다, 힘들다, 불편하다, 괴롭다'와 같은 난이(難易) 표현 용언, '바라다, 원하다, 희망하다, 기대하다, 기다리다, 기원하다'와 같은 원망(願望) 표현 용언, '결심하다, 약속하다, 정하다, 계획하다, 합의하다'와 같은 말이면 그 앞에 '-기'를 사용한다.

(8) 가. 피터 씨는 한국어로 말하기를 {좋아합니다, 싫어합니다, 꺼립니다, 바랍니다, 희망합니다, 원합니다}.
가´. *피터 씨는 한국어로 말함을 {좋아합니다, 싫어합니다, 꺼립니다, 바랍니다, 희망합니다, 원합니다}.
나. 한국어로 유창하게 말하기는 {쉽지, 수월하지, 용이하지, 어렵지, 힘들지} 않습니다.
나´. *한국어로 유창하게 말함은 {쉽지, 수월하지, 용이하지, 어렵지, 힘들지} 않습니다.
다. 수미 씨는 매일 아침 30분 동안 운동하기로 {결심했다, 약속했다, 계획했다, 정했다}.
다´. *수미 씨는 매일 아침 30분 동안 운동함으로 {결심했다, 약속했다, 계획했다, 정했다}.

특히 (8다)는 '운동하기를 보다는 '운동하기로'가 훨씬 자주 쓰이므로 조사 '로'가 포함된 구문 카드를 작성하는 것이 좋다. 대부분의 한국어 교재는 그러한 문장 형식을 보이고 있으므로 교사는 그에 따라 교육을 수행하면 된다.

위에서 '-기'가 [-결정성, -실체성], [일반성, 추상성]의 뜻을 갖는다고 하였는데, 바로 그러한 특성 때문에 원칙적으로는 '-기' 앞에는 과거에 어떤 일이 일어났음을 뜻하는 시제 선어말어미 '-았/었'이 붙는 경우가 없다. 간혹 학습자들이 과거의 일을 표현할 때 '-기' 앞에 '았/었'을 붙이는 일이 있는데 처음부터 '-기' 앞에는 '았/었'이 붙을 수 없음을 설명할 필요가 있다. 물론 '-았/었기 때문에, -았/었기에'와 같은 경우가 있으나 여기서 다루는 문장과는 다른 유형이므로 유의하여야 한다.

이상에서 보인 '-(으)ㅁ'과 '-기'는 대체로 '-(으)ㄴ/는/(으)ㄹ/던 것'으로 대체하여 사용할 수 있다. 특히 구어에서는 '-(으)ㄴ/는/(으)ㄹ/던 것'을 사용 빈도가 더욱 높으므로 위와 같은 문장과 함께 연습을 시켜야 한다.

한편 (9가-다)에서 보듯이 특별한 이유 없이 어떤 말과 어울릴 때에 '-기'를 사용하는 일이 있는데, 이는 반드시 그 전체 형식을 가르쳐야 한다. 예를 들어 '나름이다/마련이다', '십상이다'라는 어휘를 다룰 때에 교사는 반드시 '-기 나름이다/마련이다', '-기(가) 십상이다'와 같은 구문 카드로써 교육하여야 한다.

(9) 가. 세상 살기가 어렵다고 해도 결국 저 하기 나름이에요.
　　 가'. *세상 살기가 어렵다고 해도 결국 저 하는 것 나름이에요.
　　 나. 아이들은 장난을 좋아하기 마련이에요.
　　 나'. *아이들은 장난을 좋아하는 것 마련이에요.
　　 다. 그렇게 천천히 하다가는 약속 시간에 늦기(가) 십상입니다.
　　 다'. *그렇게 천천히 하다가는 약속 시간에 늦는 것(이) 십상입니다.
　　 라. 철수 씨는 수학자가 되기 위하여 열심히 공부합니다.
　　 라'. *철수 씨는 수학자가 되는 것(을) 위하여 열심히 공부합니다.

또 '-기'만 쓰이는 관습적 표현도 있다. (10)에서 보인다. 특히 (10가)는 잘 익혀 두면 문장 생산에서 매우 유용하게 쓰일 수 있으므로 문장 생산 연습을 많이 시키는 것이 좋다.

(10) 가. 제가 {알기로는, 생각하기에는} 그는 천재입니다.
　　　나. 선생님이 말씀하시기를, 뜻이 있는 곳에 길이 있다고 합니다.
　　　다. 그 사람이 저를 알기를 우습게 아는 것 같습니다.
　　　라. 고향을 떠난 지 오래되어 친구들이 그립기가 {이를 데 없다, 그지없다}.

마지막으로 '-느냐, -(으)냐', '-는가, -(으)ㄴ가', '-는지, -(으)ㄴ지, -(으)ㄹ지'와 같은 말은 분명 명사형 어미가 아님에도 불구하고 명사형 어미처럼 쓰여 그것이 이끄는 절을 명사절로 만드는 경우가 있음을 잘 교육하여야 한다. 이러한 문장은 매우 자주 쓰이고 학습자들이 한국어 문장을 생성할 때에도 활용도가 매우 높으므로 충분히 설명하고 충분한 예를 제시한 후 충분한 연습 시간을 가져야 하는 것이다. (11)에서 보인다.

(11) 가. 누가 고양이 목에 방울을 달 {것인가, 것이냐, 것인지}가 문제다.
　　　나. 그 사람이 무슨 말을 {했느냐, 했는가, 했는지, 할지}가 궁금하다.

5.3.3.3.3. 관형사절 내포문

관형사절을 만드는 것은 관형사형 어미 '-(으)ㄴ', '-는', '-(으)ㄹ', '-던'에 의존한다. 관형사절은 관형사형 어미, 시제 부분에서도 언급하므로 여기에서는 문장 전체의 관점에서 중요한 사실만을 언급하도록 한다.

보통 관형사절은 보문(=동격관형절)과 관계절(=관계관형절)로 분류된다. 보문이란 한 문장의 모든 성분을 다 완전하게 갖추고 있는 관형절이고 관계절이란 수식하는 명사와 동일한 성분이 빠져 있는 관형절이다. (15가, 나)에서 [ ] 부분은 보문이고 (1다)에서 [ ] 부분은 관계절이다. (15다)와 대비해 볼 때 관형사절이 수식하는 명사와 동일한 명사가 관형사절 속에서는 생략됨을 알 수 있다.

(15) 가. [철수와 영희가 곧 결혼한다는] 소문이 돈다.
　　　나. [저는 그 선생님을 만난] 기억이 없습니다.
　　　다. [이순신 장군이 만든] 거북선은 세계 최초의 철갑선입니다.
　　　다'. 이순신 장군이 거북선을 만들었다.

보문은 관형사형 어미 앞이 완전한 문장 형식인지 여부에 따라 완전보문과 불완전보문으로 나눈다. (15가)에서 관형사형 어미 '는' 앞에는 '철수와 영희가 곧 결혼한다'와 같은 완전한 문장 형식이 있으므로 (15가)의 [ ]는 완전보문이고 (15나)에서 관형사형 어미 'ㄴ' 앞에는 '저는 그 선생님을 만나'와 같은 불완전한 문장 형식이 있으므로 (15나)의 [ ]는 불완전보문이라 한다.66)

일반적으로 '말, 주장, 단언, 약속, 소문, 낭설, 소식, 연락, 질문, 보고, 보도, 보장, 정보, 독촉, 명령, 고백, 요청, 생각, 느낌, 견해, ……'와 같은 말은 완전보문만의 꾸밈을 받고 '사실, 약점, 욕심, 결심, 목적, 것, ……'과 같은 말은 완전보문과 불완전보문의 꾸밈을 다 받을 수 있으며 '경우, 가능성, 사건, 기억, 경험, 용기, 줄, 수, 리, 바, 까닭, ……'과 같은 말은 불완전보문만의 꾸밈을 받는다.

'완전보문, 불완전보문'과 같은 용어는 중요하지 않으나 어떤 명사가 어떤 보문 형식을 취하는지는 매우 중요하다. 실제 학습자들의 작문을 보면 완전보문을 써야 하는 곳에 불완전보문을 쓰거나 그 반대의 경우를 흔히 볼 수 있다. 중급 정도의 학습자들에게는 반드시 연습시키되 어떤 어휘 부류가 어떤 보문 형식을 취하는지를 외우게 하는 것이 아니라 출현하는 어휘별로 보문을 만드는 연습을 시키도록 한다.

관계절 만드는 연습은 1급 과정에서부터 하게 된다. 주로 형용사를 관형어로 만드는 연습인데, 실상 학습자들은 그것이 관계절인지도 모르고 연습하게 되고 또 그것이 바람직하다. (16)의 예가 그러하다. 교사가 이것을 교육할 때에는 관형사형 어미의 '으' 모음을 사용하는 경우와 사용하지 않는 경우를 골고루 나올 수 있게 하고 규칙 형용사에서 불규칙 형용사의 순서를 밟을 수 있도록 세심하게 배려한다. 대부분의 한국어 교재는 그렇게 하도록 짜여져 있으나 교사는 그보다 더 주의를 기울여야 한다.

(16) 가. 사과가 빨갛습니다. + 사과가 맛있습니다.

---

66) 국어학계에서는 '완전보문', '불완전보문'은 각각 '완형보문', '불구보문'으로 부르는 것이 일반적이다. 그러나 여기에서는 '불구(不具)'의 어감이 다소 좋지 않아 일반적인 용어를 사용하지 않았다. 완전보문을 '긴 관형사절', 불완전보문을 '짧은 관형사절'로 부르는 일도 있으나 이는 달리 해석할 여지가 있어 좋지 못한 용어인 듯하고, 완전보문을 '간접 보문', 불완전보문을 '직접 보문'이라고 부르는 일도 있으나 이는 그 의미가 바로 파악되지 않는 용어인 듯하다.

가. 빨간 사과가 맛있다.

나. 겨울은 춥다. + 겨울에는 운동을 잘 안 합니다.

나ˊ. 추운 겨울에는 운동을 잘 안 합니다.

2급 과정에서는 동사를 관형어로 만드는 연습을 하게 된다. 이 경우도 형용사를 관형사형으로 만드는 연습을 할 때와 같은 세심한 배려가 필요하다. (17)에서 예문을 보인다. (17)과 같은 문장을 교육할 때에는 공통의 명사(곧 피수식 명사)에 네모를 둘러 주어 시각적으로 돋보이게 한다.

(17) 가. 철수가 영희를 사랑합니다. + 철수는 아주 잘생겼습니다.

가ˊ. 영희를 사랑하는 철수는 아주 잘생겼습니다. (피수식 명사 '철수'는 관계절 속의 주어로 해석됨)

나. 수미 씨는 피자를 좋아합니다. + 피자는 칼로리가 높습니다.

나ˊ. 수미 씨가 좋아하는 피자는 칼로리가 높습니다. (피수식 명사 '피자'는 관계절 속의 목적어로 해석됨)

다. 어제 서점에서 책을 샀다. + 그 서점은 바로 우리 집 옆에 있다.

다ˊ. 어제 철수를 만난 서점은 바로 우리 집 옆에 있다. (피수식 명사 '서점'은 관계절 속의 부사어로 해석됨)

마지막으로 과거시제 관형사절이 '-았는/었는'으로 실현되는 경우를 고급 과정의 학습자들에게는 언급할 필요가 있다. 과거시제 관형사절은 '-(으)ㄴ'으로 실현되는 것이 원칙적인 문법이지만, (18)에서 보듯이 구어에서 거의 오용 사례로서 '-았는/었는'으로 실현되는 일이 가끔 있는데, 텍스트 이해를 위해 한 번쯤은 언급할 가치가 있다. 이 내용은 일반적인 문법서에서는 볼 수 없지만 자연스러운 한국어를 가르쳐야 하는 교육 현장에서는 다룰 필요가 있는 것이다. 그러나 텍스트 생산은 연습시킬 필요가 전혀 없다.

(18) 더 이상 안 먹는 걸 보니 이제 배가 {부른, 불렀는} 모양입니다.

5.3.3.3.4. 부사절 내포문

부사절 내포문은 대개 부사형 어미의 도움을 받아 구성된다. 곧 A 절은 'A-부사형 어미 B' 와 같은 형식 속에서 B 절의 부사절로 안기는 것이다. 교사는 처음 가르치는 접속문에서 'A-부사형 어미 B' 와 같은 구문 카드를 준비하여 제시할 필요가 있다. 이 공식은 언뜻 매우 단순해 보이지만, (1)에서 보듯이 한국어에서 부사절을 이끄는 어미의 수효는 매우 많고 (2)에서 보듯이 A를 단순문 그대로 사용하지 않고 명제 혹은 시제, 상, 존대, 양태 요소 등이 포함된 명제를 사용하는 데다가 (3)에서 보듯이 B 절에서도 A 절과의 동일 주어를 탈락시켜야 하거나 (4)에서 보듯이 선행 문장을 단순한 명제 형태로 써야 하는지 아니면 시제, 상, 존대, 양태 요소의 선어말어미와 함께 써야 하는지에 관한 문법적 제약도 있다.

(19) -(으)니(까), -아/어, -아/어도, -아/어서, -(으)므로, -(으)ㄹ수록, -(으)ㄹ지라도, -자, -아/어야, -(으)러, -(으)려, -(으)려고, -고자, -다가, -(이)라도, -(으)ㄹ뿐더러, -도록, -느라고, ……

(20) 가. 아버지가 뚱뚱해지신다. + 어머니가 걱정하십니다.
　　　나. 아버지가 {뚱뚱해지실수록, *뚱뚱해지신달수록}, 어머니가 걱정하십니다.

(21) 저는 어제 아파서 (저는) 학교에 가지 않았습니다.[67]

(22) 가. 비가 왔다. + 길이 질다.
　　　나. 비가 {와서, *왔어서} 길이 집니다.
　　　다. A: 길이 왜 이렇게 질어요?
　　　　　 B: 비가 {*오니까, 왔으니까} 길이 질죠.

그러므로 외국인 학습자들이 한국어의 부사절 내포문을 제대로 만들어 내는 일

---

[67] 이 경우 뒤에 '저는' 을 써도 문법적으로 틀린 것은 아니지만 한국어답지 않은 매우 부자연스러운 문장이 된다.

은 대개 한두 해 안에 끝나지 않는다. 적어도 확실한 5급 정도의 수준에 이르러서야 거의 오류 없는 부사절 내포문을 생산한다. 부사형 어미를 사용하여 부사절을 만드는 것에 대해서는 5.2.5.5.에서 다루었으므로 여기에서는 생략하기로 한다.

부사형 어미에 의존하지 않고 부사절을 만드는 것으로서 부사화 파생접미사 '-이'가 있다. 파생접미사가 절을 이끈다는 사실 자체가 특이하고 예외적인 현상이지만 한국어 교육 현장에서는 이러한 문법적 사실에 대해 언급하지 않는 데다가 '-이'가 부사절을 이끄는 것이 '달리, 같이, 없이'에만 한정되어 있어 교육적으로는 전혀 문제가 없다.

(23) 가. 미국과는 달리 한국 여성들은 결혼 후에도 자기 성씨를 그대로 쓴다.
　　　나. 저와 같이 남대문 시장에 가시겠습니까?
　　　나'. 저와 함께/더불어 남대문 시장에 가시겠습니까?
　　　다. 이 예문은 저 예문과 같이 부사절이 쓰인 것이다.
　　　다'. 이 예문은 {저 예문과 마찬가지로, 저 예문처럼} 부사절이 쓰인 것이다.
　　　라. 우리는 돈 없이 1주일을 더 견뎌야 합니다.

(23가-다)에서 밑줄 친 부분은 '-이'가 이끄는 부사절이다. 매우 자주 쓰이는 구성이므로 충분한 문장 생성 연습을 시키도록 한다. 아울러 중급 과정의 학습자들에게는 (23나)와 같은 뜻의 (23나'), (23다)와 같은 뜻의 (23다')도 함께 설명하면 효과적이다. 단, 같은 뜻의 문장을 만들어내는 연습은 고급 과정에서 행하는 것이 좋다.

한편 (24)에서 보듯이 명사절 혹은 '명사절 + 조사' (밑줄 부분)가 부사절 역할을 수행하는 경우도 있다. 이러한 구성은 한꺼번에 가르치는 것이 아니라 표현문형 (5.4.6.4)으로 취급하여 따로따로 지속적으로 가르쳐야 한다. 구문 카드를 준비하거나 구문 카드에 적는 내용을 칠판에 시각화하는 것이 필요하다. 예컨대 (24가)에서는 '-기 때문에', (24나)에서는 '-기에', (24다)에서는 '-(으)ㄹ 때(에)'와 같은 구문 카드를 준비하는 것이 좋다. (25)에서 부사절을 만드는 항목들을 더 열거한다.

(24) 가. <u>어제 폭우가 내렸기 때문에</u> 도로 교통 사정이 좋지 않습니다.
　　　나. <u>당신을 사랑하기에</u> 당신 곁에 머물 수가 없습니다.

다. 저는 밥을 먹을 때(에)는 말을 많이 하지 않습니다.
라. 그대가 떠난 후(에) 내 마음은 텅 비었습니다.
마. 오늘이 다 가기 전에 사랑한다고 말해 주세요.
바. 엄정한 심사를 거친 결과 홍길동 씨가 최종 합격되었다.

(25) -(으)ㄴ/는 가운데, -(으)ㄴ 결과, -(으)ㄴ/는/(으)ㄹ 경우(에), -(으)ㄴ 나머지, -(으)ㄴ 다음(에), -(으)ㄴ/는 대신(에), -(으)ㄴ/는 도중(에), -(으)ㄴ 뒤(에), -(으)ㄴ/는 반면(에), -(으)ㄴ/는 사이(에), -(으)ㄴ 이후(에), -(으)ㄴ/는 바람에

한편 (24나)에서 보인 '-기에'는 의문사가 있는 절에서는 '-길래'로 쓰이는 일이 압도적으로 많다. 특히 구어에서 더욱 그러하다. 사실 이것은 비표준어이지만 자연스러운 한국어로서는 표준어인 '-기에'보다 훨씬 많이 쓰이므로 교재에서 다루어져야 하고 교사는 텍스트 이해뿐 아니라 텍스트 생산을 위해서도 이를 연습시킬 필요가 있다. (26)에서 예를 보인다.

(26) 가. 사랑이 {뭐기에, 뭐길래} 이렇게 마음이 아플까?
나. 그 사람이 도대체 뇌물을 얼마나 {받았기에, 받았길래} 이 야단들일까?

부사절을 만들 때에는 문법적 제약이 무척 많아 학습자들의 작문이 좀처럼 완전해지지 않는다. 이것에 신경을 쓰면 저것이 틀리고 저것에 신경을 쓰면 이것이 틀리기 때문이다. 그렇게 되는 데에는 문법 자체가 어려운 것도 원인이라고 할 수 있지만 교사가 그것을 알기 쉽게 설명하고 부사절을 만들 때 세심하게 적용해 주는 일을 제대로 하지 못한 것이 원인인 경우도 많다. 실상 다양한 문법적 제약은 어미에 따라 적용되는 것도 있고 그렇지 않은 것도 있어 교수하기가 무척 까다롭다. 교사는 국어사전과 충분한 예문을 검토하여 어떤 어미에 어떤 문법적 제약이 있는지 잘 알고 있어야 한다. 다음에 부사절이 보이는 문법적 제약을 몇 가지 보인다.
첫째, 시제, 상 혹은 양태 요소와 관련한 제약이다.

(27) 가. 지난 주말에는 독감에 {걸려서, *걸렸어서} 집에만 있었습니다.

나. 저는 철학을 {공부하고자, *공부했고자} 5년 동안 독일에서 지냈습니다.
(28) 가. 한국어 능력 5급 과정을 {통과하려고, *통과하겠으려고} 열심히 공부합니다.
　　나. 비가 {오다가, *오겠다가} 그치겠다.
(29) 가. 집에 {가면서, *가더면서} 그 가게에 들러 음반을 사곤 했습니다.
　　나. 수미 씨는 한번 이야기를 {시작하면, *시작하더면} 끝낼 줄을 몰랐습니다.

　예컨대 (27가)에서 보듯 아무리 과거 일에 대해서 이야기하는 경우라도 '-아/어서' 앞에는 '-았/었'을 쓸 수 없고, (28가)에서 보듯 아무리 미래에 이루려고 하는 일이라도 '-(으)려고' 앞에는 '-겠'을 쓸 수 없으며 (29가)에서 보듯 아무리 과거 일을 회상하며 말하는 상황이라도 '-(으)면' 앞에는 '-더-'를 쓸 수 없다.
　(30)은 '-았/었', '-겠'과 함께 쓰일 수 없는 어미들을 정리하여 보인 것이다. 개별 어미를 다룰 때마다 이 사실을 예와 함께 설명하여야 하고 지속적으로 충분히 연습시켜야 한다.

(30) 가. '-았/었', '-겠'이 모두 함께 쓰일 수 없는 어미: -아/어서, -고서, -자, -(으)러, -(으)려고, -고자, -(으)면서, -(으)ㄹ수록, -게, -도록, -(으)라고[68], -(으)ㄴ들, -건대, -느라고
　　나. '-았/었'과는 함께 쓰일 수 있으나 '-겠'과는 함께 쓰일 수 없는 어미: -다가, -듯이, -(으)ㄹ망정, -(으)ㄹ지라도, -아/어야

　둘째, 어떤 어미는 보조사가 붙을 수 없는 제약을 갖고 있다. (31가)의 부사형 어미 '-게'에는 보조사 '-는'이 붙었으나 (31나)의 부사형 어미 '-(으)ㄹ수록'에는 보조사 '-도'가 붙지 못함을 확인할 수 있다.

(31) 가. 설득은 해 보겠지만 <u>가시게는</u> 못할 것 같아.

---

68) 이것은 인용절 내포문에서 쓰이는 것이다. 인용절 내포문은 그 의미가 특이하여 따로 다루기는 했으나 통사적으로 엄밀히 말하면 부사절의 일종으로 보는 것이 국어학계의 통설이다.

나. *많이 <u>먹을수록도</u> 살이 찌지만 운동을 안 해도 살이 찐다.

(32)에서 보조사와의 결합 제약이 없는 어미와 결합 제약이 있는 어미를 정리해 보인다.

(33) 가. 보조사와의 결합 제약이 없는 어미: -(으)면서, -고서, -아/어서, -(으)러, -(으)려고, -게, -도록, -다가, -고자
　　　나. 보조사와의 결합하지 못하거나 결합에 심한 제약이 있는 어미: -거니와, -아/어도, -(으)되, - 건만, -(으)니, -느라고, -거든, -(으)ㄴ들, -다시피, -자, -(으)ㄹ수록

앞서 시제, 상, 양태 요소와 관련한 제약은 학습자들의 작문에서 지켜지지 않는 경우를 흔히 볼 수 있으나 (32)의 제약을 지키지 않아 오류가 되는 문장은 흔히 보기 어렵다. 그 이유는 연결어미에 보조사를 결합시키려고 하는 시도 자체가 외국인에게는 어려운 일이기 때문이다. 따라서 (32)의 내용은 미리 설명할 필요는 없고 그와 관련한 오류가 있을 때에만 개별적으로 설명하는 것이 좋다.

셋째, 부사절 내포문은 원칙적으로 내포된 부사절의 주어와 상위문의 주어가 같을 수도 있고 다를 수도 있다. 그러나 어떤 어미는 그것이 이끄는 부사절의 주어가 상위문의 주어와 같아야 한다는 제약을 갖고 있다. (33)을 보자. (33가-다)처럼 안긴문장의 주어와 안은문장의 주어가 다르면 비문법적인 문장이 됨을 확인할 수 있다. 모두 (33가'-다')처럼 주어를 일치시켜야 한다. 이때 일치된 주어 중 뒤의 것은 생략된다.

(33) 가. *철수는 시험에 합격하고자 영희는 열심히 공부를 하고 있다.
　　　가'. 철수는 시험에 합격하고자 열심히 공부를 하고 있다.
　　　나. *철수는 문구점에 가서 영희는 공책을 샀습니다.
　　　나'. 철수는 문구점에 가서 공책을 샀습니다.
　　　다. *아들은 음악을 {들으며, 들으면서} 아버지는 신문을 읽고 있습니다.
　　　다'. 아들은 음악을 {들으며, 들으면서} 신문을 읽고 있습니다.

학습자들이 (33가, 나)와 같은 오류를 범하는 경우는 거의 없다. 어미 자체가 주어를 일치시켜야 그 의미가 통하기 때문이다. 따라서 교사는 이를 따로 강조하여 교육할 필요는 없어 보인다. 다만 (33다)의 '-(으)며, -(으)면서'는 학습자들이 주어 일치 제약을 지키지 않는 일이 잦으므로 반드시 설명 중 드는 예문에서 주어 일치 제약을 확인시켜 주어야 한다.

넷째, 부사형 어미 중에는 상위문에 실현되는 문장종결법에 제약이 있는 경우가 있다. (34)에서 잘 알려진 몇 가지 예를 들어 보인다. 교사는 어떤 어미를 가르칠 때 상위문의 문장 유형에 제약이 있는지 미리 잘 살펴보아야만 한다.

(34) 가. *수미 씨는 공부도 잘하거니와 운동도 잘합니까?
    나. *비가 올 것 같아서 우산을 꼭 가져가십시오.
    다. *피터 씨는 한국에 오거든 수미 씨에게 꼭 전화합니다.

(34가)에서 보듯 '-거니와'는 상위문이 의문문이 될 수 없고(명령문, 청유문도 될 수 없음), (34나)에서 보듯 '-아/어서'는 상위문이 명령문이 될 수 없으며(청유문도 될 수 없음), (34다)에서 보듯 '-거든'은 상위문이 평서문이 될 수 없다(의문문도 매우 어색함). '-거니와'는 평서문에서만 쓰이고 '-아/어서'는 평서문과 의문문에서만 쓰이며 '-거든'은 명령문과 청유문에서만 쓰이는 것이다. 이러한 기본적이면서도 강력한 제약은 해당 어미를 가르칠 때 반드시 설명해 두어야 한다. 텍스트 생산에서 파급 효과가 매우 크기 때문이다.

물론 (35)과 같은 좀 더 복잡한 예도 있으나 이에 대해서는 미리 설명하지 않는 것이 좋다.

(35) 가. 고향에 가거든 반드시 편지 주셔야 합니다.
    나. 저는 어제 {아파서, *아프니까} 결석했습니다.
    나'. A: 어제 왜 결석했어?
        B: 아프니까 결석했지.

(35가)에서는 '-거든'이 평서문 속에서 쓰이고 있다. 이는 의미적으로 편지를 하라

는 명령의 뜻을 갖기 때문이다. 한편 (35나, 나)에서 보듯이 똑같은 '-(으)니까'가 똑같은 평서문 속에 쓰였더라도 종결어미의 종류에 따라 쓸 수도 있고 그렇지 못할 수도 있다. (35가)와 같은 예문은 중급 학습자들에게도 이해시키기 어렵지 않지만 (35나, 나)와 같은 예문은 고급 학습자들에게도 이해시키기 어렵다. 오류가 보일 때 적절히 지적해 주는 정도로 만족하여야 한다.

5.3.3.3.5. 서술절 내포문

서술절을 내포한 문장은 이중주어문(=주격중출문)에 속하는데, 이에 대해서는 5.3.2.3.에서 설명한 바 있으므로 여기에서는 다시 다루지 않는다.

5.3.3.3.6. 인용절 내포문

인용절이란 어떤 문장이 남의 말이나 글, 생각 따위를 따오듯이 표현하는 방식으로 상위문에 안긴 절을 가리킨다. 인용절은 직접인용절과 간접인용절로 나뉜다. 직접인용절에는 큰따옴표(" ")나 작은따옴표(' ')가 앞뒤에 붙는 것이 원칙이다. 직접인용절은 실제 쓴 말이나 글을 따온 것이다. (36)에서 예를 보인다.

(36) 가. 철수는 나에게 "나는 영희를 좋아해."라고 말했다.
　　　나. 철수는 "오늘 날씨가 정말 좋군."이라고 말했다.

(36)의 큰따옴표 속의 인용절은 실제 말한 내용을 따온 것이기 때문에 직접인용절이라고 할 수 있다. 직접인용절은 인용어미 '-(이)라고'가 붙어야 한다. 인용절이 모음으로 끝나면 '라고'가 붙고 자음으로 끝나면 '이라고'가 붙는데, 이는 한국인을 위한 국어 문법서에서도 보기 어렵지만 중요한 내용이므로 반드시 설명하여야 한다. 다만 자음으로 문장이 종결되는 경우가 드물기 때문에 직접인용절로 내포된 문장을 처음 가르칠 때에는 '라고'만을 가르친 후, 나중에 학습자에서 오류가 발견될 경우 혹은 학습 과정이 더 진전된 후에 '이라고'를 가르치는 것이 좋다. 학습자들이 처음 인용절로 내포된 문장을 연습할 때에는 대단히 많은 사실들을 새로 배우는 듯하여 심리적으로 혼란스러워하기 때문이다.

직접인용절은 (37)에서처럼 동사 '하다'의 활용형 '하고'에 의해 이끌어질 수도 있다. 남의 말이나 바람 소리, 물소리 같은 것을 그대로 흉내 내어 전달하고자 할 때 특히 많이 쓰인다. 이때에는 말의 억양까지 거의 그대로 인용된다. 다시 말해 인용 내용이 중요한 것이 아니라 인용하는 사실 자체가 중요할 경우에 '하고'를 사용하는 일이 많다. 학습자들에게 이 내용을 설명으로 이해시키기는 거의 불가능하므로 단지 '-(이)라고' 대신 '하고'를 사용하는 일도 있음을 알려주는 정도로 교육할 수밖에 없다. 그러나 (37나)에서 보듯 의성어를 인용하는 경우에는 언제나 '하고'를 쓰므로 이는 강조하여 가르치는 것이 좋다.

(37) 가. 언니가 "애들아, 어서 돌아와!" 하고 소리쳤다.
　　　나. 포탄이 터지는 소리가 '쿵!' 하고 울렸다.
　　　다. 아가씨는 "어머나, 별이 저렇게 많아! 참 기막히게 아름답구나!" 하고 감탄했다.

학습자들에게 특별히 많은 연습을 시키는 것은 간접인용절로 내포된 (38)의 예이다. (38가, 가')는 평서문을 인용한 것이고 (38나, 나')는 의문문을 인용한 것이고 (38다, 다')는 명령문을 인용한 것이고 (38라)는 청유문을 인용한 것이다. 외국인이 인용절 내포문을 만드는 일을 입과 손에 익히기는 대단히 어렵지만, 인용절로 내포시키는 방법 자체는 그리 어려운 점이 없으므로 문법적 내용을 설명하는 데 교사가 특히 곤란을 느끼는 경우는 없는 것 같다.

(38) 가. 피터 씨는 다음 주 발표를 자기가 하겠다고 합니다.
　　　가'. 사람들이 에디슨을 발명의 천재라고 합니다.
　　　나. 선생님이 학생들에게 숙제를 다 해 왔(느)냐고 물었습니다.
　　　나'. 철수가 영희에게 무슨 생각을 하(느)냐고 물었다.
　　　다. 의사가 환자에게 담배를 끊으라고 충고했습니다.
　　　다'. 선생님이 학생들에게 숙제를 열심히 하라고 하십니다.
　　　라. 철수가 공원에 놀러 가자고 했지만 저는 가지 않았습니다.

교사가 교육상 유의할 점을 대략 일곱 가지로 정리한다. 첫째, 간접인용절로 내포될 경우 청자대우법은 별로 중요하지 않은 요소가 되므로,69) 단지 문장의 종류에 따라서만 어미 선택이 달라진다. 이에 따라 학습자들이 여러 가지 문장종결어미들을 그대로 써야 할지 어째야 할지 혼란스러워 하기 때문에 교사는 여러 가지 청자대우법 어미들을 모두 사용하여 예문을 제시하여야 한다.

예컨대 평서문에서 '-(스)ㅂ니다', '-아/어(요)', '-는다/ㄴ다', '-았/었다', '-겠다' 등을 골고루 사용하고 그 어미가 사용된 문장들을 간접인용절로 내포시키는 과정을 모두 보여 주는 것이 좋다. 학습자들이 '-(스)ㅂ니다'나 '-아/어(요)'와 같은 청자대우법 어미들이 소멸하고 '-는다/ㄴ다', '-았/었다', '-겠다'와 같은 중화된 어미만이 쓰임을 자연스럽게 이해할 수 있도록 하는 것이다.

둘째, (38나, 나)에서 보듯이 간접인용절 속의 동사 현재형에는 '-느-'가 사용될 수도 있고 사용되지 않을 수도 있다.70) 대체로 문어적으로는 사용하고 구어적으로는 사용하지 않는다고 할 수 있는데 동사에만 '-느-'가 삽입되는 일은 유표적이므로 처음 가르칠 때에는 '-느-'가 없는 형태로만 가르치고 학습 과정이 좀 더 진전된 후에 문어적으로는 '-느-'가 들어간 문장도 가능하고 또 이쪽이 표준어임을 가르치는 것이 좋다.

셋째, 명령문이 간접인용절로 내포된 경우에는 (38다, 다)와 같은 형태, 즉 앞말이 자음으로 끝나는 동사와 모음으로 끝나는 동사를 모두 보여 주어야 한다.

넷째, 밖으로 나온 말이나 글은 직접인용을 하는 경우도 있고 간접인용을 하는 경우도 있으나 머릿속에 있는 생각을 인용할 때에는 (39가, 다)처럼 간접인용을 하는 것이 원칙이고 더 자연스러운 한국어이다. 다만 구어에서는 (39나, 라)와 같은 직접인용을 하는 경우도 적지 않다.71) 텍스트 이해를 위해서는 둘 다 반드시 교육하여야 하지만, 텍스트 생산의 연습은 간접인용절로 유도하는 것이 좋다.

(39) 가. 저는 한국어가 어렵다고 생각합니다.

나. 저는 '한국어가 어렵다.'라고 생각합니다.

---

69) 이를 문법적으로 '중화되었다'고 표현하기도 한다.
70) 규범적으로는 '-느-'가 사용되어야 표준어이지만 사용하지 않는 일이 더 많다.
71) 심하게는 (39나, 라)와 같은 문장에서 따옴표도 하지 않고 "저는 한국어가 어렵다라고 생각합니다.", "우리는 선생님께서 건강을 곧 회복하겠구나라고 생각했다."와 같이 쓴 글 텍스트도 많다.

다. 우리는 선생님께서 건강을 곧 회복하실 것이라고 생각했다.
　　　라. 우리는 '선생님께서 건강을 곧 회복하겠구나.'라고 생각했다.

　다섯째, 평서문이 '이다'로 끝나는 경우에는 인용절이 '-(이)라고'와 같은 형식이 된다. (40)에서 확인할 수 있다.

(40) 가. 저는 그 호랑이가 사자라고 생각했습니다.
　　　나. 저는 그 탁자를 책상이라고 착각했습니다.

　여섯째, (41)에서 보듯 감탄문과 약속문은 간접인용을 할 때 평서문으로 인용됨을 언급하여야 한다. 특히 (41나)에서 보듯이 약속문을 간접인용할 때에는 간접인용절에 '-겠'이 사용됨을 주의하여 설명하여야 한다. 동그라미를 쳐서 시각적으로 돋보이게 하는 것이 좋다.

(41) 가. 영희는 "꽃이 정말 아름답구나!"라고 말했다/감탄했다.
　　　가'. 영희는 꽃이 정말 아름답다고 말했다/감탄했다.
　　　나. 나는 "내가 그 일을 해 줄게/주마."라고 말했다.
　　　나'. 나는 그 일을 해 주겠다고 약속했다.72)

　일곱째, 간접인용절은 화자의 현재 관점에서 기술되기 때문에 인칭대명사나 시간 표현이 달라진다. 이 내용은 언어 보편적이기 때문에 학습자들에게 이해시키기는 그리 어렵지 않다. 그러나 오류 없는 문장을 만들어내기까지는 매우 오랜 시간이 걸리므로 교사는 이와 관련한 텍스트를 생산할 기회를 자주 만들어 주어야 한다.

(42) 가. 나는 민수에게 "영미가 너를 좋아해."라고 말했다.
　　　가'. 나는 민수에게 영미가 그를 좋아한다고 말했다.

---

72) "나는 그 일을 해 주마고 약속했다."도 가능하기는 하다. 그러나 현대 한국어에서 이러한 말은 듣기도 어렵고 외국인들이 말할 이유는 더욱 없다. 한국 어문학을 배우는 특수한 목적의 학습자들에게가 아니라면 특별히 언급할 필요는 없다.

나. 저는 어제 민수에게 "내일 갈 거니?" 하고 물었습니다.
나'. 저는 어제 민수에게 오늘 갈 거냐고 물었습니다.

5.3.3.3.7. 접속문과 부사절 내포문의 대조

우리는 부사절 내포문을 접속문과 완전히 다른 것으로 서술하였지만, 사실 부사절 내포문은 종속 접속문, 접속문은 대등 접속문이라고 하여 크게 보아 '접속문'의 한 부류로 보는 학자들도 있을 만큼 이 두 문장 유형은 비슷한 점이 많다. 그러나 둘 사이에는 뚜렷이 구별되는 특징이 있는데, 이를 대략 다음의 네 가지로 정리한다.

첫째, 접속문은 앞 문장과 뒤 문장의 위치를 바꾸어도 전체 문장의 의미에 변화가 없다. 그러나 부사절 내포문은 그렇지 않다.

(43) 가. 산은 높고 물은 깊다. = 물은 깊고 산은 높다.
　　 나. 사과를 먹든지 배를 먹어라. = 배를 먹든지 사과를 먹어라.
　　 나'. 철수는 다른 사람들의 모범이므로 상을 받아 마땅하다. ≠ *철수는 상을 받아 마땅하므로 다른 사람들의 모범이다.

둘째, 접속문은 앞 문장을 뒤 문장 속으로 이동시킬 수 없다. 곧 (44가)를 (44나)처럼 쓸 수 없다. 그러나 부사절 내포문은 그렇지 않다.

(44) 가. [산은 높고] [물은 깊다].
　　 나. *[물은 [산은 높고] 깊다].
　　 다. [내가 시험에 합격할 수 있도록] [영희는 열심히 도와주었습니다]. = [영희는 [내가 시험에 합격할 수 있도록] 열심히 도와주었습니다].

셋째, 접속문은 앞 문장과 뒤 문장에 모두 주제의 보조사 '은/는'이 붙을 수 있다. 그러나 부사절 내포문은 그렇지 않다.

(45) 가. 날씨는 춥고 배는 고팠다.
　　 나. *봄은 오니까 꽃은 핀다.

넷째, 접속문은 동일한 접속어미가 되풀이되어 나타날 수 있다. 그러나 부사절 내포문은 그렇지 않다.

(46) 가. 날씨는 춥고 배는 고프고 정말 견디기 힘들었다.
　　　나. *봄이 오니까 꽃이 피니까 기분이 좋다.

이러한 문법적 특징 역시 학습자들이 몰라도 문장 생산이나 이해에 전혀 지장을 주지 않으므로 따로 교육할 필요는 없다. 그러나 대조되는 부사절 내포문의 문법적 특징은 문법적 제약이므로 반드시 강조하여 가르치고 연습시킬 필요가 있는데, 접속문의 위와 같은 특징도 그와 함께 언급할 필요는 있다.

5.4. 문법범주

문법범주란 어떠한 문법적 관념을 표현하는 모든 수단을 말한다. 인구어(印歐語)에서 문법범주는 일반적으로 굴절(inflection)에 의해 구현되는 반면 한국어에서는 특정 문법형태소의 첨가(=교착)로 이루어지는 것이 일반적이다. 예컨대 문법범주 '의문법'은 의문법 종결어미 '-(으)ㄹ까' 등에 의해 구현되고 문법범주 '과거시제'는 과거시제 선어말어미 '-았/었-'에 의해 구현되며 문법범주 '대우'는 대우를 나타내는 여러 어미에 의해 구현되는 것이다.

그러나 모든 문법 요소들이 반드시 문법형태소에 의해 실현되는 것은 아니다 예를 들어 문법범주 '부정법'은 '안', '못' 따위의 어휘적 자립형태소가 부정할 말의 앞에 쓰여 구현되는 일도 있고, 문법범주 '부정법', '사동법'에서는 각각 '-지 않다/못하다', '-게 하다'와 같은 우언적(迂言的) 형식에 의해 구현되는 일도 있거니와 심지어는 억양(intonation), 어조(tone)와 같은 비음운적 요소에 의해 특정 문법 요소가 구현되기도 한다.

한국어 교육에서 문법범주 교육이 차지하는 비중은 매우 크다. 5.4.에서는 한국어의 다양한 문법범주를 확인하고 교수 중 다루어야 할 필수적인 내용을 보임과 동시에 그러한 여러 내용들을 교수하는 순서 및 방법에 대해 살펴보기로 한다.

5.4.1. 문장종결법

5.4.1.1. 문장종결법 일반[73]

문장종결법이란 말 그대로 문장을 끝맺는 방법을 말하고, 이는 문장의 종류를 나누는 데 가장 중요한 기준이 된다. 문장의 종류를 나누는 기준은 여러 가지가 있을 수 있으나, 대체로 다음 두 가지로 정리할 수 있다.

(1) 가. 문장성분의 구비 여부에 따른 분류: 완전문, 불완전문
    나. 발화 목적에 따른 분류: 평서문, 의문문, 명령문, 청유문, 감탄문, 약속문

위 기준 중 (1가)는 기존 국어 문법서나 한국어 문법서에서 볼 수 없는 분류이지만, 한국어 교사가 그 내용을 체계적으로 이해하고 있으면 교육 현장에서 유용하게 활용할 수 있는 개념이다.

완전문은 서술어 및 서술어가 요구하는 정상적인 문장성분이 모두 실현된 문장이고 불완전문은 여러 가지 이유로 하여 정상적인 문장성분의 무엇인가가 빠져 있는 문장이다. 완전문이 모어 화자의 이상적인 문법 체계에 정확하게 일치하는 문장이기 때문에 한국어 교재 내의 문장도 되도록 완전문으로 제시하는 경향이 있으나 실제의 언어 환경에서는 불완전문의 사용 빈도가 월등히 높다. 따라서 교사는 불완전문의 유형들을 숙지하여 한국어 학습자들의 문장 작성 지도에 적절히 응용하여야 한다. 현실적으로 교사가 학습자들의 문장 작성을 지도할 때, 의식적으로든 무의식적으로든 완전문 지향적이기 때문에 완전문과 불완전문을 적절히 조화하여 한국어 생산을 지도하는 것은 대단히 중요하다. (2)에서 불완전문의 예를 들어 둔다.

(2) 문맥상 쉽게 파악할 수 있기 때문에 굳이 말하지 않는 성분이 생략된 문장
    가. 이것을 무궁화라고 합니다. (일반적인 주어인 '우리' 생략)
    나. 무슨 학과 몇 학번인데? (주어 및 후행문 생략)

---

[73] 여기의 내용은 대부분 임홍빈·이홍식 외(2002:205-9)의 내용을 한국어 교육에 알맞도록 재구성한 것이다.

다. 선생님이 아니고? (주어 및 후행문 생략)

라. 두 달에 한 번이면 몰라도. (주어 및 후행문 생략)

마. 예전에 내가 그랬듯이. (후행문 생략)

바. 나도 우리 집사람 눈치 보고 살지만 그 정도까지는 아니니까.
('그 정도까지는 아니니까'의 주어 및 후행문 생략)

사. 왜, 벌써 가려고? (후행문 생략)

아. 어느 부장이? (서술어 생략)

자. 집에 갈걸. (후행문 생략)

(3) 일지문(一枝文)74)

가. 불이야!

나. 비다!

다. 아야!

(4) 독립어로 이루어진 문장75)

가. 얘, 오 군아!

나. 아이고, 요 예쁜 것아, 귀여운 것아, 나의 희망아.

(5) 명사형 종결 표현

가. 오늘 그가 왔음.

나. 오늘은 그 사람을 칭찬하기.

(6) '것' 종결의 명령문

가. 내일까지 3과의 숙제를 해 올 것.

나. 오늘은 9시까지 야근할 것.

(7) '이다', '하다', '되다', '-거리다', '-대다' 생략 표현

가. 어린이는 나라의 희망

나. 3인조 강도단, 어제 세 차례 범행 후 잠적

나'. 몸도 튼튼, 마음도 튼튼

---

74) 엄밀히 말하면 "불이야!", "도둑이야!"와 같은 말은 제시문이나 감탄사와 같은 독립어는 원래부터 주어가 필요 없는 문장이다(5.3.2.8. 참조). 그러나 여기에서 다른 불완전 체계문과 함께 제시하는 이유는 한국어 교육상의 효과를 위한 것이다.

75) 독립어는 원래부터 주어가 필요하지 않는 성분으로서 그 자체가 문장의 성격을 갖는다고 볼 수 있다. 위의 일지문과 비슷한 통사적 자격을 지닌다.

다. 중부 고속도로, 드디어 개통
   라. 돼지는 꿀꿀, 오리는 꽥꽥
(8) 단순한 명사 혹은 명사구의 문장
   가. 아름다운 금강산!
   나. 우리가 다시 만날 내일.
   다. 이 도둑놈의 새끼들.
   라. 찢어지게 나오는 하품을 얼른 손으로 가리는 길동이.
(9) 말이 중단된 문장
   가. 무슨 애들이 시집은 그렇게 빨리 가 가지고 ……
   나. 감사는 무슨 ……
   다. 뭘 이런 걸 다 ……
   라. 그를 …… 처음이에요.

한편 (1나)는 일반적으로 문장종결법 어미에 따라 분류된다. 예를 들어 평서형 종결어미 '-다'가 붙으면 평서문이 되고 명령형 종결어미 '-아라/어라'가 붙으면 명령문이 된다. 우리는 한국어 교육 현장에서 가르치기 쉽도록 종결어미의 종류에 따라 구분하였으며, 의미적으로 특수한 예들은 따로 설명해 두었다. (1나)에 대해서는 5.4.1.2. - 5.4.1.7.에서 자세히 살펴보기로 한다.

문장종결법의 교육에서 교사가 반드시 염두에 두어야 할 중요한 사실 중 하나는 (1나)의 분류도 임의적인 것이며 논란의 여지가 있는 점이다. 예컨대 "창문 좀 열어 주시겠습니까?"와 같은 문장은 의문문 형식이지만 명령의 의미를 지녔다고 할 수 있으며, "달도 밝다."와 같은 문장은 평서문이지만 감탄의 의미를 지녔다고 할 수 있다. 또 "어딜 간다고?"와 같이 전형적인 문장종결어미로 끝나지 않아도 특정한 문장 유형이 될 수 있다. '-다고'는 분명히 의문형 어미가 아니지만, 문장의 종류는 분명한 의문문이다. 전형적인 종결어미 체계에 따른 문장의 종류에 대해서만 설명하는 것은 한국어 교육의 관점에서는 바람직하지 않다. 다양한 의미를 담은 비전형적 종결 체계의 예를 다룬 일은 한국어 교육 문법서에서는 거의 볼 수 없었고 국어 문법학계에서도 그리 많은 논의가 이루어진 것은 아니지만 대단히 실제적인 예이므로 한국어 교사는 그에 대한 지식을 갖추고 있어야 한다.

5.4.1.2. 평서문

평서문이란 한 문장을 평범하게 진술하는 문장 유형을 말한다. 평서문은 특별히 문법 교수를 위한 시간을 마련하는 경우가 아니라면 한국어 교육 현장에서 단위 시간 내에 가르치는 문법이 아니다. 단위 시간 중에는 개별적인 평서형 종결어미 형태를 가르치면서 자연스럽게 평서문을 만드는 연습을 하게 되는 것이다. 다시 말해 문장의 유형으로서 '평서문'은 추상화된 문법이므로 학습자들에게 직접 교수하는 일은 극히 드물다. 따라서 아래 서술하는 내용은 한꺼번에 모아서 가르칠 성질의 것이 아니다. 개별 종결어미가 나오는 문맥 속에서 틈틈이 언급해야 하는 것이다. 이러한 사정은 5.4.1.3. - 5.4.1.7.에서 다룰 모든 문장 유형에서도 마찬가지이다.

평서문을 만드는 종결어미는 매우 다양하여 가장 일반적으로 쓰이는 '-다' 이외에도 '-아/어(요)', '-네(요)', '-지(요)', '-데(요)', '-대(요)'76), '-(으)오', '-소' 등이 모두 평서형 종결어미이다. '-다'는 문어체 혹은 비교적 격식을 갖추는 말에서 사용되는데, 구체적으로는 현재형 '-ㄴ다/는다', 과거형 '-았/었다', 미래 혹은 추측형 '-겠다'로 나타나고 상대를 높일 때에는 '-(스)ㅂ니다'와 같이 나타난다. 이들은 대략 다음과 같은 표로 정리할 수 있다.

	격식체	비격식체
대우	-(스)ㅂ니다	-아/어요, -네요, -지요, -데요, -대요
비대우		-아/어, -네, -지, -데, -대, -(으)오, -소, -(으)이
대우 중립적 표현	-다(-는다, -았/었다, -겠다)	

한국어 교육에서는 이와 같은 격식체 어미부터 가르치게 되는데, 설명할 때 교사는 이 어미 앞에 오는 음운으로 자음과 모음을 적절히 배합해 주어야 하며, 결합되는 용언을 규칙 용언이나 불규칙 용언에서 'ㄹ' 받 불규칙 용언 순으로 세심하게 배열해 주어야 한다. 곧 (1)의 (가), (나), (다)의 순서대로 말을 만들어 준다. 종결어미

---

76) 이론적으로 인용할 때 사용하는 '-대'는 하나의 종결어미가 아니고 '-다고 해'의 축약형이다. 그러나 교육적으로는 하나의 어미로 가르쳐도 큰 문제가 없다.

를 결합시키는 것은 기계적인 훈련이 많이 되어야 하므로 설명 및 예 제시 후 적어도 다섯 배 이상의 자료를 바탕으로 학습자들을 연습시켜야 한다. 형태 유형별로 연습시키는 일도 필요하고 종합적이고 무작위적으로 연습시키는 일도 필요하다.

(1) 가. 모음 뒤: 갑니다, 옵니다, 봅니다, 잡니다, 탑니다, 내립니다, 줍니다
나. 자음 뒤: 먹습니다, 읽습니다, 듣습니다, 같습니다, 잡습니다, 받습니다
다. 'ㄹ' 반 불규칙 용언: 놉니다(play), 삽니다(live), 팝니다(sell), 납니다(fly)

격식체의 '다'는 선어말어미 '-다, -(으)라, -(으)나' 뒤에서는 '-라'로 교체된다. 또 '이다'와 인용어미 '-고' 사이에서도 '-다'는 '-라'로 교체된다.

(2) 가. 피터 씨가 한국어 공부를 참 열심히 <u>하더라</u>.
나. 내일이면 이미 <u>늦으리라</u>.
다. 그런 걸 보고 조삼모사(朝三暮四)라 <u>하느니라</u>.
라. 이것은 자판이라고 <u>한다</u>.

교사는 학습자들이 (2가, 라)와 같은 문장을 매우 자주 들을 수 있고 그들이 발화하여 자연스러운 상황이 일상생활 중에 자주 발생함을 고려하여 그들의 입에 자연스럽게 익을 수 있도록 연습시켜야 한다. 그러나 (2나, 다)와 같은 옛말 투의 종결 어미는 순전히 텍스트 이해를 위한 것이므로 간단한 설명만 베풀어 주면 된다.

비격식체라 함은 보통 일상생활에서 거리감을 느끼지 않고 편한 상태에서 하는 말이다. 학습자들에게 가르칠 때 격식체와 뚜렷이 구분해 줄 필요는 없고 또 뚜렷하게 구분되는 것도 아니다. 비격식체 말투 중 '-(으)오, -소, -(으)이'는 현대 한국어에서는 사용되는 일이 매우 드물기 때문에 고급 과정의 학습자에게가 아니라면 가르칠 필요가 없고 그나마도 텍스트 이해를 위한 가벼운 설명 정도로 충분하다.

'아/어', '지', '네', '데', '대'는 반말체 어미라고 하는데 존대의 보조사 '요'를 붙이면 높임말이 된다. 이들 어미는 의미를 설명하기가 매우 어렵다. '-아/어'는 원칙적으로 청자를 상정하는 어미이므로 혼잣말에서는 잘 쓰이지 않는다. 또 특별한 양태(modality)[77]를 표현하지 않는 중립적인 어미이기 때문에 한국어 교육에

서 가장 중요하게 가르치는 것이고 학습자들에게 텍스트 생산의 연습을 많이 시켜야 한다.

'-지'는 청자가 그 사실을 알고 있을 것이라고 화자가 생각할 때, 곧 아는 사실을 확인한다는 의미로 쓰는 종결어미이고 '-네'는 말하는 현장에서 새로 인식하여 알게 된 사실을 나타낼 때 쓰는 종결어미이다. 이 둘은 문법 설명을 직접적으로 하기가 매우 어렵고 교사조차도 그 의미를 정확히 파악하기가 어려울 것이다. 따라서 교육 현장에서 교사는 일단 '-지'는 당연한 것으로 생각할 때 쓰고 '-네'는 어떤 것을 새롭게 알거나 느꼈을 때 쓴다고 간단히 설명하는 정도로 만족할 수밖에 없다.[78] 이러한 종결어미들에 대해서는 대략의 의미를 파악시킨 후 교사의 자연 발화 속에서 나올 때마다 그 상황을 이해시키는 일이 중요하다. 교사는 자신의 한국어나 주변의 한국어에 늘 민감하게 반응하여 학습자들에게 설명할 수 있도록 하여야 한다. 양태성은 상황맥락(context)에 매우 민감하기 때문에 외국인 한국어 학습자들에게 설명적인 문법으로 이를 교육하기는 거의 불가능에 가깝다. 한편 '-지요'가 구어에서 '죠'로 줄여 말하는 경우가 많음은 반드시 교육하고 충분히 연습시켜야 한다.

한편 '-네'는 새로운 인식을 표현할 경우가 아니고 하게체의 평서형 어미로도 쓰인다. 예를 들어 교수가 조교에게 하는 말투로 "오늘 6시에 회의가 있네."와 같은 말에서 쓰이는 것으로서 반말의 '-네', 존댓말의 '-네요'와는 구분하여야 한다. 하게체의 평서형 어미에서는 새롭게 알거나 깨달은 사실을 표현하려는 태도를 찾을 수 없다. 하오체의 종결어미인 '-(으)오, -소'와 마찬가지로 하게체의 종결어미 역시 한국어 학습자들이 말할 일이 거의 없는 것이므로 관련 읽기 자료에서 쓰이는 양상과 장면 상황만 간단히 설명해 주면 된다. 장면 상황을 설명할 때에는 추상적으로 하지 말고 예를 들어 누가 누구에게 하는 말투라는 식으로 설명하는 것이 좋다.

'-데'와 '-대'는 한국어 화자들이 맞춤법으로 자주 틀리는 것인데, 사용례는 이해하기 쉽고 학습자들에게 교육하기도 쉽다.

---

77) 양태란 화자가 자신이 표현하는 명제 내용에 대해 덧붙인 특정의 심리적, 정신적 태도를 말한다. 예컨대 감탄의 감정을 넣을 때에는 '-네'를 사용하는 일이 일반적이고, 자신 있는 정신적 태도를 나타낼 때에는 '-지'를 사용하는 일이 일반적이다.
78) '-지'와 '-네'의 의미에 대한 자세한 서술은 이익섭·채완(1999:250-261)을 참조할 것.

(3) 가. 명절이라 그런지 서울역에 사람이 참 많데.
　　나. 오늘 본 시험문제 참 어렵데요.
　　다. 수미 씨와 철수 씨가 9월에 결혼한대.
　　라. 선생님께서 박사 학위를 받으셨대요.
　　마. 선생님이 저보고 가래(요).
　　바. 수미 씨가 공원에 가재(요).
　　사. 고바야시 씨가 피터 씨에게 어느 나라 사람이내(요).

(3가, 나)의 '-데'는 자신이 과거에 경험한 것(보고 듣고 느낀 것)을 나중에 다시 떠올리면서 말할 때 쓰는 종결어미이고 (3다, 라)의 '-대'는 남의 말이나 글을 인용하여 다른 사람에게 전달할 때 쓰는 종결어미로서 그 뜻이 확연히 구분된다. 학습자들에게도 설명하기 비교적 쉽고 연습시키기도 쉽다. 다만 '-(으)라고 해(요)'의 준말인 (3마)의 '-(으)래(요)', '-자고 해(요)'의 준말인 (3바)의 '-재(요)', '-(이)냐고 해(요)'의 준말인 (3바)의 '-(이)내(요)'와 같은 말은 굳이 부가적으로 연습시킬 필요가 없다. '-대(요)'가 구어에서 '-다고 해(요)'보다 훨씬 자연스럽게 자주 쓰이는 데 반해 나머지는 그렇지 않으므로 굳이 연습시키지 않아도 된다는 것이다. 이들은 텍스트 이해를 위해 교사가 반복적으로 들려주는 정도로 교육한다.

평서문 중에서는 절대문(absolute sentence)라는 것이 있다. 절대문이란 용언에 아무런 선어말어미나 어말어미가 첨가되지 않고 오로지 사전에 실린 기본형인 '어간 + -다'의 형태가 그대로 사용된 문장을 말한다.

(4) 가. 월드컵, 드디어 대단원의 막이 내리다.
　　나. 오늘 친구와 북한산에 등산을 가다.

(4가)와 같이 신문 기사 따위의 제목에서나 (4나)와 같이 일기 따위의 제목에서 흔히 쓰이는데, 외국인 한국어 학습자가 절대문 텍스트를 생산할 일은 극히 드물다. 절대문은 기본적으로 특정 청자를 대상으로 한 말이 아니기 때문에 의사소통을 중시하는 외국어 교육에서는 거의 쓸모가 없는 것이다. 그러나 이러한 문장은 인구어에서는 없는 것이므로 텍스트 이해를 위해 간단하게 설명해 줄 필요는 있다.

5.4.1.3. 의문문

의문문은 화자가 청자에게 질문을 던지고 그 대답을 요구하는 문장 유형이다. 의문문의 종결어미는 다음 표로써 요약할 수 있다.

	격식체	비격식체
대우	-(스)ㅂ니까, -는지요	-아/어요, -나요, -는가요, -지요, -(으)ㄹ까요, -(으)ㄹ래요
비대우	-는지	-아/어, -나, -(으)ㄴ가, -는가, -지, -는지, -(으)ㄹ까, -(으)ㄹ래, -느냐, -(으)냐, -니, -소
대우 중립적 표현	-(으)ㄴ가, -나, -(으)ㄹ까	

위에서 보듯이 의문문을 만드는 종결어미는 매우 많고 대부분 현대 한국어에서 자주 활용된다. 그만큼 의문문은 그 쓰임의 상황이 다양하다는 뜻이다.

우선 가장 자주 쓰이는 의문형 종결어미는 '-(스)ㅂ니까'이고 이것은 초급 과정 중에서도 상당히 이른 시기에 가르치는 문법이다. 이 어미를 가르칠 때에는 평서형 종결어미 '-(스)ㅂ니다'가 선행 학습되어 있는 상태이므로 그것이 사용된 문장을 먼저 써 준 후 '-다'를 '-까?'로 고치는 과정만을 보여 학습자들에게 의문문 생성의 방법을 인상적으로 보여 줄 필요가 있다. 이때 원래의 문장에는 주어를 쓰지 않는 것이 좋다. 어순의 변화가 있는 인구어와는 달리 국어에서는 어순 변화 따위는 일어나지 않는데 이를 말로 설명하는 것보다는 이와 같은 방법으로 보여 주는 것이 더 효과적이다. '-는지요'는 '-(스)ㅂ니까'보다는 자주 쓰이지 않지만 아주 드물게 말하는 것도 아니므로 중급 학습자들에게 교육할 필요가 있다. 그러나 이의 반말체인 '-는지'는 매우 제한적으로 쓰이므로 가르치지 않아도 무방하다.

다른 문장 유형에서는 청자를 고려하지 않아도 그 문장의 의미가 크게 변화하지 않으나 의문문은 청자를 고려하지 않으면 '자문(自問)'이 되어 문장의 의미가 크게 변화한다고 할 수 있다. 다음과 같은 문장을 말한다.

(1) 가. 그 사람이 착한가?
　　가'. 이 방이 좁은가?
　　나. 철수가 나를 사랑하나?

다. 이 옷이 나한테 잘 어울릴까?
다'. 지금쯤이면 피터 씨가 공항에 도착했을까?

다른 사람이 들을 수도 있겠지만 자문은 기본적으로 혼잣말로 하는 것이라고 볼 때 의사소통 면에서는 외국인 한국어 학습자에게 큰 효용이 있다고 말하기는 어렵지만 이러한 혼잣말을 할 만한 상황이 매우 자주 발생하고 학습자들이 그런 경우 자문의 뜻을 지닌 텍스트를 생산하고 싶은 욕구가 아주 강하기 때문에 교사는 이와 같은 문장을 학습자들에게 충분히 연습시켜야 한다. '냐'는 앞의 말이 자음으로 끝나건 모음으로 끝나건 언제나 '냐'이지만, '-(으)ㄴ가, -(으)ㄹ까'는 앞의 말이 자음으로 끝나면 '-은가, -을까'로 실현되고 모음으로 끝나면 '-ㄴ가, -ㄹ까'로 실현되므로 이러한 점을 세심하게 고려하여 연습시키는 단어를 선정할 필요가 있다.

자문을 다른 사람이 들을 수 있도록 함으로써 결과적으로 청자의 대답을 유발하는 효과를 거두는 경우가 있다. (1)의 문장을 모두 청자가 듣게 하면 위 표에서 비격식체 낮춤 의문문의 뜻을 지닐 수 있다는 것이다. 교사는 이러한 복잡한 설명을 학습자에게 하기 어려우므로 (1)에 쓰인 종결어미들은 혼잣말에도 쓰이고 다른 사람에게 하는 말에서도 쓰인다는 정도로 가르칠 수밖에 없을 것이다. 그리고 평소 때 교실 밖에서 이러한 의문문을 쓰는 상황을 많이 만들어 학습자들이 자연스러운 문법을 구축하도록 한다.

(2)의 '-(으)ㄹ래(요)'는 상대방의 행위 의향을 묻는 의문문 종결어미이다. 그런데 이 종결어미는 '요'를 사용한다고 하더라도 상대를 아주 약간만 높여 주는 효과밖에 가지지 못한다. 상대방과 약간 거리를 두고 그를 존중하는 의미로 '요'를 사용하는 것이지 상대를 높이려는 적극적인 의지는 거의 없는 것이다. 아예 윗사람에게는 쓸 수 없는 어미라고 가르치는 것이 바람직하다.

(2) 가. 네가 갈래?
나. 수미 씨가 갈래요?

구어에서 가장 자주 쓰이는 의문형 종결어미는 역시 '-아/어(요)'이다. 이 어미는 억양에 따라 의문문, 평서문, 명령문 등에서 모두 쓰일 수 있다. 기초적인 어미이기 때문에 학습자들이 익숙해지는 데 큰 어려움은 없다. 한편 '-니, -냐, -느냐'와 같은 의문형 종결어미는 자신과 아주 가까운 사이이거나 확실히 자신보다 아랫사람에게 쓰는 것들로서 외국인 학습자들에게 적극적으로 연습시킬 필요는 없다. 그러나 구어 텍스트에서는 매우 자주 출현하므로 텍스트 이해를 위해 의미 설명은 확실히 하여야 한다. 고급 학습자에게는 '-니'는 '-냐'보다 더 친근하고 부드럽고 여성적인 어조라는 사실까지도 가르칠 수 있다.

(3가, 나)의 '-지(요)'는 어떤 사실을 어느 정도 짐작하고 그것을 확인하는 질문에 주로 쓰이는 종결어미이다. (3나)에서 보듯이 평서문에서와 마찬가지로 의문문에서도 '지요'는 '죠'로 줄여 말하는 경우가 많다. (3)과 같은 문장의 교육에서 주의할 점은 억양이다. 이들 문장의 억양은 다른 의문문보다는 급하게 올라가지 않는다. 특히 (3가)처럼 '요'가 붙지 않으면 오히려 하강조에 가까워진다. 다른 의문문(예컨대 '-아/어?, -아/어요?')과의 억양을 대조하여 학습자들이 입에 익숙해지도록 충분히 연습시켜야 한다. 중급 과정의 학습자들에게 해당하는 문법이다.

(3) 가. 네가 내 케이크 먹었지?
    나. 선생님께서 절 부르셨지요?
    나'. 선생님께서 절 부르셨죠?

의문문은 크게 '가부(可否)의문문', '선택의문문', '설명의문문'으로 나뉜다. (4가, 가'), (4나, 나'), (4다, 다')이 차례대로 그것들을 보인 것인데 이러한 의문문들은 언어 보편적인 것이므로 특별한 설명은 필요 없다. 다만 억양에 대해서는 주의 깊게 발음해 주고 학습자들이 똑같이 따라할 수 있도록 많이 연습시켜야 한다. 특히 선택의문문의 억양을 많이 연습시켜야 한다.

(4) 가. 그 영화 재미있어요?
    가'. 그 영화 재미없어요?
    나. 한국어 말하기가 쉽습니까, 듣기가 쉽습니까?
    나'. 너 미국에 유학 갈 거니, 안 갈거니?
    다. 저기 흰 옷을 입은 사람은 누구입니까?

다'. 피터 씨는 어느 나라 사람입니까?

가부의문문에서 특히 주의하여야 할 것이 있는데, 그것은 (4가)와 같은 부정(否定)의문문에서의 대답이다. 이에 대한 대답은 '예/아니요'가 한국어와 인구어에서 반대로 되므로 인구어 화자들은 혼동을 잘한다. 교실에서 어렵게 습득하더라도 자연적인 대화에서는 다시 실수를 반복하는 일이 많다. 많은 연습으로 극복시켜야 한다.

5.4.1.4. 명령문

명령문은 화자가 청자에게 자기의 의도대로 행동해 줄 것을 요구하는 문장 유형이다. 명령문의 종결어미는 다음 표로써 요약할 수 있다.

	격식체	비격식체
대우	-(으)십시오	-(으)세요/-(으)셔요, -아/어요, -(으)소서
비대우		-(으)시오, -아/어, -아라/어라, -게
대우 중립적 표현	-(으)시오, -(으)라	

한국어 교육 현장에서 명령문 종결어미로서 적극적으로 가르쳐야 할 것은 '-(으)십시오'와 '-(으)세요' 정도이다. 외국인 한국어 학습자가 한국인에게 한국어를 사용할 때 '-아/어'와 같은 반말이나 '-아라/어라'와 같은 낮춤말, 심지어는 높임의 의미가 그리 강하다고 볼 수 없는 '-아/어요'를 사용하는 일은 드물기 때문에 그러한 종결어미를 결합시킨 형태를 많이 연습시킬 필요는 없다. 또 '-(으)소서'는 현대 한국어에서 거의 사용되지 않고 하게체의 '-(으)시오', '-게' 역시 외국인이 사용할 일이 전혀 없는 것이다. 이러한 어미들은 교재 텍스트에서 출현할 때 명령형 종결어미로 사용됨을 설명하고 가벼운 연습을 시키는 정도로 다루는 것이 바람직하다.

텍스트 생산을 위해 한국어 학습자가 집중적으로 습득하여야 할 명령형 종결어미는 '-(으)십시오'와 '-(으)세요'이다. '-(으)세요'와 함께 '-(으)셔요'도 같은 뜻의 표준어이지만 드물게 쓰이므로 간단한 언급만 해 주면 충분하다. 다른 어미와 마찬가지로 '-(으)십시오'와 '-(으)세요'도 '으'가 쓰이지 않을 환경, 곧 선행 어간이 모음으로 끝나는 경우부터 연습시키고 다음으로 선행 어간이 자음으로 끝나는 경우를 연습시킨다. 그 다음으로 'ㄹ' 받 불규칙 용언, 불규칙 용언의 순으로 연습시킨다. 단위 시간 내에 연습시키는 분량이 많으면 많을수록 좋다.

중급 과정 말미 혹은 고급 과정 초기 정도에는 간접명령의 '-(으)라'를 교육한다. 직접명령과 간접명령의 차이를 분명하게 구분해 주기는 어렵지만 직접명령은 주로 대면하지 않은 불특정 다수에 대한 명령이고 설령 대면한다고 하여도 청자와 매우 공식적인 거리감을 느끼게 하는 명령이다. 요컨대 청자를 의식하지 않거나 의식하더라도 아주 객관적인 거리를 두는 명령이라는 것이다. 반면에 '-아/어라'와 같은 직접명령은 청자를 적극적으로 의식하면서 하는 명령이다.

(1) 가. 실패하지 않으려면 내 말을 <u>따라라</u>.
    가'. 나를 <u>따르라</u>.
    나. 문제를 읽고 물음에 <u>답해라</u>.
    나'. 문제를 읽고 물음에 <u>답하라</u>.
    다. 정부는 수해(水害) 대책을 시급히 {<u>마련하라</u>, ?*<u>마련해라</u>}.

(1가, 나)가 일반적인 경우로서 상대와 대면하면서 상대를 의식하는 직접명령이고 (1가', 나')는 상대와 대면하지 않거나(1나') 대면하더라도 상대를 의식하지 않고 거리감을 두는(1가') 경우에 쓰는 간접명령이다. 이 구분은 (1다)에서 분명하게 드러난다. 정부에 대해선 어떤 행동을 요구하는 일은 간접명령의 상황으로 이해되므로 '마련해라'와 같은 말을 사용하는 것이 거의 불가능한 것이다. 간접명령 역시 외국인이 일반적으로 쓰는 한국어라고 보기는 어렵다. 텍스트 이해를 위한 문법이므로 설명을 위주로 하고 간단한 예 정도만 제시하면 된다. 이 문법은 정확히 이해하지 못하더라도 한국어 학습자의 언어 사용에 큰 지장을 주지 않으므로 경우에 따라서는(예컨대 학습자의 인지 수준이 다소 낮다고 판단될 때) 아예 설명을 하지 않고 (1가', 나')를 그냥 (1가, 1나)처럼도 쓸 때가 있다는 식으로 설명하여도 큰 문제는 일어나지 않는다.

한편 5.4.1.8.에서도 언급하겠지만 아무리 등급이 높은 높임법을 사용하여도 아주 윗사람에게 명령문을 사용하는 일은 그리 예의 바른 것이 아닌 경우가 많다. 그리하여 명령의 의미를 가질 수 있는 다른 문장 형식, 이를테면 의문의 형식, 제안이나 권유의 형식을 쓰는 일이 많고 명령문을 쓰더라도 '-아/어 주십시오'와 같은 다소 긴 형식으로 말하는 경우가 많다. 이러한 점은 중급 과정 학습자들에게는 반드시 숙지시켜야 하고 명령의 의미를 가질 수 있는 여러 가지 형식의 문장들 역시 많이 연습시켜야 한다.

한편 (2가)에서 보듯 일반적으로 명령문은 서술어가 형용사일 경우에는 쓰이기 어렵다. 어떤 행위(동사성)를 하도록 명령하는 것은 자연스러워도 어떤 상태(형용사성)를 명령하는 것은 자연스럽지 않기 때문이다.

(2) 가. *{예쁘십시오, 착하십시오, 잘생기십시오/못생기십시오, 가벼우십시오/무거우십시오}.
　　나. {행복하십시오, 건강하십시오, 침착하십시오, 부지런하십시오, 냉정하세요, 정직하십시오}.
　　나'. {행복하시기, 건강하시기, 침착하시기, 부지런하시기, 냉정하시기, 정직하시기}(를) 바랍니다.
　　다. 좋은 하루 {되십시오, 되세요}.
　　다'. 좋은 하루 되시기 바랍니다.

그러나 (2나)에서 보듯 서술어가 상태 표현의 형용사라도 그 주체의 의지에 따라 실현할 수 있는 경우에는 명령문으로 쓰는 것이 가능하고 실생활에서 자주 들을 수 있다. (2나)와 같은 문장을 설명해 주는 일은 필수적이라고 할 수 있으나 굳이 연습을 시킬 필요까지는 없다. (2나')와 같은 더 좋으면서도 문법에 맞는 표현이 있기 때문이다. (2나)와 같은 문장을 충분히 연습시키되 학습자들이 (2나)와 같은 문장을 만드는 것을 굳이 제한할 필요까지는 없다. (2다)는 동사 '되다'이지만 의미적으로는 형용사와 유사한 점이 많으므로 (2가)와 비슷한 경우라고 하겠다. 이 문장도 (2다')와 같이 쓰도록 유도한다.

맨 위에서 명령문을 화자가 청자에게 자기의 의도대로 행동해 줄 것을 요구하는 문장 유형이라고 정의하였는데, 반드시 그런 것만은 아니다. '허락'의 의미에 가까운 명령은 화자가 원하지 않는 행동이라도 청자에게 하게 하는 경우가 있기 때문이다.

이러한 점 때문에 '허락문'을 명령문과 구분하는 학자도 있으나 보통 허락문은 명령문의 특수한 형태로 다루어진다.

허락문을 만드는 대표적인 종결어미는 '-(으)렴, -(으)려무나' 이다. 이들은 모두 해라체의 종결어미로서 외국인들이 사용할 일이 거의 없다. 한편 하게체의 '-게(나)', 하오체의 '-구려'는 허락의 의미를 지닐 수 있다. 이런 어미들은 모두 기본적으로 허락문의 종결어미로만 볼 수는 없는 것이기 때문에 이들 어미는 텍스트에 나오면 간단하게 설명하는 정도로 넘어가는 것이 좋다. 만약 학습자들이 '허락'의 말을 해야 하는 상황일 때에는 어떻게 하냐는 질문을 해 오면 (3)과 같은 우회적 표현을 쓰도록 가르친다.

(3) 그렇게 {하십시오, 하세요, 해요}.

5.4.1.5. 청유문

청유문은 화자가 청자에게 같이 행동할 것을 요청하거나 제안하는 문장 유형이다. 청유문의 종결어미는 다음 표로써 요약할 수 있다.

	격식체	비격식체
대우	-(으)십시다, -(으)ㅂ시다	-아/어요
비대우		-아/어, -(으)세, -자
대우 중립적 표현	-자	

'-아/어(요)'는 억양(intonation)에 따라 평서문, 명령문, 의문문 등에서 다 쓰일 수 있는 종결어미이고 청유문을 만들 수도 있기 때문에 억양에 따른 의미 구분을 학습자들에게 충분히 숙지시키고 따라하기 연습도 충분히 시켜야 한다. 외국인으로서는 반말을 쓸 경우가 거의 없으므로 '-아/어요'로 연습시키는 것이 좋다.

'-(으)세'는 하게체의 청유형 종결어미인데 현대 한국어에서는 거의 쓰이지 않으므로 텍스트를 이해시키기 위해 필요한 경우가 아닌 한 무시하여도 좋다.

'-자'는 격식을 갖추지 않고 친한 사람에게 낮춤말로 하는 청유형 종결어미이다. 이 종결어미는 어떤 용언 어간에라도 그대로 붙을 수 있으므로 연습시키는 데 전혀 어려움이 없다. 그런데 '-자'는 청자를 의식하지 않고 공적(公的)으로 어떤 행동을 촉구할 때 쓰는 경우도 있다. (1가)의 '-자'는 낮춤말의 청유형 종결어미이고 (1나)의 '-자'는 특정 청자를 상정하지 않고 공적인 행동을 촉구하는 청유형 종결어미이다.

(1) 가. (우리) 집에 가자.
　　나. 전 국민 모두가 소중한 환경의 보전을 위해 노력하자.

청유형 종결어미로 높임의 등급이 가장 높은 것은 '-(으)십시다'이고 그보다 약간 등급이 낮은 것은 '-(으)ㅂ시다'이라고는 하나, 그러나 이들은 선배 정도의 높은 사람에게 쓰는 것이 한계이다. 부모, 선생님 등과 같은 대상에게는 쓸 수 없는 것이다. 거의 높임의 의미를 갖지 않는다고 해도 과언이 아니다. 이 점은 매우 중요하므로 청유문을 교수할 때 '-(으)십시다', '-(으)ㅂ시다'만을 가르치는 것은 거의 의미가 없다. 5.4.1.8.에서 제시한 우언적 표현 등을 같이 가르치고 학습자들을 연습시켜야 학습자들이 청유문을 실제 상황에서 제대로 사용할 수 있게 된다.

5.4.1.6. 감탄문

감탄형 종결어미 역시 평서문에서처럼 아래 표로써 요약된다.

감탄문은 자기의 느낌을 표현하는 문장 유형인데, 거짓으로 하는 행위가 아닌 한 감탄은 원칙적으로 청자를 적극적으로 의식하고 하는 행위가 아니고 자연스럽게 나타나는 행위이다. 따라서 감탄형 종결어미에는 격식체 어미가 없다고 할 수 있다. 자연스럽게 나오는 말은 비격식체에 속한다고 할 수 있는 것이다.

감탄형 종결어미의 가장 전형적인 형식은 '-구나'이다. 학습자들에게는 우선 형용사 어간과 결합시키는 연습을 시키도록 하고 그 후 동사의 활용형으로 '-는구나, -았/었구나, -겠구나'와 같은 말을 사용할 수 있도록 연습시킨다.

	격식체	비격식체
대우		-네요, -군요, -구먼요
비대우		-군, -네, -아/어라, -구먼, -구려
대우 중립적 표현		-구나

'-네'가 새로 알거나 느끼게 된 사실을 직접적으로 표현하는 감탄의 의미를 지닌 데 반해 '-군'은 그러한 사실을 머릿속에서 일단 확인하고 다소 차분한 마음으로 감탄하는 의미를 지닌다.[79] 이러한 양태적 의미 차이를 학습자들에게 설명하기는 어렵고 한국어 텍스트 속에서 그 사용의 상황을 지속적으로 확인시켜 주어야 한다.

"아이고, 예뻐라."와 같은 말에서 확인할 수 있는 감탄의 '-아라/어라'나 비격식체의 낮춤말 중 '-구먼, -구려'는 외국인 학습자에게는 거의 활용 가치가 없는 것이므로 텍스트 이해를 위해 간단히 설명하면 된다. 연습시킬 필요는 전혀 없다.

5.4.1.7. 약속문

약속문은 화자가 청자에게 일정 행위를 앞으로 할 것임을 확인시켜 주는 문장 유형이다. 약속문은 일반적으로 평서문에 포함시키고 그것을 따로 설정하는 일은 드물다. 그러나 한국어 교육을 위해서는 별도의 문장 종류로 다루는 것이 편리하므로 여기에서 따로 살펴본다. 약속문의 종결어미는 다음 표로써 요약할 수 있다.

	격식체	비격식체
대우		-(으)ㄹ게요
비대우	-마	-(으)리다, -(으)ㅁ세, -(으)ㄹ게
대우 중립적 표현		

약속은 격식체와 비격식체를 구분하기가 매우 어려운 면이 있지만, 대체로 '-마'는 격식적인 말투에서 사용하는 약속법 종결어미이다. (1가)는 비격식적이고 매우 자연스럽고 편안한 상태에서 말하는 것인 반면 (1나)는 친한 사이라도 격식을 갖춰 다소 정신을 긴장한 상태에서 말하는 것이다.

(1) 가. 내일 꼭 돈을 <u>갚을게</u>.
　　나. 내일 꼭 돈을 <u>갚으마</u>.

---

[79] '-네'와 '-군'의 의미에 대한 자세한 서술은 이익섭·채완(1999:256-266)을 참조할 것.

비격식체의 약속형 종결어미 중 '-(으)리다, -(으)ㅁ세'와 같은 말은 학습자들에게 전혀 활용 가치가 없으므로 텍스트에 출현하면 이해를 위한 설명을 간단히 베푸는 정도로 다루는 것이 좋다. '-(으)마'는 이보다는 약간은 더 활용도가 높다고 할 수 있으나 역시 연습을 시킬 필요는 없는 말이다.

(2가, 나)에서 보듯이 현대 한국어에서 약속문은 '-(으)ㄹ게(요)'를 사용하여 만드는 일이 압도적으로 많다. 그렇지 않다면 (2다, 라)에서처럼 어떤 의지를 표현하는 선어말어미 '-겠'을 사용하여 약속의 의미를 간접적으로 드러내는 평서문을 사용하는 것이 일반적이다. 학습자들에게는 (2)와 같은 문장을 생산할 수 있도록 연습시키면 된다. 엄밀히 말하면 (2가, 나)의 '-(으)ㄹ게(요)'도 정확히 약속의 의미를 드러낸다기보다는 자신의 의지를 드러내는 평서문 종결어미로 볼 수도 있으므로 결국 현대 한국어에서 약속형 종결어미는 거의 사용되지 않는다고 할 수 있다.

(2) 가. 내가 네 숙제 대신 해 줄게.
    나. 선생님, 제가 읽을게요.
    다. 네 숙제는 내가 해 주겠다.
    라. 선생님, 제가 가겠습니다.

5.4.1.8. 상황 의존적인 문장종결법

위에서 살펴본 바와 같이 일반적으로 종결어미는 특정 의미를 지닌 특정의 문장종결법을 실현시키는 수단이다. 그러나 문맥에 따라 어떤 문장종결법 형식은 그에 상응하는 의사소통적 의미(communicative meaning)를 가지지 않고 다른 문장종결법 형식의 의미를 더 많이 가지는 경우가 있다.

범언어적으로 이와 같은 현상은 보기 드문 일은 아니다. 그러나 한국어에서는 외국어에서 보기 어려운 예들이 많으므로 아래와 같은 예문들에 대해 문장 의미를 설명하고 비슷한 예문을 만들 수 있도록 연습시키는 일은 교육적으로 매우 가치가 크다. 교사는 문장종결법의 형식과 의사소통적 의미가 정확히 대응되지 않는 예가 나오면, 관련된 다른 예문과 함께 학습자들을 적절히 지도하여야 한다. 이러한 예들은 단원 말미에 제공되는 문법 정리 및 연습에 포함되지 않는 문장 해석적 문법이므로 교사들의 주의가 특히 필요하다. 예컨대 (3)의 '-(으)ㄹ까요?'와 같은 항목은 연습할 수 있도록 짜여 있는 한국어 교재들이 많으나 (2나)의 '-지 않겠습니까?'와 같은 항목은 연습할 수 있도록 짜인 교재가 많지 않다.

평서문은 어떻게 구성되느냐에 따라 약속문이나 감탄문의 의미를 갖는 경우가 있다. 이에 따라 평서문을 약속문, 감탄문과 구별하지 않고 모두 '서술문' 속에 넣어 분류하는 학자도 있다. 한국어 교육 현장에서는 의미에 대한 설명 정도만 수행하면 충분하다.

(1) 가. 아, 달도 밝다.
    나. 첫 월급 타면 내가 한턱내지.
    다. 걱정 마세요. 제가 꼭 도와 드립니다.

(1가)는 평서문 형식이 감탄의 의미를 지니는 경우이고 실제로 맨 마지막에 느낌표(!)를 해도 자연스러운 문장이다. 이러한 문장에서는 보조사 '도'의 도움을 받는 경우가 많다. (1나, 다)는 평서문 형식이지만 약속의 의미를 지니는 경우이다. 약속문 형식은 '한턱낼게/한턱내마', '도와 드릴게요'이지만 (1나, 다)처럼 써도 약속의 의미를 충실히 보여 줄 수 있는 것이다. 교사는 종결어미(형식적인 면)를 바탕으로 접근할 때에 의미적인 면을 바탕으로 접근할 때를 구분하여 이와 같은 내용을 적절히 활용할 필요가 있다.

의문문이 그 의미 기능상 명령문, 청유문, 평서문과 같은 다른 종류의 문장이 표현하는 의미와 동일한 가치를 가지는 경우를 정리해 줄 필요가 있다. 물론 예컨대 제안의 의미를 지녀 청유문에서 쓰이는 (3가)의 '-(으)ㄹ까(요)' 같은 어미는 초급 과정의 초기에 등장하는 어미이다. 그러나 여기에서는 의문문이 다른 유형의 문장 기능을 하는 경우를 일반화하여 보여 주는 경우를 다루는 것이다. 대체로 초급 과정 말미 혹은 중급 과정 초기에 교육한다.

(2) 가. 문 좀 열어 주시겠습니까?
    나. 오늘 저희 집에 오셔서 식사라도 하시지 않겠습니까?
    다. 오늘 우리 집에서 같이 공부할래(요)?
(3) 가. (우리) 오늘 같이 야구 구경 갈까(요)?

나. *어제 영화 보러 갔을까(요)?
　　　나′. 어제 영화 보러 갈 걸 그랬습니다/그랬어요.
(4) 가. 이렇게 어려운 문제를 어떤 학생이 맞히겠습니까?
　　　나. 한 술 밥에 배부르랴?
(5) 가. 약을 바르니까 이제 상처 부분이 안 아프지?
　　　나. 여기는 너무 춥지 않습니까? (↗)
　　　다. 남아 있던 떡 네가 먹지 않았니? (↗)
　　　라. 선생님께서 저한테 시키셨지 않습니까? (↘)
(6) 가. 어디 가세요? (↗)
　　　나. 어디 가세요? (↘)

　의문문이 (2)에서는 점잖은 명령의 의미를, (3가)에서는 청유의 의미를 지니고 있다. 둘 다 기본적으로 '제안'의 의미를 공통적으로 지니는 데에서 명령과 청유의 의미가 파생되는 것이다. 여기서 한 가지 주의하여야 할 것은 (3나)와 같은 과거형과 '-(으)ㄹ까(요)'는 어울리지 못한다는 점이다. 과거의 행동을 이렇게 했으면 좋았을 것이라는 뜻으로는 (3나′)와 같은 문장을 쓴다. 학습자들의 작문에 (3나)와 같은 문장이 보이면 (3나′)와 같은 문장으로 유도한다.
　(4)와 같은 수사적 의문문은 강한 긍정을 뜻하는 것으로서 거의 언어 보편적이므로 현장에서 교수에 어려움을 주는 일은 거의 없다. (5가)는 상대방이 안 아플 것이라고 확신할 경우, (5나)는 상대방도 여기가 춥다고 생각할 것이라고 확신할 경우, (5다)는 상대방이 그 떡을 먹었다고 확신할 경우 그 사실을 확인하기 위하여 쓴 문장이다.80) 교사는 우선 '-지?'와 '-지 {않습니까, 않았니}?'를 별색으로 처리한 후 둘이 같은 의미를 지녔음을 보이고 그 의미를 설명한다. 다양한 예를 들면서 화자가 어떠한 사실을 확신하면서 말하는 것인지 설명하면 된다. (5다) 역시 '먹었지?'로 끝내도 될 것을 강조해서 확인할 때 쓰는 말이다. (5라)는 (5나, 다)와는 달리 '-았/었-'의 위치가 뒤로 가지 않는다. 이 경우의 '-지 않-'은 '-잖-'으로까지 줄어들 수 있고 일반적인 의문의 뜻은 지니지 않는다. 이상의 내용을 학습자들이 익히기까지는 매

---

80) (5나, 다)는 보통의 의문문으로도 해석할 수 있다.

우 오랜 시간이 걸린다. 특히 특정 의미를 실현시키기 위한 억양을 익히는 것이 매우 어려우므로 교사는 다른 때보다 상대적으로 이런 문장을 많이 들려주어야 한다.

(6가) 역시 의문문의 형식을 취하지만 의문의 뜻은 없는 한국어의 특징적인 문장이다. 실제 어디로 가는지를 묻는 의문문은 (6나)와 같은 억양(intonation)을 갖는데, (6가)는 실제 어디로 가는지에는 관심이 없고 단지 인사말처럼 쓰이는 것이다. 교사는 이 둘을 억양으로 구분하여 학습자들에게 반복해서 들려줄 필요가 있다. 예민한 외국인 학습자의 경우 (6가)가 의례적인 인사말인 줄 모르고 남의 일을 캐묻는다고 짜증스러워하는 일도 간혹 있기 때문이다. 그러나 학습자들로서는 이 둘을 구별해 들을 수 있기만 하면 되고 굳이 구별해 말하는 연습까지는 하지 않아도 된다. 그러한 연습은 고급 과정의 학습자에게 시키도록 한다.

중급 과정의 학습자에게는 초급 과정에서 아주 많이 나타났던 명령형 어미 '-(으)십시오', '-(으)세요'를 사용하는 일이 매우 예의 바른 것은 아님을 반드시 가르쳐야 한다. 즉 (7가)와 같은 명령문은 윗사람에게는 (7나)처럼 '제안'의 우언(迂言)적 명령형을 쓰는 것이 좋음을 가르친다.81) 때로는 '-아/어 주십시오' 대신 (7다)처럼 '-(으)시면 고맙겠습니다/좋겠습니다'와 같은 형식을 사용한 평서문도 쓸 수 있는데, 이는 명시적으로 설명하고 충분히 연습시킬 필요가 있는 관습적 표현이다.

(7) 가. 선생님, 이리 앉으십시오.
　　나. 선생님, 이리 앉으시지요.
　　다. 결정하신 사항들을 이메일로 알려 주시면 {좋겠습니다, 고맙겠습니다}.

청유하는 내용이 아닌데도 청유문 형태를 지니는 문장이 있다. 이는 중급 과정 후반부 혹은 고급 과정 전반부에서 다루는 것이 적절하다. (8)과 같은 문장은 실제 매우 자주 쓰이는데, 타인의 행동이 수반되지 않음에도 청유문 형태를 사용하고 있다. 그렇게 쓸 수 있는 이유는 타인이 정확히 '내리는 행위, 보는 행위'를 하는 것은

---

81) 초급 과정에서도 보조용언 '주다'를 사용한 표현 '-아/어 주십시오'가 예의를 갖춘 표현으로 다루어지지만 이 형태를 언제나 사용할 수 있는 것이 아니기 때문에 새로운 표현 '-(으)시지요'를 가르쳐야 하는 것이다. 예컨대 "이리 앉으시지요."는 화자 자신을 위한다는 의미가 들어 있지 않으면 "이리 앉아 주십시오."라고 표현하는 것이 어색하다.

아니지만 화자가 그 행위를 하는 데에 협조를 해 주는 행동을 하여야 하기 때문이다. 어떤 한국 사람이 (8가)와 같이 말하더라도 얼떨결에 함께 내리지 말라는 유머를 가볍게 해 주어도 좋을 것이다.

(8) 가. (혼잡한 차에서 내리면서) 좀 내립시다.
나. (엄마가 아이의 다친 곳을 보면서) 어디 좀 보자.

다음은 문장종결법의 형식과 무관하게 어조에 의해 미세한 의사소통적 의미를 표현하는 경우이다. 이러한 예는 내국인을 위한 국어 문법서와 외국인을 위한 한국어 문법서를 막론하고 별로 주의를 기울이지 않은 예들이다. 대체로 구어에 아주 익숙한 고급반 학습자들에게 가르칠 만한 내용인데, 교사는 특수한 어조를 시연(試演)하고 그에 따른 미세한 의미 변화를 학습자들에게 잘 설명해 주어야 한다.

(9) 가. 나 오늘 상 받았다. (↗); 자랑의 말투
나. A: 달이 밝구나.
　　B: 달이 밝구나? (↗); 상대방의 말에 의아해하거나 동의하지 않는 말투
다. 가세요. (∧∧∧); 애원의 말투 혹은 조르는 말투
라. A: 저는 경제학을 전공합니다.
　　B: 경제학을 전공한다…… / 전공이 경제학이라……; 곱씹고 음미하며 생각하는 말투

다음의 (10)도 (9)와 비슷한 예이지만, 여기에서는 아예 문장종결법 형식이 아닌 비종결 형식이 어조에 의해 특정 문장종결법의 의사소통적 의미를 획득한 경우이다. (10가-다)에서 '-고'는 상대방 말의 [확인] 및 그 말이 의외임을 표현하는 [다소의 놀람]과 같은 의미를 표현하고 있는데, 이는 전적으로 어조에 의해 수행된다. (10라, 마)는 같은 형식을 여러 번 말해 짜증이 난 심리를 표현하고 있다. 어조의 톤이 미묘해 생략하였지만 교사는 이에 익숙해 있어야 한다. (11가-다), (12가)에서 '-면서'와 '-다지'는 상대방 말 혹은 어디선가 들은 말을 [확인]하기 위해 쓰이고 있다. (12나)에서 '-거든'은 상대방이 모르는 사실을 이야기한다는 생각을 표현하기 위해 쓰인 것이다.

엄밀히 말하면 이 예는 어조에 의해 의미가 표현되는 것이 아니지만 비종결 형식이 특정 상황에서 특수한 의미를 표현하는 예로서 여기에서 다루었다.

(10) 가. 고바야시 씨가 3급 시험에 합격했다고? (↗)
　　 나. 철수가 책을 읽는다고? (↗)
　　 다. 나보고 집에 가라고? (↗)
　　 라. 몇 번이나 얘기해야 알겠어. 난 안 간다고.
　　 마. 이젠 그만 나를 좀 내버려 두라고.
(11) 가. 내년에 유학 간다면서? (↗)
　　 나. 메리 씨가 피터 씨 약혼자라면서? (↗)
　　 다. 집에 가자면서? (↗)
(12) 가. 앙리 씨가 내일 프랑스로 돌아간다지? (↗)
　　 나. 난 안 먹을래. 점심 때 아주 잘 먹었거든.

실제 구어로 학습자들에게 연습시키기 전에 교사가 예문을 제시할 경우에는 해당 어미의 통사적 환경이 다양해질 수 있도록 주의를 기울여야 한다. 예를 들어 '-다지'의 예문은 '먹었다지, 먹겠다지, 먹는다지, 간다지, 가신다지' 등으로 주어서 '-다지'의 통사적 환경이 '았/었', '겠', '는', '-ㄴ', '-(으)시ㄴ' 등으로 나타날 수 있도록 한다. 위 항목들의 뒤에 존대의 보조사 '요'를 통합시킨 예도 보여 줄 필요가 있다.

5.4.2. 대우법[82]

5.4.2.1. 대우법 일반

한국어는 대우법이 발달한 언어로 알려져 있고, 학습자들에게도 그렇게 가르쳐 왔다. 다른 언어에서도 어떤 대상을 대우하는 방법은 나름대로 다 갖추고 있으나 문법적인 장치를 통해 표현되는 방식은 그리 복잡하지 않다는 것이다. 그에 반해

---

[82] 높임 이라든가 경어, 존경, 존대 등의 표현을 피하고 대우 라는 용어를 취하기로 하는 데에 관해서는 임홍빈(1990:705)을 참조할 것.

한국어는 대우의 문법적 장치가 대단히 복잡하다고 할 수 있어, 한국인을 위한 국어 문법서에서는 대우법이 아주 중요하게 다루어져 오고 있다는 것이다.

그러나 외국인을 위한 한국어 문법 교육에서 한국어의 대우법에 대하여 지나치게 무겁게 접근하는 것은 적절하지 않다고 할 것이다. 대우법은 그만한 중요성을 가지지 못하기 때문이다. 특히 청자대우법이 그러한데, 외국인은 웬만하면 한국어 화자에게 경어를 쓰도록 유도하여야 하기 때문에 같은 학급의 친구들에게조차 반말을 쓰게 하지 않는다. 가정에서 쓰는 대우법과 사회에서 쓰는 대우법의 용례 역시 한국인 대상의 국어 문법에서는 중요할지라도 한국어 교육에서는 전혀 중요하지 않다. 요컨대 외국인에게 한국어 대우법 교육은 거의 텍스트 수용을 위한 것이지 생산을 위한 것이 아니다.

그러므로 이른바 청자대우법적으로 '하십시오체, 해요체' 이외에는 단지 한국어 텍스트를 다룰 때 의미를 이해시키는 것으로 충분하다. 의미를 가르칠 때에는 문법 원리적으로 접근하지 말아야 한다. 해체와 해라체의 용법, 하오체와 하게체의 용법 등에 관해서는 국어학계에서도 아직 만족할 만한 설명을 제시하고 있지 못하기 때문이다. 따라서 (1)과 같은 문장을 텍스트에서 다루게 되면 개별 상황적으로 설명한다. 곧 (1가)의 경우 교수가 학생에게 하는 말투로 '-게'를 쓴다는 것을 확인해 주는 정도로 충분하다. 특별한 장면에서 사용되는 격식체로 이해하는 것이 그것이다.

(1) 가. [교수가 학생에게] 이리 와 앉게.
　　 나. (옛날 말투에서)[남편이 부인에게] 오늘 좀 늦을 테니 그리 아시오.

한국어 교육 현장에서 다루었던 대우법은 주체대우법과 객체대우법이 주 교육 내용이라고 할 수 있는데, 이 역시 어휘 교육의 측면이 강하여 문법 교육의 내용은 얼마 되지 않는다. 예컨대 (2)와 같은 어휘를 사용하는 일은 어휘 교육에 속한다고 보아야 한다. 어떻든 (2)와 같은 높임말들은 한꺼번에 정리하여 가르치는 시간을 만들어 주는 것이 좋다.

(2) 가. 주체존대 어휘: 계시다, 잡수시다/드시다, 편찮으시다, 주무시다, 돌아가시다, 말씀하시다

나. 객체존대 어휘: 드리다, 뵙다, 모시다, 여쭙다/여쭈다
　　다. 겸양 어휘: 저, 저희, 말씀
　　라. 존대의 특수 어휘: 진지, 성함, 연세, 댁, 생신, 부인(夫人), 따님, 아드님,
　　　　자제분, 약주, 말씀

한편 '성함, 연세'를 가르칠 때에는 (3)과 같은 문장 표현만 씀도 교육하여야 한다. 초급 과정에서 충분히 다룰 수 있는 내용이다.

(3) 가. 아버님 성함이 어떻게 되십니까?
　　나. 올해 연세가 어떻게 되십니까?

'-님'을 사용하는 경우도 다음과 같은 예들을 들어 주는 정도로 충분할 것이다. 다만, 현대 한국어에서 사람의 이름 뒤에 '-님'을 사용하는 경우도 있으나, 바른 것이 아니므로 굳이 소개할 필요는 없다.

(4) 가. 직위나 신분을 나타내는 일부 명사 뒤에 붙이는 경우
　　　아버님, 어머님, 할머님, 할아버님, 형님, 누님, 며느님, 따님, 아드님,
　　　……
　　　선생님, 교수님, 회장님, 사장님, 이사님, 전무님, 상무님, 부장님, 국장님,
　　　실장님, ……
　　　총장님, 원장님, 소장님, ……
　　　목사님, 신부님, 수녀님, ……
　　　판사님, 검사님, 변호사님, ……
　　　지배인님, 기사님, 임금님, 나라님, ……
　　나. 사람이 아닌 일부 명사 뒤에 붙어 그 대상을 인격화하여 높이는 경우
　　　달님, 별님, 해님, 토끼님, ……

요컨대 한국어에 존재하는 대우법이 한국어에만 존재하는 현상은 아니라는 인식은 분명히 할 필요가 있다. 그간 한국어의 대우법이 복잡한 현상인 것으로 생각하

여 온 까닭은 언어 내적인 대우와 언어 외적인 격식의 문제를 함께 다루어 온 데에 있었던 것으로 보인다. 언어 내적인 대우가 '무엇'에 대한 대우의 문제라면, 언어 외적인 대우는 '누구'에 대한 대우라고 할 수 있을 것이다.

그간 한국어의 대우 체계를 이야기하면서 주체나 객체 또는 상대(청자)에 대하여 관심을 가졌던 것은 '누구'에 주목한 것이라 하겠다. 하지만 그러한 대우 체계로 한국어의 대우 체계를 이야기하는 데에는 많은 아쉬움이 있었던 것이 사실이다. 앞서도 잠시 살핀 바가 있지만 대우 어휘나 어미 '-님'과 같은 것들은 주체나 객체 또는 상대에 관심을 가지는 체계 속에서는 정당한 자리를 차지하기 어려웠기 때문이다. 또한 (5)의 예에 보이는 것과 같이 하나의 문장에서 동일 인물인 '어머니'를 세 번, 네 번 반복하여 대우한다거나, 문장 내외의 인물 사이의 관계를 계산하여 대우 여부를 선택적으로 표현한다는 것도 선뜻 납득하기는 어려웠던 설명이라고 할 것이다.

(5) 어머님께서 할머님께 진지를 드리셨습니다.

한국어 교육에서 대우법을 제대로 다루기 위해서는 대우법이 한국어에만 있는 독특한 현상이라는 생각에서 벗어날 필요가 있다. 대우법은 어느 언어에나 존재하는 것으로 그를 표현하는 방법에 차이를 보이는 것일 뿐이기 때문이다.

원리적으로 볼 때 대우를 표현하는 방식은 크게 문법적인 것과 어휘적인 것으로 나눌 수 있다. 개별 언어에 따라 문법적인 방식과 어휘적인 방식 가운데 한 가지를 취하는 경우도 있고,[83] 그들 둘을 모두 대우의 방식으로 취하는 경우도 있다.[84] 한국어의 대우 체계를 간단한 표로 나타내 보면 다음의 도표와 같다.

대우 방식 대우 대상	문법적인 대우	어휘적인 대우
체 언	-님	진지, 성함, 연세, 댁, 생신, 아드님, 약주, 말씀, 병환, ……
용 언	-(으)시-	계시다, 잡수시다, 편찮으시다, 주무시다, 드리다, 뵙다, 모시다, ……

〈한국어의 대우 체계〉

한국어의 대우 체계를 위의 표와 같이 정리할 경우에 두 가지 점에서 의문을 가질 수도 있겠다. 하나는 조사 '께서'와 '께'의 처리 문제이며, 다른 하나는 이른바 청자대우법의 처리 문제가 그것이다. 하지만 그들 두 가지 문제가 모두 한국어 대우법의 직접적인 구성 요소가 아니라는 점은 지적해 둘 필요가 있을 듯하다.

먼저 조사 '께서'와 '께'는 대우의 문제가 아니라 조사와 그에 선행하는 체언과의 호응 문제로 이해하여야 한다. '께서'와 '께'에 선행하는 체언이 존칭체언일 경우에는 '께서'와 '께'가 선택이 되고, 평칭체언일 경우에는 '이/가'와 '에게'가 선택된다는 것이다. 이는 여격조사 '에게'와 '에'의 선택이 선행 체언의 유정·무정 여부에 의한다는 사실에 비견될 만한 것이다.

청자대우법의 경우에도 그들의 체계가 불안정할 뿐만 아니라 상황과 장면에 따라 사용에 제약을 받는다는 점에서 언어적인 대우가 아니라 언어 외적인 격식 표현과 관련된 것으로 다루어야 한다는 점에서 한국어 대우 체계의 직접적인 구성 요소로 다룰 수는 없는 것이다.

5.4.2.2. 초급 과정에서의 대우법

초급 과정에서는 문법 항목으로서 대우법을 많이 다루지 않는다. 용언에 대한 대우 요소인 선어말어미 '-(으)시'와 존칭체언과 호응하는 여격조사 '께'와 '께서'의 기본 용례를 교육한다. 활용 형태에 대한 이해는 5.2.5.4와 5.4.1.에서 다루었으므로 생략하기로 한다. 격식의 문제와 관련하여서는 (1마)에서 보듯이 '-(으)셔요'는 불규칙 활용 형태인 '-(으)세요'로도 쓰일 수 있고 오히려 '-(으)세요'가 더 자주 쓰이는 표현이라는 정도는 설명할 필요가 있다.

다음으로 '-(으)시'가 어디에 자리 잡고 있는지 학습자들이 주목하도록 유도하여야 한다. (1다, 라)를 보면 시제 요소 '-았'이나 양태 요소 '-겠'보다 앞에 위치함을 볼 수 있다. 교사는 단어 구조를 분석해 보이면서 통합 순서를 강조하여 설명하여야 한다. 설명 후 학생들의 입과 손에 자연스럽게 익도록 연습시키는 것이 더욱 중요함은 물론이다.

---

83) 영어나 독일어 또는 중국어는 어휘적인 방식의 대우법을 취하고 있는 언어라고 할 것이다.
84) 한국어와 일본어가 두 가지 방식을 모두 취하고 있는 언어인 셈이다.

(1) 가. 선생님이 학생들을 가르치십니다.
　　나. 선생님이 책을 읽으십니다.
　　다. 선생님이 어제 학교에 안 오셨습니다[오-시-었-습니다].
　　라. (더운 나라에서 온 학생에게) 한국이 좀 추우시겠어요[춥-으시-겠-어요].
　　마. 선생님, 이 신문 좀 {보셔요, 보세요}.

존칭체언과 호응하는 '께'('에게'의 존대형)와 '께서'('이/가'의 존대형)를 비교하여 후자를 더 중시하여 가르치는 교사가 많은데(주어가 여격어보다는 중요하다는 단순 비교의 관점 아래), 이는 잘못이다. 더구나 '께서'는 문법적 제약이 있어서 쓸 수 없는 경우가 꽤 있다. 따라서 학습자들에게 (2)와 같은 문장은 생성 연습을 많이 시킬 필요가 있으나 '께서'는 이해만 시키면 충분하고 문장 생성 연습은 생략하든지 가볍게 넘어가는 것이 좋다.

(2) 가. 선생님께 책을 드리고 싶습니다.
　　나. 아버지께 어려운 문제를 여쭈었습니다.

5.4.2.3. 중급, 고급 과정에서의 대우법

중급 과정에서 반드시 다루어야 하는 것은 이른바 '간접존대'의 문법이다. 이는 한국인들조차도 종종 틀리는 문법이기는 하지만 중요성이 작지 않다. '있다, 없다'의 주체존대 표현은 '계시다, 안 계시다'임은 학습자들이 잘 알고 있을 것인데 한국어에서는 (1가, 나)와 같은 표현도 흔히 들을 수 있다. (1다, 라)는 '키, 따님'을 간접존대하고 있다. 높임의 대상이 아니지만 높임 대상의 신체의 일부분이나 소유물, 가족 등을 간접적으로 높이는 문법이다.

(1) 가. 선생님께서는 교실에 혼자 계십니다.
　　가'. 선생님, 비 오는데 우산 {있으세요, *계세요}?
　　나. 선생님은 이제 서울에 안 계십니다.
　　나'. 선생님은 휴대전화가 {없으십니다, *안 계십니다}.
　　다. 아버님은 키가 크시다.

라. 선생님은 따님이 아주 예쁘시다.

　중급, 고급 과정에서 국어 문법서에서 빠지지 않고 등장하는 '압존법(壓尊法)'에 대해 가르치는 교사가 있으나 학습자가 특별히 물어 오지 않는 한 한국어 교육 현장에서는 다룰 필요가 없다. 또 특정한 상황과 장면에서만 쓰여 특정 위치를 차지하지 않는 중립적 화계 역시 한국어 교육 현장에서는 명시적으로 설명하기 어렵다. 이와 관련한 언어 지식은 교재의 대화 텍스트와 보충 읽기 자료를 통해 자연스럽게 형성되므로 특별한 교육이 필요 없는 것이다.

5.4.3. 시간 표현

5.4.3.1. 시간 표현 일반

　시제(tense), 상(aspect), 양태(modality)는 개념적으로는 분명히 구분된다. 시제는 말을 하는 때를 기준으로 문장에서 말하는 내용이 발생한 시간의 선후 관계를 문법적으로 표현하는 방법이고, 상은 어떤 행위의 시간적인 내적 구조를 표현하는 방법이다. 양태는 화자가 명제에 대해 갖는 심리적, 정신적 태도를 말한다.

　이들 개념이 이렇게 분명하게 구분됨에도 불구하고 어떤 형태소가 어떤 문법범주를 구현하는지 분명하게 말하기는 쉽지 않다. 더구나 실제적으로 한국어 교육 현장에서는 개별 형태소를 통해 이들 개념에 접근하므로 특별히 이들 개념을 구분해서 가르치는 시간을 마련할 필요가 없다. 혹 설명하더라도 문법에 관심이 있는 고급 과정 학습자들에게나 할 수 있을 것이다. 예컨대 선어말어미 '-겠'은 앞으로 어떠한 행위를 하려고 하는 화자의 의지를 나타낸다는 점에서 미래시제로 인식한다.[85] 여기에서는 시제와 양태 범주를 통합하여 설명한다.

　상을 우리의 일차적인 관심 영역 밖에 두는 까닭은, 한국어 문법에서 상이 수(number)나 성(gender)처럼 문법범주를 이루고 있지 못하기 때문이다. 이러한 이야기가 한국어에 상 표현이 없다는 의미는 전혀 아니다. 한국어에서의 상은 개별 동사나 명사에 의하여 표현되기도 하고, '-고 있'이라든가 '-아/어 버리'와 같은 보

---

[85] [추측]의 의미를 갖는 '-겠'은 이 경우가 아니다.

조용언 구성을 취하여 나타나기도 하며, '-더'나 '-았/었'과 같은 형태소를 취하여 드러나기도 하지만, 이렇듯 다양한 모습으로 상이 표현된다는 것은 한국어의 문법에서 상이 자신만의 범주를 가지지는 못한다는 것을 의미하는 것이라 하겠다. 그렇다고 하여 외국어로서의 한국어를 학습하는 학습자들에게 한국어의 상을 가르칠 필요가 없다는 의미는 전혀 아니다. 상을 문법범주로 취하고 있는 언어권의 학습자들에게라고 하더라도 문법적인 접근이 아니라 어휘나 표현을 학습하는 방법을 취하는 것이 온당한 이해의 길이라는 뜻이다.

한국어 문법의 시제를 제대로 이해하기 위해서는 한국어 시제 체계가 가지고 있는 특성을 먼저 알아 둘 필요가 있다. 앞서 우리는 한국어의 대우법이 한국어만의 것이 아니라 다른 언어에도 존재하는 범주임을 확인한 바 있다. 그런 점에서라면 한국어의 시제는 대우법과 사뭇 다른 양상을 보인다고 할 수 있다.

그간의 한국어 시제에 관한 논의의 대부분은 다음과 같은 시간 축에 근거하여 이해되어 왔다고 할 수 있다.

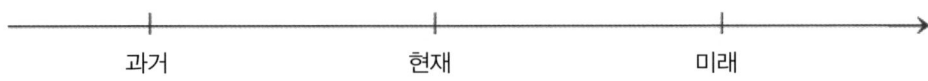

시제에 대한 위와 같은 이해 태도는 한국어에 바탕을 둔 것이라고 하기는 어려운 형편이다. 흔히 시제에 관한 한 모든 언어가 위와 같은 체계를 취할 것으로 생각하고 있으나 이는 지나치게 안이한 이해의 태도라고 할 것이다. 가장 문제가 되는 것은 시제 형태소 '-더'로서, 위의 시간 축 위에서는 그 자리를 찾기가 어렵기 때문이다.

한국어의 시제에 대한 온당한 이해를 위해서는 현실 세계의 논리와 언어의 논리를 혼동하지 말아야 한다. 현실 세계에서의 시간의 흐름은 하나의 시간이라고 하더라도 그를 인식하고, 언어적으로 표현하는 방식까지 하나인 것은 아니기 때문이다. 시간에 대한 인간의 인식 방식은 크게 두 가지로 나누어 볼 수 있다.

하나는 인간이 움직이는 것으로 인식하는 것이고, 다른 하나는 시간이 움직이는 것으로 인식하는 것이다.[86] 그들 둘이 모두 시간과 관계를 가진다는 점에서 공통점

---

86) 어느 것이 기준이 되든 현실 세계에서는 그들 둘이 모두 움직이는 것이라는 점에 유의해야 할 것이다. 또 한 가지 유의해야 할 것은 우리의 의식 속에서 시간이 움직인다고 하는 것이 보편적인 사고라 할지라도 그것이 언어적인 표현과 일치해야만 하는 당위적인 관계

을 지니고 있지만, 우리는 인간이 움직이는 것으로 인식하는 것을 '時點의 문제'라 하기로 하고, 시간이 움직이는 것으로 인식하는 것에 대해서는 '視點의 문제'라고 하기로 한다. 이러한 두 가지의 인식 방법 모두가 모든 언어에 반영되는 것은 아니라고 할지라도, 다른 인식 방법의 존재 가능성조차 무시되어서는 안 될 것이다. 한국어의 시제에 관한 기존의 논의는 거의 전부가 時點의 문제에 주목했던 것으로 이해된다. 그는 우리의 문법 이해 방식에 절대적인 영향을 주었던 영어나 일본어의 시제 체계가 그들 두 가지 이해와 표현 가능성 가운데 하나만을 취하고 있다는 데에서 원인을 찾을 수 있을 것이다. 그러나 개별 언어들 각각은 각기 다른 시제 인식과 표현 방식을 취하고 있는 바 중국어와 같은 경우에는 그들 가운에 어느 것도 취하지 않고 있으며, 한국어의 경우에는 그들 두 가지 모두를 시제 체계에 수용하고 있는 것이다.

우리가 일반적으로 알고 있는 시제 체계는 다음의 〈그림 1〉로 표현되는 것이다. 영어나 일본어의 그것과 크게 다르지 않은 셈이다.

현실 세계에서의 화자의 위치는 언제나 절대적인 현재이지만, 명제 내용이 시제 형태소와 결합되어[87] 발화될 때는 화자의 위치가 의식적이든 무의식적이든 사건 현장으로 이동한다고 이해하는 것으로 〈그림 1〉의 점선은 의식의 이동 방향을 나타낸다. '-았/었-: -느₁-: -리/겠-'으로 구성되는 체계이다.

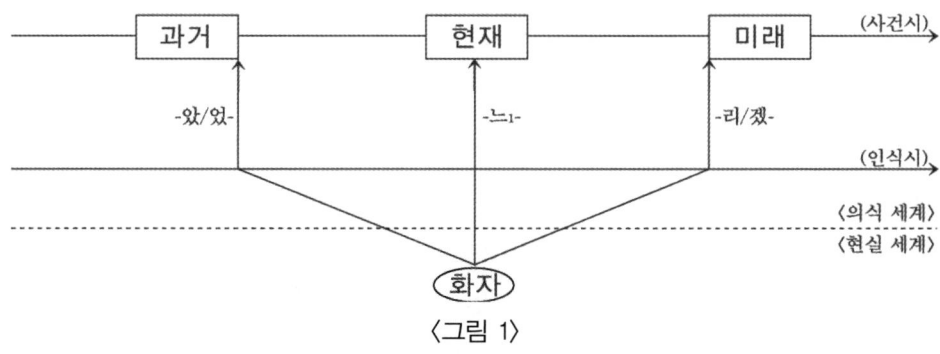

〈그림 1〉

시간에 대한 인간의 또 다른 인식 가능성은 시간이 움직인다고 보는 것이다. 이

에 있는 것은 아니라는 점이다. 다시 말하자면 현실 세계의 논리와 언어의 논리는 각각 별개의 것이라는 말이다.
87) 가시적인 형태소는 물론 '-∅-' 형태소까지 포함한다.

는 흡사 시간의 순서에 따라 찍은 사진을 고정된 위치에서 보는 것에 비교될 수 있을 것이다. 시간이 움직인다고 보는 것이 시간과 밀접한 관계를 가지고 있는 것이 사실이지만 〈그림 1〉에 보인 '時點의 문제'와 비교하여 그것을 '視點의 문제'라 이름 짓기로 한다. '視點의 문제'는 다음의 〈그림 2〉를 통하여 이해될 수 있다. '-더 : -느₂ : -느₃'으로 구성되는 체계이다. 시제 형태소 '-느₂'와 '-느₃'에 관해서는 다음에 다시 살펴보기로 한다.

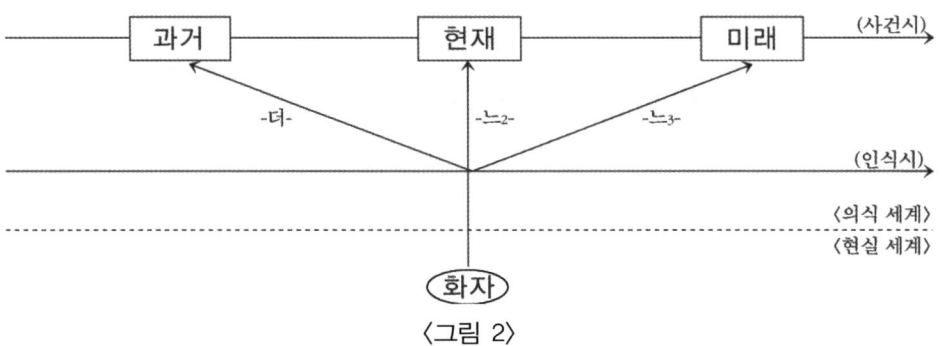

〈그림 2〉

화자가 움직이지 않고 고정된 위치에 있다는 것은 '-더'가 가지고 있는 여러 가지 문제에 대한 답을 제시하여 준다. 다음의 예들을 잠시 보기로 하자.

(1) 내가 춤을 <u>추더라</u>.
(2) 이순신 장군이 거북선을 <u>만들더라</u>.

위의 예 (1), (2)는 일견 비문법적인 문장이거나, 어색한 문장 또는 표준어에서는 대우 표현이라고는 하기 어려운 예문들이다. 하지만 이러한 문장들도 경우에 따라서는 문법적인 문장, 자연스러운 문장 그리고 대우에 아무런 문제도 없는 문장이 되기도 한다. 먼저 예 (1)이 비문법적인 문장으로 이야기되어 온 까닭은 주어가 1인칭이기 때문이라는 것이고, 예 (2)의 경우에는 이순신 장군이 거북선을 만드는 장면이 목격할 수 있는 한계를 넘어섰기 때문이지만, 자신을 볼 수 있는 상황이 된다든가 어제 저녁에 본 드라마에서와 같이 이순신 장군이 거북선을 만드는 장면이 목격할 수 있는 시간의 범위 안에 들어오게 되는 경우에는 자연스러운 문장이 되는 것이다.

(3) 밖에 비가 옵디다.

예 (3)의 경우에도 대우 표현으로 충분한 자격을 가지고 사용되는 경우가 있는바 현대 한국어에서는 경상도 방언에서 확인할 수가 있다. 예 (3)에서와 같이 '-더-'가 대우 표현 요소와 함께 쓰이는 경우는 중세 한국어에서도 확인할 수 있다. 현대 한국어의 '하십시오체'에 해당하는 요소인 '-이-'와 자연스럽게 어울려 쓰이는 것이다. 우리의 옛 예절에서는 움직이지 않는 것이 자연스러운 예절이었다는 데에서 까닭을 찾을 수 있을 것이다.[88] 이는 예 (1)~(3)의 문장이 〈그림 2〉의 체계 속에서는 자연스럽게 설명될 수 있다는 것을 의미한다.

그러나 위의 예 (1)~(3)에 보이는 '-더-'가 시제 요소라면 다른 시제 형태소와 함께 체계 속에 수용이 되고, 그 속에서 '-더-'의 의미와 기능이 이해되어야 한다는 점에서 '-더-'가 속한 시제 체계에서의 현재와 미래 요소도 확인할 필요가 있다. 다음의 예 (4)와 (5)가 그들이다.

(4) 동규, 지금 공부하고 있지.(동규 자신이 친구에게 이야기를 하는 경우)
(5) 내일부터 새로 나오는 책으로 공부를 한다.
(5') 내일부터 새로 나올 책으로 공부를 하겠다.

위의 예 (4)는 〈그림 2〉의 현재시제의 예를 보이는 것이고, 예 (5)는 미래시제의 예이다. 특히 예 (5)와 (5') 사이의 차이는 〈그림 1〉과 〈그림 2〉 사이의 차이를 그대로 반영하고 있는 것으로 이해하여도 좋을 것이다.[89]

5.4.3.2. 초급 과정에서의 시간 표현

동사의 현재시제는 (1)과 같이 표현하는데, 해라체의 형태가 '-ㄴ다/는다'임을 유의하여야 한다. 형용사의 현재시제와 '이다'의 현재시제는 '-(스)ㅂ니다'(하십시오체)

---

[88] 보다 구체적인 내용에 관해서는 한재영(1986, 2002, 2005)를 참조할 것. 중세 한국어의 예를 중심으로 제시하고 있으나, 현대 한국어에 대한 설명에도 적용이 가능하다.
[89] 관용적인 표현으로 두 가지 표현이 동일한 의미를 가지고 있는 것으로 이해되어 온 '할 수 없이'와 '하는 수 없이'에 대한 이해도 두 가지 다른 시제 체계 속에서 이해될 수 있다.

와 '-다'(해라체) 앞에 아무것도 붙이지 않는다. 또 (3)에서 보듯이 해요체, 해체의 '-아요/어요', '-아/어' 역시 앞에 아무것도 붙이지 않는다.

(1) 가. 철수는 지금 공부를 <u>합니</u>다.
    가'. 철수는 지금 공부를 <u>한</u>다.
    나. 영희는 지금 밥을 <u>먹습니</u>다.
    나'. 영희는 지금 밥을 <u>먹는</u>다.
(2) 가. 영희 어머니는 정말 <u>아름답습니</u>다.
    가'. 영희 어머니는 정말 <u>아름답</u>다.
    나. 영희는 정말 <u>예쁩니</u>다.
    나'. 영희는 정말 <u>예쁘</u>다.
    다. 그 사람은 <u>대학생입니</u>다.
    다'. 그 사람은 <u>대학생이</u>다.
(3) 가. 저는 신림동에 <u>살아요</u>.
    나. 영희는 정말 <u>예뻐요</u>.
    다. 그분은 저희 <u>선생님이에요</u>.

현재시제는 관형사형 어미에서도 표시된다. (4)에서 보듯 동사 뒤에는 '-는', 형용사, '이다' 뒤에는 '-(으)ㄴ'이 붙는다. 많은 연습을 통해 입과 손에 익히는 일이 어려운 것이지 학습자들이 이해하기 어려운 문법은 아니므로 쉽게 가르칠 수 있다.

(4) 가. 지금 <u>듣는</u> 음악 제목이 뭐예요?
    나. <u>좋은</u> 한국 책을 소개해 주십시오.
    나'. 꽃밭에 <u>예쁜</u> 꽃이 피었습니다.
    다. <u>가수인</u> 홍길동이 영화에도 출연합니다.

과거시제 표현은 다소 불규칙한데, (1)~(3)의 다른 곳에서는 어말어미 앞에 '-았/었'을 삽입하는 반면 (1가, 나)에서는 '는, ㄴ'을 떼어 내고 '았/었'을 삽입한다. 교사는 (1)~(3)의 예문을 모두 보여 주고 '-았/었'을 붙이면서 유독 (1가, 나)만 예외적임을 강조하는 기회를 반드시 마련해 주어야 한다.

과거시제를 표시하는 관형사형 어미도 초급 과정에서 배운다. 그러나 초급에서는 동사에 붙는 '-(으)ㄴ'만을 다루고 형용사, '이다'에 붙는 과거시제 관형사형 어미 '-던, -았던/었던'90)은 '-던'을 가르친 이후에나 가르칠 수 있다.

(5) 가. 어제 산 책을 지금 읽습니다.
　　나. 어제 먹은 냉면은 맛있었습니다.

국어에서 미래시제는 선어말어미 '-겠-'이나 종결어미 '-(으)ㄹ게요', 우언적 표현인 '-(으)ㄹ 것이다' 등을 사용하여 방법으로 미래시제를 표현한다. '-겠-'과 '-(으)ㄹ게요'는 주관적인 의지를 표현하는 것이기 때문에 평서문에서 1인칭 주어밖에 가질 수 없다. 그러나 '-겠-'은 2인칭의 의지를 묻는 의문문에서 사용할 수 있지만 '-(으)ㄹ게요'는 그럴 수 없음을 가르친다. 한편 (6다)의 '-(으)ㄹ 것이다'는 이 둘과는 달리 미래에 내가 할 일 혹은 일어날 일을 객관적인 관점에서 서술하는 데 쓰인다. 초급에서는 이 사실을 설명하기 쉽지 않다. 학습자들이 많은 예문을 통해 원형적인 언어 직관을 형성하게 하는 정도로 만족하여야 할 것이다.

(6) 가. 저는 오늘부터 매일 운동을 하겠습니다.
　　가. 누가 이 일을 하겠습니까?
　　나. 다음 학기부터는 공부를 열심히 할게요.
　　나. *누가 이 일을 할게요?
　　다. 내일 회의가 있을 것입니다.

'-겠-'과 '-(으)ㄹ 것이다'는 추측의 양태적 의미를 지니기도 한다. '-겠-'은 화자가 자신의 행동이나 상태를 판단의 근거로 삼는 경우에 쓰이고 '-(으)ㄹ 것이다'는 다른

---

90) 이론적으로 엄밀히 말하면 '-았던/었던'을 비롯하여 '-은/ㄴ, 는, -을/ㄹ, -던' 등이 하나의 형태소는 아니지만 한국어 교육의 관점에서는 특별하게 다룰 만큼 중요하지는 않다. 중세 한국어에서의 예와 비교하여 보더라도 '-(으)ㄴ, 는, -(으)ㄹ, -던'이 각각 '-∅+ㄴ, 느+ㄴ, -리+ㄴ, -더+ㄴ' 등으로 분석이 될 수 있어 각각의 시제 형태소와 진정한 관형화소라 할 수 있는 '-ㄴ'이 결합한 것임을 확인할 수 있다.

사람이나 일반적인 사례를 판단의 근거로 삼는 경우에 쓰인다. 다시 말해 '-겠'은 내적 판단에 근거한 추측임을, '-(으)ㄹ 것이다'는 외부적 상황에 근거한 추측임을 표시한다는 것이다. 교육 현장에서는 이 둘을 분명하게 구분하여 가르치지는 않으나 교사는 간혹 어색한 예를 설명해야 할 때가 있으므로 이와 같은 사실을 잘 알고 있어야 한다. 이 둘이 추측 용법을 가졌음을 배우는 일 자체는 초급 과정에서 이루어지지만 둘의 구분은 중급 후반에나 가서야 설명이 가능할 것이다.

(7) 가. 지금 그 사람은 천안에 {있겠습니다, 있을 것입니다}.
    나. 더워 {죽겠다, *죽을 것이다}.
    다. 영희는 내가 얼마나 저를 사랑하는지 {모를 거야, *모르겠다}.
    라. 그 음식 참 맛있겠다. (그래서 먹고 싶다.)
    라'. 그 음식 참 맛있을 거야. (그러니까 너 한번 먹어 봐.)

미래시제를 표시하는 관형사형 어미도 초급 과정에서 배운다. (5)에서 보듯 동사 뒤에 붙는 '-(으)ㄹ'이 미래시제 관형사형 어미이다. 교육상 어려운 점은 없다. 형용사에 붙는 미래시제 관형사형 어미에는 특수한 제약이 있기 때문에 초급에서는 다루지 않는다.

(8) 가. 내일 공부할 곳을 예습합니다.
    나. 저녁 때 먹을 음식을 아직 만들지 못했습니다.

양태의 종결어미 중 '-군(요)'는 초급 과정에서부터 나온다. '-군(요)'는 엄밀히 말하자면 화자가 어떤 사실을 처음 인식하여 그 인식을 다시 인식하면서 처음 말할 때 사용하는 형태소이다. 이러한 의미는 교사 스스로도 이해하기 어려울 가능성이 많기 때문에 쉬운 설명 방법을 택해야 하는데, 그것은 '처음(새로) 알게 됨'을 표현한다고 하는 것이다. (9가, 나)에서 확인할 수 있다. 이때 (9다)에서 알 수 있듯이 알게 된 사실을 바로 말할 필요는 없다. 이 점이 '-네(요)'와 다른 점이다.

(9) 가. 날씨가 흐려지는군요.

나. 영화가 참 지루하군.
   다. 철수가 이번 시험에서 일등했더군요.

5.4.3.3. 중급, 고급 과정에서의 시간 표현

현재시제가 진리 표현, 현재 시간을 포함한 요즘의 습관, 거의 확실한 미래, 역사적 현장감 등을 표현한다는 사실은 범언어적인 일반성이 있으므로 따로 가르치지 않아도 한국어 텍스트를 통해 학습자들이 쉽게 언어 지식으로 만든다. 중급 이후에 이 사실을 가르치는데 연습은 가볍게 해도 좋다.

(1) 가. 지구는 태양을 돈다.
    나. 저는 요즘 자전거로 운동을 합니다.
    다. 저는 다음 주에 한국어 시험을 봅니다.

'-았었/었었'은 과거시제를 강조하여 현재가 과거와는 본질적으로 단절된 상황임을 표현하는 수단으로 사용된다. 대체로 '-았/었'으로도 쓸 수 있으나 과거와 현재가 완전히 다른 상황임을 표현하려고 할 때에는 '-았었/었었'을 사용하는 것이 좋다고 설명한다. 학습자들의 이해와 연습에 크게 어려운 점은 없다.

(2) 가. 전에 잠깐 이 회사에 다녔었습니다.
    가'. 전에 잠깐 이 회사에 다녔습니다.
    나. 나는 그 여자를 사랑했었다.
    나'. 나는 그 여자를 사랑했다.
    다. 아까 전화가 왔었어요.
    다'. 아까 전화가 왔어요.
    라. 10년 전에 우리 식구는 부산에 살았었다.
    라'. 10년 전에 우리 식구는 부산에 살았다.

형용사나 '이다'에 붙는 과거시제 관형사형 어미는 '-던, -았던/었던'이다. 둘 사이에 겉으로 느낄 수 있는 의미 차이는 거의 없다고 할 수 있으나, 굳이 따지자면 후자가 좀 더 과거와의 단절감이 강하다고 할 수 있다. 한국어가 가지고 있는 두 가지 시제 체계가 함께 반영된 까닭이다.

(3) 가. 책을 몇 권 빼내니까 {무겁던, 무거웠던} 가방이 가벼워졌다.
나. 과거에는 {논이던, 논이었던(=논이였던)} 곳에 지금은 아파트가 들어섰다.

고급 과정에서는 과거시제의 모습을 띠었지만 미래시제 혹은 완료 혹은 결과의 상적인 의미를 갖는 경우를 설명한다. (4가)는 확신하는 미래의 일을 단정적으로 표현하고 (4나, 다)는 완료 혹은 결과의 상적 의미를 드러낸다. 또 (5)에서 보듯이 특정 어휘들은 반드시 '-았/었'과 결합하여 완료상 혹은 결과상의 의미를 드러내는 경우가 있다. 곧 (5다)의 어휘들은 현재시제에도 '-았/었'을 쓰는 것이다. 이는 어휘 교육의 관점에서 보면 초급에서부터 다룰 만한 내용이지만, 총괄하여 가르치는 시기는 중급 이후가 적당할 것이다.

(4) 가. 난 오늘 선생님한테 죽었다.
나. 나 지금 버스에 탔어.
다. 영희는 멋있는 옷을 입었다.
(5) 가. 종윤이는 아빠와 많이 닮았다.
나. 일을 다 끝내려면 아직 멀었다.
다. 잘생기다, 못생기다, 낡다, 멀다, 닮다, 마르다, 늙다

'-더'는 흔히 회상시제 선어말어미로 불려 왔던 것이나, 회상시제가 따로 있을 수는 없다. 한국어의 시제 체계가 가지고 있는 구조상의 특성을 이해할 수 있다면 어렵지 않게 받아들일 수 있는 내용이나, 시제에 대한 기존의 이해 방식에서 쉽사리 벗어나기는 쉽지 않을 것이다. 특별히 한국어 문법에 관한 보다 깊은 연구를 목적으로 하는 학습자가 아니라면, 체계보다 중요한 것은 의미라고 할 수 있다. '-더'는 화자가 (의식 속에서이나) 고정된 위치에서 어떤 상황을 보고 표현할 때 쓰인다. 종결형에서는 '-던데(요), -더라, -더군(요), -데(요)'의 형태로, 부사형에서는 '-더니, -던데'의 형태로 실현된다. 이들은 중급 이후에 나오게 되는데, 한꺼번에 나오지 않

고 중요한 순서대로 나온다. 고급 단계에서라면 '-더'와 체계상의 쌍을 이루는 '-느2-'와 '-느3-'의 예를 함께 소개하여도 이해를 돕는 데에 좋을 것이다.91)

(6) 가. 고바야시 씨는 한국어를 <u>잘하던데요</u>.
　　나. 베트남의 여름은 정말 <u>덥더라</u>.
　　다. 아까 철수가 <u>지나가데요</u>.
　　라. 그 사람 요즘 안 <u>보이던데</u> 어떻게 된 거야?

과거의 일이 이미 완료된 것을 보는 경우일 경우에는 위 형태소들 앞에 '-았/었'을 결합시킨다. 또 (7라, 라')에서 보듯이 때로는 같은 뜻인데도 인칭에 따라 '-았/었-'을 쓰는 경우가 있고 그렇지 않은 경우가 있다.92)

(7) 가. 철수는 벌써 <u>왔던데요</u>.
　　나. 거리에는 온통 낙엽이 <u>졌더라</u>.
　　다. 알고 보니 철수가 그 일을 <u>했더군요</u>.
　　라. 피터가 공부를 열심히 <u>하더니</u> 일등을 했다.
　　라'. (내가) 공부를 열심히 <u>했더니</u> 일등을 했다.

'던'은 보통의 과거시제 관형사형 어미인 '-(으)ㄴ'과는 달리 회상의 의미를 더 갖고 있는데, 그 의미상의 덧붙임은 설명하기 어려우므로 생략하여도 무방하지만 지속성, 반복성, 미완료성의 의미적인 특성을 갖고 있음은 학습자들에게 어느 정도 이해시킬 필요가 있다. (8가)에서 지속성, (8나)에서 반복성, (8다)에서 미완료성을 이해할 수 있다. '던'의 이러한 의미 특성은 '더'가 속한 시제 체계의 속성에서 비롯하는 것이다. 교사는 이 세 가지 유형의 의미를 지닌 예문을 많이 준비하여 미리 제시한다. 그러나 형용사나 '이다' 다음에 붙는 (8라, 마)에서의 '던'은 그러한 의미를 거의 감지할 수 없어 예문을 따로 제시하여야 한다. (8라, 마)에서의 '던'이 쓰인

---

91) 보다 구체적인 내용과 예에 관해서는 5.4.3.1.시간 표현 일반을 참조할 것.
92) '-았/었-'과 '-더-'의 어순과 그에 대한 구체적인 논의는 한재영(2005)를 참조할 것.

예문을 (8가-다)에서의 '-던'이 쓰인 예문과 혼합하여 제시하면 학습자들이 한국어의 언어 지식을 효율적으로 형성하는 데 방해가 된다.

(9)에서 보듯이 '-던'은 기본적으로 지속성을 갖고 있기 때문에 순간적으로 일어나는 동작, 특정 시점의 동작이나 상태, 일회성 동작을 표현하는 용언 뒤에서는 쓸 수 없다. 이때에는 '-았던/었던'을 사용한다. 대개의 국어 문법서에서 이 둘을 구분하는 방법을 분명하게 제시하지 않아 많은 교사들이 이 둘의 차이를 가르치는 데 상당히 어려움을 겪는데 이러한 구분 방법을 미리 알고 있으면 교육에 상당히 도움이 된다. 용언의 상적인 의미를 바탕으로 한 의미 설명에는 기본적으로 시간을 수평선으로 나타낸 그림을 그려 준다.

(8) 가. 이곳은 내가 전에 <u>살던</u> 집이다.
　　나. 이 음악은 내가 자주 <u>듣던</u> 것이다.
　　다. 아까 <u>보던</u> 영화를 마저 보려고 합니다.
　　라. 그 <u>많던</u> 귤을 누가 다 먹었을까?
　　마. <u>코흘리개이던</u> 민수가 지금은 듬직한 청년이 되었다.

(9) 가. *감기에 <u>걸리던</u> 사람이 저예요.
　　가'. 감기에 <u>걸렸던</u> 사람이 저예요.
　　나. *여기 <u>놓던</u> 음료수 어디 갔어요?
　　나'. 여기 <u>놓았던</u> 음료수 어디 갔어요?
　　다. *이곳은 내가 <u>결혼하던</u> 예식장이다.
　　다'. 이곳은 내가 <u>결혼했던</u> 예식장이다.

중급 과정 이후에는 반드시 절대시제와 상대시제의 개념을 학습자들에게 이해시킬 필요가 있다.[93] (10)을 보면 관형사형 어미에 둘 다 현재시제를 나타내는 '-는'이 쓰였다. 그런데 사실 (10가)에서 표현된 모든 사건은 과거에 일어난 것이다. 즉 (10가)는 '빼앗아 간' 사건이 기준이 되어 '읽는' 사건은 그 기준의 시점과 비교해 현재시제라고 이해된다. 한국어 관형사형 어미의 시제는 이렇게 문장의 서술 동사의 시

---

[93] 용언는 교육의 대상이 전혀 아니다.

제에 따라 같은 형태라도 다른 해석의 적용을 받는다.

(10) 가. 형이 와서 내가 <u>읽는</u> 책을 <u>빼앗아 갔다</u>.
　　 나. 형이 와서 내가 <u>읽는</u> 책을 빌려 달라고 <u>한다</u>.

　대부분의 양태 형태소들은 중급 과정 이후에 다루게 된다. 여기에서는 그 중 가장 중요한 '-지(요), -군(요), -네(요)'만을 설명하기로 한다. '-지(요)'는 화자가 생각하기에 아주 당연한 사실을 말할 때 혹은 청자가 그 사실을 알고 있다고 화자가 가정할 때 쓰인다. 그리하여 (11다)를 (11다')처럼 표현할 수는 없게 된다. 화자는 아주 당연한 사실을 말한다고 생각하기 때문에 (11라, 마)처럼 확신에 찬 권유도 '-지'를 통해 실현한다. 교사는 우선 학생과 공통으로 갖고 있는 정보를 묻는 방식으로 '-지'의 의미를 설명하는 실마리를 풀어 나가면 좋다.

(11) 가. A: 영희가 이번에는 <u>합격하겠지</u>.
　　　　 B: <u>그렇겠지</u>.
　　 나. 망원경으로 별을 보니까 훨씬 잘 <u>보이지</u>?
　　 다. 내일 영화 구경 <u>갈 거지</u>?
　　 다'. *내일 영화 구경 갈 거지? 안 갈 거지?
　　 다". 내일 영화 구경 갈 거야? 안 갈 거야?
　　 라. 우리 내일 등산이나 <u>가지요</u>(=가죠).
　　 마. 차나 한 잔 같이 <u>하지</u>.

　초급 과정에서 '-군(요)'는 '처음(새로) 알게 됨'을 표현하는 의미를 지닌다고 하였다. 그러나 이 의미는 정확한 것이 아니기 때문에 (12가, 나)와 같이 놀라움이나 감탄의 의미와는 어울리지 못하는 경우가 있음도 중급 과정 이후에 함께 설명해 주어야 한다. (12가, 나)에는 놀라움이나 감탄의 의미가 전혀 없기 때문에 새로 알게 된 사실에 대해 '-군'을 쓰고 있다.

(12) 가. *앗, 뜨겁군!

　　　　가. 불을 끈 지 오래되었는데 물이 아직도 <u>뜨겁군</u>.
　　　　나. *도둑이군!
　　　　나'. (영화를 보며) 주인이 들어오는 줄 알았더니 <u>도둑이군</u>.
　　　　다. 이번에는 영숙이가 국비로 유학 <u>갔더군</u>.

'-군(요)'와 비슷하게 '-네(요)' 역시 새롭게 알게 된 사실을 말할 때 쓰인다. 그런데 '-네(요)'는 새로운 사실을 인식하자마자 그 현장에서 바로 말로 표현하는 경우에 쓰이기 때문에[94] 놀라움이나 감탄의 의미와 자연스럽게 어울리고 이 점이 '-군(요)'와 다른 점이다.

(13) 가. 비가 <u>오네요</u>.
　　　나. (교실 안을 보고) 선생님이 안 <u>계시네요</u>.
　　　다. 야, 눈이 <u>오네</u>!

5.4.4. 피사동 표현

5.4.4.1. 피사동 표현 일반

다른 문법 항목과는 달리 피동법과 사동법의 문법 내용은 비교적 단기간 내에 집중적으로 출현한다. 다시 말해 한두 번의 학습 후 피동법과 사동법의 좀 더 심화된 내용은 거의 나오지 않는다. 그러므로 이 문법 항목은 학생들이 그에 관련된 예문을 지속적으로 접하지 못한다면 잊어버리기 쉽다. 거꾸로 말해 한두 번의 학습 후 이 문법 내용과 관련한 예문이 나오면 반드시 문법 내용을 다시 환기시키고 연습시키는 일이 반드시 필요하다는 것이다.

피동이란 자신이 스스로 어떤 행위를 하는 능동에 대응하는 개념이다. 문장은 동작이나 행위를 하는 자를 주어로 표현하느냐, 받는 자를 주어로 표현하느냐에 따라서 능동문과 피동문으로 나뉜다. 능동문에서 행위를 하는 자를 능동주, 피동문에서

---

[94] 가령 새로 알게 된 사실을 나중에 말한 것인 (12다)와 같은 문장을 "*이번에는 영숙이가 국비로 유학 갔더네." 처럼은 쓸 수 없다.

행위를 받는 자를 피동주라고 한다. 한편 사동이란 남에게 어떠한 행위를 시키는 개념으로서 스스로 어떠한 행위를 하는 주동에 대응하는 개념이다. 문장은 주어가 동작이나 행위를 직접 하느냐 아니면 다른 사람에게 하도록 하느냐에 따라 주동문과 사동문으로 나뉜다. 사동문에서 남에게 시키는 행위를 하는 자를 사동주, 그 시킴을 받아 행위를 하는 자를 피사동주라고 한다.[95]

피동과 사동이 사뭇 다른 문법 현상임에도 불구하고, 한국어 문법에서 피동과 사동을 같은 자리에서 다루는 데에는 그만한 까닭이 있다. 그 하나는 능동문과 주동문에는 없던 새로운 주어를 도입하는 현상이라는 점과[96] 접사 '이'를 공유하고 있다는 점일 것이다. 접사와 관련해서, 피사동 현상을 피동사와 사동사의 생성으로 보고, 형태론적인 층위에서 다룰 수도 있을 것이나 장형피동과 장형사동[97]의 문제를 아울러 고려한다면 통사 현상으로 보는 것이 보다 합리적인 처리 방안이라고 할 수 있다.

피동과 사동이 각각 능동 및 주동과 관계를 가지는 것이기는 하나, 그것은 어디까지나 기원적인 것이라는 점은 기억할 필요가 있다. 피동과 사동에 대응하는 능동과 주동의 상정이 현실적으로 어색한 경우가 있다고 하더라도 그것은 의미 해석의 문제이지 피동과 사동의 생성과 관계가 있는 문제는 아니라는 것이다.

피동법 및 사동법이 학습 내용으로 나오는 시기는 교재에 따라 약간씩 차이가 있으나 대체로 초급 과정 후반부 내지는 중급 과정 초기이다. 이 문법 항목은 중급 과정에서 배운다고 전제하기로 한다.

5.4.4.2. 피동법

5.4.4.2.1. 중급 과정에서의 피동법

피동에서 가장 먼저 다루게 되는 내용은 정규적인 어휘적 피동문을 만드는 방법

---

[95] 사실 이러한 정의는 문제가 있다. 가령 형용사 '높다'의 사동사 '높이다'는 "주인이 담장을 높였다."와 같은 문장에서 쓰이는데, '담장'이 무슨 행위를 하는 것은 아니기 때문에 그 문장은 일반적인 타동문과 다를 바 없다. 사동문으로 볼 이유가 없다는 것이다. 여기에서는 대체로 사동사가 쓰인 문장, '-게 하다'가 쓰인 문장을 사동문으로 인정하기로 한다.
[96] 물론 새로운 주어를 도입하는 방법에는 차이가 있다. 피동은 능동대당문에 존재하는 요소를 주어로 취하지만, 사동은 주동문에는 없던 전혀 새로운 주어를 취하기 때문이다.
[97] 아래 서술에서 '어휘적 피동', '어휘적 사동'은 각각 '단형피동', '단형사동'이라고 하고 '통사적 피동', '통사적 사동'은 각각 '장형피동', '장형사동'이라 한다.

이다. 피동문은 능동문의 목적어를 주어로 바꾸고 능동사에 피동접미사 '-이, -히, -기, -리'를 붙여 만든다. 그러자면 피동사를 만들 줄 알아야 한다. 하지만 교육 방법상으로는 피동문의 개념 소개가 먼저 있어야 하기 때문에 (1)~(4) 중 어느 하나의 문장으로써 피동문의 개념을 설명하여야 한다. 그 다음으로 위 접미사들을 붙여 만든 피동사의 예를 최소한 5개 정도 준비하여 피동사의 형태를 이해시키도록 한다. 그리고 난 후 다시 (1)~(4)와 같은 문장의 예를 모두 들어 준다.

(1) 가. 내가 그림을 본다.
    나. 그림이 보인다.
(2) 가. 고양이가 쥐를 잡았다.
    나. 쥐가 고양이에게 잡혔다.
(3) 가. 상인이 사람들에게 물건을 판다.
    나. 물건이 팔린다.
(4) 가. 경찰이 도둑을 쫓는다.
    나. 도둑이 경찰에게 쫓긴다.

피동을 처음 다룰 때 어떤 교사는 간혹 그림을 준비하기도 한다. 예를 들어 (2)와 같은 능동-피동 쌍을 가르치려고 할 때, 고양이가 쥐를 잡고 있는 그림을 준비하는 것이다. 그러나 이 경우 그림에 의한 설명은 그다지 효율적이지 않다. 그림은 정태적 상황을 보여 주는 것으로서 동작은 어차피 교사의 몸동작으로 보여야 하기 때문이다. 따라서 몸동작을 우선하고 그림은 보조 자료로 활용하는 것이 좋을 것이다.
피동사를 만드는 일반적인 방법은 능동사의 어간에 '-이, -히, -기, -리'를 붙이는 것이다. 그런데 어떤 접미사가 어떤 동사에 붙는지는 아직 잘 알려져 있지 않다. 현재까지 밝혀진 사실은 어간이 'ㄹ'로 끝나는 규칙 동사, 불규칙 활용 시 어간이 'ㄹ'로 끝나게 되는 동사에는 '-리'가 붙는다는 것이다. 따라서 다음과 같은 동사는 하나하나 외우도록 할 수밖에 없다. 그러나 교사가 주의할 점은 제시한 것을 한꺼번에 외우도록 해서는 안 된다는 것이다. 한꺼번에 외운 것은 문맥에 의존한 것이 아니기 때문에 기억에 오래 남을 수 없다. 예문 제시에서는 두세 개를 집중적으로 사용하면서(연습 문제로는 많이 다룰지라도), 수업의 진행에 따라 사용례를 확대하는 방식으로 교육하는 것이 좋다. 다음은 피동접미사가 붙는 동사의 쉬운 예들이다.

(5) 가. -이-: 깎다, 보다, 꺾다, 꼬다, 깨다, 나누다, 낚다, 닦다, 덮다, 볶다, 매다, 묶다, 바꾸다, 섞다, 싸다, 쌓다, 쏘다, 쓰다, 짜다, 쪼다 등
　　나. -히-: 걷다, 긁다, 꼬집다, 꽂다, 닫다, 뒤집다, 막다, 먹다, 맺다, 묻다, 박다, 밟다, 뽑다, 꼽다, 씹다, 얹다, 얽다, 업다, 읽다, 잊다, 잡다, 접다, 찍다, 짚다 등
　　다. -기-: 감다, 끊다, 담다, 뜯다, 믿다, 빼앗다, 씻다, 안다, 쫓다, 찢다 등
　　라. -리-: 갈다, 걸다, 깔다, 끌다, 널다, 누르다, 달다, 덜다, 듣다, 들다, 떨다, 뚫다, 몰다, 물다, 밀다, 벌다, 부르다, 빨다, 신다, 쓸다, 썰다, 열다, 자르다, 찌르다, 털다, 팔다, 풀다, 흔들다, 헐다 등

위 능동사들을 피동사로 만들 때 음운에 변동이 생겨 형태의 변화가 일어나는 형태들은 반드시 명시적으로 제시해 주어야 한다. 예를 들어 '바꾸다, 나누다'의 피동사는 각각 '바뀌다, 나뉘다'이다. 또 '누르다'의 피동사는 '누르리다'가 아니고 '눌리다'이며(이러한 변화는 모든 '르' 불규칙 동사에 적용된다), '신다' 등의 피동사는 '신리다'가 아니고 '실리다'이다(이러한 변화는 모든 'ㄷ' 불규칙 동사에 적용된다). 이와 같은 어휘적 피동사를 사용하는 피동문 못지않게 통사적인 방법으로 피동문을 만드는 일도 흔하다. 곧 (6)에서 보듯이 능동사의 동사 어간에 '-아/어지다'를 붙이는 일인데, 교실에서는 어휘적 피동문과 거의 같은 시기에 이 내용도 다루게 된다. 대부분의 경우 어휘적 피동사와 '-아/어지다' 피동사 중 하나만 존재하지만 (6 자)처럼 둘 다 가능한 일도 없지 않다.

(6) 가. 이 연필로 쓰면 글씨가 잘 써집니다.
　　나. 바람이 불어 불이 꺼졌다.
　　다. 주어진 문제의 답을 쓰세요.
　　라. 소원이 이루어졌다.
　　마. 야구공에 유리창이 깨졌다.
　　바. 이 옛날 그림이 언제 그려졌는지 알고 싶다.

사. 꿈은 반드시 이루어질 것이다.
아. 이 구두는 튼튼하게 만들어졌다.
자. 이 사람이 마흔 살이라는 사실이 {믿기지, 믿어지지} 않는다.

어떤 경우에 어휘적 피동사를 사용하고 어떤 경우에 '-아/어지다'를 사용하는지는 꽤 복잡한 내용이므로 중급 과정에서 다루기에 적당하지 않다. 다만, 동사 어간이 'ㅣ' 모음으로 끝나면(던지다, 지키다, 때리다, 만지다 등) 어휘적 피동사를 사용하지 못한다는 제약은 비교적 평이하기도 하거니와 잘못된 어휘적 피동사를 과다하게 생산하는 일을 막을 수 있기 때문에 중급 과정에서 가르치는 것이 바람직하다.

그런데, 이 '-아/어지다'는 피동의 의미보다는 '-게 되다'와 비슷한 의미를 가져 어떠어떠한 상태로 된다는 '과정화'의 의미가 더 강할 때가 있다. 흔히 한국어 교육 문법서에는 이러한 사실들이 명시적으로 밝혀져 있지 않고 예문이 혼재되어 있기 때문에 자국 언어의 관점에서 피동을 생각하는 외국 학생들에게는 혼란을 주기 쉽다. '과정화'의 의미가 '피동'의 의미와 분명하게 구별되는 이유는 다음과 같이 타동사가 아닌 자동사나 형용사에도 '-아/어지다'가 붙는 경우가 많기 때문이다. 그러므로 교사는 아래 (7)과 같은 예문을 (6)과 같은 예문과 구별해서 가르쳐야 한다.

(7) 가. 요즘은 그 가게에 잘 가지지 않아요.
나. 그 소식을 듣고 더욱 슬퍼졌어요.
다. 해가 뜨니까 갑자기 주변이 환해진다.
라. 공사를 해서 길이 넓어졌다.
마. 없어지다, 좋아지다, 멀어지다, 와지다

어휘적 피동사에 강조적으로 '-아/어지다'가 중복하여 붙는 (8)과 같은 예문도 실생활에는 자주 쓰인다. 권장할 만한 어법이 아니기 때문에 한국어 교재에서는 종종 생략되고 있으나, 대단히 자주 쓰이는 구성이고 어떤 경우에는 거의 필수적이기도 하므로(8바), 교사는 이와 관련하여 많은 예문을 준비하고 있어야 한다. 그러나 수업 시간에 이것을 적극적으로 가르칠 필요는 없을 것이다. 문법에 관해 의문을 제기하는 학생들에게만 그런 경우가 있음을 설명하고 예를 들어 주면 된다.

(8) 가. 그 책은 쉽게 씌어져서 잘 <u>읽혀졌다</u>.
　　나. 이 노래가 요즘 흔히 <u>불려진다</u>.
　　다. 한국은 보통 중부 지방과 남부 지방으로 <u>나누어진다</u>.
　　라. 꽃잎에 <u>맺혀진</u> 이슬
　　마. 그가 범인이라는 사실이 <u>믿겨지지</u> 않는다.
　　바. 그 사람은 이제는 <u>잊혀진</u> 가수이다.

'하다' 형태의 동사를 피동사로 만드는 접미사는 주로 '되다' 이고 '당하다' 나 '받다' 도 종종 쓰인다.

(9) 가. 건설하다-건설되다, 결정하다-결정되다, 반복하다-반복되다, 발표하다-발표되다, 설치하다-설치되다, 언급하다-언급되다, 정복하다-정복되다, 증명하다-증명되다, 포함하다-포함되다, 확정하다-확정되다
　　나. 교육하다-교육받다, 배치하다-배치받다, 사랑하다-사랑받다, 의뢰하다-의뢰받다, 주문하다-주문받다, 전화하다-전화받다, 훈련하다-훈련받다
　　다. 고문하다-고문 받다, 공격하다-공격당하다, 납치하다-납치당하다, 모욕하다-모욕당하다, 살해하다-살해당하다, 해고하다-해고당하다

위와 같은 예도 어떤 경우에 '되다' 를 사용하고 어떤 경우에 '받다' 나 '당하다' 를 사용하는지 명쾌하게 밝혀진 바가 없다. 다만 피해를 입는 뜻이 강할 때에는 '-당하다' 를 사용한다. 학생들에게 이런 사실을 가르칠 때에는 우선 '하다' 와 '되다' 의 짝만을 가르친 후 나중에(중급 과정 후반이나 고급 과정에서) '받다', '당하다' 를 가르치는 것이 좋다. 이 경우뿐 아니라 일반적으로 대당하는 짝을 하나로 확정한 후 다른 짝을 추가하는 것이 훨씬 교육 효과가 높다. 그렇지 않으면 학생들은 학습의 초점을 잃기 쉽다.

5.4.4.2.2. 고급 과정에서의 피동법

피동문에 관하여 고급 과정에서 교육할 내용은 피동문의 갖가지 제약과 불규칙한 용법들에 관한 것이다. 우선 어려운 문제 중에 능동문의 동작주가 피동문에서

어떻게 나타나는가 하는 것이 있다. 이 내용은 개념적으로는 대단히 기초적인 것이어서 중급 과정에서 다루어야 마땅할 듯하지만 실제로는 그렇지 않다. 그 문법이 상당히 복잡하기 때문이다. 따라서 중급 과정에서는 간단한 원칙만 교육하고 대부분의 내용은 고급 과정에서 가르친다.

　능동문의 주어는 (10)에서 보듯이 피동문에서 조사 '에게'가 붙어 나타나는 것이 원칙이다. 그러나 이 원칙은 (11)에서처럼 지켜지지 않는 일이 더 많다고 해도 과언이 아닐 정도이므로 가르쳐도 교육 효과가 작다. 예외가 많은 원칙은 강조할 필요가 없다. 어떠한 경우에 (11)와 같이 피동문에서 능동문의 동작주를 'X에게' 처럼 사용할 수 없는지에 관해서는 분명하게 알려진 바가 없다. 다만 원래의 능동문에서 여격의 '에게/에'나 처소의 '에'가 결합된 명사구가 있으면 피동문에서 동작주를 'X에게' 형태로 쓸 수 없음이 밝혀져 있을 뿐이다. 이 제약은 능동문에서 '에게/에'와 결합된 명사구를 별색으로 표시하든지 네모를 둘러 표시해 줌으로써 효율적으로 보일 수 있다.

(10) 가. 도둑이 경찰에게 잡혔다.
　　　나. 이 책은 사람들에게 많이 읽힌다.
　　　다. 나에게는 이 음악이 아름답게 들립니다.
　　　라. 그 사건은 김 형사에게 맡겨졌다.
(11) 가. 보물이 도둑들{*에게, 에 의해} 땅속에 묻혔다.
　　　나. 종이가 영희{*에게, 에 의해} 찢겼다.
　　　다. 전화가 철수{*에게, 에 의해} 끊겼다.
　　　라. 물이 영희{*에게, 에 의해} 꽃에 뿌려졌다.
　　　마. 상품이 상인{*에게, 에 의해} 마을 사람들에게 팔린다.
　　　바. 짐이 철수{*에게, 에 의해} 트럭에 실렸다.

　피동문과 관련한 여러 가지 제약들은 문법으로서 직접적으로 가르치기보다는 학생들이 생산하는 언어 자료에서 틀린 부분을 수정함으로써 간접적으로 가르치는 것이 더욱 효과적일 것이다. 이 역시 규칙을 찾기 어렵거나 규칙이 있더라도 교육하기가 거의 불가능한 내용이기 때문이다. 다음 (12)는 피동사가 존재함에도 불구하고 피동문으로 만들 수 없는 능동문이고 (13)은 대응하는 능동문이 없는 피동문이다. (12)의 피동문이 불가능한 이유는 그 주어가 전혀 의지를 가질 수 없는 것이기 때문인 것으로 알려져 있다. 그러므로 특히 '일부러, 열심히'와 같은 부사를 쓰면 더욱 좋지 않은 문장이 된다. 교사는 이와 같은 내용을 따로 시간을 내어 가르칠 필요가 없다. 의사소통의 관점에서 학생들이 (12)에서의 피동문이나 (13)에 대응하는 능동문을 생산하려고 하는 일은 극히 드물기 때문이다. 이는 교육 효과가 극히 적은 문법이다. 심화된 문법을 알려고 하는 학생에게만 설명함이 바람직하다.

(12) 가. 철수가 칭찬을 들었다.
　　 가'. *칭찬이 철수에게 들렸다.
　　 나. 소가 풀을 열심히 뜯는다.
　　 나'. *풀이 소에게 열심히 뜯긴다.
　　 다. 영희가 손잡이를 일부러 잡았다.
　　 다'. *손잡이가 영희에게 일부러 잡혔다.
(13) 가. 날씨가 풀렸다.
　　 나. 손에 못이 박혔다.
　　 다. 감기에 걸렸다.
　　 라. 영희는 난처한 입장에 놓였다.
　　 마. 기가 막히다, 눈이 뒤집히다, 말이 안 먹히다, 법에 걸리다, 일이 밀리다, 차가 밀리다, 마음에 걸리다, 속이 보이다, 맥이 풀리다, 일이 손에 안 잡히다

위의 내용보다 좀 더 명시적으로 가르쳐야 문법은 어휘적 피동사를 만드는 일이 불가능한 동사 부류를 설명하는 것이다. 물론 중급 과정 중 학생들이 범하는 오류의 수정을 통해 그 내용을 가르치는 일이 많지만, 체계적으로 피동사 형성에 제약이 있는 동사 부류에 대해 설명하는 것은 의의가 있다. 특히 피동 구문이 한국어보다 널리 쓰이는 영어 같은 언어권에서 온 학생들에게 그러하다.

(14) 가. 수여동사: 주다, 받다, 드리다, 바치다

나. 수혜동사: 얻다, 잃다, 찾다, 돕다, (은혜를) 입다, 사다
다. 지각 동사: 알다, 배우다, 바라다, 느끼다
라. 대칭 동사: 만나다, 닮다, 싸우다

위의 동사에서 어떤 것은 '-아/어지다' 피동이 가능하고 어떤 것은 불가능한데, 그 조건은 의미에 의한 것이므로 굳이 설명할 필요까지는 없는 것으로 보인다. 다만 '알다'는 '알아지다' 형태의 피동을 사용하는 잘못은 많이 저질러지므로, 그 경우 먼저 사동사 '알리다'를 만든 후 '-아/어지다'를 통합한다는 사실은 명시적으로 설명할 필요가 있다.

5.4.4.3. 사동법

5.4.4.3.1. 중급 과정에서의 사동법

주동문(자기가 스스로 어떤 행위를 하는 뜻을 지닌 문장)을 바탕으로 한 사동문(다른 사람에게나 사물에 어떤 행위나 상태가 일어나게 만듦을 뜻하거나 다른 사람에게 어떤 행위를 하게 만듦을 뜻하는 문장)은 피동문의 경우와 마찬가지로 어휘적인 방법과 통사적인 방법 두 가지에 의해 만들어진다. 어휘적 사동사를 만드는 방법은 능동사의 어간에 '-이-, -히-, -기-, -리-, -우-, -추-, -l 우-'를 붙이는 것이다. 교사는 사동접미사가 피동접미사들과 유사하지만 몇 가지 더 추가됨을 대조적으로 보이면 좋을 것이다. 다시 말해 우선 사동접미사는 피동접미사와 같다고 말하고는 '-이-, -히-, -기-, -리-'를 다 적고 '-우-, -추-, -l 우-'가 추가됨을 보이는 것이 효과적인 교육 방식이다. 추가 부분은 별색으로 처리할 수도 있을 것이다.

(1) 가. 엄마가 아기에게 젖을 먹인다. (먹다-먹이다)
　　나. 선생님이 학생들을 자리에 모두 앉혔다. (앉다-앉히다)
　　다. 언니는 음식을 자주 남긴다. (남다-남기다)
　　라. 아이들이 종이비행기를 날린다. (날다-날리다)
　　마. 7시에 깨워 주세요. (깨다-깨우다)
　　바. 여기는 위험하니까 속도를 좀 늦춰 운전을 하세요. (늦다-늦추다)

사. 언니는 병에 물을 가득 채웠다. (차다-채우다)

사동문은 피동문에 비해 개념이 좀 더 복잡하므로 학생들에게 그 개념을 이해시키려면 준비 그림이 특히 필요하다. 준비 그림을 미처 갖출 여유가 없는 경우에는 몸동작으로 대신할 수도 있다. 그 경우에는 몸동작으로 효과적으로 표현할 수 있는 사동사의 예를 충분히 생각해 두어야 한다. (1)의 문장들의 주동문의 상황을 그림으로 제시하고, 그 상황을 유발하는 사동문을 만들어 보임으로써 사동의 개념을 익히게 한다. 사동문에 다른 목적어가 있을 경우 피동작주가 'X에게' 형태로 나타남도 사동법 교육 초기에 가르쳐야 하는 핵심 문법이다.

다음 (2)는 사동사의 쉬운 예들이다. 이 동사들을 가르치는 방법도 피동문의 경우와 같다. 이때 교사가 흔히 놓치기 쉬운 것은 사동사와 피동사의 형태가 같은 경우와 다른 몇몇 경우는 반드시 강조하여야 한다는 점인데, 이는 설명을 통해서보다는 예문 제시를 통해 가르쳐야 한다. 어떤 용언의 사동사와 피동사가 둘 다 존재하면 그 둘의 형태는 같은 것이 일반적이지만, '먹히다(피동), 먹이다(사동)'과 같이 사동사와 피동사의 형태가 다른 경우는 강조해서 가르쳐야 한다는 것이다. 한편 사동사는 타동사, 자동사, 형용사 모두를 바탕으로 하여 만들 수 있으나(각각 '먹다→먹이다, 자다→재우다, 좁다→좁히다'의 예를 들 수 있다), 이를 굳이 가르칠 필요는 없다. 사동의 개념 이해가 선행되면 자연스럽게 언어 지식으로 형성되는 사실이다.

(2) 가. 먹이다, 보이다. 녹이다, 죽이다, 속이다, 들이다, 끓이다, 붙이다, 썩이다, 기울이다

나. 읽히다, 입히다, 업히다, 잡히다, 익히다, 눕히다, 식히다, 앉히다, 굳히다, 맞히다, 밝히다, 좁히다, 굽히다, 넓히다, 더럽히다

다. 안기다, 감기다, 빗기다, 벗기다, 신기다, 씻기다, 맡기다, 웃기다, 숨기다, 남기다, 굶기다, 넘기다

라. 알리다, 불리다, 물리다, 울리다, 살리다, 돌리다, 얼리다, 날리다, 늘리다, 올리다, 흘리다, 말리다, 굴리다

마. 깨우다, (짐을) 지우다, 돋우다, 거두다, 비우다, 새우다, 피우다, 끼우다, 찌우다

바. 씌우다, 태우다, 채우다, 재우다, 세우다, 띄우다, 키우다
사. 들추다, 맞추다, 늦추다, 낮추다

피동사를 가르칠 때와 마찬가지로 형태 변화를 설명하여야 할 항목들을 잊지 않고 있어야 한다. 예컨대 피동사 만들 때처럼 '르' 불규칙 동사의 형태 변화라든가(흐르다→흘리다) '우' 접미사가 붙는 것들 중 '거두다'는 '걷우다'로 쓰지 않는다든가 ':ㅣ우'의 모음 'ㅣ'는 앞말의 모음에 딴이로 결합한다든가 '크다'의 사동사는 'ㅡ' 모음을 탈락시킨 '키우다'라는 사실 등을 강조한다. 피동사와 마찬가지로 위의 사동사들도 한꺼번에 외우게 하지 않음은 물론이다. 한편 특수한 사동사로 '없다'의 사동사 '없애다', '젖다'의 사동사 '적시다'는 따로 가르친다.

피동법을 교육할 때 어휘적 피동문과 통사적 피동문을 거의 동시에 가르치는 것처럼 사동법을 교육할 때에도 어휘적 사동문과 통사적 사동문을 거의 동시에 가르친다. 통사적 사동문은 주동문의 용언 어간에 '-게 하다'를 결합시켜 만든다. 다음 (3가, 나)의 예가 그러하다. 그러나 '-게 하다'가 어떤 범위에 걸치느냐 하는 것에 대한 관점의 차이에 따라 피동작주를 (가, 나)처럼 쓸 수도 있고 (다, 라)처럼 쓸 수도 있다. 중급 과정 학습자들에게는 이 사실을 자세히 설명하기 어렵다. 중급 과정에서는 어휘적 사동문과 모습이 같은 (3다, 라)와 같은 문장을 집중적으로 연습시키고, (3가, 나)와 같은 문장은 고급 과정에서 제시하는 것이 바람직하다. 사동문에 다른 목적어가 있을 경우 피동작주가 'X에게' 형태로 나타나는 것은 어휘적 사동문에서와 같다.

(3) 가. 학생들이 집에 간다. → 선생님께서 [학생들이 집에 가게 하셨다.
　　나. 동생이 우유를 마신다. → 나는 [동생이 우유를 마시]게 하였다.
　　다. 선생님께서 학생들을 [집에 가게 하셨다].
　　라. 나는 동생에게 [우유를 마시게 하였다].

'-게 하다'가 붙을 때 시제, 양태 요소는 '하다'에 결합하고 존대의 '-(으)시'는 높이는 대상의 행위를 나타내는 동사에 붙는다는 사실은 장형사동 교육의 처음부터 분명하게 일러 주어야 할 내용이다. (4가)와 같은 예는 자동적인 문법 규칙으로 익

히게 하고 (4나,라)와 같은 예는 동사의 주어가 어떤 것인지 의미를 따져 설명한다. 또 과거시제 선어말어미는 (4마)에서처럼 '-게' 앞에는 붙지 못하고 '하다'에서만 구현된다는 사실도 강조할 필요가 있다.

(4) 가. 선생님이 학생들에게 머리를 {자르시게 했다, *잘르시게 했다, *자르시게 하셨다}.
나. 철수는 선생님을 거기에 {가시게 했다, *가게 하셨다, *가시게 하셨다}.
다. 선생님은 철수를 거기에 {가게 하셨다, *가시게 했다, *가시게 하셨다}.
라. 할아버지는 할머니를 거기에 {가시게 하셨다, *가게 하셨다, *가시게 했다}.
마. 엄마가 아이에게 집을 보게 하게 하였다.

'하다' 형태의 주동사를 사동사로 만드는 접미사는 주로 '-시키다'이다. (5가)와 같은 경우가 정상적인 '주동사-사동사' 짝이라고 할 수 있으므로 교사는 이를 우선 가르친다. 한편 (5나)에서 보듯이 사동사가 주동사의 의미와 똑같은 예가 상당히 많은데, 한국인을 위한 국어 교육의 관점에서는 이를 좋지 않은 어법으로 보아 쓰지 않도록 하고 있고 보통의 한국어 문법서에서도 볼 수 없는 내용이지만, 실생활에서 자주 들을 수 있는 표현이므로 외국인을 위한 한국어 교육에서는 반드시 다루어 주어야 한다. 그러나 (5가)에서의 사동사의 생산은 체계적인 연습 시간을 마련할 필요가 있지만 (5나)에서의 '-시키다' 동사의 생산은 연습시킬 필요가 없다. 바꿔 말해 '-시키다' 사동사의 연습은 (5가) 부류의 동사로 한정하는 것이 좋다.

(5) 가. 반복하다-반복시키다, 발표하다-발표시키다, 변화하다-변화시키다, 설치하다-설치시키다, 연습하다-연습시키다, 운동하다-운동시키다, 이해하다-이해시키다, 입원하다-입원시키다, 훈련하다-훈련시키다
나. 교육하다-교육시키다, 구속하다-구속시키다, 배치하다-배치시키다, 제외하다-제외시키다, 포함하다-포함시키다, 해고하다-해고시키다

5.4.4.3.2. 고급 과정에서의 사동법

고급 과정에서는 사동문의 의미 해석 문제, 사동사와 사동문이 지닌 갖가지 제약 등을 교육한다. 어휘적 사동문은 직접사동과 간접사동의 두 가지로 해석되는 경우가 많다.

(6) 가. 엄마가 아이에게 옷을 입혔다.
　　나. 형이 동생에게 밥을 먹였다.

(6가)에서 엄마가 직접 아이에게 옷을 입혀 주는 행위를 하고, (6나)에서 형이 직접 동생에게 밥을 먹여 주는 행위를 한 경우가 직접사동이라고 할 수 있다. 반면 아이가 옷을 입고 동생이 밥을 먹는 행위를 하고 엄마나 형은 단지 그 행위를 시키기만 한 사람인 경우가 간접사동이라고 할 수 있다. 교육 현장에서는 이를 명시적으로 다루는 시간을 따로 마련하지 않는 것이 좋다. 사동문의 개념은 언어 보편적으로 두 해석 모두를 허용하는 경우가 많아 어떤 언어권의 학습자들도 문맥에 따라 융통성 있게 두 해석 중 하나를 잘 고르는 편이기 때문이다. 그러나 다음과 같은 통사적 사동문은 간접사동의 해석만을 허용함은 한국어의 특수한 현상이기 때문에 반드시 따로 강조하는 기회를 마련하여야 한다.

(7) 가. 누나가 동생에게 우유를 마시게 했다.
　　나. 엄마가 아이에게 흰 양말을 신게 했다.
　　다. 의사가 환자를 침대에 눕게 하였다.

사동사 형성에서의 제약은 피동사의 경우와 비슷하다. '이기다'와 같이 어간이 'ㅣ' 모음으로 끝나는 용언은 어휘적 사동사로 만들 수 없고(이 내용은 중급 과정에서 사동사를 가르칠 때 함께 다룬다) 통사적 사동사만을 만들 수 있고, '주다' 따위의 수여동사, 수혜동사, 대칭동사 따위도 어휘적 사동사로 만들 수 없다. 이 역시 활용도가 낮은 문법이므로 명시적으로 가르칠 필요는 없으나 교사는 어휘적 사동사가 될 수 없는 부류의 동사들의 목록을 머리에 두고 있다가 학습자가 오류를 범할 때, 해당 동사 및 그 동사의 부류에 속하는 다른 동사들 모두 어휘적 사동사로 만들 수 없음을 지적하는 것이 좋다.

(8)에서 보듯이 사동문도 그에 대응하는 주동문을 상정할 수 없는 경우가 상당히 많다. 주로 비유적으로 쓰인 어휘를 포함한 문장인데, 이 역시 문장 단위, 표현 단위로 접근하는 경우가 많으므로 대응하는 주동문이 없다는 문법 현상을 중요하게 생각할 필요는 없다. 곧 명시적으로 가르치지 않는 내용이다. 다만 (8가-마)와 같은 예는 사동사의 개념을 이용하여 문장의 의미를 설명하여야 한다.

(8) 가. 아버지는 나에게 그 사실을 숨겼다.
  나. 인부들이 이삿짐을 옮긴다.
  다. 어머니가 옷에 풀을 먹인다.
  라. 형은 돈을 잘 굴려서 부자가 되었다.
  마. 살아가면서 낯을 붉히고 싸우는 일은 없었으면 좋겠다.
  바. 이제야 좀 숨을 돌릴 수 있게 되었다.
  사. 그 여자의 남편이 바람을 피운다는 소문이 있다.

5.4.5. 부정 표현

5.4.5.1. 부정법 일반

엄밀히 말해 부정문은 '안, 못, 않다, 못하다, 아니다, 말다, 없다, 모르다'와 같은 어휘들에 의해 이루어지므로 문법범주라고 할 수는 없다. 그러나 많은 언어에서 부정법이 문법범주로 나타나고 있고 한국어의 부정어 역시 문법형태소와 비슷한 기능을 하고 있어 일반적으로 부정법을 한국어 문법범주의 하나로 인정한다. 부정법은 초급, 중급에 걸쳐 배우게 되고 그 원리가 비교적 쉬우므로 학습자들이 익히기가 다른 문법범주에 비해 쉬운 편이다. 그렇다고 해도 부정문 구성의 제약이나 '안/않다'와 '못/못하다'의 쓰임, 부정극어와 같은 내용이 쉽지만은 않다.

한편 아래에서는 일반적인 국어 문법서에 따라 '말다'를 부정 명령이라고 하였으나, '말다'의 기본적인 속성이 부정에 있는 것이 아니라는 점은 기억해 둘 필요가 있다. '먹은 둥 만 둥, 보일 듯 말 듯, 본 체 만 체, 들릴락 말락' 등에 보이는 '말다'가 부정을 뜻하는 것은 아닌 것이다. 부정은 존재 자체에 대한 부정이어야 하나, 이러한 예들은 어쨌든 '먹고, 보이고, 들린' 내용들이 있기 때문이다.

그런 점에서 '말다'의 기본적인 속성은 명령에서 찾아야 할 것이다. 청자에게 무엇인가 반응을 요구하는 행위가 명령인 것이다. 일반적인 명령이 청자의 적극적인 동작을 요구하는 것이라면, 부정 명령으로 요구하고 바라는 내용은 청자의 소극적인 동작이라고 할 수 있다.

(1) 가. 날씨가 춥지 않았으면 좋겠다. ⇒ −[+날씨가 춥다]
    ⇒ 날씨가 추운 것을 바라지 않는다.
    나. 날씨가 춥지 말았으면 좋겠다. ⇒ +[−날씨가 춥다]
    ⇒ 날씨가 춥지 않은 것을 바란다.

'−, +'는 '−'이며 '+, −'도 '−'라는 점에서 결과는 동일한 것이라고 할 수 있겠으나, 담긴 내용에는 현저한 차이가 있는 것이다.

5.4.5.2. 초급 과정에서의 부정법

초급 과정 학생이 가장 먼저 접하는 부정문은 '이다'가 붙은 문장의 대응 부정문인 '이/가 아니다'이다. 이것은 통사적 부정문이 아니고 '아니다'라는 특수한 어휘를 사용한 부정이라 하여 대부분의 한국어 문법서에서는 본격적으로 다루지 않지만, 한국어 교육 현장에서는 가장 먼저 연습하게 되는 중요한 문장 유형이다. '이/가'의 교체 조건은 주격조사와 동일하므로 이 부정문을 학습시킬 때 특별히 어려운 점은 없다.

(1) 가. 이것은 <u>책이 아닙니다</u>.
    나. 이것은 <u>모자가 아니에요</u>.

한국어의 부정문에는 긴 형식(장형부정)과 짧은 형식(단형부정), 두 가지가 있다. 전자는 '-지 아니하다/않다, -지 못하다'와 같은 형식을 사용하는 것이고 후자는 부정 부사 '안, 못'을 용언 앞에 두는 것이다.

(2) 가. 철수는 아침에 밥을 먹지 않았다.
　　나. 철수는 그 숙제를 하지 못했다.
　　다. 철수는 아침에 밥을 안 먹었다.
　　라. 철수는 그 숙제를 못 했다.

상당히 많은 예외가 있기는 하지만, '안' 부정문과 '못' 부정문은 각각 '일반 부정', '어쩔 수 없음'으로 그 의미를 말할 수 있고, 초급 단계에서는 이 정도로만 가르치는 것이 좋다. 즉 '안' 부정문은 동사가 나타내는 행동을 할 의도가 없거나 그러한 전제가 없는 일반적인 부정의 의미를 드러내지만, '못' 부정문은 그런 행동을 할 수 있는 능력에 미치지 못하거나 상황이 되지 않음을 나타낸다. 한편 형용사의 상태는 의도를 할 수 없으므로 '안' 부정문만 가능하고 '못' 부정문은 불가능하다.

(3) 가. 동수는 공을 {안 피했다, 피하지 않았다}.
　　나. 동수는 공을 {못 피했다, 피하지 못했다}.
　　다. 이 인형은 {안 예쁘다, 예쁘지 않다}.

그런데 여기서 주의할 점이 있다. 문법서에는 흔히 '안' 부정문을 의도부정, '못' 부정문은 능력부정으로 요약하고 있다. 전자는 그럴 의도가 없을 때 쓰이고 후자는 그럴 의도는 있으나 능력이 미치지 못할 때 쓴다는 것이다. 그러나 이는 일반적인 경향의 설명은 되어도 엄밀한 설명은 될 수 없다. '안'은 의도하지 않는 보통의 부정문에도 사용할 수 있고, '못'은 그러한 행위가 가능은 하나 그렇게 할 수 없는 특정 상황일 경우에도 쓸 수 있기 때문이다.

(4) 가. 이 강은 이제 말라붙어 물이 흐르지 않는다.
　　나. 공이 뒤에서 날아와 피하지 못했다.

교사가 이를 어떻게 효과적으로 학생들에게 전달하는 데에는 여러 가지 방법이 있을 수 있지만, 가장 효율적인 방법은 보조 문장을 사용하는 것이다. '못' 부정문이 유표적(marked)이므로 '못' 부정문에는 문맥에 맞는 보조 문장을 덧붙이는 것이다.

예를 들어 위 (3나)에는 '(공을 피하려고 하였다), (공을 피하고 싶었다), (공을 피할 수는 있었지만 공이 뒤에서 날아와 피할 수 없었다)' 등의 보조 문장을 쓰거나 말해 준다. 이러한 설명을 반복하면 학생들은 유표적인 의미를 가질 때에는 자동적으로 '못' 부정문을 쓰게 된다.

초급 과정에서 반드시 가르쳐야 할 내용으로서 어휘적 부정이 있다. '있다'의 부정은 *안 있다'가 아니라 '없다'이고, '알다'의 부정은 '못 알다'가 아니라 '모르다'임은 '안, 못'을 가르친 직후 다루어 주는 것이 좋다. 이때 반드시 '있다'의 주체존대 어휘 '계시다'의 부정은 '없으시다'가 아니고 '안 계시다'임을 함께 설명한다. 주체존대에서는 규칙적인 부정법 형태를 씀을 가르치는 일일 뿐 아니라 '있다'의 주체존대형 '계시다'라는 어휘를 연습시켜 반복 학습의 효과를 주는 일이기도 하다.

부정적 명령, 곧 행위의 금지나 부정적 청유를 표현하고 싶을 때에는 '-지 말다'를 사용한다. 이것 역시 그리 어려운 문법이 아니고 실생활에도 자주 나오는 것이기 때문에 비교적 초기에 학습하게 된다. 여기에서 교사가 집중적으로 다루어야 할 내용은 ① '안, 못', '않다, 못하다'가 이 경우에는 절대 사용될 수 없다는 사실과 ② 여러 등급의 청자대우법에 따른 '말다'의 어형 변화이다. 'ㄹ'받 불규칙 동사일 뿐만 아니라 표준어의 해라체와 해체에서 특이한 어형을 보이고 있는 동사이기 때문이다. '말다'의 해라체 활용형은 '마라'이고 해체 활용형은 '마'임을 교사 자신이 잘 알고 있어야 한다. 상당수의 교사들이 '말아라, 말아' 등을 혼용해서 쓰기 때문에 외국인 학생들은 혼란에 빠지기 쉽다.

아래 예문 (5)에서 한국어 학습자들은 (다, 라)의 잘못보다도 (가, 나)의 잘못을 현저하게 많이 저지른다. 그 이유는 의지가 개입됨을 보이는 부정어가 금지문의 의미와 더 잘 통하기 때문이다. 교사는 그러한 사실을 염두에 두고 처음 금지문을 가르칠 때에는 (5가, 나)처럼 쓰고 나서 강한 부정과 함께 해당 부분을 '-지 말다'로 수정함을 칠판에서 보여 주는 것이 효과적이다.

(5) 가. *이곳에서 담배를 안 피워라.
    나. *저녁에 너무 많이 먹지 않아라.
    다. *여기서 못 떠들어라.
    라. *여기서 떠들지 못해라.

마. 가지 {마십시오, 마세요, 마오, 말게, 마, 마라}.

아래 (6가)는 부정 명령문에서 '하십시오체, 해요체, 하오체, 하게체, 해체, 해라체'의 어형을 차례로 보인 것이고 (6나)는 부정 청유문의 예를 든 것이다. 부정 청유문의 청자대우법은 그 등급이 분명하지 않다. '말지요'가 축약되어 형성된 말로 추측되는 '말죠'는 해요체 정도의 가치를, '맙시다'는 해요체와 하오체 정도의 가치를, '말자'는 해체와 해라체 정도의 가치를 갖는다. 학생들에게는 높임의 대상에게는 '말죠'를, 높임의 대상은 아니지만 아직 친밀한 사람은 아닌 사람에게는 '맙시다'를, 친밀한 동료나 아랫사람에게는 '말자'를 사용한다는 정도로 가르치면 된다. 물론 이것도 학생들의 수준에 따라 결정할 것이다.

(6) 가. 가지 {마십시오, 마세요, 마오, 말게, 마, 마라/말아라[98]}.
　　나. 가지 {말죠, 맙시다, 말자}.
　　다. 가지 않는 것이 좋을 것 같습니다.
　　라. 가지 않는 게 어떨까요?

부정 명령문, 부정 청유문만을 대상으로 할 때에는 각각 기본적으로 '마십시오', '말죠'를 중점적으로 사용하게 지도하는 것이 좋지만, (6다, 라)와 같은 우회적 표현이 더 한국적 언어 예절에 맞음을 설명하고 연습시키는 것이 꼭 필요하다. 외국어에서도 우회적 표현이 없는 것은 아니지만, 직설적 표현과의 거리가 한국어에서보다는 상대적으로 가깝기 때문이다.

한국어에는 부정적인 표현과만 어울리는 일군의 어휘가 있다. 이들을 흔히 부정극어(negative polarity item)라고 부르는데, 보통 초급 과정의 말미에서 다루게 된다. (7가)의 '절대로'가 그에 해당하는데, 이는 부정문과 필수적으로 공기하는 어휘일 뿐이므로 결국 어휘론의 대상으로 환원된다. 그러나 특정 어휘의 호응 관계는 문법의 일부이기도 하므로 부정극어가 나올 때마다 부정문을 연습시킨다. (7나, 다)

---

[98] '말아라'는 '말'에 '-아라'가 붙었으므로 규칙형이지만 비표준어이고, 불규칙형인 '마라'가 표준어이다. 그러나 실제로는 '말아라'도 자주 쓰임을 언급할 필요는 있다.

는 현재까지 알려진 부정극어의 목록인데, 특히 (7다)처럼 '한 X도(X는 분류사)'는 규칙적인 형태이므로 학생들에게 공식처럼 제시하는 것이 좋다. 항목 중에는 '추호도 -(없다)'처럼 결합에 제약이 심한 것도 있으나 대체로 큰 제약은 없는 편이다.[99]

(7) 가. 그 사람은 절대로 시험에서 떨어지지 않을 것이다.
　　나. 결코, 과히, 그리, 그다지, 도무지, 도저히, 밖에(조사), 별로, 비단, 영, 아무것도, 아무도, 전연, 전혀, 조금도, 좀처럼, 추호도, 하나도
　　다. 한 X도: 한 사람도, 한 방울도, 한 모금도, 한 대도, 한 병도

5.4.5.3. 중급 과정에서의 부정법

부정문의 기본 형식은 초급 과정에서 모두 가르쳐야 한다. 중급 과정에서는 부정문의 여러 복잡한 형식이나 부정문에 존재하는 다양한 제약(constraint)을 가르치는 것이 주된 과제라고 할 수 있다.

장형부정문에서 시제나 서법 형태소는 부정어에 붙는다. 그러나 존대의 '-(으)시-'는 어느 쪽에도 붙을 수 있다. 아래와 같은 문장은 초급 과정에서도 나올 수 있지만 문법적인 설명으로 특화시키는 것은 중급 이후에 하는 것이 좋다.

(1) 가. 내일은 영희가 오겠지?
　　나. 내일은 영희가 {오지 않겠지, *오겠지 않지}?
　　다. 이번에는 철수가 상을 받았다.
　　라. 이번에는 철수가 상을 {받지 못했다, 받았지 못하다}.
　　마. 학생이 많더라.
　　바. 학생이 {많지 않더라, *많더지 않다}.
　　사. 선생님은 그 책을 읽으셨다.
　　아. 선생님은 그 책을 {읽으시지 않았다, 읽지 않으셨다, 읽으시지 않으셨다}.

---

[99] 부정극어의 제약에 관하여 한국어 교육의 관점에서 접근한 연구로서는 김정자(2001)을 참조할 것.

초급 과정에서는 '못'이 형용사와는 결합하지 않음을 보여 주면 충분하였지만, 중급에서는 그에 대한 예외를 가르칠 필요가 있다. 화자가 어떤 정도의 상태를 기대하는데, 실제는 그 기대치에 못 미친다는 내용의 문장에서는 형용사에도 '못'이 결합할 수 있다. 그러나 교사는 이 경우에서 단형부정은 쓸 수 없음을 알고 있어야 하는데, 이를 미리 가르칠 필요는 없다. 어차피 예외적인 용법이었으므로 학생들은 적극적으로 사용하려고 하지 않기 때문이다. 교사가 예문을 장형부정문으로만 작성해 주는 정도로 충분할 것이다. 오류가 보일 때에만 수정해 주는 것이 바람직한 부분이다.

(2) 가. 우리는 살림이 <u>넉넉하지 못하다</u>.
　　나. 그 사람의 행동은 <u>지혜롭지 못하다</u>.

'말다'는 부정적 명령, 부정적 청유에 쓰이기 때문에 형용사나 '이다'와는 결합될 수 없다. 특히 언어 간섭 현상으로 인해 영어 화자의 한국어 학습자들이 이와 관련한 오류를 자주 범하므로 주의를 기울여야 한다.

(3) 가. *나쁘지 마라.(cf. Don't be bad.)
　　나. *우리 도둑이지 말자.(cf. Don't be a thief.)

다음으로 부정문의 중의성에 대해 설명할 기회를 반드시 가져야 한다. 이 내용은 한국어 교재의 문법에 다루어지지 않는 것이 보통이나 대부분의 부정문의 의미 해석 문제와 관련이 있으므로 대단히 중요하다. (4)에서 '철수, 어제, 영희'가 한꺼번에 부정의 대상이 되는 문장은 실제로 존재하기 어렵다. 둘을 동시에 부정하는 경우도 없지 않으나, 대개의 경우 한 항목만을 부정하는 해석을 하게 된다. 특히 구어에서는 부정의 의미 초점에 가벼운 강세가 놓이거나 의미 초점 앞에 휴지가 오는 경우가 많다. 예문 (4)는 반드시 강세나 휴지가 동반된 구어로 연습시켜야 한다.

(4) 철수는 어제 영희와 만나지 않았다.

부정의 의미 초점 부분에 전칭양화사 '모두, 전부, 다' 등이 쓰이면 부분부정이 된다. 이때 전칭양화사 뒤 혹은 용언 뒤에 보조사 '은/는' 이 붙는 것이 일반적이다.100) 아래 (5가, 다)가 그러한 예인데, 이러한 예를 (5나, 라)처럼 쓰는 일도 매우 빈번하므로 교사는 두 가지 문장 형식을 동시에 대조해 가며 연습시켜야 한다. 지금까지의 한국어 교육 현장에서는 이상하게도 (5가, 다)와 같은 문장의 연습에만 집중해 온 듯하다. 또 (6)과 같이 전체부정으로만 해석되는 문장을 연습시키는 것도 소홀히 해 왔다.

(5) 가. 회의에 학생들이 {다는 오지, 다 오지는} 않았다.
    나. 회의에 학생들이 다 온 것은 아니다.
    다. 그 사람들은 사과를 {전부는 가져가지, 전부 가져가지는} 않았다.
    라. 그 사람들이 사과를 전부 가져간 것은 아니다.101)
(6) 가. 회의에 학생들이 {한 명도, 하나도, 전혀} 오지 않았다.
    나. 그 사람들이 사과를 {한 개도, 하나도, 전혀} 가져가지 않았다.

외국어 문법 교육의 일차적 목적은 해당 외국어의 올바른 문장을 제대로 해석하기 위함과 올바른 표현을 생산하기 위함이므로 (7)과 같은 문법적 사실은 상대적으로 소홀히 다루어도 일차적 목적 달성에 장애가 되지 않는다. 텍스트 이해의 관점에서도 의미 해석이 어려워질 만한 표현이 아니고, 텍스트 생산의 관점에서도 학생들은 '않다'를 주로 사용할 것이므로 오류를 저지를 가능성이 낮기 때문이다.

(7) 가. 나는 네가 내 제안을 거절하지 {않기를, 말기를} 바란다.
    나. 날씨가 춥지 {않았으면, 말았으면} 좋겠다.

---

100) 이 경우 현장에서 교사들은 '은/는' 이 붙는 위치에 대해 소홀히 여기는 경향이 많은 듯하다. 그러나 외국인 학생에게는 명시적인 설명이 없으면 혼란스러워하기 쉬운 내용이다. 한편 교사는 '은/는' 이 붙지 않으면 부분부정으로서의 해석이 불가능한 것은 아닐지라도 전체부정으로 해석될 가능성이 훨씬 높다는 사실도 잘 알고 있어야 하는데, 이는 부분부정이라는 문법이 나올 때부터 명시적으로 가르칠 성질의 것은 아니다. 설명이 너무 복잡해져서 학생들이 학습의 초점을 잃을 우려가 있기 때문이다.
101) (5다) 주어에 붙은 '은/는' 은 (5라)에서 '이/가' 로 바뀌는데, 내포문 속에 주제 표현이 들어가지 않는다는 일반적인 원리 때문이다. 이는 부분부정 이전에 배우는 문법이므로 예문 제시에서 문제가 되지 않는다.

5.4.6. 특수 구문

여기에서는 체계적인 문법은 아니지만, 한국어 교육에서 상당히 유용하게 쓰일 수 있는 몇몇 문법적 구문을 다루었다.

5.4.6.1. 분열문[102]에 의한 강조

이미 알고 있는 구정보를 표현하는 나머지 배경(background) 부분과 대조해 보이기 위해 새로 알려지는 신정보 부분인 초점(focus)을 'S-것은 ~ 이다' 형식을 사용하여 강조하는 경우가 있다. 즉 문장을 쪼개서 초점 부분을 '~' 자리에 놓으므로 교사는 분열문을 교육할 경우 어떤 부분이 초점인지 도식적으로 분명하게 보여 줄 필요가 있다. 칠판 위에서라면 별색의 필기구로 네모칸을 둘러 주는 정도가 될 것이고, 미리 도구를 준비한다면 초점으로 강조될 부분을 그림이나 별도의 단어로 따로 표현하여 주는 방법이 효과적이다.

분열문의 초점 부분은 선행문의 주어, 목적어 역할을 하는 말이나 조사 '에게/에, 에/에서, 부터/까지'가 붙은 표현, 이유 표현의 어미 '-아/어서'가 붙은 표현이 주로 사용된다. 다른 구문에서도 마찬가지이지만 분열문 교육에서도 예문을 제시할 때에 교사는 시제, 선행어의 자음·모음 여부에 따른 관형사형 어미를 다양하게 사용하여야 한다. 곧 S 말미에 붙는 관형사형 어미를 다양하게 사용하여야 한다. 이는 실제 현장에서는 바로 되지 않으므로 예문을 미리 준비하지 않으면 안 된다. 또 '이다' 앞의 요소도 주어, 목적어 이외에 부사어나 절 등의 다양한 형식이 올 수 있으므로 미리 예문을 준비해 두어야 한다. 그 외 가능한 문장의 종류, '이다'에서의 '이' 생략형 등도 세밀하게 준비하여야 한다.

영어를 잘 아는 학생들을 대상으로 할 적에는 'It is ~ that ~' 강조 구문과 비교해 주는 것도 좋은 방법이 될 수 있다. 영어에서 과거 일의 강조 구문에서도 'was'가 아닌 'is'를 사용할 수 있는 것처럼 한국어에서도 '-이었다'가 아닌 '-이다'를 사용할 수 있다. 그러나 이렇게 가능한 표현을 처음부터 다 가르쳐 주는 것은 오히려 비효

---

[102] 학문적으로 엄밀히 말하면 영어의 'It is ~ that ~' 구문이 '분열문(cleft sentence)'이고 한국어의 (1)과 같은 문장들은 '의사-분열문(pseudo-cleft sentence)'이라고 한다. 여기에서는 '분열문'이라고 통칭한다.

율적이다. 교사는 처음에는 가르쳐 주지 않되 학습자들의 언어 사용에서 언어 표현의 제한이 두드러진다고 판단될 때 천천히 가르치는 전략을 짜야 할 것이다.

(1) 가. 내가 어제 산 것은 국어사전이다.
    나. 어제 전화를 건 게 너였지?
    다. 우리가 오늘 배울 것은 20과(이)다.
    라. 철수가 그 제안을 한 것은 영희에게였다.
    마. 내가 그 여자를 처음 만난 것은 박물관에서였다.
    바. 부모님이 매를 드는 것은 자식을 위해서(이)다.
    사. 내가 회의에 못 나간 것은 몸이 아파서였다.
    아. 철수가 나간 것은 세 시가 좀 넘어서이다.
    자. 경기가 시작되는 것은 5월 31일부터이다.

5.4.6.2. 명사 종결형 표현

한국어에서는 명사 '것' 및 명사형어미 '-(으)ㅁ, -기'로써 그대로 문장을 종결하는 경우가 있다. 이러한 명사 종결형 표현이 한국어 교재에서 중요하게 다루어지는 일은 드물다. 그 이유는 그것이 본문에 등장하기 어렵기 때문이다. 그러나 명사 종결형 표현은 실생활에서 매우 자주 쓰이므로 학습 가치가 대단히 크다.

명사 종결형 표현은 모두 간결한 표현을 하고자 하는 목적에서 사용한다. 한국어 교사는 학생들에게 어떤 사실을 공지하거나 어떤 행위를 요구할 적에 명사 종결형 표현을 써서 교재의 미비함을 보충하는 것이 좋다. 이 표현들은 문어체 표현이므로 칠판에 적은 후 평서법, 명령법의 문장으로 같은 뜻의 말을 해 주어야 학생들이 해당 명사 종결형 표현의 의미를 파악할 수 있다. 가르친 다음에는 학생들에게 선생님 설명을 간단히 요약하여 필기할 때에 (1)과 같은 표현을 사용하도록 연습시키면 좋다. 즉 (1가)와 같은 표현을 유도하기 위해서 먼저 (1가')와 같은 식으로 물어본다. 마찬가지로 (2가)는 (2가')와 같은 식으로 먼저 물어보아 유도하도록 한다.

(1) 가. 이번 주 수요일부터 금요일까지는 추석 연휴이므로 수업 없음.
    가'. 이번 주 수요일부터 금요일까지는 추석 연휴이므로 수업이 없어요. 이걸 여러분들 공책에는 어떻게 쓰죠?
　　나. 6월 15일에 시험이 있을 예정임.
(2) 가. 오늘 배운 단어를 모레까지 외워 올 것.
　　가'. 오늘 배운 단어를 모레까지 외워 오세요. 이걸 여러분들 공책에는 어떻게 쓰죠?
　　나. 과제를 이번 주 목요일까지 반드시 제출할 것.

(3가)와 같이 상대방에게 어떠한 일을 다짐시키는 경우 명사형 어미 '-기'도 종결 표현으로 사용할 수 있다. 이때 문장의 억양이 매우 중요하므로 그것에 초점을 맞춰 학습자들을 연습시켜야 한다. (3가)와 같은 문장은 뒤에 '이다'의 활용형을 덧붙여 (3나)와 같이 쓸 수 있다.103)

(3) 가. 앞으로 때리기 없기.
　　나. 앞으로 때리기 {없기예요, 없깁니다, 없기다, 없기야}.

한편 아래 (4)와 같이 신문, 방송의 보도문이나 광고문에서 표현의 간결함을 얻기 위해 어근만으로 문장을 평서문을 구성하는 경우도 있다. '들썩'은 '들썩거리다'의, '잠잠'은 '잠잠하다'의, '튼튼'은 '튼튼하다'의, '출발'은 '출발하다'의, '시행'은 '시행하다'의 어근이다. 이와 같은 표현은 문법적으로 엄밀히 말하면 명사 종결형이라고 할 수 없으나 본질적인 사용 취지는 그와 같으므로 여기에서 다루었다.

(4) 가. 월드컵으로 온 나라가 들썩.
　　나. 국회 의외로 잠잠.
　　다. 몸도 튼튼. 나라도 튼튼.
　　라. 제주도행 비행기는 매일 오전 10시, 오후 4시에 출발.
　　마. 정부, 내달 1일부터 새 법령 시행.

---

103) '이다'의 활용형에서 '이'는 대개 축약되어 느끼지 못하는 경우가 많다. 예를 들어 '없기에요'는 '없기이에요'의 준말이고 '없깁니다'는 '없기입니다'의 준말이다.

명사 종결형 표현은 한국어 교육의 정식 교과 과정 속에서 다루어지는 일이 드물지만 활용 가치는 아주 높기 때문에 평서문과 명령문의 문장종결법을 익힌 학생에게라면 언제든지 교육하여도 무방하다.

5.4.6.3. 연어(連語)

'연어(collocation)'는 문법 교육과 어휘 교육의 중간 지대에 위치해 있는 것으로서 최근 한국어 교육에서 크게 주목받고 있는 것이다. 엄밀히 말하면 연어는 어휘 교육에서 다루어져야 할 것이다. 전체를 한 단어처럼 외워야 하는 성격이 강한 것이다. 그러나 연어 구성 속의 어휘들은 서로 통사적으로 결합되어 있고 전부는 아니지만 상당수가 통사적 변형 절차를 겪을 수 있으므로 연어 구성을 통사적 구성이라고 할 수도 있다.

연어의 개념에 대해서는 많은 학자들의 정밀한 논의가 있으나,[104] 여기에서는 다소 느슨하게 '두 개 이상의 어휘로 이루어진 구성에서 한 어휘 X가 다른 어휘/성분 Y를 (비교적) 강하게 요구하는 관계'를 연어 관계로 정의하기로 한다. 이때 X를 연어핵, Y를 연어변이라고 부른다(임홍빈 2002). 하나의 연어핵에 대해 연어변은 하나일 수도 있고 여러 개일 수도 있다.

예컨대 '눈을 감다'를 생각해 보자. 열린 것을 닫히게 하는 뜻의 동사는 '닫다'이지만 '눈'에 대해서는 '감다'를 쓴다. '눈'이 '감다'를 요구한다는 것을 알 수 있다. 또 '새까만 후배'라는 표현을 보자. 차이가 많이 난다는 뜻을 표현하기 위해서 관형어 '새까만'을 썼는데, 이는 '후배'에만 해당하는 관형어이다. '개가 멍멍/컹컹 짖다'는 '개가 짖다'가 유독 그 소리의 의성어로서 '멍멍' 혹은 '컹컹'만을 요구하고 있다. 연어는 이처럼 어휘 특성에 의존한다. 비슷한 뜻의 '결론', '결정', '결심'을 동사적 표현으로 어떻게 만들 수 있을까? 다음 예를 보자.

(1) 가. 결론을 짓다/내리다/맺다/*하다
    나. 결정을 짓다/내리다/*맺다/하다

---

104) 가령 임근석(2006)을 통해 연어에 대한 많은 논의를 참고하기 바란다. 최근의 김하수 외 8인(2007)은 연어의 개념을 최대한으로 넓게 잡은 것으로서 한국어 교육에서 유용한 참고 자료가 된다.

다. 결심을 *짓다/*내리다/*맺다/하다

(1)에서 보듯이 '결론'과 '결정'의 뜻은 거의 비슷하지만 요구하는 동사가 약간 차이가 있다. 그러나 '결론', '결정' 두 명사 공히 어떤 특정한 동사를 비교적 강하게 요구한다는 점은 같다. 그러므로 '결론(을) 짓다/내리다/맺다'와 '결정(을) 짓다/내리다/하다'는 연어인 것이다. 한편 (1다)에서 '결심'은 요구하는 동사가 '하다'로 한정됨을 알 수 있다.

한국어 교사는 새로운 어휘가 나올 때, 늘 그 어휘가 연어핵으로 쓰이는 연어를 모두 확인하고 학생들의 수준에 맞추어 그것들을 선별·교육하는 노력을 게을리 하지 않아야 한다. 연어 교육은 학습자들의 문법 수준과 어휘 구사 수준을 동시에 높일 수 있는 효율적인 방법이기 때문이다. 김하수 외 8인(2007) 혹은 21세기 세종계획 전자사전에서의 연어 목록을 늘 가까이 두고 참고하여야 할 것이다. 아래에 초중급 과정에서 나오는 몇 가지 예를 제시한다.

(2) 체언 + 용언
    가. 생각이/사고가/이름이 나다
    나. 장마가/홍수가 지다
    다. 비용이/가뭄이 들다
    라. 길이/차가 막히다/밀리다
    마. 천둥이/번개가 치다
    바. 돈을/시간을 벌다
    사. 신(발)을/양말을 신다
    아. 마음을/겁을 먹다
    자. 생각을/한을 품다
    차. 명령을/결정을/결론을 내리다
    카. 빚을/의견을 내다
    타. 헤엄을/새끼를/요동을 치다
    파. 욕심을/심술을/게으름을 피우다/부리다
    하. 신경을/힘을 쓰다

(3) 관형어 + 체언

　가. 새빨간 거짓말

　나. 절망의/악의 구렁텅이

　다. 흥분의/열광의/광란의 도가니

　라. 각고의 노력

　마. 엽기적 살인/행각

　바. 상기된 표정

　사. 찌푸린 하늘

　아. 따가운 시선

　자. 논란의/논쟁의/재고의 여지

(4) 부사어 + 용언(구)

　가. 빙글빙글 돌다

　나. 찢어지게 가난하다

　다. 애(시)당초 그르다

　라. 주먹을 불끈 쥐다 [불끈 + 주먹을 쥐다]

　마. 개가 멍멍/컹컹 짖다 [멍멍/컹컹 + 개가 짖다]

　바. 신문에 나다

　사. 고려에/계산에 넣다

5.4.6.4. 표현문형[105]

단어 뜻만 알아서는 쉽게 만들기 어려운 문장들을 실제 문장 속에서는 많이 접할 수 있다. 흔히 관용표현이라고 불리는 대상이 그러하다. 예컨대 '비행기 태우다' 같은 표현이 보는 앞에서 지나치게 칭찬한다는 뜻을 지녔음은 암기해야만 하는 사실이다. 물론 외국인이라도 한국어의 그런 표현을 보면 대략 그 의미를 짐작할 수 있지만 '자동차 태우다, 꽃가마 태우다'가 아닌 하필 '비행기 태우다'가 그러한 뜻을

---

105) 민현식(2004), 석주연(2005)에서는 서술어의 속성에 따른 '기본문형'과는 별도로 일정한 모습으로 나타나는 구문을 '표현문형'이라고 명명하였다. '표현문형'에는 관용표현에 가까운 것, 임근석(2006)에서 논의한 '문법적 연어'에 가까운 것, 자유표현에 가까운 것 등 이질적인 구문들이 섞여 있다.

지녔음은 암기할 도리밖에 없다.

이런 관용표현은 한국어의 언어 관습이나 문화가 그 속에 녹아 있어 학습 가치가 매우 크지만, 개별 항목의 암기 사항이지 어떤 구조화된 문형은 아니므로 다양한 활용례로 나타나지는 않는다. 따라서 이 절에서 보통 의미의 관용표현은 다루지 않는다. 이는 어휘 교육에서 다루어야 할 주제이다.

구조적으로 형식화된 특수 표현이 교재에 등장하면 대체로 교재 말미에서 연습할 기회를 주지만 교사는 형식화된 구문을 정리하여 틈틈이 확인해 줄 필요가 있다. 특히 이런 표현들은 시간의 간격을 둔 반복 학습 효과가 가장 두드러지게 나타나는 내용이다. 즉 교사는 항상 아래와 같은 표현을 염두에 두고 있다가 우연한 대화 혹은 상황 속에서 어떤 표현을 쓸 만하면 반드시 사용해 주어 익히게 해야 한다.

이는 의사소통식 교수법의 일종이라고 할 수 있는데, 특히 아래와 같은 특수한 표현문형들은 그 의미를 가르치고 어떠한 맥락 없이 바로 문장을 만들게 하면 교사가 생각지도 못한 어색한 문장들이 양산된다. 그런데 그런 어색한 문장은 특정한 문법적, 의미적 제약에서 기인한 것이 아니기 때문에 부자연스러운 이유를 설명하기 어렵다. 곧 그러한 문장에 대해 교사는 "여하튼 그럴 때는 그런 표현을 쓰지 않는다." 라고 설명하는 경우가 많다. 이렇게 되면 효율적인 교육은 기대할 수 없다. 다음에 흔히 들을 수 있는 특수한 표현문형과 그 예들을 정리해 두기로 한다.[106]

(1) V-기(가) 무섭게

    가. 부산에 도착하기가 무섭게 친구 집에 전화부터 걸었습니다.

    나. 아들이 너무 배가 고픈지 집에 들어오기 무섭게 밥부터 찾아요.

(2) N이/가 아닌 다음에야

    가. 선생님이 신이 아닌 다음에야 어떻게 모든 걸 다 알 수 있겠어요?

    나. 학생들이 한국 사람들이 아닌 다음에야 한국 사람과 똑같이 말을 할 수는 없겠죠.

---

[106] 당연하지만 연어와 마찬가지로 이 목록은 완전하지 않다. 김하수 외 8인(2007)이나 21세기 세종계획 전자사전에서의 관용표현 목록을 가까이 두고 늘 참고하여야 할 것이다.

(3) N 같으면

　　가. 나 같으면 장학금 신청을 하겠어요.

　　나. 시험문제 수준이 이 정도 같으면 언제나 만점을 받을 수 있을 것 같아요.

(4) 얼마나 ~A-(으)ㄴ/는지 모르다

　　가. 비가 오는데 우산을 안 가지고 나가서 얼마나 곤란했는지 몰라요.

　　나. 한국어 잘하기가 얼마나 어려운지 몰라요.

(5) A/V-(으)ㄴ/는 데(에)는 N이/가 좋다

　　가. 머리 아픈 데에는 이 약이 좋다.

　　나. 이 CD는 듣기 연습하는 데 좋다.

(6) N은/는 N대로, N은/는 N대로

　　가. 부모님은 부모님대로 사는 방식이 있고, 우리는 우리대로 사는 방식이 있어요.

　　나. 가부장적 사회에서는 남자는 남자대로 힘들고 여자는 여자대로 힘들 수밖에 없습니다.

(7) V-(으)ㄴ/-던 끝에

　　가. 기영 씨가 매주 복권을 만 원어치씩이나 사던 끝에 결국 1등에 당첨됐다고 합니다.

　　나. 시험에 여러 번 도전한 끝에 드디어 합격하게 되었습니다.

(8) V-(으)ㄴ다 V-(으)ㄴ다 하는 것이 -

　　가. 언제 한번 들른다 들른다 하는 것이 아직도 못 찾아뵙게 되어 죄송합니다.

　　나. 지난 학기에 배운 한국어 3급 단어를 시간 내서 전부 외운다 외운다 하는 것이 아직도 얼마 못 외우고 있습니다.

(9) N(으)로(는) 그만이다

　　가. 한국에서 제주도는 여행지로 그만입니다.

　　나. 교보 문고는 약속 장소로는 그만입니다.

(10) N이/가 다 {뭡니까/뭐예요}

　　가. A: 영수 씨가 이번 경기에서 금메달을 땄지요?

　　　　B: {금메달이, 금메달을 딴 게} 다 뭡니까. 예선에서 탈락했어요.

　　나. A: 올해도 이맘때쯤이면 백화점에서 바겐세일을 하겠죠?

　　　　B: {바겐세일이, 바겐세일을 하는 게} 다 뭐예요. 오히려 가격을 올리던
　　　　　 데요.
(11) N N 할 것 없이, N(이)나 N(이)나 할 것 없이
　　　가. 그 나라 사람들은 어른 아이 할 것 없이 축구를 좋아합니다.
　　　나. 너 나 할 것 없이 가난한 이웃을 돕는 일에 동참하는 모습이 보기 좋습니다.
(12) V-(으)ㄹ 만한 선에서
　　　가. 보통 상품 가격은 사람들이 이해할 만한 선에서 결정됩니다.
　　　나. 제가 받아들일 수 있을 만한 선에서 계약 조건을 제시해 주시기 바랍니다.
(13) A/V-(으)ㄴ 나머지
　　　가. 그 여자는 아들의 교통사고 소식을 듣고 너무 충격을 받은 나머지 기절하
　　　　 였다.
　　　나. 너무 더운 나머지 친구에게 괜한 짜증을 부리고 말았다.
(14) A/V-(으)ㄴ/-는 관계로
　　　가. 오늘은 교내 체육 대회 행사가 있는 관계로 운동장을 일반인에게 개방하
　　　　 지 않습니다.
　　　나. 오늘은 비가 오는 관계로 경기를 연기합니다.
(15) V-(으)ㄴ/-는 가운데
　　　가. 그 행사는 많은 내외 귀빈이 참석한 가운데 성공적으로 마쳐졌다.
　　　나. 많은 사람들이 지켜보는 가운데 발표를 한다는 것은 여간 어려운 일이 아
　　　　 니다.
(16) A/V-(으)ㄴ 이상
　　　가. 입이 가벼운 철수가 비밀을 안 이상 그 비밀을 지키기는 틀렸다.
　　　나. 한국에 사는 이상 한국 음식과 한국 관습에 익숙해지도록 노력해야 합니다.
(17) A-기(가) {이를 데(가), 짝이} 없다
　　　가. 그 여자가 그 옷을 입으니까 아름답기가 이를 데 없다.
　　　나. 이 문제는 어렵기 짝이 없다.

6. 문법 교육 설계와 교수안의 실례

학습 목표 달성을 효율적으로 하기 위해서는 학습 활동이 밀도 있게 이루어져야 하고, 밀도 있는 수업 진행을 위해서는 수업 계획서 작성은 필수적인 것이다. 이 책에서 중점을 두고 있는 문법 교육에서도 역시 각 문법 항목에 대한 문법 교육 설계(또는 교안)가 반드시 필요하다. 문법 교육 설계는 정해진 시간에 예정된 학습 내용에 대하여 수업을 가장 효과적으로 진행해 나갈 수 있도록 작성하는 문법 수업의 구체적인 계획서이다.

문법 수업 계획서를 작성할 때 유념해야 할 점은, 학습자가 학습 내용을 이해하고 언어 지식을 습득하는 것으로 지도나 학습이 끝나는 것이 아니라, 언어 훈련을 통해서 언어 능력을 신장시켜야 한다는 것이다. 문법 항목에 대한 수업 계획서를 작성하지 않고 수업을 할 경우, 수업이 엉뚱한 방향으로 진행되거나 계획한 학습 목표를 달성하지 못하게 되는 일이 많다. 문법 수업 계획서는 추상적으로 작성해서는 안 되고, 수업 진행 과정을 실질적이고 구체적으로 자세하게 작성하는 것이 바람직하다. 이러한 계획서를 작성하고 수업에 임하면 해당 문법 항목에 대한 수업이 규모 있고 효율적으로 진행될 것이고, 수업 후에 반성의 자료로 이용할 수 있을 것이다.

문법 수업 계획서에 담을 내용은 학습 단계별 기술과 각 문법 항목과 관련된 기타 자료들에 대한 기술로 나눌 수 있다. 우선 문법 항목의 학습 단계는 크게 '도입, 제시, 연습, 활용, 마무리' 단계로 나눌 수 있다.

① 도입 단계

본격적인 학습으로 들어가기 전에 학습자들이 심리적으로 안정하고 수업에 흥미를 가질 수 있도록 준비를 하고 수업으로 넘어가기 위하여 자연스럽게 그 날의 내용을 이끌어내는 단계이다. 유의적인(meaningful) 질문을 통해 학습 항목으로 유도하는 방법이 사용될 수 있는데, 학습자들은 무의식중이지만 학습할 내용에 대해 자연스럽게 접근하게 된다. 이 단계에서는 자연스러운 상황을 만드는 교수의 기법이 중요하게 작용한다.

② 제시 단계

제시 단계에서는 학습자에게 그 문법 구조의 형태와 의미를 인식할 수 있도록 그 형태를 제시하고, 본격적인 연습 단계로 들어가기 전에 그 문법 항목에 대한 설명을 한다. 그날 학습할 내용과 목적을 제시하고, 이후 연습 단계에서 그날 학습할 내용을 본격적으로 집중해서 교육하는 것이다. 문법적인 설명은 최소화하고 문장의 예를 많이 들고, 상황 속에서 문장을 사용함으로써 이해를 시킨다.

③ 연습 단계

연습 단계에서는 구조적 연습과 유의적인(meaningful) 연습이 함께 이루어져야 한다. 단순한 암기와 반복에 의한 문장 차원의 문형 연습은 의사소통적인 방법이 아니다. 물론 구조적인 형태에 익숙해질 때까지 연습하는 것, 즉 입에 붙일 수 있게 하는 과정도 필요하다. 그러나 결국은 학습자로 하여금 의사소통적 능력을 가질 수 있도록 해야 하므로 상호 활동적이고 의미 있는 연습 유형을 제시해야 한다. 이렇게 함으로써 실제 의사소통 환경에서도 적용할 수 있게 하는 것이다.

유의적이고 흥미 있는 연습을 위하여 다양한 연습 유형을 개발해야 한다. 예를 들어, 스무고개의 게임 형식을 사용할 수 있는데 이는 단순한 모방이나 반복이 아닌 실제 자신이 표현하고 싶은 것을 발화하고, 다른 사람이 질문하거나 대답하는 것을 이해하는 의사소통이 된다. 이러한 게임적 유형 이외에도 실물 교재와 그림을 통한 연습 등이 있을 수 있다.

④ 활용 단계

앞에서 단편적으로 연습한 것을 종합하여 실제적인 상황에서 과제를 수행하도록 하는 단계이다. 이 단계는 언어 사용 단계로서 완전한 하나의 담화를 구성해 보거나 문제 해결 활동을 통해 의사소통 능력을 배양한다. 과제로 듣기, 말하기, 읽기, 쓰기 기능을 통합해서 실제로 사용해 본다.

⑤ 마무리 단계

최종적인 교사의 피드백을 통해 학습한 내용을 정리하고 과제를 부여하며 학습자가 자신감을 가질 수 있도록 격려하고 용기를 주는 단계이다. 이 단계는 활용 단계와 자연스럽게 통합될 수도 있다.

학습 단계별 기술 이외에도 각 문법 항목과 관련된 자료로서 '예문, 오류 문장, 관련 문법, 기타 사항'을 기술해 놓음으로써 문법 교육에 참고 자료로 활용할 수 있다. 이 연구에서는 실제 교수안에서 이런 부분에 대한 언급을 해 놓았다.

해당 문법 항목을 이용하여 만든 좋은 '예문'을 함께 실어서 문법 교육에 참고하도록 해 놓았고, 학습자들이 만든 '오류 문장'을 통하여 학습자들이 어떤 점을 어려워하고 문장을 생성하는 데 어떤 문제가 나타날 수 있는지를 진단하여 효율적인 교육을 이룰 수 있도록 하였다. 해당 문법 항목의 '관련 문법' 가운데 선행 학습한 것과 앞으로 학습하게 될 것을 제시하여 연관성을 가지고 문법 항목을 지도할 수 있도록 도움을 주고자 하였다. 그 밖에 문제가 되거나 염두에 둬야 할 부분을 '기타 사항'에 제시하였다.

6.1. 초급 단계

6.1.1. 초급 단계에서의 문법 교육 설계

교사의 입장에서 볼 때 가장 좋은 언어 교수법은 교육 내용을 교육 목적에 맞게, 학습자가 이미 가지고 있는 여러 가지 내재적인 조건을 고려하여 타협함으로써 만들어지는 방법이라고 할 수 있다. 그런데 초급, 특히 1급은 대단히 한정된 어휘와 문법 항목을 기반으로 수업을 진행해야 한다는 점에서 많은 어려움이 있는 단계이다.

① 의미와 사용법의 제시 범위

초급에서는 하나의 문법 항목을 새로 학습하는 경우에 그 문법 항목이 가지고 있는 다양한 의미와 사용법을 학습자에게 모두 제시해야 할 필요도 없고 제시해서도 안 될 것이다. 예를 들어서 6.1.2.에서 제시하는 '-(으)니까'의 문법을 지도할 때 1급 수준에서 처음에는 이것이 청유문, 명령문, 미래형 문장에서 쓰인다는 정도로 제한하여 지도하고, 1급 후반부나 그 이상의 급으로 올라가면 '-(으)니까'의 또 다른 용법에 대해 단계별로 확장시켜 나가는 것이 바람직하다. 그리고 이후에 학습할 '-어서'의 학습과 연결하여 각각의 문법 항목의 사용상 나타나는 제약에 대해 분명하게 인식하고 사용할 수 있도록 해야 할 것이다.

② 문법 항목 간의 학습 순서 조절

의미는 같지만 형태가 다른 문법 항목들 간의 학습 순서도 조절할 수 있어야 한다. 예를 들어서 '와/과, 하고, (이)랑', '-(으)니까, -아/어서, -(으)ㄴ데', '-(으)ㄴ 것 같다, -나 보다, -(으)ㄴ 모양이다, -(으)ㄴ 듯하다' 등은 간단하고 쉬운 것으로부터 다소 복잡하고 어려운 것으로 학습 순서를 정해 나가야 한다. 교사가 학습자에게 되도록 많은 자료를 전달하고자 하여 학습자가 제대로 소화해 내지도 못할 많은 양을 제시한다면 학습자는 부담감을 느껴서 자칫하면 한국어 학습에 대한 관심과 의욕을 잃어버릴 수도 있는 것이다.

③ 문법적 메타언어 사용 제한

초급에서는 규칙이나 문법 용어를 명시적으로 제시하지 않고 개념을 이해시키는 암시적 기술이 효과적이다. 이를 보완하기 위해 학습자에게 최대한 쉽게 설명할 수 있는 방법을 모색해야 한다. 예를 들어, 그림, 차트, 도표의 이용과 같은 방법들을 모색해서 학습자들이 문법 학습에서 얻는 부담감을 없애 줘야 한다. 실제로 언어 학습을 하는 학습자들은 대부분 주어, 목적어, 동사, 명사 등과 같은 문법적 메타언어를 낯설어한다.

④ 문장의 예시와 연습

하나의 문법 항목을 지도할 때는 가르치고자 하는 문법의 의미와 기능이 잘 드러나는 간단한 문장으로 예시하고, 질문 응답으로 예시문의 이해를 확인하도록 하며, 연습 문장은 학습자가 관심을 가지는 주제로 하여 학습자 중심의 교수가 이루어지도록 해야 한다. 특히 초급에서는 되도록 다양한 그림이나 사진 자료를 활용하여 학습자 스스로 자료를 보고 문장을 생성해 낼 수 있도록 연습시키는 것이 중요하다.

6.1.2. 초급 단계에서의 문법 교수안

- 수업 목표: 이유를 표현하는 방법 'A/V-(으)니까'를 정확하게 이해하고 상황에 알맞게 사용할 수 있다.
- 수업 내용: A/V-(으)니까
  - 선행문이 후행문의 이유
  - 청유문, 명령문, 미래형 문장을 만들 때 사용
- 수업 대상: 한국어 1급 학습자

① 도입

학습자가 이미 학습하여 알고 있는 어휘나 문법을 이용하여 새로 학습할 문법 항목을 도출해 낼 수 있는 상황을 만들어 간다.

1) 교사: 산에 갈까요?
   학습자: 네, 좋아요. / 네, 갑시다.
   교사: 왜요?
   학습자: 날씨가 좋아요. ……
   교사: ("날씨가 좋습니다"와 "산에 갈까요?"의 두 문장 카드를 제시하면서)
   날씨가 좋으니까 산에 갈까요?

2) 교사: 오늘 저녁에 만날까요?
   학습자: 오늘은 시간이 없어요.

교사: 그럼 내일 저녁에 만날까요?
　　학습자: 네, 좋아요.
　　교사: ("오늘은 시간이 없어요."와 "내일 만납시다."의 두 문장 카드를 제시하면서)
　　　　오늘은 시간이 없으니까 내일 만납시다.

3) 교사: 나는 아이스크림을 먹어요. ○○ 씨도 아이스크림을 먹어요?
　　학습자: 아니요, 저는 커피를 마셔요.
　　교사: 아이스크림이 싫어요?
　　학습자: 아니요, 오늘은 날씨가 추워요.
　　교사: ("날씨가 추워요."와 "커피를 마시세요."의 두 문장 카드를 제시하면서)
　　　　날씨가 추우니까 커피를 마시세요.

② 전개

1) (ㄱ) 단어 카드를 보여 주면서 'A/V-(으)니까'의 활용 연습을 한다.
　　　　(예: 있다, 좋다, 재미있다, 싸다, 나쁘다, 없다, 빠르다, 복잡하다, 비싸다 ……)
　　(ㄴ) 'ㅂ' 불규칙 활용 어휘를 집중적으로 연습시킨다.
　　　　(예: 덥다, 춥다, 어렵다, 쉽다, 맵다 ……)

2) 활용을 연습한 후에는 'A/V-(으)니까'는 청유문, 명령문, 미래형과 주로 쓰이고 현재형, 과거형과는 잘 쓰이지 않는다는 제약을 제시한다. 1급에서는 이 정도로 한정해서 지도하고, 이때 'A/V-(으)니까'는 앞으로 급이 올라가면서 점점 쓰임이 확장된다는 것을 알려준다. 교재에 따라 'A/V-아/어서'를 먼저 학습하는 경우도 있고 'A/V-(으)니까'를 먼저 학습하는 경우도 있는데, 'A/V-아/어서'를 먼저 학습하는 경우에는 'A/V-아/어서'는 청유문과 명령문에서는 쓸 수 없다는 것을 미리 한정해서 지도하고 난 후에, 청유문, 명령문은 'A/V-(으)니까'와만 쓸 수 있다고 제시해 주면 혼동을 줄여 줄 수 있다.

```
A/V-(으)니까    A/V-(으)ㄹ까요?
               V-(으)ㅂ시다.
               V-(으)세요.
               V-겠어요.
               V-고 싶어요.
               A/V-아/어야 해요.
```

(선행 학습한 내용에 따라서 달라질 수 있다.)

3) 'N-(이)니까'의 문형을 제시하여 어떻게 연결되는지를 알려준다.

③ 연습

1) 문장 카드를 이용하여 학습자들이 새로운 표현에 익숙해지도록 해 준다.

문장	A/V-(으)니까	문장
지금 바쁘다		내일 만나다
날씨가 덥다		아이스크림을 먹다
이 책이 재미있다		집에서 읽다
김치가 맵다		물을 마시다
사과가 맛있다		많이 사다
시간이 없다		지하철을 타다
숙제가 어렵다		숙제를 같이 하다

2) 색깔이 다른 두 종류의 문장 카드(카드 A와 B)를 하나씩 주고 각각의 문장을 완성하게 한다.

문장 카드 A	문장 카드 B
길이 복잡하다	냉면을 먹을까요?
날씨가 춥다	택시를 탑시다.
시험이 어렵다	극장에 갈까요?

피곤하다	텔레비전을 볼까요?
백화점은 비싸다	집에서 공부하세요.
배가 고프다	밥을 먹읍시다.
비가 오다	시장에서 사세요.

3) 그림 카드를 보면서 문장을 만드는 연습을 한다.

그림 카드 A	그림 카드 B
해가 있는 그림	공원 그림
땀 흘리는 그림	주스 그림
사람이 많은 지하철 그림	버스 그림
50만 원의 가격표가 있는 옷 그림	- - - - -
콧물 흘리고 기침하는 그림	- - - - -
비가 오는 그림	- - - - -
학교에 늦어서 뛰어가는 그림	- - - - -
- - - - -	열심히 공부하는 그림
- - - - -	운동하는 그림
- - - - -	옷을 많이 입는 그림
- - - - -	물을 마시는 그림

4) 'N-(이)니까' 의 문형을 제시하여 연습시킨다.

문장	N-(이)니까	문장
토요일이다		같이 영화를 보다
내일은 내 생일이다		우리 집에 오다
방학이다		여행 가다

④ 활용

몇 가지 상황을 주고 소그룹끼리 모여 'A/V-(으)니까'를 이용하여 이야기해 보게 한다.

1) 식사하러 가는 상황: 영미와 민수는 같이 점심을 먹으려고 한다.
   이 시간에 학습자 식당은 복잡하다.
   시간이 많지 않다.

> 영미: 벌써 12시예요. 점심 먹을까요?
> 민수: 좋아요. 어디로 갈까요?
> 영미: 학습자 식당이 가까우니까 _____.
> 민수: 지금 학습자 식당은 사람들이 _____.
> _____니까 빵을 먹을까요?
> 영미: 저는 아침에도 빵을 먹었어요.
> 민수: 그래요? _____니까 김밥을 먹읍시다.

2) 볼 영화를 선택하는 상황

3) 주말 계획을 하는 상황

⑤ 예문
  (ㄱ) 날씨가 더우니까 냉면을 먹을까요?
  (ㄴ) 백화점은 비싸니까 시장으로 갈까요?
  (ㄷ) 추우니까 방으로 들어갑시다.
  (ㄹ) 사람이 많으니까 다음에 봅시다.
  (ㅁ) 길이 복잡하니까 지하철을 타세요.
  (ㅂ) 시험이 있으니까 열심히 공부하세요.

⑥ 오류 문장
  (ㄱ) 내일은 토요일입니까 산에 갑시다.
  (ㄴ) 날씨가 더워니까 주스를 마실까요?

(ㄷ) 비가 오니까 우산을 사세요.

⑦ 관련 문법
　　(ㄱ) A/V-(으)니까요
　　(ㄴ) A/V-아/어서

⑧ 기타

1) 동사와 형용사 활용에서 어간에 받침이 있는 것과 없는 것, 'ㅂ' 불규칙 용언 등에 대한 연습을 충분히 하여 앞으로 유사한 활용 형태를 접했을 때에도 정확하게 활용시킬 수 있는 기반을 만들어 주도록 한다.

2) 이유를 나타내는 또 다른 문법 항목을 학습하게 될 때에는 사용상 나타나는 항목 간 유사점과 상이점을 비교·정리해 줘서 정확하게 구별하여 사용할 수 있게 해 준다.

6.2. 중급 단계

6.2.1. 중급 단계에서의 문법 교육 설계

① 유사 문법 항목의 비교 및 정리
　중급에서는 새로운 문법 항목에 대한 학습도 중요하지만 초급에서 이미 기초적인 문법 항목에 대해 학습한 상태이므로 이미 학습한 내용 중에서 새로 학습하는 내용과 비슷한 의미를 갖는 문법 항목들을 모아서 서로의 같은 점과 다른 점을 비교 설명하여 정리하는 단계로 삼는 것이 바람직하다.

1) (ㄱ) A/V-(으)ㄴ/는 데다가, A/V-(으)ㄹ 뿐만 아니라, 게다가, 더군다나
　　(ㄴ) A/V-냐에 따라 다르다, N에 달려 있다

(ㄷ) A/V-더니, V-았/었더니, A/V-는데
　　(ㄹ) V-다가, A/V-았/었다가, V-아/어다가
　　(ㅁ) V-다 보면, V-다 보니, V-다가는
　　(ㅂ) N 만에, N 후에
　　(ㅅ) 까지, 조차, 마저

② 구어 및 문어의 구별
　문법 항목에 따라서 구어나 문어 중 어느 쪽에서 특히 자주 쓰이는지 구별되는 경우에는 이러한 부분을 확실하게 언급해 줘서 상황에 맞도록 적절하게 문장을 생성할 수 있게 지도한다.

　1) (ㄱ) A/V-(으)니까, A/V-아/어서 [구어]
　　　(ㄴ) A/V-(으)므로 [문어]

　2) (ㄱ) A/V-(으)ㄴ/-는/-(으)ㄹ 것 같다 [구어]
　　　(ㄴ) A/V-(으)ㄴ/-는/-(으)ㄹ 듯(하다) [구어, 문어]

③ 함께 어울리는 표현 제시
　비슷한 표현이나 문법 항목을 제시할 때는 그 표현이나 문법 항목과 함께 사용되는 문형을 같이 제시해서 서로 구별해서 사용하게 하는 방법이 좋다.

　1) (ㄱ) 소용없다: 'V-아/어도 소용없다'
　　　　차를 놓친 후에 후회해도 소용없다.
　　　　지금부터 시작해도 소용없을 것이다.
　　　(ㄴ) 쓸데없다: 'V-아/어도 쓸데없다' (×)
　　　　내가 쓸데없는 말을 해서 어머니가 걱정하셨다.
　　　　쓸데없이 돌아다니지 말아라.

　2) A/V-(으)ㄴ/는 게 틀림없다: A/V-(으)ㄴ 걸 보니 A/V-(으)ㄴ/는 게 틀림없다

- 아직까지 안 오는 걸 보니 또 약속을 잊어버린 게 틀림없다.

3) A/V-(으)ㄴ/는 것은 당연하다: A/V-(으)니까 A/V-(으)ㄴ/는 것은 당연하다
- 미리 준비하지 않으니까 문제가 생기는 것은 당연해요.

④ 실제 언어생활에 적응하기 위한 도움

한국어를 모어로 사용하는 사람들이 실제 언어생활에서 보여 주는 비문법적인 문장의 예를 제시하여 교실 내 수업과 실생활 사이의 괴리를 최소화시키고, 한국어 학습자들이 실제 언어생활에서 제대로 적응할 수 있도록 도와주는 것이 필요하다. 예를 들어서 접속어미나 종결어미 가운데 'ㅗ'를 한국인들은 실제 언어생활에서 대개 'ㅜ'로 발음하는 경향이 있다. 다시 말해서 '그리고, 먹었고, 만났고요' 대신 각각 '그리구, 먹었구, 만났구요'로 말하는 일이 더 많다든가, 'V-는 바람에'를 실제로는 'V-(으)ㄴ 바람에'로 문장을 만드는 예도 많다는 사실을 알려 주는 것이 좋다.

⑤ 언어권별 오류 사항 제시

언어권별로 자주 나타나는 오류 사항을 지적해 주면 오류를 줄일 수 있다.

■ 일본

바른 표현	오류 사항
• -적(的)으로 현실적으로, 적극적으로	• -적에 (-的に) 현실적에, 적극적에
• N이/가 되다 병을 일찍 고치지 않으면 큰 병이 된다.	• N에 되다 (Nに する) 병을 일찍 고치지 않으면 큰 병에 된다.
• N(이)나 오늘은 커피를 다섯 잔이나 마셨다.	• N도 (Nも) 오늘은 커피를 다섯 잔도 마셨다.

⑥ 문법 교육 기술의 조화

새로운 문법 항목을 지도하는 방법은 언어 자료를 먼저 제시하고 그로부터 규칙을 도출해 내는 귀납적(inductive) 방법과 규칙을 먼저 제시하고 언어 자료에 적용하여 규칙의 타당성을 검증하는 연역적(deductive) 방법의 기술이 적절히 조화를 이루어야 한다.

6.2.2. 중급 단계에서의 문법 교수안

6.2.2.1. 사동문

사동문을 만드는 수업에서 단형사동문과 장형사동문을 한 번에 모두 다룰 수도 있으나, 학습량이 부담스럽다면 우선 단형사동문을 학습하고 다음 시간에 장형사동문을 학습하면서 단형사동과 어떤 차이가 있는지를 구체적으로 학습할 수도 있다.

6.2.2.1.1. 단형사동문
- ■ 수업 목표: 사동문을 만드는 방법을 정확하게 이해하고 상황에 알맞게 사용할 줄 안다.
- ■ 수업 내용: 단형사동문 (동사 어간 + 사동접미사 '-이-, -히-, -기-, -리-, -우-, -ㅣ우-')
- ■ 수업 대상: 한국어 3급 학습자

① 도입
자동사를 써서 만드는 문장과 사동사를 써서 만드는 문장의 차이를 분명하게 보여줄 수 있는 상황을 제시하여 학습할 내용을 제시한다.
또는 사동사를 쓸 수밖에 없는 상황을 제시한다.

1) (교사가 학습자들 앞에 서 있다가 준비한 의자에 앉는다.)
　교사: 제가 지금 무엇을 했어요?
　학습자: 의자에 앉으셨어요. / 의자에 앉았어요.
　교사: (학습자 한 명을 앞으로 나오게 한다.)
　　　OO 씨, 여기에 앉으세요.
　　　(학습자가 의자에 앉은 후에)
　　　여러분, 제가 지금 무엇을 했어요?
　학습자: _____
　교사: 제가 OO 씨를 의자에 앉혔어요.

2) (미리 준비해 놓은 옷을 입은 후에 학습자들에게 질문한다.)

　　교사: 제가 지금 무엇을 했어요?

　　학습자: 옷을 입으셨어요. / 옷을 입었어요.

　　교사: (그 옷을 벗어서 한 학습자에게 입힌다.)
　　　　　제가 지금 무엇을 했어요?

　　학습자: _____

　　교사: 제가 ○○ 씨에게 옷을 입혔어요.

3) 교사:

　　(ㄱ) 아기가 배가 고파서 울어요. 그런데 아기는 혼자 우유를 먹을 수 없기 때문에 엄마가 아기에게 우유를 먹여요.

　　(ㄴ) 아기는 잠을 자고 싶을 때는 조금 울기도 해요. 그러면 엄마는 아기에게 노래를 불러 주기도 하고 안아 주기도 하면서 아기를 재워요.

　　(ㄷ) 아기는 혼자 씻을 수 없어요. 그래서 엄마가 아기를 씻겨 (줘)요.

　　(ㄹ) 아기는 옷을 벗고 싶어도 혼자 벗을 수 없어요. 그래서 엄마가 아기의 옷을 벗겨 (줘)요.

② 전개

1) 단형사동문을 만드는 사동사를 학습한다.

　　혼자 스스로 하는 그림과 도움을 받아서 하는 그림 두 가지를 동사별로 많이 준비하여 확실히 구별할 수 있게 한다.

'먹다' 그림	'먹이다' 그림	'보다' 그림	'보이다' 그림
'앉다' 그림	'날리다' 그림	'마르다' 그림	'말리다' 그림
'날다' 그림	'날리다' 그림	'마르다' 그림	'말리다' 그림
'신다' 그림	'신기다' 그림	'벗다' 그림	'벗기다' 그림
'자다' 그림	'재우다' 그림	'서다' 그림	'세우다' 그림

2) 사동사의 목록을 표로 준비하여 칠판에 붙인다.

이	먹이다, 보이다, 죽이다, 붙이다, 끓이다
히	앉히다, 눕히다, 입히다
기	신기다, 벗기다, 남기다, 웃기다, 맡기다, 씻기다
리	알리다, 날리다, 말리다, 울리다, 돌리다
ㅣ우	재우다, 태우다(불, 차), 세우다, 깨우다

③ 연습

1) 기본형 연습

　　교사가 주동사를 말하면 학습자들은 그에 해당하는 사동사를 말하게 한다.

(ㄱ) 교사: 먹다

　　학습자: 먹이다

　　교사: 앉다

　　학습자: 앉히다

　　……

2) 활용형 연습

　　교사가 하나의 예로 시범을 보이고 나서 나머지는 학습자들이 만들게 한다.

(ㄱ) 교사: (도표의 내용을 차례대로 짚으면서)

　　　　　먹여요, 먹였어요, 먹일 거예요, 먹이세요, 먹입시다

　　교사: 입히다

　　학습자: 입혀요, 입혔어요, 입힐 거예요, 입히세요, 입힙시다

　　……

3) 그림을 보여주면서 구조가 간단한 사동사부터 단형사동문을 만드는 연습을 한다.

(ㄱ) 자동사에서 나온 사동문

㉠ (N1이/가　N2을/를　V) 카드를 붙여 놓고, 고양이가 쥐를 죽이는 그림을 보여 준다.)

　　교사: 쥐가 죽었어요. 누가 쥐를 죽였어요?

학습자: 고양이가 (쥐를) 죽였어요.

교사: 고양이가 뭘 죽였어요?

학습자: (고양이가) 쥐를 죽였어요.

ⓒ (남자아이 옆에 있는 여자아이가 우는 그림을 보여 준다.)

교사: 영미가 울고 있어요. 누가 영미를 울렸어요?

학습자: 남자 친구가 (영미를) 울렸어요.

교사: 남자 친구가 누구를 울렸어요?

학습자: (남자 친구가) 영미를 울렸어요.

ⓓ (아기 옆에서 엄마가 아기를 재우는 그림을 보여 준다.)

교사: 아기가 자고 있어요. 누가 아기를 재웠어요?

학습자: 엄마가 (아기를) 재웠어요.

교사: 엄마가 누구를 재웠어요?

학습자: (엄마가) 아기를 재웠어요.

ⓛ 타동사에서 나온 사동문

㉠ (N1이/가 N2에게 N3을/를 V 카드를 붙여 놓고, 엄마가 아기에게 우유를 먹이는 그림을 보여 준다.)

교사: 아기가 우유를 먹고 있어요. 누가 아기에게 우유를 먹이고 있어요?

학습자: 엄마가 아기에게 우유를 먹이고 있어요.

교사: 엄마가 누구에게 우유를 먹이고 있어요?

학습자: (엄마가) 아기에게 우유를 먹이고 있어요.

교사: 엄마가 아기에게 뭘 먹이고 있어요?

학습자: (엄마가 아기에게) 우유를 먹이고 있어요.

㉡ (아버지가 영수의 신발을 신기는 그림을 보여 준다.)

교사: 영수가 신발을 신고 있어요. 누가 영수에게 신발을 신겼어요?

학습자: 아버지가 영수에게 신발을 신겼어요.

교사: 아버지가 누구에게 신발을 신겼어요?

학습자: 아버지가 영수에게 신발을 신겼어요.

교사: 아버지가 영수에게 뭘 신겼어요?

학습자: 아버지가 영수에게 신발을 신겼어요.

ⓒ (N1이/가 N2의 N3을/를 V 카드를 붙여 놓고, 엄마가 아기에게 옷을 입히는 그림을 보여 준다.)

교사: 아기가 옷을 입고 있어요. 누가 아기의 옷을 입혀요?

학습자: 엄마가 아기의 옷을 입혀요.

교사: ('입히다, 신기다, 씻기다, 벗기다' 같은 동사는 'N1이/가 N2의 N3를 V의 모양으로도 만들 수 있는데, 특히 '씻기다, 감기다' 같은 동사는 다른 사람의 몸에 있는 것(얼굴, 몸, 머리 등)에 하는 행동이기 때문에 'N1이/가 N2의 N3을/를 V'의 형태만을 취한다는 것을 설명해 준다.)

ⓔ (엄마가 아기의 얼굴을 씻기는 그림을 보여 준다.)

교사: 엄마가 아기에게 어떻게 하고 있어요?

학습자: 엄마가 아기의 얼굴을 씻기고 있어요.

4) 학습자들에게 질문을 하고 사동문으로 대답하게 한다.
(주동사의 목록을 보여주고 선택하여 사동사로 바꿔 만들 수 있게 할 수도 있다.)

㉠ 친구가 수술을 해서 혼자 밥을 먹기가 힘든데 어떻게 해야 할까요?

㉡ 아기를 돌볼 사람이 없으면 어떻게 하지요?

㉢ 나는 아침에 일찍 일어나지 못해요. 내일 일찍 일어나야 하는데 어떻게 하지요?

㉣ 사람들이 모두 즐거워 보이는데 무슨 재미있는 일이 있었어요?

㉤ 이 아이가 왜 이렇게 울고 있어요?

㉥ 지난번에 여행 가서 찍은 사진 볼 수 있어요?

④ 활용

1) 다양한 낱말을 이용하여 문장 만들기

각각의 사동사를 그림으로 배운 다음, 그 사동사와 흩어져 있는 여러 가지의 상황들을 잘 연결하여 사동문을 만드는 연습을 해 본다.

먼저 그림 (ㄱ)에는 주어로 사용될 수 있는 사람들이 그려진 그림을, 그림 (ㄴ)에는 목적어로 사용될 수 있는 많은 물건들의 그림을, 표 (ㄷ)에는 동사의 기본형이 쓰여 있는 표를 준비하여 칠판에 붙인다. (ㄱ), (ㄴ), (ㄷ)으로 만든 예문을 보여 준다.

(ㄱ) 어머니, 할머니, 아기, 학습자, 할아버지, 선생님, 개, 고양이, 사자 등의 그림
(ㄴ) 밥, 우유, 모자, 안경, 한국어 책, 수영복, 구두, 커피, 양말, 약, 창문, 문, 의자, 잡지, 사진기, 옷, 신문 등의 그림
(ㄷ) 찍다, 먹다, 열다, 읽다, 마시다, 쓰다, 벗다, 끓다, 입다, 닫다, 전화하다, 그리다, 타다, 죽다, 웃다, 울다, 앉다, 서다, 눕다, 붙다

㉠ 어머니가 아기에게 우유를 먹입니다.
㉡ 선생님이 학생에게 한국어 책을 읽힙니다.

2) 답 찾기 게임
   (ㄱ) '대답' 문장을 한 문장씩 써서 교실 벽에 붙인다.
   (ㄴ) 두 명이 한 조를 이루게 한다.
   (ㄷ) 한 조에 질문지를 몇 장씩 준다.
   (ㄹ) 질문지를 가진 학습자는 짝에게 질문을 한다.
   (ㅁ) 짝은 그 질문에 알맞은 대답이 적힌 문장을 벽에서 찾아 질문지를 가진 짝에게 말해 준다.
   (ㅂ) 대답을 들은 학습자는 그 내용을 적는다.

〈질문지〉
㉠ 라면이 먹고 싶어요.
㉡ 배가 아파서 더 못 먹겠는데 어떻게 하지요?
㉢ 편지를 이대로 부치면 되지요?
㉣ 날씨가 추워지는 것 같은데요.
㉤ 집 안에서 이상한 냄새가 나지요?
㉥ 백화점에서 어떤 옷을 샀어요?
㉦ 아기를 데리고 슈퍼에 좀 갔다 올게요.

〈대답지〉
㉠ 먼저 냄비에 물을 붓고 끓이세요.
㉡ 다 먹으려고 하지 말고 남기세요.
㉢ 봉투에 우표를 붙이고 보내세요.
㉣ 아기에게 옷을 좀 더 입혀야겠어요.
㉤ 음식을 만들다가 태웠나 보군요.
㉥ 보여줄 테니까 이리로 오세요.
㉦ 추울지도 모르니까 양말을 신기세요.

3) 역할놀이 (role play)

지금까지 학습한 사동사를 실제 생활에서 사용할 수 있는지 확인해 보는 작업이다. 역할놀이는 사동사가 많이 쓰일 수 있는 상황을 제시해야 한다. 병원에서 의사와 환자가 되어 대화를 나누는 상황으로 역할놀이를 해 본다. 환자는 다른 사람의 도움을 받아야 하는 어린이나 할아버지 등으로 설정한다. (숙제로 동사를 주고 대화를 만들어 오게 하는 것도 좋다.)

(ㄱ) 의사: 40대의 친절한 여자/남자 의사
(ㄴ) 환자1: 1살짜리 아기를 데려온 어머니
(ㄷ) 환자2: 6살짜리 딸을 데려온 아버지
(ㄹ) 환자3: 혼자 활동하기 어려운 할아버지를 모시고 온 20대 학습자

6.2.2.1.2. 장형사동문
- 수업 목표: 장형사동문 만드는 방법을 정확하게 이해하고 상황에 알맞게 사용할 줄 안다.
- 수업 내용: 선행 학습한 단형사동문과 장형사동문의 차이를 학습한다.
- 수업 대상: 한국어 3급 학습자

① 도입
선행 학습한 단형사동문을 이용하여 학습 목표인 장형사동문을 제시하고 의미를 충분히 이해시킨다.

1) 교사: (미리 준비한 옷을 학습자에게 입혀 준다.)
   제가 지금 무엇을 했어요?
   학습자: OO 씨에게 옷을 입히셨어요. / 입혀 주셨어요.
   교사: (다른 학습자를 나오게 한다.)
      □□ 씨, 이 옷을 입으세요.
      (학습자가 옷을 입는다.)
      제가 지금 무엇을 했어요?

학습자: □□ 씨에게 옷을 입으라고 하셨어요.
　　　교사: ('-게 하다'의 카드를 보여 주며)
　　　　　저는 □□ 씨에게 옷을 입게 했어요.

　2) 교사: (학습자 하나를 앞으로 나오게 하여 직접 의자에 앉힌다.)
　　　　　제가 지금 무엇을 했어요?
　　　학습자: △△ 씨를 의자에 앉혔어요.
　　　교사: △△ 씨, 의자에서 일어나세요.
　　　　　(학습자가 의자에서 일어난다.)
　　　　　제가 지금 무엇을 했어요?
　　　학습자: _____.
　　　교사: ('-게 하다'의 카드를 보여 주며)
　　　　　저는 △△ 씨에게 (의자에서) 일어나게 했어요.

② 전개
　'-게 하다'의 장형사동문과 사동접미사에 의한 단형사동문의 차이를 그림을 통하여 인지할 수 있게 한다. 특히 두 가지 형태의 사동문을 다 만들 수 있는 경우, 전자는 목적어로 하여금 스스로 어떤 일을 하도록 주어가 간접적으로 행동을 하는 반면에, 후자는 주어가 직접적으로 행동한다는 의미가 강함을 확실히 보여 준다.

　1) '-게 하다'가 허락의 의미로 쓰일 수 있음을 보여준다.
　　㈀ 교사: ○○ 씨, 지금 화장실에 가고 싶어요?
　　　학습자: 네, 가고 싶어요.
　　　교사: 그럼, 화장실에 가도 돼요.
　　　　　(학습자들에게) 제가 ○○ 씨를 화장실에 가게 했어요.
　　㈁ 교사: □□ 씨, 이 과자 맛있어 보이지요?
　　　학습자: 네, 하나 먹어도 돼요?
　　　교사: 그럼요, 먹어도 되지요.
　　　　　(학습자들에게) □□ 씨에게 과자를 먹게 했어요.

2) '못 V-게 하다, V-지 못하게 하다' 가 금지의 의미로 쓰임을 보여준다.
   (ㄱ) 교사: △△ 씨, 주말에 친구들하고 같이 등산 갔어요?
       학습자: 아니요, 저는 안 갔어요.
       교사: 왜 같이 안 갔어요?
       학습자: 감기에 걸려서 엄마가 가지 말라고 하셨어요.
       교사: △△ 씨 어머니께서 못 가게 하셨군요.
   (ㄴ) 교사: ◇◇ 씨는 술을 안 마셔요?
       학습자: 네, 의사가 마시지 말라고 했어요.
       교사: 의사가 술을 마시지 못하게 했어요?

③ 연습

1) 기본형 연습
   교사가 '-게 하다'의 문형 카드를 보여주고 동사를 말하면 학습자들은 동사를 활용하게 한다.
   (ㄱ) 교사: 먹어요
       학습자: 먹게 해요
       교사: 앉아요
       학습자: 앉게 해요
       ……

2) 활용형 연습
   교사가 하나의 예로 시범을 보이고 나서 나머지는 학습자들이 만들게 한다.
   (ㄱ) 교사: 먹게 해요, 먹게 했어요, 먹게 할 거예요, 먹게 하세요
       교사: 입히다
       학습자: 입게 해요, 입게 했어요, 입게 할 거예요, 입게 하세요
       ……

3) 그림을 보여주면서 장형사동문을 만드는 연습을 한다.

(ㄱ) 교사: (단형사동문 연습에서 사용한 그림을 이용해서 연습할 수 있다.)
　　　　　　 누가 아이에게 우유를 먹게 할까요?
　　　　학습자: 어머니가 (아이에게 우유를) 먹게 해요.
　　(ㄴ) 교사: 제가 누구를 나가게 할까요?
　　　　학습자: □□ 씨를 나가게 하세요.
　　(ㄷ) 교사: ☆☆ 씨에게 뭘 하게 할까요?
　　　　학습자: ☆☆ 씨에게 노래를 하게 합시다.

4) 학습자들에게 '-게 하다'를 이용하여 대답하게 하여 허락과 금지의 표현을 연습시킨다.
　　(ㄱ) 아이가 만화책을 보고 싶어해요.
　　(ㄴ) ○○ 씨가 설거지를 하겠다고 하는데 어떻게 하지요?
　　(ㄷ) 아이가 텔레비전을 보고 싶대요.
　　(ㄹ) 친구가 자동차를 가지고 왔는데 술을 마셨나 봐요.
　　(ㅁ) 머리가 아직 안 말랐는데 밖에 나가겠대요.
　　(ㅂ) 밖에 눈이 많이 오는데 동생이 여행 가겠다고 해요.
　　(ㅅ) ○○ 씨가 배가 아프다고 하는데 밥을 먹고 싶어해요.

5) 문장 완성하기
단형사동이나 장형사동으로 _____을 채워 넣으세요.

　　아주머니, 일이 있어서 외출합니다.
　　아기에게는 10시, 1시, 4시에 우유를 _____. 아기가 열이 좀 있으니까 옷을 많이 _____지 마세요. 그리고 큰아이는 3시쯤 학교에서 돌아올 거예요. 돌아오면 바로 손을 _____, 배가 고프다고 하면 빵을 _____. 숙제를 _____고 텔레비전은 많이 _____.
　　시장에 가시려면 아기를 유모차에 _____고, 큰아이가 같이 가고 싶어하면 흰 셔츠와 파란 반바지를 _____ 데리고 가세요. 저는 6시쯤 돌아올 겁니다. 부탁드립니다.

④ 활용

학습자들에게 질문지를 나누어 준다. 학습자들은 돌아다니면서 친구들에게 질문하고 대답을 질문지에 적게 한다.

〈질문지〉

	질문 내용	V-게 하다	못 V-게 하다	이 유
1	아이가 유리컵을 가지고 논다.			
2	친구가 혼자 여행 가려고 한다.			
3	아이가 커피를 마시려고 한다.			
4	수업 시간에 학습자가 전화를 받으려고 한다.			
5	아이가 태권도를 그만두고 싶어한다.			
6	학습자가 시험 시간에 일찍 나가겠다고 한다.			
7	동생이 아르바이트를 하고 싶어한다.			

⑤ 예문

  (ㄱ) 엄마가 아기에게 우유를 먹입니다.

  (ㄴ) 친구가 택시를 세웠어요.

  (ㄷ) 할머니가 아기의 얼굴을 씻겨 주셨어요.

  (ㄹ) 밥을 남기지 말고 다 드세요.

  (ㅁ) 아침에 일찍 깨워 주세요.

  (ㅂ) 너무 오래 기다리게 하지 마세요.

  (ㅅ) 아버지가 자동차를 운전하게 해 주셨다.

  (ㅇ) 엄마가 동생에게 밖에 나가지 못하게 하셨어요.

⑥ 오류 문장

  (ㄱ) 내가 조카에게 머리를 감겼어요.

㈎ 어머니가 아이에게 손을 씻겼어요.
㈐ 간호사가 다리를 다친 환자에게 걸려요.
㈑ 고양이가 쥐에게 죽였어요.
㈒ 지하철에서 어른에게 자리를 앉혔어요.
㈓ 작년에 붙었던 그 포스터가 아직도 붙여 있네요.
㈔ 우유를 고양이에게 마셔 시킨다.
㈕ 선생님이 학습자들에게 그림을 붙여요.
㈖ 언니가 저에게 라면을 끓여요.

⑦ 관련 문법
   ㈀ A/V-아/어도 되다
   ㈁ V-도록 허락하다
   ㈂ N을/를 시키다
   ㈃ V-(으)라고 시키다
   ㈄ V-지 말다

⑧ 기타

1) 단형사동문에서 조사 사용의 오류가 자주 나온다.
   ㈀ *언니가 조카에게 머리를 감겼어요. → 조카의
   ㈁ *어머니가 아이에게 손을 씻겼어요. → 아이의
   ㈂ *부모님께서 나가실 때 유치원에게 아이를 맡겼어요. → 유치원에
   ㈃ *내일 일찍 일어나야 하니까 제게 깨워 주세요. → 저를

2) 행동을 당하는 대상이 주체보다 연장자인 경우에 단형사동문으로 만들 때는 '사동사 어간 + -아/어 드리다' 로 하고, 장형사동문으로 만들 때는 '주동사 어간 + -(으)시- + -게 하다' 로 한다.
   ㈀ *지하철에서 몸이 불편하신 할머니를 자리에 앉혔다. → 앉혀 드렸다
   ㈁ *할아버지를 자리에 앉게 했다. → 앉으시게 했다

3) 다른 사람으로 하여금 어떤 물건에 직접 행동을 가하도록 시킨다는 뜻으로 쓸 때는 단형사동문 대신 해당 사동사를 이용하여 장형사동문을 쓰는 것이 자연스럽다.
   (ㄱ) *선생님이 학습자들에게 그림을 붙여요. → 붙이게 하세요
   (ㄴ) *언니가 저에게 라면을 끓여요. → 끓이게 해요
   (ㄷ) *엄마가 딸에게 머리를 말려요. → 말리게 해요
   (ㄹ) *할머니가 손자에게 밥을 남겨요. → 남기게 하세요

6.3. 고급 단계

6.3.1. 고급 단계에서의 문법 교육 설계

고급 단계에서는 새로운 문법 항목을 배워 나간다기보다는 중급 단계까지 학습해 온 내용을 심화시킨다든지 문법 항목의 특수 용법 등을 지도하는 것이 일반적이며, 문장 구조나 문형의 단조로움을 피하고 한층 세련된 문장을 구성해 나갈 수 있도록 지도하는 방식에 초점을 두게 된다.

그리고 문법 항목보다는 표현 간의 미묘한 차이나 비슷한 상황을 묘사하는 다양한 표현들, 속담 및 관용표현, 연어 관계에 있는 표현들을 중점적으로 지도하는 등 표현에 중점을 두고 지도하는 단계라고 해도 과언이 아니다. 따라서 문법 교수안의 작성 방법 역시 초급 및 중급 단계의 것과는 많은 차이가 있을 수밖에 없다.

6.3.2. 고급 단계에서의 문법 교수안

6.3.2.1. 사동문

고급 단계에서는 6.2.2.에서 다룬 사동문을 심화시켜서 사동문의 의미 해석 문제, 사동사와 사동문이 지닌 제약 등을 교육한다. 우선 단형사동문(어휘적 사동문)은 직접사동과 간접사동의 두 가지로 해석되는 경우가 많다.

(1) 가. 엄마가 아기에게 우유를 먹였어요.
    나. 형이 동생에게 신발을 신겼어요.

(1가)에서 엄마가 직접 아기에게 우유를 먹여 주는 행위를 하고, (1나)에서 형이 직접 동생에게 신발을 신겨 주는 행위를 한 경우를 직접사동이라고 할 수 있다. 그러나 아기가 직접 우유를 먹고 동생이 직접 신발을 신는 행위를 하고, 엄마와 형은 단지 그 행위를 시키기만 한 사람인 경우를 간접사동이라고 할 수 있는데, 단형사동문에서는 두 가지 해석이 모두 가능할 수 있기 때문에 문맥에 따라 융통성 있게 해석할 수 있다.

(2) 가. 엄마가 아기에게 우유를 먹게 했다.
    나. 형이 동생에게 신발을 신게 했다.

그러나 (2가, 나)와 같은 장형사동문(통사적 사동문)은 간접사동의 해석만을 허용하여 중의성이 나타나지 않음을 강조해 준다.

(3) 가. 증권 시장에서 돈을 굴려 큰돈을 벌었다.
    나. 두 사람은 낯을 붉히며 싸우고 있다.
    다. 동생은 식구들에게 시험에 떨어진 사실을 숨겼다.
    라. 친구들의 도움으로 이삿짐을 쉽게 옮길 수 있었다.
(4) 가. *돈이 구르다 / 돈을 굴리다
    나. *낯이 붉다 / 낯을 붉히다
    다. *사실이 숨다 / 사실을 숨기다
    라. *이삿짐이 옮다 / 이삿짐을 옮기다

(3)과 (4)에서 보듯이 사동문 가운데는 그에 대응하는 주동문을 분명하게 상정할 수 없는 경우가 상당히 많다. 주로 관용표현을 포함한 문장이 여기에 해당되는데, 이와 같은 문법 현상을 명시적으로 가르칠 필요는 없고, 사동사의 개념을 이용해서 문장의 의미를 설명하면 된다.

6.3.2.2. 문장의 구성
① 단문과 복문

학습자의 한국어 수준이 높아짐에 따라 한국어 문장을 구성하는 방식도 이에 상응하는 수준으로 되어야 한다. 초·중급 단계에서 흔히 볼 수 있는 짧은 단문의 나열 형식은 알맞은 접속 표현을 사용하여 문장의 길이와 질을 모두 향상시킬 수 있도록 해야 할 것이다. 학습자의 오류 문장을 학습 자료로 삼아서 적절한 방법을 통하여 학습자와 함께 문장을 수정·보완해 가면서 문법적인 지도를 병행하는 방법을 이용할 수 있다.

단문을 여러 개 열거하여 표현하는 경우에는 중복되는 부분을 생략하거나 접속 표현을 사용하여 문장을 매끄럽게 연결하는 방식으로 표현하도록 지도한다. 다음의 예문은 학습자의 작문 내용에서 가져온 것이다.

(5) 한국에 온 지 1년 반이 다 돼 간다. (가) 이 1년 반 동안 많은 일을 겪었다. 좋은 일, 나쁜 일들을 많이 갖고 왔다. (나) 처음 한국 땅에 서 있을 때 내가 사는 도시와 다름없다고 생각했다. 그런데 그것은 아니다. 도시 환경은 비슷하지만 사람의 생각과 생활이 차이가 많다. (중국 학생)

(5′) 가. 이 1년 반 동안 좋은 일, 나쁜 일을 많이 겪어 왔다.
　　 나. 처음 한국 땅에 왔을 때는 내가 살던 곳과 다름없다고 생각했지만 실제로는 그렇지 않았다.

(5가)에서는 '많은 일'을 설명하는 '좋은 일'과 '나쁜 일'을 별개의 짧은 문장으로 표현하면서 뒷부분에 '많이'라는 표현을 중복해서 사용하고 있다. 이 경우에는 두 개의 문장을 하나로 만들면서 중복되는 내용과 표현을 생략할 수 있다. 즉 '많은 일'은 '좋은 일, 나쁜 일'로 대체하여 풀어 쓰고, 생략되는 부분은 '많이'라는 부사로 표현하는 것이다.

(5나)는 자신이 생각한 내용과 실제로 경험한 결과가 달랐다는 것을 두 개의 문장으로 분리해 놓은 것이다. 이 경우에도 '-지만'이나 '-는데'와 같은 표현을 이용하여 하나의 문장으로 결합시킨다.

(6) 왜 사람들은 평화롭게 못 살까? 왜냐하면 사람의 소유욕이 강하기 때문이다. 그리고 욕심이 끝이 없다. (러시아 학생)
(6′) 왜냐하면 사람은 소유욕이 강하고 욕심이 끝이 없기 때문이다.

(6)은 사람들이 평화롭게 살지 못하는 이유를 자기 나름대로 생각한 것을 '그리고'라는 접속어를 써서 두 개의 문장으로 나누어 놓은 것이다. 이와 같은 경우에 가장 쉽게 접근할 수 있는 방법은 나열의 접속어미 '-고'로 연결하는 것이다.
그리고 뒷부분의 '욕심이 끝이 없다'는 문장도 역시 사람들이 평화롭게 살지 못하는 이유를 나타낸 것이므로 이유를 설명하는 적절한 표현 안에 함께 포함되어야 한다.

(7) 무소유는 정말 무소유가 아니라 모든 것을 다 갖고 있는 것이다. (가) 이렇게 보면 불교 사상도 맞는 것 같다. 무는 유이다 유는 무이다. (나) 이런 무소유 생각을 갖고 살아야 인생에 즐거움 또 인생의 삶을 느낄 수 있는 것 같다. (중국 학생)
(7) 가. 이렇게 보면 '무는 유이고 유는 무이다'라는 불교 사상도 맞는 것 같다.
나. 이런 무소유의 생각을 갖고 살아야 인생의 즐거움과 인생의 의미를 느낄 수 있을 것 같다.

(7가)는 글쓴이가 말하고자 하는 불교 사상의 내용을 별개의 문장으로 분리해 놓음으로써 부자연스러워진 문장이다. 따라서 언급하려는 불교 사상의 내용을 설명하는 부분을 인용 기호(' ') 안에 넣어서 '불교 사상'이라는 말을 수식하는 형식을 취하도록 해야 한다.
(7나)는 체언과 체언을 연결하는 표현이 잘못되어 있다. 이와 같은 경우에 '또'라는 부사를 사용하는 학습자들이 많이 있으므로 이에 대해 설명을 해 줄 필요가 있다. '또'라는 부사가 '그뿐 아니라 다시 더'라는 뜻의 접속부사로 쓰일 경우에는 (7나)에서처럼 체언과 체언을 연결할 때는 쓸 수 없고, '용기도 있고 또 슬기도 있다.'와 같이 절과 절을 접속하는 경우에 가능하다는 것을 알려준다.

② 주어와 서술어의 호응

문장을 쓰다 보면 주어와 서술어가 호응하지 않는 문장이 나올 수 있으므로 문장을 만들 때는 늘 주어와 서술어가 제대로 연결되었는지 점검하는 습관을 갖게 하고, 특히 문장의 길이가 길어질 때는 이와 같은 부분에 더 유의하도록 지도한다.

(8) 가. 영화는 전반적으로 인간 사이의 미움과 또 다른 사랑을 잘 나타낸 영화라고 본다.
　　나. (나는) 이 영화가 전반적으로 인간 사이의 미움과 또 다른 사랑을 잘 나타냈다고 본다.
　　다. 이 영화는 전반적으로 인간 사이의 미움과 또 다른 사랑을 잘 나타냈다.

(8가)에서는 '영화는 …… 영화이다'와 같이 부자연스러운 형식으로 되어 있고, 표현이 중복되었으므로 중복되는 것 가운데 하나를 생략하여 써야 한다. 또한 문장 전체의 서술어인 '보다'의 주어인 '나'가 생략된 상태이므로 (8나)와 같이 내포문의 주어는 조사 '은/는' 대신 '이/가'를 써서 표현하는 것이 자연스럽다. 그리고 (8다)와 같이 주어를 생략하고 쓰는 경우에는, 일반적인 영화가 아닌 '이 영화'라는 것을 명시할 수 있도록 관형사 '이'를 첨가하고, '이 영화'라는 주부와 어울리도록 술부는 '잘 나타냈다'로 쓰는 것이 좋을 것이다.

(9) 가. 이 영화는 깡패의 두목인 두식이가 또 다른 한 구역을 물려받으려면 고등학교 졸업장을 따 와야 한다.
　　나. 이 영화에서는 깡패의 두목인 두식이가 또 다른 한 구역을 물려받기 위해서는 고등학교 졸업장을 따 와야 하는 것으로 돼 있다.

(9가)에서는 주어인 '이 영화'의 서술어가 '따 와야 한다'로 되어 있으므로 주어와 서술어가 호응하지 않는 문장이다. 이 문장에서 "두식이가 …… 졸업장을 따 와야 한다."는 '이 영화'의 내용을 기술하는 문장으로 바꾸어서 표현해야 문장을 매끄럽게 다듬을 수 있다.

(10) 가. JSA를 지지하는 것은 이 영화가 정치적으로 반공 의식을 벗어났다.
　　　나. (내가) JSA를 지지하는 이유는 이 영화가 정치적으로 반공 의식을 벗어났기 때문이다.
　　　다. (나는) 영화 JSA가 정치적으로 반공 의식을 벗어났다는 점에서 이 영화를 지지한다.

(10가)에서는 서술어인 '벗어났다'와 호응되는 주어는 'JSA를 지지하는 것'이 아니라 '이 영화'이므로 주어와 서술어가 호응하지 않는다. 이 문장으로 표현하고자 한 내용은 (자신이) 영화 JSA를 지지하는 이유를 말하려는 것이므로 (10나)와 같이 주어는 '(내가) JSA를 지지하는 이유'가 되고, 서술어는 그 이유를 밝혀 주는 표현으로 '-기 때문이다'를 써 주는 것이 적절할 것이다. 또는 (10다)와 같이 주어로 '나'를 쓰고 이에 호응하는 서술어로 '지지하다'를 씀으로써 이 영화를 지지하는 이유를 나타내는 '-는 점에서'라는 표현을 도입하도록 하는 것도 좋을 것이다.

③ 표현 방식의 경제성

문장을 쓸 때에도 경제성의 원리가 적용된다. 같은 표현을 불필요하게 여러 번 반복해서 사용하는 경우에는 이를 최소화시켜서 표현한다거나 비슷한 의미를 갖고 있는 다른 표현으로 대체하게 하는 것이 바람직하다. 그리고 그 문장에서 그리 필요하지 않은 단어를 열거하여 복잡한 구문이 됐을 경우에는 불필요한 부분은 과감하게 생략하는 것이 좋은 문장을 만드는 방법이 될 수 있다.

(11) 가. 단 한 가지 지적하고 싶은 것은 폭력 행동이 너무 많이 있어서 어린아이들이 이 영화를 보고 따라하는 경우가 많지 않나 싶어 폭력 행동은 좀 감했으면 좋을 성싶다.
　　　나. 단 한 가지 지적하고 싶은 것은 폭력적인 장면이 너무 많아서 어린아이들이 이 영화를 보고 따라하는 경우가 많지 않을까 우려되므로 이와 같은 장면은 좀 줄였으면 좋겠다.

우선 (11가)에서 반복해서 사용된 '폭력 행동'이라는 표현 자체가 자연스럽지 않은데, 이것은 '폭력적인 행동'이라든가 영화에서 나오는 장면을 나타낸 것이라면 '폭력적인 장면'이라는 표현으로 바꾸는 것이 바람직하다. 같은 표현을 반복해서 사용하는 것보다는 '이'와 같은 대명사로 바꿔서 표현하는 것이 좋을 것이다.

(12) 가. 존경하는 여러 선생님들께서 저의 입학 허가를 비준해 주시기 바랍니다.
　　 나. 존경하는 여러 선생님들께서 저의 입학을 허락해 주시기 바랍니다.
　　 다. 존경하는 여러 선생님들께서 제가 입학할 수 있도록 도와주시기 바랍니다.

(12가)에 나오는 '입학 허가를 비준하다'라는 표현은 의미가 중복되는 표현이 같이 쓰였을 뿐만 아니라 '비준'이라는 표현이 상황적으로 적절하지 않다. '비준'이라는 단어는 헌법상의 조약 체결권자가 조약 내용에 최종적으로 동의하는 절차를 가리키는 것으로 법률적인 상황에서나 사용할 수 있는 용어이다. 이 글은 입학을 원하는 사람이 입학할 수 있도록 도와 달라고 부탁하는 내용이므로 (12나)와 같이 '허락하다'나 (12다)와 같이 '입학할 수 있도록 도와주다'와 같은 일상적인 표현을 쓰는 것이 자연스럽다.

(13) 가. 지식을 전달하려면 주입보다 학습자들의 흥미를 끌 수 있는 능력을 갖추어야 된다고 생각하고, '교육'이라는 두 글자가 날따라 변화하는 사회의 인재 양성에 기여하는 중요한 역할을 합니다.
　　 나. 지식을 주입식으로 전달하기보다는 학습자들이 흥미를 가질 수 있도록 이끌어 줘야 한다고 생각합니다. '교육'은 끊임없이 변화하는 사회에서 인재를 양성하는 데 중요한 역할을 하는 것입니다.

(13가)는 접속어미 '-고'로 이어지는 두 개의 서술어 '생각하다'와 '중요한 역할을 하다'가 공통된 주어를 갖고 있지 않아서 부자연스러운 데다가 문장이 길어서 앞뒤의 문맥을 이해하기에 좋지 않다. 이와 같이 두 개의 서술어가 서로 관계가 적은 각각의 주어를 갖고 있는 경우에는 접속어미로 문장을 접속하기보다는 별개의 문장으로 분리해서 쓰는 것이 오히려 자연스럽다.

또한 뒷부분에 있는 '사회의 인재 양성에 기여하는 중요한 역할을 합니다'라는 부분은 '-에 기여하다'와 '중요한 역할을 하다'가 의미적으로 중복된 느낌을 주므로 이 중에서 하나를 생략하는 것이 바람직하다.

④ 연어 관계 표현

한국어를 모어로 사용하는 화자는 말을 하거나 글을 쓸 때 그 어휘와 어울리는 다른 어휘들을 자연스럽게 선택할 뿐만 아니라 듣거나 읽기를 할 때도 어떤 어휘 다음에 어떤 어휘가 이어서 나올지를 어느 정도 추측할 수 있다. 이와 같은 언어 능력은 모어를 사용하는 화자에게는 자연스럽게 습득되는 것이지만 외국인 화자가 한국어로 표현하거나 이해하려고 할 때 어휘 간의 어울림을 잘 알지 못하여 겪는 어려움은 대단히 크다. 따라서 외국인 학습자에게 이와 같은 어휘의 연어 관계에 대한 교육을 함께 해 나갈 때에 훨씬 효과적인 결과를 얻을 수 있을 것이다.

(14) 가. 인신공격에 가까운 말로 사람의 기분을 누른다.
    나. 인신공격에 가까운 말로 사람의 기분/감정을 상하게 한다.
    다. 인신공격에 가까운 말로 상대방을 기분 나쁘게 만든다.

'누르다'는 자신의 감정이나 생각을 밖으로 드러내지 않고 참는다는 뜻으로 '분노를 누르다, 욕망을 누르다, 화를 누르지 못하고 소리를 질렀다'와 같이 사용할 수 있다. 따라서 (14가)에서는 인신공격에 가까운 말을 함으로써 듣는 사람의 기분이나 감정을 상하게 한다는 뜻으로 쓴 것이므로 '기분을 누르다'는 적절한 표현이 아니다. 반면에 근심, 슬픔, 노여움 같은 것으로 마음을 언짢게 한다고 할 때는 (14나, 다)와 같이 '기분/감정을 상하게 하다' 또는 '기분 나쁘게 하다'로 표현하는 것이 자연스럽다.

(15) 가. 저는 다방면에서 우수한 성적을 따왔습니다.
    나. 저는 다방면에서 우수한 성적을 받아 왔습니다.
    다. 저는 다방면에서 우수한 성적을 거둬 왔습니다.

'따다'는 점수나 자격 같은 것을 얻는다는 뜻으로 '학점을 따다, 박사 학위를 따다,

운전면허를 따다, 두 점만 더 따면 우리 팀이 이긴다.'와 같이 사용하는 반면에 '성적을 따다'라는 표현은 사용하지 않는다. '성적'은 '받다'나 '거두다'와 함께 사용할 수 있는데, 특히 '거두다'는 '좋은 결과나 성과를 얻다'는 뜻으로 '승리를 거두다, 성공을 거두다. 뛰어난 성적을 거두다'와 같이 쓸 수 있으므로 (15)의 '우수한 성적'이라는 표현과 잘 어울린다고 할 수 있다.

(16) 가. 맡은 책임이 있으면 최선하여 완성해야 된다고 생각합니다.
　　　나. 맡은 임무가 있으면 최선을 다하여 이루도록 노력해야 된다고 생각합니다.
　　　다. 책임을 맡았으면 최선을 다하여 완수해야 된다고 생각합니다.

'최선(最善)'은 '온 정성과 힘'이라는 뜻으로 뒤에 (16나, 다)와 같이 '다하다'나 '기울이다'와 연결해서 사용하는 것이 자연스럽다. 그리고 '완성(完成)하다'는 완전히 다 이룬다는 뜻이지만 '책임을/임무를 완성하다'보다는 뜻한 바를 완전히 이루거나 다 해낸다는 뜻의 '완수(完遂)하다'와 연결해서 '책임을/임무를 완수하다'와 같이 쓰는 것이 더 적절하다.

⑤ 단어 선택 문제
　　단어 선택 문제에서 가장 중점을 둬야 할 부분은 유의어의 사용이다. 의미가 비슷한 어휘들은 어휘 확장을 하는 데에 많이 이용되고 있는데, 유의어가 모든 상황에서 대체되는 것은 아니므로 각 유의어 간의 차이점도 명확하게 제시하여야 한다. 또한 한국어에는 고유어와 한자어 간의 유의어 및 높임말에 의한 유의어가 발달해 있기 때문에 그 차이점을 분명히 지도하여야 할 것이다.

(17) 가. 서울대는 저의 꿈을 실현하기에 적합한 장소입니다.
　　　나. 서울대는 저의 꿈을 실현하기에 적합한 곳입니다.

'장소(場所)'는 지리적인 대상 가운데서도 사람이 그 위에서 어떤 일을 할 수 있는 일정한 넓이를 가지는 공간을 가리키는 말이다. '장소'는 순수한 위치로서의 점(點)을 가리킬 수 없으며, 어떤 일이나 대상에서 문제가 되는 어떤 부분을 가리킬 수 없다.

그러나 '곳'은 평면적이나 입체적인 대상에서 일정한 위치를 가리키는 것을 기본 의미로 하며, 공간적인 또는 추상적인 일정한 자리나 지역을 의미한다. '위험한 곳/장소에는 가지 마세요.'와 같이 지리적인 대상의 어떤 위치를 가리키는 경우, '장소'와 유사한 뜻을 가지게 된다. '바다의 한류와 난류가 만나는 곳/장소'처럼 '장소'보다 적용 범위가 넓어서 지리적 위치가 아닌 대상에도 쓰일 수 있으며, "내 주장에는 잘못된 곳이/*장소가 없다."와 같이 어떤 일이나 대상에서 문제가 되는 부분을 가리킬 수 있다. 그리고 '곳에 따라'와 같은 특별한 쓰임을 제외하고는 의존명사로 쓰인다.

따라서 (17)에서는 단순히 '꿈을 실현하기에 적합한' 지리적인 자리를 뜻하는 것이 아니라 공간적이고 추상적인 지역을 의미하는 것이므로 '장소'보다는 '곳'을 사용하는 것이 적절하다.

(18) 가. 사범대학에서는 특수적인 교육 방법을 습득하였습니다.
    나. 저는 의외적인 일에 부딪치면 자제력이 부족해집니다.
    다. 여러 교사들이 봉사적으로 많은 이론을 가르쳤다.

(18가-다)는 모두 접미사 '-적(的)'을 잘못 사용하여 나타난 오류이다. 접미사 '-적'은 일부 한자어 명사 뒤에 붙어서 '그 성격을 띠는', '그에 관계된', '그 상태로 된'의 뜻을 더해 준다. 그러나 모든 한자어 명사 뒤에 붙여 쓸 수 있는 것이 아니므로 쓸 수 있는 경우와 쓸 수 없는 경우를 가려서 지도해야 할 것이다.

(19) 가. 경제적/교육적/국가적/문화적/비교적/사교적/사회적/세계적/여성적/의무적/일상적/일반적/전국적/정치적······ (○)
    나. 고급적/기분적/보통적/봉사적/시설적/의문적······ (×)

(18) 가'. 사범대학에서는 특수한 교육 방법을 습득하였습니다.
    나'. 저는 뜻밖의 일에 부딪치면 자제력이 부족해집니다.
    나". 저는 예상하지 못한 일에 부딪치면 자제력이 부족해집니다.
    다'. 여러 교사들이 열성적으로 많은 이론을 가르쳤다.

(18가)의 '특수적인'은 (18가)의 '특수한'으로, (18나)의 '의외적인'은 (18나, 나')의 '뜻밖의'나 '예상하지 못한'으로, (18다)의 '봉사적으로'는 (18다')의 '열성적으로'와 같이 바꿔서 표현할 수 있다.

(20) 가. 어느 사회에서나 아름다운 외모를 가진 사람을 추구하는 것은 인간의 자연스러운 본능이라고 볼 수 있다.
　　　나. 어느 사회에서나 아름다운 외모를 추구하는 것은 인간의 자연스러운 본능이라고 볼 수 있다.
　　　다. 어느 사회에서나 아름다운 외모를 가진 사람을 선호하는 것은 인간의 자연스러운 본능이라고 볼 수 있다.

'추구(追求)하다'는 목적을 이룰 때까지 뒤쫓아 구한다는 뜻인데, 이것은 선행하는 표현으로 사람이나 동물과 같은 명사는 쓰지 않고 주로 '이윤, 행복, 영리'와 같은 표현을 사용한다. 예컨대 '이윤 추구/행복의 추구', "기업은 영리 추구를 목적으로 한다."처럼 쓴다.

인간이 아름다운 외모를 갖기 위해서 노력하는 것은 자연스러운 본능이라는 뜻으로 (20나)와 같이 '외모를 추구하다'라는 표현을 쓸 수 있고, 아름다운 외모를 가진 사람을 더 좋아하는 것은 인간의 자연스러운 본능이라는 뜻으로 (20다)에서는 '선호하다'라는 단어와 연결하여 표현하였다.

7. 결론

지금까지 한국어 문법에 관한 이야기를 다소 장황하게 하였다. 하지만 그러한 장황함에도 불구하고 본서에서 다룬 한국어 문법의 내용은 한국어 문법을 전부 다룬 것도 아니며, 완벽하게 다룬 것도 아니다. 어찌 보면 외국어로서의 한국어 문법에 관한 논의는 그 자체가 가지고 있는 속성상 전부라든가 완벽이라는 것과는 거리를 둘 수밖에 없는 것이라고 하겠다. 학습자에 따라, 학습 여건과 학습 동기에 따라 그 내용을 달리하고, 그 교수 방법을 달리하여야 하는 것이 한국어 문법이기 때문이다.

본서에서 일관되게 취하고자 하였던 태도는 하나의 한국어 문법이 한국어를 배우는 학습자가 이미 습득하여 가지고 있는 언어의 문법에 따라 학습에 필요한 내용과 그에 따른 교수 방법에 차이를 두는 다른 모습을 가져야 한다는 것이었다. 가능한 모든 한국어 학습자를 대상으로 삼는 것은 거의 불가능한 것이며, 그럴 필요도 없는 것이라는 점에서 본서에서는 현실적인 한국어 교육 현장을 염두에 두고 기술하였다. 학습자의 모국어가 영어나 일본어 그리고 중국어인 경우를 상정한 것이 그것이다. 그런 점에서 본다면 본서의 기술 내용은 그리 넉넉한 것이라고 하기는 어렵다고 하겠다. 최근 들어 늘어나고 있는 베트남, 태국, 말레이시아, 인도, 중앙아시아와 러시아 그리고 아랍권의 한국어 학습자들을 기억할 때에 그들에 대한 배려가 충분하였다고는 하기 힘들기 때문이다. 어찌 보면 본서의 내용은 제한적인 것이며 그리하여 제안적인 것이라고 할 수 있다는 것이다.

하지만 그들 언어를 모국어로 하는 한국어 학습자들의 경우 상당수의 학습자들이 영어를 모국어로 하고 있지는 않으나 영어를 학습한 경험을 가지고 있다는 점에서 본서에서 취한 일차적인 태도는 어느 정도 용서를 받을 수 있으리라 생각한다. 이는 본서의 기술 태도와 내용이 한국어 교육 현장에서 그만큼 많은 효용성과 적용 가능성을 가지고 있음을 뜻한다.

현실적인 한국어 교육의 현장의 상황은 한국어를 가르치는 교사가 한국어 문법에 대한 정확한 정보를 가지고 있지 못한 경우가 많을 뿐만 아니라 한국어 문법에 관한 정보를 가지고 있다고 하더라도 그를 효과적으로 전달하는 방법을 잘 모르는 경우가 많으며, 한국인을 위한 문법 교육의 내용을 별다른 고민 없이 외국인들에게 그대로 가르치고 있다는 점을 부인하기는 어려운 형편이라고 할 수 있다. 효과적인 한국어 문법 교육에 지장을 주는 경우가 많았던 셈이다.

본서는 외국어로서의 한국어 교육 현장에서 현장의 교사들이 한국어 문법을 가르치는 과정에서 다루어야 할 내용과 문제가 될 수 있는 내용들을 될 수 있는 한 다양하게 다루어 보고자 하였다. 한국어의 문법적인 배경이 다소 부족한 경우의 교사들에게는 더욱 유용한 내용들이 되리라고 생각한다. 하지만 한국어 교육적인 태도를 취하였기 때문에 외국인들에게 한국어를 가르치는 과정에서 그리 큰 비중이나 어려움을 가지지 않는 문법 부분에 대해서는 일반적인 국어 문법서들로 그 역할을 미루도록 하였다. 한국어를 가르치는 데에 깊이 다룰 필요가 없는 부분에 대해서는 소개를 하는 정도로 다루었으며, 한국인이라면 지극히 당연한 것으로 생각하여 특별한 설명이 필요가 없는 내용이라고 하더라도 외국인들의 이해를 구하기 어려운 부분이나 설명이 필요한 부분에 대해서는 보다 많은 서술을 하고자 하였다. 이는 한국어에서는 문법적인 방법을 통하여 표현하는 데에 비하여 외국어에서는 어휘 등의 다른 표현 장치를 취하는 경우와, 그와는 반대로 한국어에서는 어휘나 그 밖의 표현 방식을 취하는 데에 비하여 다른 외국어에서는 문법적인 방법을 취하여 표현하는 경우까지도 염두에 두고 기술하였음을 의미한다.

먼저 제2장 '문법 교육 방법과 문법 수업 활동 유형' 에서는 문법 교육의 다양한 이론적인 면들을 소개하고, 그들을 활용한 수업 활동의 유형도 제시하였다. 유의할 것은 그들 이론과 활동 유형이 각각 별개의 것이 아니라는 점이다. 다루는 문법 사항에 따라, 학습자의 수준에 따라, 주어진 수업 환경과 여건에 따라 동일한 내용을 다루더라도 교수 방법이 달라질 수 있으며, 하나의 강의 시간 동안에도 다양한 교수 방법이 선택될 수 있는 것이기 때문이다.

제3장 '듣기와 말하기에서의 문법 교육'과 제4장 '읽기와 쓰기에서의 문법 교육'에서는 구어와 문어에만 나타나는 문법 현상들로서, 기능 중심의 한국어 교육을 행할 경우에 유의하여야 할 문법적인 내용들을 살펴보았다. 일반적인 문법서에서는 그다지 중요하게 다루지 않는 내용들이나 한국어 교육 현장에서는 의미 있는 내용이 될 것이다. 한국어 학습자들이 한국어를 익혀가는 동안에 궁금하게 여길 만한 내용들로서, 그들의 갈증을 해소하여 주기 위해서 교사가 알고 있어야 할 내용이라 하겠다.

제5장 '문법 교육의 내용'에서는 '언어와 문법', '단어', '문장' 그리고 '문법범주'를 다루었다. 일반적인 문법서에서 다루고 있는 주제라고 할 것이나, 기본적인 기술 태도와 그에 따른 내용은 일반 문법서와 사뭇 다르다고 할 수 있다. 앞서 총론에서도 이야기한 바 있듯이 한국어 교육 현장에서 필요한 문법, 학습자를 염두에 둔 문법 기술이라는 점에서 그렇다. 한국 학생들에 대한 문법 교육에서 중요하게 다루었던 내용들이 가볍게 처리되는 경우가 있는가 하면, 한국 학생들에게는 지극히 당연 것으로 여겨져 별다른 언급 없이 다루었던 주제들이 비중 있게 다루어지는 경우가 있었다. 한국어가 가지고 있는 특별한 문법 현상인 듯이 여겨져 왔던 문법범주를 언어 일반적인 원리로 이해하고자 하였다든가 언어 보편적인 원리를 가지고 있는 것으로 간주되어 왔던 문법범주에 대하여 한국어만의 특성으로 이해하기도 하였다. 아울러 다른 외국어에서 일정한 문법범주를 형성하고 있는 내용이 한국어의 문법범주에는 들지 않는 경우 그를 나타내는 어휘적인 표현으로 대체되기도 한다는 점을 지적한 것도, 작지만 자연스러운 그리하여 언어 보편적인 한국어 문법을 제시하고자 한 우리의 의도를 드러낸 것이라 하겠다.

제6장에서는 '문법 교육 설계와 교수안의 실례'를 다루었다. 초급과 중급 그리고 고급 단계에서의 문법 교육의 교수 방안의 사례를 소개한 것이다. 이 역시 모범 답안은 아니다. 경우에 따라, 내용에 따라 얼마든지 다른 방식으로 다룰 수 있을 것이다. 동일한 문법 내용이라고 하더라도 학습자의 모국어에 따라, 학습자의 수준에 따라, 다루는 방법은 달라질 수 있는 것이기 때문이다.

그동안의 한국어 문법 교육이 만족스럽지 못하였던 주된 원인이 기존 문법서의 내용을 별다른 고민 없이 학습자들에게 전달하고자 하는 데에 있었다면, 본서는 그러한 기존의 문법 교육 방법을 탈피하여 학습자들을 고려한 문법 교육의 내용을 구성하고, 교수 방안을 생각하여 보고자 하였다는 점에서 차이가 있다고 할 수 있을 것이다. 그러나 학습자를 염두에 둔 문법 교육의 구성이라는 점에서 본다면 본서의 내용은 극히 제한적인 것이라는 점을 부인하기 어렵다고 하겠다. 한국어를 공부하고자 하는 학습자들의 국적이 다변화하고 그에 따라 한국어 학습자의 모국어가 점차 다양하여지고 있다는 점에서 본다면, 본서의 내용은 이제 제안의 단계를 거치고 있는 것이라 하여도 지나친 표현은 아닐 것이다. 앞으로 보다 구체적인 각론이 제시되어 한국어 문법 교육이 보다 실질적인 내용으로 채워지기를 기대한다.

참고문헌

강승혜 외(2005), 『한국어 평가론』, 태학사.
강창석(1987), 「국어 경어법의 본질적 의미」, 『울산어문논집』 3, 울산대학교 국어국문학과.
강현화 외(2003), 『대조분석론 —한국어·스페인어 문형 대조를 바탕으로—』, 역락.
강현화(2001), 「한국어교육용 기초 한자어에 대한 기초 연구 —한국어 교재에 나타난 어휘를 바탕으로—」, 『한국어교육』12-2, 국제한국어교육학회.
강현화(2007), 「한국어 교재의 문형유형 분석 —문형 등급화를 위해—」, 『한국어교육』 18-1, 국제한국어교육학회.
강화진(2000), 「KFL 학습자들의 작문 오류 분석을 통한 효율적인 작문 지도」, 고려대학교 대학원 석사학위논문.
고석주 외(2004), 『한국어 학습자 말뭉치와 오류분석』, 한국문화사.
고영근(1986), 「능격성과 국어의 통사구조」, 『한글』 192.
고영근·구본관(2008), 『우리말 문법론』, 집문당.
고영근·남기심(공편)(1983), 『국어의 통사·의미론』, 탑출판사.
곽용주(1998), 「사동사의 수업 모형 연구」, 『한국어교육연구』 제1집, 서울대학교 사범대학 국어교육과.
구재희(2007), 「한국어 기본문형 교육 연구」, 이화여자대학교 대학원 박사학위논문.
국립국어원(2005가), 『외국인을 위한 한국어문법 1』, 커뮤니케이션북스.
국립국어원(2005나), 『외국인을 위한 한국어문법 2』, 커뮤니케이션북스.
권순희(1996), 「인식의 거리 이동을 통한 표현 효과 연구 —심리용언을 중심으로—」, 『국어교육학연구』 6집, 국어교육학회.
권순희(2006), 「한국어 문법 교육 방법과 수업 활동 유형」, 『한국초등국어교육』 31집, 한국초등국어교육학회.
권재일(1977), 「현대 한국어 동사구 내포문 연구」, 서울대학교 대학원 석사학위논문.
권재일(1985), 『국어의 복합문 구성 연구』, 집문당.
권재일(1992), 『한국어 통사론』, 민음사.
권재일(1994), 『한국어 문법의 연구』, 박이정.
권재일(1998), 『한국어 문법사』, 박이정.
권재일(2000), 「한국어 교육을 위한 표준 문법의 개발 방향」, 『새국어생활』 10-2, 국립국어연구원.
김계곤(1996), 『현대 한국어의 조어법 연구』, 박이정.

김광자(2000), 『교수학습방법의 이해』, 집문당.
김광해(2000), 「21세기의 문법」, 『새국어생활』 10-2, 국립국어연구원.
김광해(2002), 「한국어에서의 한국어 평가 ―한국어능력시험―」, 제4회 한국어교육 국제학술회의, 『한국어교육평가론』, 서울대학교 국어교육연구소.
김규철(1980), 「한자어 단어형성에 관한 연구」, 서울대학교 대학원 석사학위논문.
김동식(1980), 「현대 한국어 부정법의 연구」, 『국어연구』 42, 서울대학교 국어연구회.
김동식(1981), 「부정 아닌 부정」, 『언어』 6-2, 한국언어학회.
김동식(1990), 「부정법」, 서울대학교 국어연구회 편, 『국어연구 어디까지 왔나』.
김미옥(1994), 「한국어 학습에 나타난 오류 분석」, 『한국어교육』 제5권, 국제한국어교육학회.
김미옥(2000), 「외국어로서의 한국어 학습에 있어서 과제 종류 및 유형에 따른 상호작용 연구」, 연세대학교 대학원 박사학위논문.
김미옥(2001), 「맞춤법 오류에 관한 연구 ―재미교포를 중심으로」, 『외국어로서의 한국어교육』 제25·26집, 연세대학교 한국어학당.
김미옥(2002), 「학습 단계에 따른 한국어 학습자 오류의 통계적 분석」, 『외국어로서의 한국어교육』 제27집, 연세대학교 언어연구교육원 한국어학당.
김미형(1995), 『한국어 대명사』, 한신문화사.
김민애(2002), 「말레이시아 한국어 학습자의 오류 분석 ― '은/는, 이/가' 의 사용 오류를 중심으로―」, 『국제한국어교육학회 제12차 국제학술대회 발표논문집』.
김상수(2003), 「외국어로서의 한국어 교육을 위한 조사 '이/가' 와 '은/는' 에 관한 연구」, 부산외국어대학교 대학원 석사학위논문.
김석득(1987), 「시킴(사동)법과 입음(피동)법」, 『국어생활』 8, 국어연구소.
김수정(2000), 「외국인을 위한 한국어 교육의 오류 연구에 대한 재고」, 『제34회 어학연구회 발표논문집』, 서울대학교 어학연구소.
김수정(2004), 『한국어 문법 교육을 위한 연결어미 연구』, 한국문화사.
김승곤(1994), 『한국어의 토씨와 씨끝』, 서광학술자료사.
김영란(1999), 「한국어 금지 표현의 교수 방법」, 『한국어교육』 10-2, 국제한국어교육학회.
김영숙 외(1999), 『영어과 교육론 ―이론과 실제―』, 한국문화사.
김영아(1990), 「재중 교포들의 한국어 학습시 나타나는 오류 분석」, 『이중언어학』 7, 이중언어학회.
김영주(2007), 「고급한국어 작문수업을 이용한 담화중심 문법 교육: 동사어미 오류를 중심으로」, 『이중언어학』 33, 이중언어학회.
김유미(2000), 「학습자 말뭉치를 이용한 한국어 학습자 오류 분석 연구」, 연세대학교 교육대학원 석사학위논문.
김유미(2004), 「한국어 교육에서의 패턴 문법」, 『국제한국어교육학회 2004년 추계학술대회 발표논문집』.
김유미(2005), 「한국어 교육에서 자동 문형 검사기 설계를 위한 문형 추출」, 경희대학교 대학원 박사학위논문.

김유정(1997), 「외국어로서의 한국어 문법 교육: 문법 교육의 위치·교육 원리에 관하여」, 『한국어학』 6, 한국어학회.
김유정(1998), 「외국어로서의 한국어 문법 교육 ―문법 항목 선정과 단계화를 중심으로―」, 『한국어교육』 9-1, 국제한국어교육학회.
김이진(2004), 「외국어로서의 한국어 학습자의 조사 사용 오류 연구」, 한국외국어대학교 대학원 석사학위논문.
김일병(2005), 「한국어 문법 교육의 실태와 발전 방향 ―한국어 핵심 문법―」, 『한국어교육』 16-2, 국제한국어교육학회.
김재욱(2001), 「범주 확장망 모형을 통한 한국어 교육 ―인칭 접미사 '-이'를 중심으로―」, 『한국어교육』 12-1, 국제한국어교육학회.
김재욱(2002), 「한국어 교육에서의 격조사 교육」, 박영순 외, 『21세기 한국어교육학의 현황과 과제』, 한국문화사.
김재욱(2003), 「외국어로서의 한국어 문법 교육 ―한국어 교육 문법의 제시 원리와 체계를 중심으로―」, 『이중언어학』 22, 이중언어학회.
김정(1998), 「보조사 까지, 조차, 마저 의 한일 대조 연구 ―효율적인 한국어 교육을 위하여―」, 고려대학교 교육대학원 석사학위논문.
김정남(2006), 「한국어 학습자의 오류 유형에 대한 연구 ―시제 및 연결어미 표현을 중심으로―」, 『이중언어학』 32, 이중언어학회.
김정남(2007), 「동일 어미 반복 구문의 통사와 의미 ―한국어 문법, 어휘 연계 교육에 대한 제안―」, 『이중언어학』 34, 이중언어학회.
김정수(1996), 「높임법의 등분」, 『말』 21, 연세대학교 한국어학당.
김정숙 외(2002), 『한국어 표준 문법』, 국립국어연구원.
김정숙(1989), 「일본인의 한국어 학습 시 나타나는 오류 분석」, 『어문논집』 28, 고려대학교 국어국문학연구회.
김정숙·남기춘(2002), 「영어권 한국어 학습자의 조사 사용 오류 분석과 교육 방법 ― '이/가'와 '은/는'을 중심으로―」, 『한국어교육』 13-1, 국제한국어교육학회.
김정은(2001), 『국어 단어형성법 연구』, 박이정.
김정은(2003), 「한국어 교육에서의 중간언어와 오류 분석」, 『한국어 교육』 14-1, 국제한국어교육학회.
김정은(2004), 「일본어권 학습자의 조사 오용 양상」, 『한국어교육』 15-1, 국제한국어교육학회.
김정은·이소영(2001), 「제2언어로서의 한국어 표준 문법 ―조사, 어미, 관용표현을 중심으로―」, 『이중언어학』 19, 이중언어학회
김정은·이소영(2004), 「중간언어 관점에서 한국어 학습자의 조사 오류 연구― '을/를, 이/가, 에, 에서'를 중심으로―」, 『이중언어학』 24, 이중언어학회.
김정희(1999), 「외국인을 대상으로 한 한국어 대우법 이해 능력 조사 연구」, 이화여자대학교 대학원 석사학위논문.
김제열(2001가), 「한국어 교재의 문법 기술 방법 연구」, 『외국어로서의 한국어교육』 25·26, 연세

대학교 한국어학당.

김제열(2001나), 「한국어 교육에서 기초 문법 항목의 선정과 배열 연구」, 『한국어교육』 12-1, 국제한국어교육학회.

김제열(2003), 「한국어 교육에서 시간표현 요소의 문법적 기술 방법 연구」, 『한국어 교육』 14-1, 국제한국어교육학회.

김제열(2007), 「고급 한국어 문법 교수요목의 개발 방안」, 『외국어로서의 한국어 문법: 내용학 및 방법론』, 국제한국어교육학회 2007년 춘계학술대회.

김주연(2001), 「오류분석을 통한 한국어 능력 향상을 위한 제언 —일본어권 학습자들의 작문에 나타난 오류를 중심으로—」, 『제11차 국제학술회의 발표논문집』 —언어권별 한국어교육—』, 국제한국어교육학회.

김중섭(2002), 「한국어 학습자의 연결어미 오류 양상에 관한 연구」, 『한국어교육』 13-2, 국제한국어교육학회.

김지홍 뒤침(2002가), 『듣기(Listening) —옥스퍼드 언어 교육 지침서』, 범문사.

김지홍 뒤침(2002나), 『말하기(Speaking) —옥스퍼드 언어 교육 지침서』, 범문사.

김지홍 뒤침(2002다), 『문법(Grammar) —옥스퍼드 언어 교육 지침서』, 범문사.

김지홍 뒤침(2002라), 『쓰기(Writing) —옥스퍼드 언어 교육 지침서』, 범문사.

김지홍 뒤침(2002마), 『읽기(Reading) —옥스퍼드 언어 교육 지침서』, 범문사.

김창섭(1981), 「현대 한국어의 복합동사 연구」, 서울대학교 대학원 석사학위논문.

김창섭(1996), 『국어의 단어형성과 단어구조 연구』, 태학사.

김창섭(2001), 「합성어」, 『새국어생활』 11-1, 국립국어연구원.

김청자(2000), 「한국어 쓰기에 나타난 오류 분석 —고급반 작문에 나타난 오류를 중심으로—」, 『한국어교육연구』 3, 서울대학교 사범대학.

김청자(2001), 「부사적 기능을 하는 부정극어의 의미 고찰」, 『한국어교육연구』 제4집, 서울대학교 사범대학 국어교육과.

김하수 외 8인(2007), 『한국어 교육을 위한 한국어 연어 사전』, 커뮤니케이션북스.

김하수(1998), 「한국어능력시험에서의 평가 기준과 향후 작업 문제」, 『제9회 국제한국어교육학회 발표논문집』.

김희선(2003), 「한국어교육에서의 사동문 연구 —일본인 중급 학습자를 중심으로—」, 고려대학교 교육대학원 석사학위논문.

남기심 외(2002), 『외국인을 위한 한국어 교육의 방법과 실제』, 한국방송통신대학교출판부.

남기심(2007), 「외국어로서의 한국어 문법이 나아갈 방향」, 『외국어로서의 한국어 문법: 내용학 및 방법론』, 국제한국어교육학회 2007년 춘계학술대회.

남기심·고영근(1993), 『표준국어문법론』(개정판), 탑출판사.

남수경·채숙희(2004), 「한국어 학습자의 연결어미 사용연구」, 『한국어교육』 15-1, 국제한국어교육학회.

남윤진(1997), 「현대 한국어 조사에 대한 계량언어학적 연구」, 서울대학교 대학원 박사학위논문.

노대규(1969), 「외국어로서의 한국어 교수에 있어서 연습유형에 대한 연구」, 연세대학교 대학원 석사학위논문.
노대규(1996), 『한국어의 입말과 글말』, 국학자료원.
노마 히데키[野間秀樹](1996), 「현대 한국어의 대우법 체계」, 『말』 21, 연세대학교 한국어학당.
노마 히데키[野間秀樹](2002가), 「한국어 문법 교육의 새로운 전개를 위하여-특히 일본어 모어화자를 위하여-」, 『외국어로서의 한국어교육』 제27집, 연세대학교 한국어학당.
노마 히데키[野間秀樹](2002나), 『한국의 어휘와 문법의 상관구조』. 태학사.
노명희(1998), 「현대 한국어 한자어의 단어구조 연구」, 서울대학교 대학원 박사학위논문.
노재은(2001), 「중국어 모어 학습자를 위한 한국어 시간표현 교육 연구」, 경희대학교 교육대학원 석사학위논문.
노재은(2002), 「한국어와 중국어의 문장 구조 비교를 통한 한국어 교육 연구 -어순과 동사 활용, 조사 비교를 중심으로」, 『국제한국어교육학회 제12차 국제학술대회 발표논문집』.
노지니(2004), 「한국어 교육을 위한 추측의 통어적 문법소 연구」, 서울대학교 대학원 석사학위논문.
문금현(2004), 「한국어 유의어의 의미 변별과 교육 방안」, 『한국어교육』 15-3, 국제한국어교육학회.
민자(2001), 「오류 분석을 통한 효율적인 한국어 지도 방안 연구」, 서울대학교 대학원 석사학위논문.
민현식 외(2005), 『한국어 교육론 2』, 한국문화사.
민현식(1998), 「의존명사」, 서태룡 외 공편, 『문법 연구와 자료』(이익섭선생회갑기념논총), 태학사.
민현식(1999), 『국어문법 연구』, 태학사.
민현식(2000), 「제2 언어로서의 한국어 문법 교육의 현황과 과제」, 『새국어생활』 10-2, 국립국어연구원.
민현식(2003), 「국어 문법과 한국어 문법의 상관성」, 『한국어교육』 14-2, 국제한국어교육학회.
민현식(2004), 「한국어 표준교육과정 기술 방안」, 『한국어교육』 15-1, 국제한국어교육학회.
민현식(2005), 「문법 교육의 표준화와 다양화의 과제」, 『국어교육연구』 16, 서울대학교 국어교육연구소.
박경자 외(1994), 『언어 교수학』, 삼중문화사.
박기덕 외 13인(2003), 『(한국어 교육을 위한) 한국어 문법론』, 한국문화사.
박덕유(2002), 『문법 교육의 탐구』, 한국문화사.
박동호(2007), 「한국어 문법의 체계와 교육내용 구축 방안」, 『이중언어학』 34, 이중언어학회.
박미영·이소영·이현진(1999), 「학습자 오류를 기반으로 한 문법 평가 문항 개발 연구」, 『한국어교육』 10-1, 국제한국어교육학회.
박선혜(2004), 「오류 분석을 통한 한국어 시제 및 상 교육 방안 연구」, 부경대학교 교육대학원 석사학위논문.
박선희(2001), 「한국어 '-더라'의 교수 방안」, 『이화어문논집』 19. 이화어문학회.
박영목·이인제·남미영(1991), 『교육의 본질 추구를 위한 국어 교육 평가 체제 연구(II)』, 한국교육개발원.
박영순 외(2002), 『21세기 한국어교육학의 현황과 과제』, 한국문화사.

박영순(1998), 『한국어 문법 교육론』, 박이정.
박영순(2001), 『외국어로서의 한국어 교육론』, 월인.
박영순(2004), 『외국어로서의 한국어 교육론』(개정판), 월인.
박영순(2005), 「문법 교육의 방향」, 『국어교육연구』 16, 서울대학교 국어교육연구소.
박재연(1998), 「현대국어 반말체 종결어미 연구」, 『국어연구』 152, 서울대학교 국어연구회.
박재연(2007), 『한국어 양태어미 연구』, 태학사.
박재희(1998), 「한국어 문법 교수에 관한 연구 ―회화 교재의 문법 항목을 중심으로―」, 이화여자대학교 대학원 석사학위논문.
박지영(2001), 「일본어권 한국어 학습자의 쓰기 오류에 대한 연구 ―중급 학습자의 오류를 중심으로―」, 서울대학교 언어 교육원 학술연구논문.
박지영(2002), 「중급 과정 한국어 문법 교수 모형」, 서울대학교 언어 교육원 학술연구논문.
박창원 외(2003), 『남북의 언어와 한국어 교육』, 태학사.
박창원(2002), 「외국인을 위한 한국어 문법에 대한 제언」, 『국제한국어교육학회 2002년 추계학술대회 발표논문집』.
박혜경·권순희(2006), 「TV 시사토론프로그램 참여자의 연령별 대우법 사용 양상」, 『국어교육학연구』 25, 국어교육학회
박효영(2000), 「외국인을 위한 한국어 교재의 높임법 연구」, 신라대학교 대학원 석사학위논문.
박희영(1999가), 「'-모양입니다' 의 지도」, 『한국어교육연구』 2, 서울대학교 사범대학 국어교육과.
박희영(1999나), 「"구어와 문어를 상호 보완하는 한국어" 문법 수업 모형」, 『한국어교육』 10-1, 국제한국어교육학회.
방성원(2002가), 「고급 단계 학습자를 위한 문법 교육 방안」, 『국제한국어교육학회 제12차 국제학술대회 발표논문집』.
방성원(2002나), 「한국어 교육용 문법 용어의 표준화 방안」, 『한국어교육』 13-1, 국제한국어교육학회.
방성원(2003), 「고급 교재의 문법 내용 구성 방안」, 『한국어교육』 14-2, 국제한국어교육학회.
방성원(2004), 「한국어 문법화 형태의 교육 방안 ― '-다고' 관련 형태의 문법 항목 설정과 배열을 중심으로―」, 『한국어교육』 15-1, 국제한국어교육학회.
배희임(1987), 「한국어 문형 분류 시론: 외국인의 한국어 학습을 위한 중급 교재를 중심으로」, 『어문논집』 27, 고려대학교.
배희임·강영(2001), 「외국인의 학습 과정을 고려한 '한국어문법 학습사전' 집필에 대한 연구」, 『이중언어학』 18, 한국이중언어학회.
백경선(1998), 「피동 '이/히/리/기' 의 지도」, 『한국어교육연구』 1, 서울대학교 사범대학 국어교육과.
백봉자 외(1999), 「초급과 중급 교재 교수 요목 개발」, 『한국어세계화 구축사업보고서』, 문화관광부 한국어세계화재단.
백봉자(1981), 「연결어미 '-느라고, -느라니까, -느라면' 의 의미와 기능」, 『말』 5, 연세대학교 한국어학당.
백봉자(1991), 「외국어로서의 한국어 문법」, 『동방학지』 71·72, 연세대학교 동방학연구소.

백봉자(1999), 『외국어로서의 한국어 문법 사전』, 연세대학교출판부.
백봉자(2001), 「외국어로서의 한국어 교육문법 ―피동/사동을 중심으로―」, 『한국어교육』 12-2, 국제한국어교육학회.
백봉자(2006), 『외국어로서의 한국어 문법 사전』(개정판), 도서출판 하우.
백승희(2004), 「한국어 학습자를 위한 고빈도 양태부사의 통사제약 연구」, 상명대학교 대학원 석사학위논문.
서상규 편(2003), 『한국어 교육과 학습 사전』, 한국문화사.
서상준(1996), 『현대 한국어의 상대높임법』, 전남대출판부.
서울대학교 국어연구회 편(1990), 『국어연구 어디까지 왔나』, 동아출판사.
서울대학교 언어교육원(2003), 『한국어 2』, (주)문진미디어.
서울대학교 언어교육원(2005), 『한국어 3 Practice Book』, (주)문진미디어.
서정수(1984), 『존대법의 연구』, 한신문화사.
서정수(1992가), 『국어문법의 연구Ⅰ』, 한국문화사.
서정수(1992나), 『국어문법의 연구Ⅱ』, 한국문화사.
서정수(1995), 『국어 문법』(수정증보판), 한양대학교출판원.
서정수(1996), 『현대 한국어 문법 연구의 개관』(개정판), 한국문화사.
서정수(2002), 「외국어로서의 한국어교육을 위한 새 문법 체계」, 『외국어로서의 한국어교육』 27, 연세대학교 한국어학당.
서종학(1985), 「현대 한국어 경어법에 대한 일고찰」, 『울산어문논집』 2.
서종학·이미향(2007), 『한국어 교재론』, 태학사.
서태룡 외(1998), 『문법 연구와 자료』(이익섭선생 회갑기념논총), 태학사.
서혁(1992), 「한국어 학습자의 오류와 교재 구성의 방향」, 『선청어문』 20, 서울대학교 사범대학 국어교육과.
서희정(2006), 「한국어 학습자를 위한 접두파생어에 대한 연구 ―고유어 접두사를 중심으로―」, 『이중언어학』 30, 이중언어학회.
석주연(2002), 「외국인 학습자를 위한 불규칙 용언 교육 방법에 대한 일고찰」, 『이중언어학』 20, 이중언어학회.
석주연(2005), 「한국어 교육에서의 문형 교육의 방향에 대한 일고찰」, 『한국어교육』 16-1, 국제한국어교육학회.
선우용(1994), 「국어 조사 '이/가', '을/를'에 대한 연구: 그 특수조사적 성격을 중심으로」, 서울대학교 대학원 석사학위논문.
선은희(2004), 「한국어 문법 교수 방안 연구」, 연세대학교 교육대학원 석사학위논문.
성광수(1999), 『격표현과 조사의 의미』, 월인.
성기철(1985), 『현대 한국어 대우법 연구』, 개문사.
성기철(1991), 「국어 경어법의 일반적 특징」, 『새국어생활』 1-3, 국립국어연구원.
성기철(1996), 「현대 한국어 대우법의 특성」, 『말』 21, 연세대학교 한국어학당.

성기철(1997), 「보조조사 '-까지, -조차, -마저'의 의미 특성」, 『한국어교육』 8-2, 국제한국어교육학회.
성기철(2002), 「외국어로서의 한국어 문법 교육」, 『국어교육』 107, 한국어교육학회(구 한국국어교육연구학회).
성상환(2005), 「독일어권 한국어 문법 교육의 모습」, 『국어교육연구』 16, 서울대학교 국어교육연구소.
성선월(2001), 「한국어의 조건 표현 어미의 교육에 관한 연구」, 서울대학교 대학원 석사학위논문.
성지연(2002), 「오류 분석을 통한 한국어 관형사형 어미 사용 연구」, 『외국어로서의 한국어 문법 교육』, 국제한국어교육학회 제18차 학술대회 발표논문집.
성지연(2006), 「初級 한국어 학습자의 語尾 使用 樣相」, 『어문연구』 132, 한국어문교육연구회.
성지연(2007), 「초급, 중급, 고급 과정에 나타나는 한국어 학습자의 어말 어미 사용 실태 연구」, 『이중언어학』 34, 이중언어학회.
송석중(1993), 『한국어 문법의 새 조명』, 지식산업사.
송주영(1998), 「용언의 관형사형 어미 '-ㄴ(은)'의 지도」, 『한국어교육연구』 1, 서울대학교 사범대학 국어교육과.
송철의(1992), 『국어의 파생어형성 연구』, 태학사.
송하석(1999), 「언어와 규칙 따르기―언어게임이론과 발화행위론 비판―」, 『철학연구』 45, 철학연구회.
송학성(2000), 「중국인을 위한 한국어 경어법 교육방법 연구」, 경희대학교 교육대학원 석사학위논문.
송현정(1999가), 「외국어로서의 한국어 조사 교육」, 부산대학교 대학원 석사학위논문
송현정(1999나), 「외국어로서의 한국어 문법 교재에 대한 분석적 고찰」, 『한국어교육연구』 2, 서울대학교 사범대학 국어교육과.
신나탈리아(2003), 「한국어 조사 사용의 오류 분석 및 지도 내용 연구 ―러시아어를 모어로 하는 한국어 학습자들을 대상으로―」, 서울대학교 대학원 석사학위논문.
신현숙(1998), 「한국어 어휘 교육과 의미 사전」, 『한국어교육』 9-2, 국제한국어교육학회.
신현숙(2004), 「국어 문법과 한국어 문법」, 『문법 교육학회 창립대회 자료집』, 문법 교육학회.
신현숙·오진숙(2000), 「고등학교 〈국어〉를 통해 본 학교문법」, 『한국어교육』 11-1, 국제한국어교육학회.
신희삼(1997), 「문법의 체계화와 지도 방안에 대한 어학적 고찰」, 『한국어교육』 12, 한국어문교육학회.
아오야마 히데외[青山秀夫](1969), 「현대 조선어의 경어법에 대하여」, 『천리대학학보』 61, 천리대학학술연구회.
안경화·양명희(2003), 「중간언어 의미 체계 정립을 위한 오류 분석의 실제」, 『어문연구』 31-2, 한국어문교육연구회.
안경화·양명희(2005), 「일본어권 한국어 학습자를 대상으로 한 조사 '의'의 교수 방안」, 『이중언어학』 29, 이중언어학회.
안경화·양명희(2005), 「일본어권 한국어 학습자를 대상으로 한 조사 '의'의 교수 방안」, 『이중언어학』 29, 이중언어학회.
안주호(2002), 「한국어 교육에서의 [원인] 연결어미에 대하여」, 『한국어교육』 13-2, 국제한국어교육학회.

안효경(2001), 『현대 한국어의 의존명사 연구』, 역락.
양경모(1993), 「일본어와 한국어의 상(相)에 대한 대조 연구」, 서울대학교 대학원 박사학위논문.
양수향(2006), 「韓國語 學習者들의 連語 誤謬 연구」, 『어문연구』 130, 한국어문교육연구회.
연세대학교 한국어학당(2002), 『한국어 활용 연습 2』, 연세대학교출판부.
오경진(2002), 「연결어미 '-어다가'」, 『외국어로서의 한국어교육』 제27집, 연세대학교 한국어학당.
오미남(1998), 「추측의 '-겠' 과 '-(으)ㄹ 테니까' 에 대한 수업 모형 연구」, 『한국어교육연구』 1, 서울대학교 사범대학 국어교육과.
오수진(1998), 「외국어로서의 한국어 조사 교육」, 부산대학교 대학원 석사학위논문.
왕단[Wang Dan](2002), 「효과적인 한국어 문법 교육을 위한 교수법 개발 구상」, 『국제한국어교육학회 제12차 국제학술대회 발표논문집』.
왕단[Wang Dan](2005가), 「중국어권 학습자를 위한 한국어 형용사 기술과 교육 방안 연구」, 서울대학교 대학원 박사학위논문.
왕단[Wang Dan](2005나), 「중국어권 학습자를 위한 한국어 문법 교육의 현황과 개선 방안」, 『국어교육연구』 16, 서울대학교 국어교육연구소.
왕혜숙(1995), 「영어화자의 한국어작문에 나타난 어휘상 오류분석」, 『이중언어학』 12, 이중언어학회.
우인혜 외(2000), 『일본인을 위한 쉬운 한국어문법』, 한국문화사.
우인혜·라혜민(2000), 『Easy Korean Grammar』, 한국문화사.
우인혜·라혜민(2004), 『외국인도 쉬운 한국어 문법』, 한국문화사.
우형식(2003), 『학습 활동을 겸한 한국어 문법론』, 부산외국어대학교출판부.
유석훈(2000), 「학습자 말뭉치와 오류 분석: 외국어로서의 한국어 학습자의 경우」, 『한국어 교육과 정보화』, 제1회 한국어교육 국제워크숍 발표논문집.
유석훈·이미영(2001), 「외국어로서의 한국어 학습자의 오류 코딩 자료를 통해 살펴본 회피 전략」, 『한국어 교육』(미국한국어교사협회·국제한국어교육학회 대회 발표논문집), 미국한국어교사협회·국제한국어교육학회.
유제명(1998), 「쟁점 / 영어교육의 이데올로기: 의사소통 중심의 영어교육—듣기교육과 문법 교육—」, 『영미문학연구』 4, 영미문학연구회.
유타니 유키토시[油谷幸利](1978), 「現代韓國語의 動詞分類」, 『朝鮮學報』 87, 일본 천리대학..
유타니 유키토시[油谷幸利](1991), 「일본인이 본 한국어 경어법」, 『새국어생활』 1-3, 국립국어연구원.
유타니 유키토시[油谷幸利](2005), 「일본어권 문법 교육의 현황과 방향」, 『국어교육연구』 16, 서울대학교 국어교육연구소.
유현경·양수향·안예리(2007), 「영어권 중,고급 학습자를 위한 조사 '가' 와 '는' 의 교수 방안 연구—한영 병렬 말뭉치를 이용하여—」, 『이중언어학』 34, 이중언어학회.
윤여희(1999), 「'-았-, -었-, -였-' 의 지도」, 『한국어교육연구』 2, 서울대학교 사범대학 국어교육과.
윤정화(2006), 「'-더' 의미의 문화적 접근」, 『외국어로서의 한국어교육』 31, 연세대학교 한국어학당.
윤희원 외(1998), 「외국어로서의 한국어 교육을 위한 기본문형 선정 연구」, 문화관광부 한국어세계와 추진위원회.

은정인(1999), 「'V-(으)니(까)'의 지도」, 『한국어교육연구』 2, 서울대학교 사범대학 국어교육과.
이경화(1996), 「외국어로서의 한국어 교수-학습 방법 모색」, 『교육한글』 9, 한글학회.
이관규(1999), 『학교 문법론』, 월인.
이관규(2001), 「외국인을 위한 한국어 표준문법의 내용 체계」, 『우리어문연구』 17, 우리어문학회.
이남순(1988), 『국어의 부정격과 격표지 생략』, 탑출판사
이남순(1998), 『격과 격표지』, 월인.
이대규(1994) 「문법 수업 설계의 방법」, 『선청어문』 22, 서울대학교 사범대학 국어교육과.
이미혜(2002), 「한국어 문법 교육에서 '표현항목' 설정 연구」, 『한국어교육』 13-2, 국제한국어교육학회.
이미혜(2005), 『한국어 문법 항목 교육 연구』, 박이정.
이미혜(2007), 「한국어 문법 교수 방법론의 재고찰」, 『외국어로서의 한국어 문법: 내용학 및 방법론』, 국제한국어교육학회 2007년 춘계학술대회.
이민선(2004), 「기능에 기반을 둔 문법 항목 교수 방안 연구-초급 단계의 종결표현을 중심으로-」, 『외국어로서의 한국어교육』 29, 연세대학교 한국어학당.
이민아(2004), 「문법 지식을 활용한 한국어의 인과관계 연결 표현에 대한 지도 방안 연구」, 한양대학교 교육대학원 석사학위논문.
이상억(1998), 「외국인용 한국어 교재에 포함된 문법 사항의 비교 평가」, 『한국어 교육』 9-2, 국제한국어교육학회.
이상억(1999), 『국어의 사동·피동 구문 연구』, 집문당.
이수경(1996), 「일본어를 모어로 하는 한국어 학습자의 오용의 경향에 관하여 -특히 '조사, 접속어미, 보조용언, 시제와 상'을 중심으로-」, 『한국말교육』 제7권, 국제한국어교육학회.
이수경(1997), 「일본어를 모어로 하는 한국어 학습자의 '하고 있다'와 '해 있다'의 오류 분석」, 『한국어교육』 제8권, 국제한국어교육학회.
이숙(2005), 「한국어 문법 교육과 담화의미 분석」, 『한국어교육』 16-2, 국제한국어교육학회.
이순자(1994), 「문법의 연구 -영어 화자의 한국어 습득 과정에서 일어난 오류를 중심으로-」, 연세대학교 교육대학원 석사학위논문.
이승연·최은지(2007), 「한국어 학습자의 어휘적 연어 사용 연구」, 『이중언어학』 34, 이중언어학회.
이양혜(2005), 「외국어로서의 한국어 조사 '로' 교육」, 『이중언어학』 29, 이중언어학회.
이언경(2005), 「한국어 교육에서 청자대우법 연구: 사회적 관계를 중심으로」, 연세대학교 교육대학원 석사학위논문.
이연경(1999), 「한국어 수업 설계에 관한 연구」, 이화여자대학교 대학원 석사학위논문.
이영숙(2004), 「한국어 문법 교육의 실태와 효율적인 교육 방안 연구」, 『교육한글』 16·17, 한글학회.
이윤진(1999), 「'V-고-V', 'V-아/어/여서-V' 지도 방안」, 『한국어교육연구』 2, 서울대학교 사범대학 국어교육과.
이윤진(2003), 「한국어 학습자의 연결어미 사용 연구」, 이화여자대학교 교육대학원 석사학위논문.
이윤진·노지니(2003), 「한국어교육에서의 양태 표현 연구」, 『한국어 교육』 14-1, 국제한국어교육학회.

이은경(2000가), 『국어의 연결어미 연구』, 태학사.
이은경(2000나), 「한국어 학습자의 조사 사용에 나타난 오류 분석 —한국어 학습자의 작문을 중심으로—」, 연세대학교 대학원 석사학위논문.
이은희(2004), 「한국어 교재의 문법 기술 방식: 높임법을 중심으로」, 『이중언어학』 25, 이중언어학회.
이익섭(1994), 『사회언어학』, 민음사.
이익섭(2000), 『국어학개설』(개정판), 학연사.
이익섭(2005), 『한국어 문법』, 서울대학교출판부.
이익섭·이상억·채완(1997), 『한국의 언어』, 신구문화사
이익섭·임홍빈(1983), 『국어문법론』, 학연사.
이익섭·채완(1999), 『국어 문법론 강의』, 학연사.
이인선(2002), 「한국어 평가의 실태 —UBC초급반을 중심으로」, 『한국어 교육 평가론』, 제4회 한국어교육 국제학술회의 발표논문집, 서울대학교 국어교육연구소.
이재경(2003), 「한국어 학습자의 연결어미 오류 분석과 지도 방안」, 고려대학교 교육대학원 석사학위논문.
이정란(2004), 「한국어 학습자 언어에 나타난 '-어서'와 '-니까'의 변이 연구」, 이화여자대학교 대학원 석사학위논문.
이정민(1974), *Abstract Syntax and Korean with Reference to English*, 범한서적주식회사.
이정민(1981), 『한국어 경어 체계의 제문제, 한국인과 한국 문화』, 심설당.
이정택·기타무라다다시·전나영(2005), 「한, 일어 피동 범주 대조 및 일본어 사용자를 위한 한국어 피동 범주 교수, 학습 방법 연구」, 『국어교육』 116, 한국어교육학회(구 한국국어교육연구학회).
이정화(2002), 「한국어 표준 문법과 문법 사전의 개발」, 『외국어로서의 한국어 문법 교육』, 국제한국어교육학회 제18차 학술대회 발표논문집.
이정희(2003), 『한국어 학습자의 오류 연구』, 박이정
이종은(2005), 「구성주의를 적용한 한국어 문법 교육 방안」, 고려대학교 교육대학원 석사학위논문.
이주행(2000), 『한국어 문법의 이해』, 월인.
이주행(2003), 「한국어 문법 교수 —학습 방법에 대한 고찰」, 『어문연구』 31-2, 한국어문교육연구회.
이주행(2004), 「남한과 북한의 외국인을 위한 문법 교과서 비교 분석」, 『국어교육』 115, 한국어교육학회(구 한국국어교육연구학회).
이주행(2005), 「한국인과 중국 조선족의 문법 실현 양상」, 『한국어교육』 16-2, 국제한국어교육학회.
이지영(1991), 「한국어 대우 표현의 오류분석」, 상명대학교 대학원 석사학위논문.
이지영(1996), 「한국어 조사의 교수 모형」, 상명대학교 대학원 박사학위논문.
이지영(1997), 「한국어 조사 {-가/를}의 교수 모형」, 『교육한글』 10, 한글학회.
이지영(1998), 「한국어 연결 어미의 교수 모형 '-는데'」, 『한국어교육』 9-2, 국제한국어교육학회.
이지은(1998), 「'-V던 N, -V었(았)던 N'의 문형 학습 지도안」, 『한국어교육연구』 1, 서울대학교 사

범대학 국어교육과.

이철수 외(1999), 『문법 교육론』, 인하대학교출판부.

이춘근(2002), 『문법 교육론』, 이회문화사.

이해영 외(2004), 『한국어 학습자의 중간언어 연구』, 커뮤니케이션북스.

이해영(1998), 「문법 교수의 원리와 실제」, 『이중언어학』 15, 이중언어학회.

이해영(2001), 「한국어 교육문법의 구성 방안과 활용」, 『한국어교육연구』 4, 서울대학교 사범대학 국어교육과.

이해영(2003가), 「한국어 교육에서의 문법 교육」, 『국어교육』 111, 한국어교육학회.

이해영(2003나), 「한국어 학습자의 시제표현 문법 항목 발달패턴 연구 —구어 발화 자료 분석을 토대로」, 『이중언어학』 22, 이중언어학회.

이향아(1997), 「한국어 학습자를 위한 문장의 교수 모형」, 상명대학교 교육대학원 석사학위논문.

이현우(1995), 「현대 한국어의 명사구의 구조 연구」, 서울대학교 대학원 박사학위논문.

이현주(2005), 「외국어로서의 한국어 연결어미 교육 연구」, 강원대학교 교육대학원 석사학위논문.

이화여자대학교 언어교육원(1996), 『외국인을 위한 한국어 II』, 이화여자대학교출판부.

이화여자대학교 언어교육원(1999가), 『말이 트이는 한국어 II—Student book』, 이화여자대학교출판부.

이화여자대학교 언어교육원(1999나), 『말이 트이는 한국어 II—Workbook』, 이화여자대학교출판부.

이화여자대학교 언어교육원(2000가), 『말이 트이는 한국어 I』, 이화여자대학교출판부.

이화여자대학교 언어교육원(2000나), 『말이 트이는 한국어 III』, 이화여자대학교출판부.

이효상(2005), 「외국어로서의 한국어 교재와 문법 교육의 문제점」, 『국어교육연구』 16, 서울대학교 국어교육연구소.

이효정(2001), 「한국어 학습자 담화에 나타난 연결어미 연구」, 『한국어교육』 12-1, 국제한국어교육학회.

이효정(2004), 「한국어 교육을 위한 양태 표현 연구」, 상명대학교 대학원 박사학위논문.

이홍수(1999), 『영어교수·학습방법론』, 한국문화사.

이희경 외 6인(2002), 「한국어 성취도 평가 문항 개발 연구 —연세대학교 한국어학당의 사례를 중심으로」, 『외국어로서의 한국어교육』 27, 연세대학교 한국어학당.

이희자·이종희(1998), 「사전식 텍스트 분석적 국어 조사의 연구」, 한국문화사

이희자·이종희(1999), 「사전식 텍스트 분석적 국어 어미의 연구」, 한국문화사

이희자·이종희(2001), 『한국어 학습용 어미·조사 사전』, 한국문화사

임근석(2006), 「한국어 연어 연구」, 서울대학교 대학원 박사학위논문.

임동훈(1991), 「현대 한국어 형식명사 연구」, 서울대학교 대학원 석사학위논문

임동훈(1996), 「현대 한국어 경어법 어미 '-시-'에 대한 연구」, 서울대학교 대학원 박사학위논문.

임지룡·김영순(2000), 「한국어 교육을 위한 의존문법과 격문법의 적용 가능성」, 『어문학』 69, 한국어문학회.

임호빈 외(1997), 『외국인을 위한 한국어 문법』(신개정), 연세대학교출판부.

임호빈 외(2001가), 『Korean Grammar for International Leaners—Workbook』, 연세대학교출판부.

임호빈 외(2001나), 『Korean Grammar for International Leaners』, 연세대학교출판부.
임홍빈(1987), 「국어 부정문의 통사와 의미」, 『국어생활』 10.
임홍빈(1990), 「어휘적 대우와 대우법 체계의 문제」, 『강신항교수회갑기념 국어학논문집』.
임홍빈(2000), 「학교 문법, 표준 문법, 규범 문법의 개념과 정의」, 『새국어생활』 10-2, 국립국어연구원.
임홍빈(2002), 「한국어 연어의 개념과 그 통사·의미적 성격」, 『국어학』 39, 국어학회.
임홍빈·안명철·장소원·이은경(2001), 『바른 국어생활과 문법』, 한국방송통신대학교출판부.
임홍빈·이홍식 외(2002), 『한국어 구문 분석 방법론』, 한국문화사.
임홍빈·장소원(1995), 『국어 문법론 Ⅰ』, 한국방송통신대학교출판부.
장경희(1985), 『現代國語의 樣態範疇 硏究』, 서울: 塔出版社.
장광군(2001), 「중국 학생을 위한 한국어 문법 교육 방안의 초보적 구성」, 『외국어로서의 한국어 교육』 25·26, 연세대학교 언어연구교육원 한국어학당.
장미선(2005), 「한국어의 시제·상 형식의 교수 개선 방안」, 『한국어교육』 16-3, 국제한국어교육학회.
장석진(1993), 『정보기반 한국어 문법』, 한신문화사.
장소원(1986), 「문법기술에 있어서의 문어체 연구」, 서울대학교 대학원 석사학위논문.
장소원(2005), 「외국인 대상 한국어 문형교육의 실태와 문제점」, 『Korean 연구와 교육』 창간호, 이화여자대학교 한국어문학연구소.
전영아(2004), 「영어권 학습자의 한국어 관형사형 어미 오류 분석」, 한국외국어대학교 교육대학원 석사학위논문.
전은주(1994), 「한국어(L2) 학습시 나타나는 학습자의 모국어(L1) 영향 ―조사 교육을 중심으로―」, 『한국어교육』 5, 국제한국어교육학회
정연희(2001), 「'-니까'의 의미 확장과 외국어로서의 한국어 교수법에의 적용」, 『한국어문학연구』 13, 한국외대 한국어문학연구회.
정원돈(2001), 「논항구조와 한국어 교육」, 『한국어 교육』(미국한국어교사협회·국제한국어교육학회 대회 발표논문집), 미국한국어교사협회·국제한국어교육학회.
정원수(1992), 『국어의 단어형성론』, 한신문화사.
정지은(2004), 「한국어 초급 학습자를 위한 조사 학습 순서에 관한 연구」, 홍익대학교 교육대학원 석사학위논문.
조남민(2002), 「한국어 교육용 교재에 나타난 불규칙 용언에 관한 분석」, 『이중언어학』 20, 이중언어학회.
조남호·이은경·김정남·이선웅(2005), 『한국어 학습자용 말뭉치의 구축과 활용』, 태학사.
조명순(2005), 「한국어, 베트남어 대비를 통한 문법 교육」, 『국어교육연구』 16, 서울대학교 국어교육연구소.
조성문(2000), 「한국어 교육을 위한 문법적 특성에 대한 연구」, 『한민족문화연구』 7, 한민족문화학회.
조인정(2006), 「영어권 한국어 학습자의 주격과 목적격조사 대치 오류에 대한 비교언어학적 분석」, 『한국어교육』 17-3, 국제한국어교육학회.
조현용(2000), 『한국어 어휘 교육 연구』, 박이정.

조현용(2005), 『한국어 교육의 실제』, 유씨엘아이엔씨.
주신자(1998), 「영어와 한국어의 담화문법 대조 연구」, 『한국어교육』 9-1, 국제한국어교육학회.
주은경(2004), 「한국어 학습자의 조사 '에'의 용법별 습득 양상 연구」, 이화여자대학교 대학원 석사학위논문.
지현숙(2006), 「한국어 인터뷰 시험 담화에서 나타난 구어 문법적 오류 분석」, 『한국어교육』 17-3, 국제한국어교육학회.
진정란(2001), 「외국어로서의 한국어 문법 교육에 대하여」, 『한국어문학연구』 13, 한국외대 한국어문학연구회.
진정은(2005), 「외국어로서의 한국어 문법 기술을 위한 연구 ― '그러나, 그렇지만, 하지만, 그래도, 그럼에도 불구하고, 그런데'의 용법을 중심으로―」, 『외국어로서의 한국어교육』(구 『말』), 연세대학교 한국어학당.
차덕웅(1982), 「수동태에 관한 연구」, 경북대학교 대학원 석사학위논문.
채윤희(2001), 「영어권 화자의 한국어 대우 표현의 지도 방안에 관한 연구」, 중앙대학교 대학원 석사학위논문.
채준기 외(1991), 『현대영어교수법』, 형설출판사.
최권진(2005), 「동유럽 지역의 한국어 교육과 문법 교육」, 『국어교육연구』 16, 서울대학교 국어교육연구소.
최길시(1998), 『외국인을 위한 한국어 교육의 실제』, 태학사.
최우영(1997), 「외국어로서의 한국어 학습자의 오류에 관한 연구」, 이화여자대학교 대학원 석사학위논문.
최웅환(2003), 「외국어로서의 한국어 문법 ―학교 문법과의 비교를 중심으로―」, 『문학과언어』 25, 문학과언어학회.
최윤곤(2004), 「한국어 교육을 위한 구문표현 연구」, 동국대학교 대학원 박사학위논문.
최윤곤(2005), 「한국어 구문표현 설정에 대한 연구」, 『한국사상과문화』 29, 한국사상문화학회.
최은규(2005), 「외국어로서의 한국어 문법 연구 ―『외국인을 위한 한국어문법 1, 2』의 검토를 중심으로―」, 『국어교육연구』 16, 서울대학교 국어교육연구소.
최인실(2007), 「영어권 동포아동의 효율적 한글 맞춤법 학습을 위한 기초 연구-뉴질랜드에서의 조사를 중심으로-」, 『한국어교육』 18-1, 국제한국어교육학회.
최주희(1999), 「'A/V-더니, N-(이)더니, V-었(았, 였)더니'의 지도」, 『한국어교육연구』 2, 서울대학교 사범대학 국어교육과.
최해주(2003), 「한국어 보조용언 교육방안 연구 ―의미 교육을 중심으로―」, 경희대학교 교육대학원 석사학위논문.
최현배(1961), 『우리말본』(제3판), 정음문화사.
최형용(1997), 「형식명사·보조사·접미사의 상관관계」, 서울대학교 대학원 석사학위논문.
최호철 외(2001), 『한국어 문형 사전의 개발(2차년도) 최종 보고서』, 문화관광부 한국어세계화재단.
하세가와 유키코·이수경(2002), 「한일 한국어 교재의 문법 실러버스 비교 분석」, 『한국어 교육』

13-2, 국제한국어교육학회.
하수진(1999), 「외국인을 위한 한국어 문법 교육—어간, 어미 변동을 중심으로—」, 부산대학교 대학원 석사학위논문.
한국선교사자녀교육개발원 편(2006), 『함께 배우는 한국어 1』, 한국세계선교협의회.
한국어문화연수부(1999), 『한국어 회화』, 고려대학교 민족문화연구소.
한송화(2001), 「외국어로서의 한국어 교육에 있어서의 문법범주」, 『국어문법의 탐구 V』(남곡남기심교수 정년퇴임기념논문집), 태학사.
한송화(2002가), 「한국어 학습자의 오류 분석—전성어미에서의 오류—」, 『외국어로서의 한국어교육』 제27집, 연세대학교 한국어학당.
한송화(2002나), 「한국어의 명령 구문과 문법 교육」, 『국제한국어교육학회 제12차 국제학술대회 발표논문집』.
한송화(2003), 「기능과 문법요소의 연결을 통한 한국어 교육—명령 기능을 중심으로—」, 『한국어교육』 14-3, 국제한국어교육학회.
한송화(2006), 「외국어로서 한국어 문법에서의 새로운 문법 체계를 위하여—형식 문법에서 기능 문법으로—」, 『한국어교육』 17-3, 국제한국어교육학회.
한옥희(1999), 「한국어 대우 표현의 교수-학습 모형」, 상명대학교 대학원 석사학위논문.
한재영 외(2005), 『한국어 교수법』, 태학사.
한재영(1986), 「중세국어 시제체계에 대한 관견: 선어말어미 {더}의 위치정립을 중심으로」, 『언어』 11-2, 한국언어학회.
한재영(1998), 「님금과 임금님」, 『국어 어휘의 기반과 역사』(심재기선생 회갑기념논총), 태학사.
한재영(2000), 「대우와 격식」, 『21세기 국어학의 과제』(솔미정광교수 화갑기념논문집), 월인.
한재영(2002), 「16세기 국어의 시제체계와 변화 양상 연구」, 『진단학보』 93, 진단학회.
한재영(2005), 「'엇'과 '더'의 통합관계」, 임홍빈 외, 『우리말 연구 서른아홉 마당』, 태학사.
한정희(2003), 「일본어권 한국어 학습자의 오류 현상 분석」, 한양대학교 교육대학원 석사학위논문.
허봉자(2007), 「중국어권 학습자의 경어법 사용 오류 분석」, 『이중언어학』 35, 이중언어학회.
허용 외(2002), 『한국어 교육을 위한 한국어 문법론』, 한국문화사.
허용 외(2005), 『외국어로서의 한국어교육학 개론』, 박이정.
허용(2001가), 「부사격조사에 대한 한국어 교육학적 접근」, 『이중언어학』 제19호, 이중언어학회.
허용(2001나), 「한국어 교육의 관점에서 본 조사의 특성」, 『한국어문학연구』 14, 한국외대 한국어문학연구회.
허용(2001다), 「한국어 학습에 나타나는 오류 분석—조사와 어미를 중심으로—」, 『2001 이중언어학회 국제학술대회 발표논문집』.
허웅(1995), 『20세기 우리말의 형태론』, 샘문화사.
허정(1999), 「비격식체 종결어미 '-아/어/여요'의 지도」, 『한국어교육연구』 2, 서울대학교 사범대학 국어교육과.
홍사만(1983), 『국어 특수조사론』, 학문사.

홍사만(2002), 『국어 특수조사 신연구』, 역락.

홍윤기(2006), 「메타언어(meta-language)를 활용한 한국어 문법 교육 방법론 연구」, 『이중언어학』 32, 이중언어학회.

홍윤기(2007), 「한국어 첨사의 양태 기능 교육 방안 연구 ―기능, 의미의 메타언어를 활용하여―」, 『이중언어학』 34, 이중언어학회.

홍은진(2006), 「중국인 한국어 학습자의 어휘 오류 연구 ―대치 오류를 중심으로―」, 『이중언어학』 31, 이중언어학회.

홍재성 외(1997), 『현대 한국어 동사구문 사전』, 두산동아.

황은하(2000), 「한국어 학습자의 반복 현상 연구 ―모어 화자와 학습자의 담화에서―」, 연세대학교 대학원 석사학위논문.

황인교(1998), 「외국인을 위한 한국어 교재 개발」, 『한국어교육』 9-2, 국제한국어교육학회.

황적륜(2003), 「사회언어학과 외국어교육 ―communicative competence의 문제―」, 『2003학년도 한국어교육 (1)』, 서울대학교 사범대학 외국인을 위한 한국어교육 지도자과정.

황진영(2000), 「외국인을 위한 한국어 교재 구성 원리와 구현 방법 고찰」, 전남대학교 대학원 석사학위논문.

황현옥·강보유(2001가), 「한국어 문법 교육에서의 화용론의 접근 방법 모색 (1)」, 『중국조선어문』 115, 동북3성 조선어문사업협의소조.

황현옥·강보유(2001나), 「한국어 문법 교육에서의 화용론의 접근 방법 모색 (2)」, 『중국조선어문』 116, 동북3성 조선어문사업협의소조.

Anderson A., and T. Lynch(1988), *Listening. In the series Language Teaching: A Scheme Teacher Education*, Oxford University Press.

Bartlett, E. J.(1981), *Selecting an early childhood language curriculum*, In C. B. Cazden(ed.), *Language in Early Childhood Education*, Washington D.C.: NAEYC.

Bastone, R.(1994), *Grammar*, 김지홍 뒤침(2002), 『문법』, 범문사.

Brown, G. and G. Yule(1983), *Teaching the Spoken Language*, Cambridge University Press.

Brown, H.(1994), *Principles of Language Learning and Teaching*(3rd ed.), 신성철 역(1996), 『외국어 교수·학습의 원리』, 한신문화사.

Brown, H. D., 권오량·김영숙·한문섭 역(2003), 『원리에 의한 교수』, Pearson Education Korea.

Bygate, M. et.al.(eds.)(1994), *Grammar and the Language Teacher*, Prentice Hall.

Bygate, M.(1997), *Speaking*, Oxford University Press.

Canale, M. & M. Swain(1980), Theoretical Bases of Communicative Approaches to Second Language Teaching and Testing, *Applied Linguistics* 1-1.

Candlin, C. N. & D. Murphy(eds.)(1987), *Language Learning Tasks*, Englewood Cliffs, NJ: Prentice Hall.

Corder, S. P.(1967), The significance of learners' errors, *International Review of Applied Linguistics* 5.

Halliday, M. A. K.(1985), *An Introduction to Functional Grammar*, London: Edward Arnold.
Harmar, J.(1987), *Teaching and Learning Grammar*, Lonman.
Harmer, J. (1987), *Teaching and Learning Grammar*, Longman.
Hendrickson, James M.(1980), Error correction in foreign language teaching: Recent theory, research, and practice. In Croft, K.(ed.), *Readings on English as a Second Language*, Cambridge, MA: Winthrop.
Hinkel, E. & S. Fotos(ed).(2001), *New Perspectives on Grammar Teaching in Second Language Classrooms*, Lawrence Erlbaum Associates.
Hudson, R. A.(1993), *Teaching Grammar*, Blackwell Pubns.
Kang Sa-hie(2001), Teaching Korean Grammar in Context, *The Korean Language in America*, American Association of Teachers Korea.
Martin, S.(1992), *A Reference Grammar of Korean*, Tokyo: Charles E. Tuttle Company.
Rutherford, W. E. & M. S. Smith(eds.)(1988), *Grammar and Second Language Teaching*, New York: Newbury House.
Rutherford, W. E.(1980), Aspects of pedagogical grammar, *Applied Linguistics* 1-1.
Rutherford, W. E.(1987), *Second Language Grammar: Learning and Teaching*, Longman.
Savignon, S. J.(1983), *Communicative Competence: Theory and Classroom Practice, Reading*, MA: Addison-Wesley Publishing Company.
Searle, J.(1969), *Speech Acts*, Cambridge University Press.
Taylor, A.(1994), *Teaching & Learning Grammar*, Trans-Atlantic Pubns.
Thornbury, S.(2002), *How to Teach Vocabulary*, Pearson Education Limited.
Thornbury, S.(2000), (2nd. ed.), Longman, 이관규 외 옮김(2004), 『문법을 어떻게 가르칠 것인가』, 한국문화사.
Widdowson, H. G.(1990), *Aspects of Language Teaching*, Oxford University Press.
Wittgenstein, L.(1958), *Philosophical Investigations*, Trans. G. E. M. Anscombe, New York: Macmillan Publishing Co.
Wright, T.(1996), *Roles of Teachers & Learners*, Oxford University Press.

찾아보기

[ㄱ]

감탄문	272
감탄사	195
-거니와	82
-거든	185
-게	186
-겠-	291
격조사	115
-고 계시다	155
-고 싶다	151
-고 싶어하다	151
고유명사	102
-고 있다	155
-고(야) 말다	170
-고자	80
과거시제	290
과제 훈련(TTT) 모형	36
관형격조사	118
관형사	190
관형사절 내포문	243
관형어	220
구성적 규칙	22
-군(요)	292, 297
규정적 규칙	22
-기	97, 187
-기(가) 그지없다	82
-기에	81
까지	131

께	123
께서	117

[ㄴ]

-나 보다	168
내포문	238
내포어미	181
너무	71
-네(요)	292, 298
-는	187

[ㄷ]

'ㄷ' 불규칙 활용	173
-다가	183
단문	354
단순문	233
단어	85
단어 선택 문제	360
단형사동문	340
담화 능력	23
-답-	99
대명사	108
대우법	279
대체 연습	37
-더-	294
-더라도	184
-던	187, 188, 295
도	129

-도록	186
도입 단계	33, 329
도치	61
독립어	228
독립언	195
되게	71

[ㄹ]
'ㄹ'이 탈락하는 경우	176
'러' 불규칙 활용	178
'르' 불규칙 활용	175

[ㅁ]
마무리 단계	330
마저	131
만	130
명령문	268
명사	101
명사 종결형	320
명사절 내포문	239
목적격조사	117
목적어	217
'못' 부정문	313
무정명사	103
문법 게임	45
문법 구조 인지하기	39
문법 단위	85
문법범주	257
문법적 능력	22
문법적 직능	85
문장	196
문장성분	203
문장종결법	258
문제 해결 방안 모색하기	41
문항 검토	55
문항 제작	55

문형	198
물건 제시하기	43
미래시제	291

[ㅂ]
'ㅂ' 불규칙 활용	174
밖에	130
반 불규칙	176
반복 연습	37
배열 순서	232
변형생성문법	21
보어	220
보조동사	149
보조사	125
보조용언	147
보조형용사	149
보통명사	102
복문	354
복합문	233
부사	192
부사격조사	120
부사어	224
부사절 내포문	246
부정대명사	112
부정법	311
뿐	130

[ㅅ]
'ㅅ' 불규칙 활용	174
사동	299
사동문	352
사동법	306
사회언어학적 능력	22
상	285
상호작용 훈련 모형	36
색채어	143

생략	60	에	121, 122
서수사	114	에 관하여	81
서술어	204	에게	123
선어말어미	189	에서	117, 121
성취도 평가	52	'여' 불규칙 활용	177
수사	113	연결어미	181
수식언	189	연습 단계	329
숙달도 평가	52	연어	322
-스럽-	99	연어 관계 표현	359
시간 표현	285	오류	17
시제	285	오류 교정	30
실수	17	오류 분석	17
		와/과	124
		요	60

[ㅇ]

-아/어 가다	160	용언의 의존성	86
-아/어 가지고/갖고	68	원리 학습 단계	34
-아/어 계시다	166	유정명사	103
-아/어도	184	'으' 가 탈락하는 경우	176
-아/어 두다	169	-(으)ㄴ	187, 188
-아/어 드리다	162	-(으)ㄴ가 보다	168
-아/어 버리다	171	-(으)ㄴ/는 말이다	68
-아/어 보다	164	-(으)니까	183
-아/어서	182, 183	-(으)ㄹ	187
-아/어서 그런지	67	-(으)ㄹ 것이다	291
-아/어야	185	-(으)ㄹ까 보다	71
-아/어야 하다	154	-(으)ㄹ래(요)	70
-아/어 오다	160	-(으)러	186
-아/어 있다	166	-(으)려고	186
-아/어 주다	162	(으)로 말미암아	82
'안' 부정문	313	(으)로	121, 123
-았/었단 말이다	68	(으)로써	123
-았던/었던	296	-(으)리라고	83
약속문	273	-(으)ㅁ	187
양수사	114	-(으)며	182
양태	285	-(으)면	185
언어 단위	84	-(으)므로	83

은/는	126	조사의 존재	86
을/를	117	조차	131
의	118	종결어미	179
의문대명사	111	주격조사	117
의문문	265	주어	210
의사소통적 문법	23	지시대로 연습하기	39
의존명사	104	지시대명사	111
-이	97	-지 싶다	69
이/가	117	-지(요)	297
(이)나	132	진단평가	51
(이)나마	132		
(이)라도	132	[ㅊ]	
(이)랑	66, 124	창의적 표현 연습하기	40
이야기 구성하기	44	청유문	271
인지 학습 단계	34	청화식 교수법	21
인칭대명사	109	체언	100
임계기	16	총괄평가	51

[ㅈ]

자립명사	104	[ㅌ]	
-자마자	183	특수 구문	319
자유 작문하기	43		
장형사동문	346	[ㅍ]	
재귀대명사	112	파생어	94
적용 학습 단계	34	평가	46
전략적 능력	23	평서문	261
접두파생	94	표현 방식의 경제성	357
접미파생	96	표현문형	324
접속문	235	피동	298
접속어미	181	피동법	299
접속조사	134		
정리 단계	34	[ㅎ]	
정보의 공백 채우기	42	하고	124
제시 단계	329	한자어	87
제시 훈련(PPP) 모형	35	한테	123
조사	115	합성어	92
		현재시제	289

찾아보기 _387

형성평가	51	확대 연습	38
형용사	139	활용	171
호격조사	124	활용 단계	330
호응	232, 356	회피 전략	18